스케일링 피플

Scaling People: Tactics for Management and Company Building
by Claire Hughes Johnson

일러두기

✱ 한국 기업에 익숙하지 않은 용어들은 영어를 병기했다.

✱ 원문에서 'recruiting manager'는 채용을 요청한 부서의 관리자로, 미국에서는 현장의 해당 조직장이 채용의 결정권을 가지고 있어 '현장 부서장'으로 번역하고, 채용 담당자를 의미하는 'recruiter'는 '리크루터'로 번역했다.

✱ 원문에서는 'candidate(후보자)'와 'applicant(지원자)'가 혼용되고 있는데 내용상 큰 차이는 없으며, '지원자'라는 표현이 대체로 자연스럽지만 명확한 구분을 위해 후보자와 지원자를 저자의 구분에 따랐다.

✱ 'metrics'는 IT 업계에서 '매트릭스'로도 사용되지만, 이 책에서는 '지표'로 통일했다.

✱ 'funnel'이라는 표현은 마케팅 용어로는 많이 쓰이지만 인사 용어로는 잘 쓰이지 않는 용어이므로 문맥에 맞게 '유입 경로' 등으로 번역했다.

✱ 'Calibration'은 동일한 기준과 눈높이로 평가 결과를 맞추는 절차를 의미하므로 '조율'이나 '보정'이라는 단어가 적절한데, 최근 '캘리브레이션'으로 부르는 기업들이 많아 '캘리브레이션'을 그대로 사용했다.

✱ 5장 후반부에 나오는 '자발적 퇴사 권유(Managing Out), 해고(Firing), 감원(Layoffs)'은 부분적으로 한국의 권고사직과 유사한 개념이지만 한국과 미국의 기업 환경에 차이가 있으므로, 이 부분을 읽을 때는 미국 기업도 저성과자에 대한 성과 개선 노력을 매우 중요시한다는 맥락으로 읽는 것이 적절할 듯하다.

구글과 스트라이프 출신 COO가 전하는 초고성장 전략

스케일링 피플

SCALING PEOPLE

클레어 휴스 존슨 지음 | 이길상·고영훈 옮김

세종

지속 가능한 성장을 꿈꾸는 모든 조직이 읽어야 할 책

책 제목인 『스케일링 피플Scaling People』의 '스케일링scaling'은 우리가 흔히 아는 '그로잉growing'과는 다른 개념이다. 그로잉이 단순히 크기나 수치가 커지는 성장을 뜻한다면, 스케일링은 지속 가능한 성장을 현실화하는 시스템과 구조까지 포함한다. 즉 성과 한 번으로 끝나는 것이 아니라, 성과와 성장growing을 계속 이어갈 수 있게 만드는 것이다. 그래서 이 책의 부제를 '폭발적으로 성장하는 조직을 만들어가는 사람들의 이야기'라고 말하고 싶다.

스케일링 조직은 사람을 성장시키는 시스템을 갖춘 조직이다. 이 책은 그런 조직이 반드시 갖추어야 할 네 가지 코어 프레임워크를 제시한다. 흔히 조직에 필요한 요소를 A-Z까지 단순 나열하는 책들과 달리, 이 책은 네 가지 코어 프레임워크에만 집중한다. 독자들은 이 책의 마지막 장을 덮을 때쯤 "네 가지면 충분하다"는 저자의 주장에 공감하게 될 것이다.

성장을 바라는 조직이라면 반드시 이 네 가지 프레임워크를 제대로 구축해야 한다. 첫째, 성과를 창출하는 운영 시스템이 필요하다. 운영 시스템의 시작은 미션이다. 미션은 "왜 이 사업을 하는가?", "왜 이 일을 하는가?"라는 질문에 대한 명확하고 간결한 답이다. 미션이 분명해야 이를 실현할 비즈니스 모델과 전략이 명확해지고, 전략에서 구체적 목표와 책임 있는 실행 체계로 이어진다. 이것이 성과 창출의 근간이자 조직을 운영하는 시스템의 뼈대가 된다. 이 책에서 말하는 첫 번째 코어 프레임워크이기도 하다.

둘째, 적합한 인재를 확보하는 체계가 필요하다. 아무리 훌륭한 운영 시스템이 있어도 이를 실행하고 성과로 연결할 인재들이 없다면 조직은 성장할 수 없다. 따라서 필요한 인재상을 명확히 정의하고, 이들에게 조직을 알리며, 원하는 인재를 선별할 수 있는 체계적인 프로세스와 역량을 갖추어야 한다. 이것이 두 번째 코어 프레임워크다.

셋째, 최고의 팀을 만들어야 한다. 좋은 인재들을 뽑아놓고 '알아서 하라'고 두는 것은 무책임하다. 뛰어난 선수들이 우승을 위해 최고의 팀을 찾듯, 탁월한 인재일수록 생산적인 시스템과 문화를 갖춘 훌륭한 팀을 원한다. 여기서 말하는 팀은 단순한 팀원들의 조합이 아니라 서로를 이해하고, 달성하고자 하는 목표에 대해 공통의 인식을 가지고, 소통하며 협업하는 시너지를 포함한다.

넷째, 성과 관리가 필요하다. 단순히 평가만 하는 성과 관리가 아니다. 의미 있는 미션과 목표를 성과로 연결하고, 그 과정과 결과를 철저히 피드백하며, 인정과 보상으로 동기를 부여해야 한다. 그래야 인재들이 성과를 통해 성장하고 있음을 체감할 수 있다. 성과 경험이 없으면 미션과 목표는 공허해지고, 인재들은 일에 대한 의미를 상실한다.

이 네 가지는 어느 조직에나 존재하는 요소처럼 보이지만, 실제로 이를 '코어 프레임워크'로 인식하고 체계적으로 운영하는 경우는 드물다.

목표에 미션과 포부가 담기지 않거나, 채용 과정에 현장과 HR의 협업이 부재하거나, 팀 구조에 전략의 성공적 실행을 위한 접근이 빠져 있거나, 성과 관리가 단순한 평가 절차로만 끝나는 경우가 대부분이다. 실제로 2025년 상반기 잡코리아 조사에 따르면 직장인 10명 중 7명이 인사평가 이후 이직을 고려했다고 한다. 이는 네 가지 프레임워크가 형식적으로만 존재하고, 성과와 성장으로 이어지지 못하고 있음을 보여준다.

이 책은 그런 조직을 넘어서는 '스케일링 조직을 만드는 진짜 방법'을 알려준다. 스트라이프 초창기부터 수천 명 규모까지 회사를 이끈 COO 클레어 휴스 존슨은 내부 운영 시스템을 직접 설계했고, 그 경험을 이 책에 담았다. 그간 공개되지 않은 조직 운영 방식, 실제 사례, 구체적인 템플릿까지 담아낸 이 책은 경제경영 분야에서 가장 실용적인 책이라 할 만하다.

성장하는 조직은 끊임없이 질문한다. "고객은 누구인가?", "시장은 어떻게 변하고 있는가?", "고객이 원하는 것은 무엇인가?", "무엇부터 해야 하는가?" 같은 질문을 던지며 답을 찾는다. 반면 성장이 멈춘 조직은 "예전에 해봤는데 안 된다"는 이유만 늘어놓는다. 그래서 아이디어는 막히고, 오로지 위에서 내려오는 지시사항만 있으며, 그에 대한 수행이 수동적으로 이어진다. 이 책은 '끊임없이 질문하는 성장 중인 조직'에 꼭 필요한 책이다. 수많은 질문에 대한 답이 담겨 있으며, 질문이 있는 독자라면 그 속에서 자신만의 답을 발견하게 될 것이다. 나 역시 번역 과정에서 현장 속 질문들에 대한 답을 곳곳에서 찾을 수 있었다.

이 책이 어떤 경제경영서보다 실용적이라고 자신 있게 말할 수 있는 또 다른 이유는, 압도적인 양과 질을 자랑하는 실습 양식과 예시들 덕분이다. 일반적인 경제경영서는 한 장이 끝날 때마다 한두 페이지 분량의 질문이나 간단한 예제를 덧붙이는 정도에 그친다. 그러나 이 책은 각 장이 끝날 때마다 본문에서 다룬 내용을 곧바로 현장에서 활용할 수 있는 구체적 도구와 실제 사례를 풍성하게 제공한다. 특히 이 책은 세계 최고 수준의 스케일링 조직으로 불리는 스트라이프[*]의 노하우를 그대로 담고 있다는 점에서 특별하다. 책장을 몇 장만 넘겨도 구조적이면서 실행 가능한 해법들로 가득 차 있음을 확인할 수 있다. 단순한 조직 경영서가 아니라, 사람을 성장시키는 매뉴얼이자 실행 지침서라고 할 수 있다.

저자 역시 '들어가기'에서 '이 책을 읽는 방법'을 안내하고 있지만, 한국 독자들을 위해 몇 가지 덧붙이고자 한다. 이 책은 단순히 읽고 끝내는 책이 아니라, 조직과 자신을 변화시키는 실전용 도구로 활용해야 한다. 그러기 위해서는 두 번의 독서를 권한다.

첫 번째는 정확한 이해를 위한 정독이다. 네 가지 코어 프레임워크의 개념과 구조를 차분히 따라가며, 스케일링 조직이 어떻게 작동하는지 체계적으로 이해해야 한다. 두 번째는 적용을 위한 숙독熟讀이다. 질문에 대한 답을 찾으며 지금 속한 조직에 적용할 수 있는 도구를 만들어가는 과정이다. 조직 내 개선이 필요한 현황과 책의 내용을 비교·점검하고, 부족한 부분을 찾아 구체적인 실행 과제를 도출하는 것이다. 이때 장별로 수록된 연습문제와 템플릿이 큰 도움이 될 것이다. 이 과정을 거치면 이 책은 단순한 정보서가 아니라 실제 변화를 이끄는 도구가 된다. 이후에는 저자의

---

[*] 　　　스트라이프는 일반 소비자에게는 낯설 수 있지만, 아마존·구글·메타·우버·에어비앤비·노션 등 독자들에게 익숙한 거의 모든 글로벌 서비스의 결제 인프라를 책임지는 '실리콘밸리의 조용한 거인'이다. '결제 업계의 AWS', '핀테크계의 구글'이라 불리며, 2025년 기준 약 130조 원의 기업가치로 미국에서 가장 가치 있는 비상장 기업으로 꼽힌다. 단순한 결제 솔루션 기업이 아니라, 실리콘밸리에서 가장 정교하게 운영되며 빠르게 성장한 조직 중 하나로 평가받고 있다. 실제로 수많은 기업이 스트라이프의 OKR, 업무 방식, 조직 체계, 리더십, 온보딩 등을 벤치마킹한다.

조언대로 필요한 순간마다 관련 내용을 찾아 참고하고 적용할 수 있을 것이다.

물론 몇 가지 유의할 점도 있다. 이 책은 미국 기업과 경영 환경을 배경으로 쓰였기에 한국의 법·조직 문화와는 일부 차이가 있다. 예를 들어 저성과자 관리에서 '해고'는 한국에서 법적·문화적으로 매우 제한적이다. 또한 책에서 현장 관리자의 책임으로 언급된 팀 문서 작성, 채용, 조직 설계 등이 한국 기업에서는 오랫동안 HR 부서의 역할과 책임에 속해왔다. 따라서 책의 내용을 그대로 따르기보다는 한국 기업 현실에 맞게 현장 관리자와 HR의 역할 차이를 인식하고, 서로의 전문성과 책임을 존중하며 협업 체계를 구축해 적용하는 것이 바람직하다. 구체적인 적용 방향은 '일러두기'를 참고하면 도움이 될 것이다.

무엇보다 이 책은 경영 환경과 제도의 차이를 넘어, 조직이 지속적으로 성장하기 위해 반드시 고민해야 할 핵심 원칙과 실천 도구를 담고 있다. 독자들이 이 책을 통해 자신과 조직의 변화를 구체적으로 설계하고, 더 나은 성장을 이끌어가는 데 큰 힘을 얻기를 바란다.

이길상

이 책을 나의 가족에게 바친다.

차례

이 책을 읽기 전에   지속 가능한 성장을 꿈꾸는 모든 조직이 읽어야 할 책   04

들어가며

성장의 메트로놈을 바르게 설정하라   21

최고 기업들의 비밀, 코어 프레임워크   25

누구를 위한 책인가?   28

이 책을 읽는 방법   29

스케일 UP! 실전 워크북   34

1장

성장 조직 구축을 위한 필수 운영 원칙 네 가지

1. 상호 이해의 기반은 자기 인식이다   40

2. 말하기 어려운 이야기는 솔직하되 건설적으로 하라   55

3. 관리와 리더십의 차이를 구분하라   61

4. 전사 공통의 운영 시스템을 구축하라   65

스케일 UP! 실전 워크북   68

2장

코어 프레임워크 1: 목표 달성을 위한 시스템 구축

회사의 기초, 창립 문서   76

조직을 성장시키는 운영 시스템   88

성장의 습관을 만드는 운영 주기   138

스케일 UP! 실전 워크북   148

3장

코어 프레임워크 2: 적합한 채용, 신속한 채용

잠재적 인재를 모집하는 법   188

면접부터 입사까지 인재 판별의 기술   226

신입 직원을 성장시키는 온보딩 프로세스   264

채용 과정에서 일어나는 실수들   278

스케일 UP! 실전 워크북   284

4장

코어 프레임워크 3: 건강하고 강력한 팀 구축

팀 구조 설계는 전략이 출발점이다   348

팀 상태는 어떻게 진단하는가   366

팀 구조를 변화시키려면   370

팀원을 성장시키는 대화와 위임   378

유대를 강화하는 팀 분위기 조성   387

팀 운영의 변수, 원격 근무 관리 방법   416

팀을 성과로 이끄는 다양성과 포용성   438

소통하고, 또 소통하라   445

스케일 UP! 실전 워크북   447

5장

코어 프레임워크 4: 한 단계 업그레이드된 피드백과 성과 관리

가설을 활용한 코칭 전략   467

어려운 피드백을 전달하는 대화의 기술   474

비공식적 피드백 문화를 조성하려면   477

신뢰를 강화하는 공식 평가 프로세스   481

보상 체계를 어떻게 이해시킬 것인가   496

조직의 엔진, 고성과자 관리   502

조직 안정성의 숨은 주역, 중간 성과자 관리   **515**

저성과자, 어떻게 관리할 것인가   **516**

관리자를 관리하는 코칭의 기술   **532**

퇴사 조율 과정: 자발적 퇴사 권유, 해고, 감원   **537**

관리자의 보람은 사람에게서 온다   **548**

스케일 UP! 실전 워크북   **550**

글을 마무리하며

시간과 에너지를 관리하라   **568**

관계를 지속해서 키우고 돌보자   **573**

당신의 커리어를 스스로 설계하라   **580**

감사의 글   **587**

주   **592**

참고문헌   **598**

2004년 7월, 나는 창문은 없었지만 모두가 선망하던 구글 사무실의 화이트보드 앞에 서 있었다. 한 손에는 녹색 마커를, 다른 손에는 파란색 마커를 들고 있었다. 당시 내가 맡은 지메일 사용자 지원팀의 이름을 입사일 기준으로 두 가지 카테고리로 나누어 화이트보드에 적어 내려갔다. 채용이 확정되었지만 실제로 일을 시작하지 않은 사람들은 ANSaccepted not started로, 채용 절차를 마치고 현재 근무 중인 직원들은 BISbutts in seats로 분류되었다. 두 카테고리는 실제로 회사에서 사용하는 표준 채용 용어다. 당시 나는 재무 부서의 지원 없이 팀을 운영하며 인사 업무를 봤는데, 제대로 굴러가는 것은 채용뿐이었다. 그 채용조차도 내 팀에 인원이 몇 명 필요한지에 대한 명확한 합의가 이루어지지 않은 상태였다. 팀 규모는 그리 크지 않았지만, 신입 사원을 두세 명 정도 더 뽑을지를 두고 고민 중이었다.

도전을 두려워하지 않았던 나는 구글에서 도전을 선택했다. 구글에 합류했을 때 내게는 두 가지 선택지가 있었다. 애드워즈 온라인 영업팀의 여러 관리자 중 한 명이 되거나, 이제 막 출범한 지메일 제품 지원팀을 온전히 맡아 관리하는 것이었다. 내 생각에 애드워즈는 이미 클 만큼 큰 조직이었다. 지금 와서 생각해보면 고작 수백 명에 불과했던 팀을 당시에는 큰 조직이라고 생각했던 게 웃음이 난다. 지금은 그 팀이 수만 명으로 불어났으니 말이다. 나는 새로운 도전을 위해 지메일을 선택했다. 지메일 관리를 맡은 유일한 사람이 되어 나만의 길을 개척하는 것이 더 의미 있다고 생각했다. 게다가 나는 사용자로서도 지메일을 좋아했다.

지메일을 베타 단계에서 상용화 제품으로 성장시키는 것은 기술적 측면과 고객 경험 측면 모두에서 힘난한 일이었다. 내부적으로 구글은 워낙 빠르게 성장·변화하는 중이었으므로, 제품 사용 이외의 다른 데이터를 확보하기 어려웠다. 그래서 나는 화이트보드에 두 가지 색으로 이름을 정리했다. 그런 다음 정리된 이름과 인원수를 재무팀과 인사팀에 이메일로 보냈다. 우리 팀 규모를 정확히 파악하고 채용 자원을 확보하기 위해서였다. 혼란스럽고 임시방편적인 과정이었지만 나는 오히려 혼란스럽고 모호한 그 상황이 좋았다. 회사 내 모든 직원을 정리하기보다는 내가 맡은 작은 영역을 정리하는 데 집중하는 것이 중요하다는 사실을 알고 있었다.

한편으로는 걱정도 되었다. 화이트보드에 적힌 이름들을 사진 찍어 보내면서 '이들은 내 팀원인데, 15명 정도는 커리어 상황조차 제대로 파악할 수 없다니' 하는 생각이 들었다. 내가 맡은 임무는 사업 성장에 맞게 조직 운영을 확장시키는 것이었다. 여기에는 기술뿐만 아니라 기술을 구축하는 사람들의 성장도 포함되었다. 나는 제품 뒤에 있는 사람을 이해해야 하고 직원들의 커리어 육성, 즉 직원의 성장이 구글의 성장과 함께 이루어져야 한다고 굳게 믿었다. 20년이 지난 지금, 그 믿음은 더욱 확고해졌다. 그렇기에 이 책을 쓴 것이다.

창문 없는 구글 사무실까지 나를 이끈 커리어 여정은 실리콘밸리가 아닌, 매사추세츠주 주지사 선거에서 시작되었다. 1994년, 내가 속한 진영의 후보는 당선될 가능성이 희박했기에 대학을 갓 졸업한 21세의 내가 커뮤니케이션 담당 부국장직을 맡는 데는 큰 어려움이 없었다. 사실상 무보수로 일주일에 70시간을 일했다. 출판과 잡지 기고 같은 부수적인 활동을 거쳐, 1996년에는 어느 주 상원의원 후보의 선거 캠프에 합류하게 되었다. 주 7일을 쉬지 않고 수백 명의 자원봉사자를 관리했으며, 각 동네에 직접 선거 홍보용 잔디밭 푯말을 날랐다. 비록 그 후보는 낙선했지만, 나는 근면성과 다재다능함을 인정받았다. 유일한 정규직으로 모든 역할을 수행해내 좋은 평판을 얻은 덕분에, 이전에 맡았던 후보들보다 당선 가능성이 큰 또 다른 주지사 선거 후보 캠프의 부매니저로 발탁되었다.

선거 캠프에 합류하자마자 나는 선거 전략 문건을 작성해 후보자에게 전달했고, 후보자는 이를 팀에 배포한 후 곧바로 주요 기획 회의에 나를 초대했다. 그런데 그때, 후보자의 여론조사 전문가이자 매사추세츠에서 꽤 유명한 인물이 회의실로 들어와 소리쳤다. "그 전략 문건을 작성한 멍청이가 누구야?" 그 일은 야심만만했던 내게 흥미진진한 도전의 시작을 알리는 신호탄이 되었다. 우리는 일요일을 제외하고 하루 18시간씩 1년 넘게 일했다. 당시 26세였던 나는 다섯 명의 도움을 받으며 서너 개 팀을 관리했고, 밤과 주말에 들쭉날쭉 참석하는 자원봉사자 수백 명을 관리했다. 선거에서는 아슬아슬하게 졌지만, 관리에 대한 풍부한 경험을 얻을 수 있었다.

이후 로스쿨에 합격했지만 내 길이 아님을 깨닫고, 다시 경영대학원을 다녔다. 졸업 후에는 뉴욕의 비즈니스 및 기술 컨설팅 회사에서 일하며 경영의 기초를 익혔다. 2000년대 초반 경기 침체로 회사에 정리해고가 진행된 후에도 남아서 다우존스의 대규모 고객 관계 및 데이터 전략 프로젝트의 리더가 되었다. 프로젝트가 종료된 후에는 컨설팅을 그만두고 진로를 모색할 시기가 되었다. 나는 늘 진로를 결정할 때 어느 정도의 리스크를 감수하는 편이었다. 2004년에도 그랬다. 당시 남자친구였던 지금의 남편과 함께 직장도 없이 캘리포니아로 이사하기로 결심했다. 새로운 시작을 앞두고 있을 때, 평소 구글 제품에 깊은 인상을 받은 나는 경영대학원 친구의 도움으로 구글 면접 기회를 얻었고, 다행히 입사 제안을 받을 수 있었다. 입사 당시 구글은 직원이 2천 명도 채 되지 않는 작은 회사였지만 놀라운 속도로 성장했고, 그에 따라 내 업무 범위도 점점 확장되었다.

구글을 퇴사한 지 거의 11년, 구글 직원 수는 5만 명을 넘었다. 7년 차 때까지 나는 5번을 승진했다. 16개국에 걸쳐 지원, 영업, 엔지니어링, 제품, 산업 디자인까지 다양한 조직을 관리했다. 수백 명부터 2천 명이 넘는 직원까지 다양한 규모의 부서를 이끌었다. 변화의 속도가 빠르고 팀 구성원이 다양했기에 여러 팀과 협업하며 다양한 사람을 관리했다. 한때 구글이 유튜브를 인수했을 때는 운영 통합 책임자로 발탁되어 110억 달러의 매출 목표 달성이라는 중책을 맡기도 했다. 다양한 사람과 팀, 부서를 담당했지만 비슷한 문제를 해결하는 경우가 많았다. 새로운 방법을 시험해보고, 실수를 저지르며, 그로부터 배우고, 다시 시도했다.

내가 맡은 역할 중에는 구글 자율주행차 프로젝트의 부사장 겸 사업부 책임자도 있었다. 2013년 초, 이 프로젝트의 책임자인 크리스 엄슨Chris Urmson이 나에게 전화를 걸어 사업부에 합류해 사업과 제품 부문 운영을 맡아줄 수 있는지 물었다. 나는 하드웨어를 만들어본 경험도 없었고, 머신러닝에 대한 배경 지식도 없었으며, 자동차에 대해서도 잘 알지 못했다. 하지만 크리스는 포기하지 않고 계속 제안했고, 내가 기여할 수 있는 부분이 분명 있었다. 사업부는 점심시간에 「2001 스페이스 오디세이」에서나 나올 법한 대화를 나누는 뛰어난 엔지니어들로 가득했다. 하지만 공급망 관리, 복잡한 운영 테스트, 하드웨어 및 소프트웨어 구축 팀 간의 조정, 프로세스 계획과 실행, 팀원 동기 부여 등의 업무도 수행해야 했다. 또한 당시에는 주로 R&D 프로젝트에 불과했던 팀과 비즈니스의 비전을 설정하기 위해 구글의 경영진과 협력해야 했다. 요컨대, 크리스에게 필요한 것은 경험 많은 운영자이자 관리자, 즉 지금으로 치면 최고운영책임자COO, Chief Operating Officer였다. 나는 팀에 합류해 10개월 동안 구글의 자율주행 사업부를 발전시키기 위한 구조, 팀, 방향을 설정하는 데 주력했다. 그러나 안타깝게도 우리가 개발하던 자율주행 기능은 아직까지도 상용화되지 않았다.

하지만 이 경험을 통해 나는 두 가지 중요한 교훈을 얻었다. 첫째, 훌륭한 관리자로서의 명성을 인정받아 그 직책을 맡을 수 있었고, 이는 훌륭한 관리자가 되는 것이 커리어에서 중요한 차별화 요소가 될 수 있음을 시사한다. 둘째, 아무리 훌륭한 회사라도 강력한 관리와 건전한 운영 시스템, 즉 핵심 프로세스가 없다면 규모를 키우기 어려울 뿐 아니라 지속적인 성장을 기대하기 어렵다는 사실이다. 시간이 흐르자, 나는 많은 창업자가 이 두 가지에 대해 자문을 구하는 멘토가 되어 있었다.

몇 년 전 40명 규모의 스타트업에서 강연한 적이 있다. 질의응답 시간에 한 참가자가 "우리 회사에 어떤 프로세스를 도입해야 한다고 생각하십니까?"라고 물었다. 나는 "어떤 프로세스를 구축해야 하는지 구체적으로 말씀드릴 수는 없습니다. 하지만 여러분이 생각하는 것보다 빠르게 프로세스를 구축해야 한다는 점은 말씀드릴 수 있습니다"라고 대답했다. 질문자가 이유를 묻자 나는 답했다. "게임이 왜 재미있는지 아세요? 규칙과 이길 수 있는 방법이 있기 때문이죠. 운동장에 많은 사람이 각자 다른 장비를 들고 나와 아무런 규칙도 없이 모여서 운동한다고 상상해보세요. 누군가는 다칠 겁니다. 어떻게 플레이해야 하는지, 어떻게 득점해야 하는지, 어떻게 이길 수 있는지 아무도 알 수 없습니다." 이처럼 기업과 팀은 모든 구성원이 참여해 진행 상황을 공유하는 경기장을 만드는 것이 중요하다.

지메일에 합류했을 때 그곳에서 일하던 유능한 부매니저가 내 직속 부하직원이 되었다. 몇 달 동안 함께 일한 후, 그녀는 이렇게 말했다. "매니저님 덕분에 명확하게 소통하는 법을 배웠습니다." 듣기에 칭찬 같았지만 어딘가 비꼬는 듯한 뉘앙스도 느껴졌다. 하지만 나는 그 말을 암묵적인 구조와 신념을 명시적으로 만들고자 노력한다는 의미로 받아들였다. 이런 요소들을 팀원 모두가 명확히 이해할 때 비로소 진정한 팀워크가 가능해지고 회사는 성장할 수 있다. 이런 능력 덕분인지, 또는 구글의 성공 덕분인지, 나는 커리어 후반기에 성장 중인 스타트업들의 COO 후보자로 거론되곤 했다. 실제로 몇 차례 구글을 떠날 뻔하기도 했다. 그때마다 내가 가진 기술, 사명감, 창업자와 비즈니스 모델의 매력을 종합적으로 살펴보았다. 구글에서 느끼는 좌절감을 단순히 피하려는 것은 아닌지, 구글이 10년간 보여준 높은 영향력에 필적하거나 이를 뛰어넘을 수 있는 적절한 기회인지 스스로에게 질문했다.

그 후 자율주행 사업부에서 직책을 맡게 되었다. COO와 같은 역할을 해볼 수 있는 좋은 기회였지만, 몇 명의 운영 인력을 채용하고 팀을 운영하며 로드맵을 관리하기 위한 체계를 구축한 후에는 제품을 실제로 구현하고, 고객과 직접 상호작용하는 일이 그리워졌다. 그러던 중, 스트라이프라는 작은 회사에 매력을 느꼈다. 회사의 사명과 설립자들에게 끌리기도 했지만, 무엇보다도 수백만의 비즈니스에 긍정적인 영향을 미칠 수 있는 제품을 만들고 확장할 수 있는 기회, 이를 통해 잠재적으로 수백만 개의 일자리를 창출할 수 있는 기회를 제공한다는 점이 나를 사로잡았다. 처음 정치에 몸담았을 때부터 나는 '긍정적인 영향력'이라는 동기에 이끌렸고, 경제적 기회가 어떻게 공정한 경쟁의 장을 만드는 진정한 원동력이 되는지를 목격했다.

2014년 말, 나는 구글을 떠나 스트라이프의 COO로 합류했다. 당시 스트라이프의 연 매출은 수천만 달러에 달했고, 직원 수는 약 160명이었다. 그중 관리자는 20명에 불과했고, 대부분이 새로 승진한 직원들이었다. 현재 스트라이프는 수십억 달러의 매출을 기록하며 7천 명이 넘는 직원과 함께 빠르게 성장하고 있다.

사람들은 종종 스트라이프에 입사했을 때 놀라웠던 점이 무엇인지 묻는다. 그것은 사람들이나 제품이 아니었다. 창업자들과 나는 서로를 충분히 알아봤고, 나는 스트라이프의 제품, 비즈니스 전략, 우선순위에 깊이 매료되었다. 정작 놀라웠던 것은 이 회사에서 '관리management'가 마치 새로운 개념처럼 여겨지고 있다는 점이었다. 2015년 5월, 내부 직원 참여 설문조사인 스트라이프샛StripeSat을 처음 실시했을 때 팀을 이끄는 관리자에 대한 만족도는 가장 낮은 점수를 받은 항목 중 하나였다. 우리는 내부적으로 많은 사람을 관리자로 승진시켰다. 이는 고성과자에게 보상을 제공하고 회사의 발판을 마련하는 데는 효과적인 방법이지만, 직원들이 유능한 관리자가 되는 데 필요한 자원과 지원은 충분히 제공하지 못했다. 설문조사를 실시한 후부터는 관리자의 역량 향상을 돕기 위해 노력했다. 불과 몇 년 후, 팀 관리자에 대한 만족도는 설문조사에서 가장 높은 점수를 받은 상위 3개 항목 중 하나가 되었고, 이후로도 상위권에 꾸준히 자리 잡았다.

빠르게 성장하는 젊은 회사에 시니어 리더를 영입하면 조직에 긍정적이든 부정적이든 큰 영향을 미칠 수 있다(이 책은 긍정적인 영향을 목표로 한다!). 내가 끼친 긍정적인 영향 중 하나는 좋은 경영에 대한 확신을 심어준 것이라고 감히 말할 수 있다.

스트라이프 입사는 내 커리어의 중요한 전환점이었다. 스트라이프를 훌륭한 회사로 성장시키는 데 기여했을 뿐만 아니라, 유능한 관리자에서 진정한 리더(이 책의 뒷부분에서 차이점을 다룬다)로 거듭날 수 있었다. 스트라이프가 구글이 겪었던 실수를 반복하지 않도록 기여했다는 점에 자부심을 느끼지만, 빠른 속도로 업무를 진행하다 보니 새로운 실수가 발생한 것도 솔직히 인정한다.

회사를 확장 중인 창업자와 리더들이 스트라이프 성공 이후 내게 자문을 구하고 있다. 사실, 내가 2021년 스트라이프의 COO 자리에서 임원 겸 고문(모호하지만 적절한 직함이다!)으로 자리를 옮기며 커리어 성장 속도를 늦춘 것도 스트라이프 고객인 다른 회사 창업자들에게 자문을 해주는 데 더 많은 시간을 할애하고 싶었기 때문이다. 이러한 조언 중 일부를 모든 사람과 공유해, 단순한 수치 분석을 넘어 성장을 관리할 수 있도록 돕고자 이 책을 기획했다. 이 책은 자랑스러운 회사를 구축하는 데 필요한 시스템을 구축하고 정착시키는 방법을 다룬다. 이를 통해 궁극적으로 구성원들의 자부심을 고취할 수 있을 것이다. 제대로만 실행한다면, 회사와 문화가 진화하고 발전하는 가운데서도 그 중심은 흔들림 없이 유지될 것이다.

성장의 메트로놈을 빠르게 설정하라

나는 회사가 빠르게 성장 중일 때 탁월한 관리가 어떻게 뛰어난 성과로 이어지는지 직접 목격했다. 강력한 관리 역량을 갖춘 팀은 더 많고 우수한 성과를 창출하므로, 성장하는 모든 기업에 필수적이다. 개인적인 측면에서 훌륭한 관리자는 직원의 커리어를 발전시킬 수 있다. 그들은 직원들이 더 큰 성취감을 느낄 수 있는 커리어를 선택하도록 독려할 수 있다. 또한 어려운 개인사와 업무를 조화롭게 균형 잡도록 코치할 수 있다. 이를 통해 훌륭한 관리자는 직원들이 개인의 발전과 회사 전체의 발전을 통합해 더욱 의미 있는 영향을 미칠 수 있도록 돕는다. 관리자의 역할은 비즈니스 성과를 이끄는 운영적인 측면과, 팀원 개개인에게 영향을 미치는 관리적인 측면 두 가지 중요한 요소를 모두 포함한다. 물론 이 두 가지 중 어느 하나에 집중하는 것도 결코 쉽지 않은 일이다. 하지만 두 가지 측면을 모두 수행하는 일이라면 어떨까? 이러한 일에는 많은 책임이 따르며, 이를 제대로 수행했을 때 의미 있는 보상이 주어진다.

팀의 강점을 보면 리더가 훌륭한 관리자인지를 알 수 있다. 최고의 관리자는 열광적인 팔로워십followership을 구축한다. 새로운 회사로 이직할 때, 기존의 부하직원들이 그를 따라 새로운 회사로 이직하는 경우가 많다. 그들의 조직은 탁월한 성과를 내고, 팀은 점점 더 높은 목표를 달성하며, 직원들은 더 뛰어난 성과를 낸다.

프로세스 계획을 설계하고, 승진 대상자를 결정하며, 조직 개편을 계획하고, 개인의 역할 범위를 축소하는 등 회사 구축과 관리에서 가장 어려운 부분은 비공개로 이루어진다. 하지만 유사한 상황을 충분히 경험하지 못한 상태에서 어떻게 자신만의 구축 방법과 관리 노하우를 개발할 수 있을까? 매번 대화가 매우 중요한데, 새로운 접근 방식을 어떻게 테스트할 수 있을까? 다른 관리자의 원온원(리더와 팀원의 일대일 미팅-옮긴이) 대화를 참관할 수 없고, 동료가 해고를 통보하는 내용의 대화를 어떻게 진행했

　　　　　　　　　　　　　　　　　　　　　스케일링 피플

는지 알 수 없다. 또한 동료가 부하직원에게 어려운 피드백을 전달하는 방식을 파악하기 어렵다. 이는 시뮬레이터 훈련도 없이 복잡한 항공기를 몰아달라는 요구와 같다.

이럴 때는 몇 가지 기본적인 구조부터 시작하면 된다. 관리 구조management structure라는 개념은 오랫동안 존재해왔으며, 일부 업계에서 홀라크라시holacracy[1]라는 탈중앙화된 접근 방식을 도입한 것을 제외하면 효과적인 방식이다. 관리 구조는 성과에 대한 개인의 책임을 장려하고, 조직의 성장을 돕는다. 이런 구조가 실제로 작동하려면 어떻게 해야 할까?

1960년대에 2명의 심리학자 폴 피츠Paul Fitts와 마이클 포스너Michael Posner는 인간의 성과, 특히 새로운 기술의 습득을 이해하기 위해 연구에 착수했다. 이들이 개발한 대표적인 프레임워크 중 하나는 키보드를 보지 않고 문자를 입력하는 터치 타이핑을 배우는 사람들을 대상으로 진행한 일련의 연구에서 비롯되었다.[2] 이들은 처음에 한 손가락으로 타이핑했지만 점차 두 손을 사용하게 되고, 나중에는 키보드를 보지 않고도 타이핑할 수 있게 되면서 실력이 빠르게 향상되었다. 하지만 그들은 어느 순간 벽에 부딪혔다. 아무리 많은 시간을 연습해도 이들 대부분은 특정 시점을 넘어서면 더 빨라지지 않았다. 연습을 거듭할수록 이들의 실력이 계속 향상될 것으로 예상한 피츠와 포스너에게는 놀라운 결과였다.

피츠와 포스너는 기술 습득을 세 단계로 설명했다. 첫 번째는 '인지적' 단계로, 천천히 서툴게 시작해 과제에 익숙해지고 새로운 방법을 발견하는 단계다. 두 번째는 '연상' 단계로, 효율성이 높아지고 실수가 줄어드는 단계다. 마지막은 '자동' 단계로, 별다른 생각 없이 작업을 잘 완수하는 단계다. 타이피스트들은 모두 이 마지막 단계에서 정체되며 더 이상 발전하지 못했다.

몇 년 뒤, 이 연구를 기반으로 심리학 교수 안데르스 에릭손Anders Ericsson과 니나 키스Nina Keith는 중급 수준의 타이피스트들을 대상으로 후속 연구를 진행했다. 그 결과 실력이 크게 향상된 사람들은 빠른 타이핑을 자주 연습한 사람들이었다.[3] 나는 이 연구 결과를 조슈아 포어Joshua Foer의 저서 『아인슈타인과 문워킹을』에서 처음 접했다. 이 책에서 포어는 자신의 암기 능력을 향상시키기 위해 에릭손의 조언을 받아들인 일화를 소개한다.[4] 에릭손은 암기 속도 한계보다 10~20% 빠르게 메트로놈을 맞추라고 조언했다. 이로 인해 더 많은 실수가 발생했지만 에릭손은 그에게 계속 밀고 나가라고 조언했다. 얼마 지나지 않아 포어는 자신이 맞닥뜨린 암기 정체기를 극복해냈다.

추가 연구에 따르면, 자신의 분야에서 뛰어난 성과를 내는 사람들은 스피드 운동을 통해 성과를 향상시키는 운동선수처럼 자동 학습 단계를 넘어서는 전략을 사용한다고 한다.[5] 즉 자동 학습 단계에서 획기적인 성과 향상을 이루려면 현재 능력보다 약간 더 빠른 속도를 설정해야 한다. 마치 빠르게 성장하며 지원 시스템을 구축하는 회사의 속도와 비슷하지 않은가? 나는 이러한 방식으로 여러 고성장 기업에서 관리 방식과 운영 구조를 모두 확립해왔다. 이를 통해 나는 단순히 좋은 관리자가 아닌 훌륭한 관리자가 되고자 하는 모든 사람에게 훌륭한 출발점이 될 일련의 필수적인 구조를 알게 되었다. 이러한 구조는 영향력이 큰 회사를 구축하는 데 도움이 될 것이다.

최고 기업들의 비밀, 코어 프레임워크

전사적全社的 프레임워크는 회사의 우선순위를 나타내는 지표다. 모든 사람이 함께 동일한 방식으로 수행하거나 따라야 하는 일련의 행동 또는 프로세스라고 생각하면 된다. 「스타워즈」 드라마 시리즈에서 만달로어인들이 자주 하는 말인 "이것이 우리가 갈 길이다This is the way"가 떠오른다. 가장 성공적이고 오랫동안 지속되는 기업은 내부적으로 코어 프레임워크를 강력하게 견지하는 기업이라는 것이 내 믿음이다. 최근 콜린 브라이어Colin Bryar와 빌 카Bill Carr가 쓴 『순서 파괴』를 읽으면서 이 믿음은 더욱 확고해졌다.[6] 이 책에서는 채용, 계획 방식과 같은 코어 프레임워크와 고객 집착 같은 기본 리더십 원칙의 결합에 대해 설명하는데, 저자들은 이 두 가지가 아마존 성공의 핵심, 즉 아마존 웨이Amazon Way라고 본다. 요컨대 회사의 코어 프레임워크는 직원들이 최고의 성과를 낼 수 있도록 시스템을 일관성 있게 유지하고 원활하게 운영하는 구조를 형성한다.

제조업은 전사 프레임워크가 많을 수밖에 없고, 그렇지 않은 업종의 기업들은 몇 개 되지 않는다. 전사적 프로세스를 너무 많이 부과하면 직원과 관리자가 새로운 아이디어를 개발하고 업무를 완수하는 대신 프로세스를 따르는 데 시간과 노력을 들일 가능성이 높다. 또한 표준화의 장점이 유연성의 장점을 뛰어넘어야 하는데, 실제 표준화를 통해 회사 전체에 이익이 되는 구조는 그다지 많지 않다.

나는 전사적 코어 프레임워크가 다음 영역에 적용되어야 한다고 생각한다. 이에 관해서는 앞으로 각 장에서 설명할 것이다.

1. 목표 달성을 위한 시스템 구축
2. 적합한 채용, 신속한 채용

3. 건강하고 강력한 팀 구축

4. 한 단계 업그레이드된 피드백과 성과 관리

비즈니스에 따라 회사나 팀 차원에서 표준화가 필요한 일상적인 업무 프로세스가 존재할 수도 있다. 예를 들어 스트라이프에서는 제품 출시를 위해 여러 팀 간의 조율이 필요하므로 표준화된 접근 방식을 채택하고 있다. 제품 출시는 비즈니스의 성패를 좌우하는 중요한 이벤트이므로, 우리는 이를 제대로 수행하고자 한다. 표준화된 프로세스는 제한적으로 적용되어야 하며, 리더는 회사 전체에 적용되는 프로세스에 대해 비판적인 시각을 가져야 한다.

나는 프로세스를 중요하게 생각하지만 프로세스에만 전적으로 의존해서는 안 된다고 생각한다. 사람도 중요하다. 직원들이 최선을 다해 일할 수 있도록 하려면 가능한 한 자신을 개방적으로 드러내는 관리 스타일이 필요하다. 사람들 대부분은 가정과 직장 생활을 엄격하게 구분하지 않는다. 건강한 조직 문화 환경에서는 사람들이 삶의 모든 순간, 기쁨과 어려움까지도 서로 나누며 마음을 열고 깊은 신뢰를 쌓아간다. 나는 항상 직원들 개개인에게 어떤 일이 일어나고 있는지, 업무뿐만 아니라 직원들의 삶 전체에 대한 희망과 야망을 알고 싶어 한다. 그래야 전체적인 상황을 파악하고, 그것이 팀과 부서, 회사 전체에 어떻게 연결되는지 알 수 있기 때문이다. 좋은 일이 생겼을 때 시간을 내서 축하해주는 것은 각자가 사무실 밖에서도 똑같이 헌신하는 삶이 있고 거기서 얻은 경험이 자신의 일부라는 것을 기억하게 해주며, 그 가치를 강화한다. 어려운 문제가 발생하면, 나는 그 사람과 팀을 돕기 위해 무슨 일이 일어나고 있는지 알고 싶다.

이러한 다차원적인 지식은 관리 중인 인재가 계속해서 성장할 잠재력이 있는지 평가할 때도 도움이 된다. 한 인사 담당자와 함께 일한 적이 있는데, 그는 델에서 일할 때 배운 인재 평가 접근법을 설명하면서 '요구에 부응해 성장하기scaling to the call'라고 불렀다. 회사의 규모가 커짐에 따라 구성원들이 더 큰 책임과 복잡한 과제를 떠맡게 된다는 의미다. 업무 자체는 변하지 않더라도 그 범위가 달라지므로, 성과를 내고 유지하기 위해서는 요구되는 역할에 맞게 성장해야 한다. 나는 필요에 따른 새로운 도전에 나서는 것을 좋아한다. 회사에서 요구하는 업무를 수행하는 각 직원에 대해 생각하면서 나는 이렇게 스스로에게 묻는다. '기대에 부응해 성장할 수 있을까?' 직원들이 기대에 부응할 수 있는지, 다음 단계로 성장하도록 어떻게 도울 수 있는지에 대한 직관을 개발하는 것은 회사의 프레임워크만큼이나 성장에 중요하다.

2013년에 홀마크의 이사회에 합류했을 때, 많은 친구와 동료가 의아해했다. 그래서 나는 100년 이상 된 회사 몇 개를 꼽아보라고 했다. 그러자 1개 이상 이름을 대는 사람이 많지 않았다. 홀마크는 1910년에 설립된 회사다. 사람들 대부분이 축하 카드 제조회사로 알고 있지만, 미디어 회사(크라운 미디어)이자 제조회사(카드와 장식품을 만드는 것 외에도 크레용 제조사인 크레욜라를 소유하고 있다)이기도 하다. 하지만 무엇보다 중요한 점은, 직원을 단순한 노동력으로서가 아니라 한 사람으로 존중하는 프로그램에서 세계적으로 손꼽히는 기업 중 하나라는 사실이다. 강력한 사명, 명확한 구조, 실행력 있는 리더, 사람을 중시하는 경영 원칙 등 내가 생각하는 일하기 좋은 기업의 모든 요소를 갖춘 회사의 이사회에 합류하고 싶지 않을 이유는 없었다. 지속 가능한 조직을 구축하는 것 외에 회사를 설립하는 다른 목적이 있을까?

누구를 위한 책인가?

이 책은 오랫동안 지속될 가치 있는 회사를 목표로, 사람을 우선시하는 회사를 구축하려는 사람들을 위한 책이다. 특히 갈수록 복잡해지는 관리 업무에 대한 실무 가이드이다. 당신은 여러 팀을 관리하거나 관리자를 코칭하기 시작했을 수도 있다. 자신이 근무하는 지역뿐 아니라 다른 지역에 있는 직원들까지 이끌고 있을 수도 있다. 또는 빠르게 성장하는 회사에서 변화가 급속히 일어나 새로운 리더 영입과 팀 구성 등 어려운 관리 기술을 개발할 시간이 부족하거나, A지점에서 B지점까지 가는 데는 도움이 되었지만 C지점으로 가는 데 필요한 능력이 부족한 구성원을 떠나보내야 할 수도 있다. 신생 회사의 창업자와 창업팀에게도 이 책이 도움이 되기를 바란다. 급성장하는 회사의 창업자는 처음으로 경영을 배우는 경우가 많아 어려움을 겪기 때문이다.

이 책에서는 관리의 기본 사항들을 다루지 않는다. 예컨대 직속 부하와 정기적으로 원온원 미팅을 하는 방법에 대한 내용은 없다(하지만 당신은 꼭 해야 한다!). 그 대신 원온원 미팅에서 어려운 대화를 효과적으로 이끌어가는 방법을 다루는 부분이 있다. 물론 기본 사항들은 매우 중요하므로, 이 장 뒤에 있는 부록 '관리자 업무 체크리스트'를 통해 자신에게 부족한 부분을 체크하고 채울 수 있도록 구성했다. 모든 항목을 점검했다면 이 책을 읽을 준비가 된 것이다.

이 책을 읽는 방법

이 책은 탄탄한 회사 구조를 구축하고 다양한 경영 환경에 효과적으로 대처하는 데 필요한 실질적인 도구들을 제공한다. 수년간 빠르게 관리 경험을 쌓고, 다른 실무자들과 교류하며, 동료, 직속 상사, 리더십 코치 등 훌륭한 관리자들로부터 배운 내용을 바탕으로 한다. 어려운 경영 환경에 직면했을 때 관련 주제를 찾아보고 실무자들의 조언과 실제 사례를 참고할 수 있도록 구성했다. 이 책을 한 번만 읽고 마는 것이 아니라, 필요한 순간마다 집어 들어 관련된 내용을 찾아볼 수 있기를 바란다. 이 책이 여러분의 성장 속도를 높이는 계기가 되어, 회사 성장과 여러분의 영향력을 가속화하는 데 도움이 되길 바란다.

이 책은 총 6개 장으로 구성되어 있다. 1장에서는 효과적인 관리를 위한 네 가지 핵심 원칙을 다룬다. 2~5장에서는 네 가지 코어 프레임워크를 자세히 설명하며, 팀원들과 그들의 인간적 요소를 모두 고려하는 총체적인 접근 방식을 소개한다. 최종 결론인 '글을 마무리하며'에서는 이 모든 것의 핵심인 '당신 자신'을 다룬다. 각 장의 마지막에는 해당 주제와 관련된 유용한 체크리스트와 템플릿 등 워크북이 포함되어 있다. 특정인의 공로를 밝히기도 했지만 대부분의 자료는 동료들과 협업해 작성했거나 스트라이프 채용팀과 같은 부서 내 팀에서 작성했다. 전반적으로 볼 때, 이 문서들은 회사 설립과 경영 전반의 가장 핵심적인 측면을 다룬다.

1장 성장 조직 구축을 위한 필수 운영 원칙 네 가지

인생에서와 마찬가지로 업무에서도 결정을 내리는 데 도움이 되는 일련의 원칙이 있다. 나는 이를 운영 원칙operating principle이라고 부른다. 이

장에서는 핵심 구조를 구축하는 데 도움이 되는 네 가지 중요한 원칙을 소개한다. 이 원칙들은 관리자의 길을 걸어오면서 자주 되돌아보는 시금석이며, 관리에 대해 조언할 때 반복적으로 언급하는 주제이기도 하다.

1. 상호 이해의 기반은 자기 인식이다.
2. 말하기 어려운 이야기는 솔직하되 건설적으로 하라
3. 관리와 리더십의 차이를 구분하라
4. 전사 공통의 운영 시스템을 구축하라

이 원칙들은 책에서 자세히 설명할 것이다.

2장 코어 프레임워크 1: 목표 달성을 위한 시스템 구축

이 장에서는 운영 시스템을 구축하는 방법에 관해 설명한다. 가치와 장기 목표를 포함해 회사의 가장 큰 포부부터 시작해 목표에 대한 프레임워크를 수립하는 방법을 다룬다. 또한 단기 목표 설정과 목표 달성을 위한 진행 상황을 측정할 수 있는 지표에 대해서도 다룬다. 그 후 회사와 팀 단위의 목표를 달성하는 데 도움이 되는 자원 배분 전략과 평가 및 책임 체계를 다룬다.

3장 코어 프레임워크 2: 적합한 채용, 신속한 채용

직원은 회사의 가장 소중한 자원이다. 이 장에서는 모든 레벨의 직원 모집recruiting부터 채용 과정에서 발생하는 다양한 문제를 다룬다. 리더와 직원 각각의 역할을 다루며 요구사항 평가, 면접, 선발, 온보딩, 내부 승진 vs 외부 채용, 신입 직원들과 협력하는 과정에 대해 다룬다.

4장 코어 프레임워크 3: 건강하고 강력한 팀 구축

이 장에서는 각 개인이 모인 팀을, 시너지를 창출하는 팀으로 만드는 방법을 다룬다. 새로운 팀을 구성하고 구조화하는 것부터 시작해 커뮤니케이션과 의사결정, 외부 워크숍 운영, 조직 개편 처리, 분산된 팀 관리 등 일상적인 팀워크에 대해 살펴본다. 또한 다양성, 형평성, 포용성을 갖춘 팀을 구축하는 핵심 요소들을 살펴보고, 리더인 당신이 떠난 후에도 팀이 성공할 수 있도록 준비시키는 방법에 대한 조언들로 내용을 마무리한다.

5장 코어 프레임워크 4: 한 단계 업그레이드된 피드백과 성과 관리

모든 회사는 성장 단계나 규모에 상관없이 개선을 촉진하는 피드백을 제공하는 문화를 지향하며, 이를 위한 프레임워크를 제공해야 한다. 특히 초기 단계에서는 복잡할 필요가 없다. 아무것도 준비되지 않은 상태에서 회사를 운영하기보다는 복잡하지 않은 기본 시스템부터 시작해 차근차근 구축하는 것이 훨씬 낫다. 이 장에서는 이러한 구조를 효과적으로 구축하는 방법을 다룬다. 특히 피드백을 받는 사람이 당황하지 않도록 하는 것이 중요한 이유, 고성과자와 저성과자, 다른 관리자를 관리하는 법, 성과 평가, 코칭, 보상, 해고 등 인사 관리 접근법, 직원에게 발생할 수 있는 부정적 상황에 대한 대응 방안 등을 다룬다.

글을 마무리하며: 가장 중요한 존재는 당신이다

마지막 장은 관리에서 가장 중요한 존재인 당신에 대한 이야기다. 이 장에는 관리자가 자신의 커리어를 관리하고 행복과 성취감을 얻는 방법, 즉 업무적 성장뿐만 아니라 개인적 성장까지 촉진하는 관계 구축에 관해 관리자들에게 조언해준 내용이 담겨 있다. "비행기에서 비상사태가 발생하면 다른 사람을 돕기 전에 자신이 먼저 산소 마스크를 착용해야 한다"는 말처럼, 가장 중요한 것은 나 자신이다. 여기서는 시간과 에너지 관리, 상사와 동료 관리, 잠재력 평가 등에 대해서도 다룬다.

이 책에서 공유하는 모든 내용은 나를 포함하여 내가 코치하고 멘토링한 많은 사람이 직접 시도하고 테스트한 것들이다(여기서 공유하는 견해와 조언은 나의 개인적인 생각이지 스트라이프 또는 구글의 공식 입장을 대변하는 것이 아니다). 물론 이 책에서 제시하는 방법은 회사를 구조화하고 관리하는 한 가지 방법일 뿐이며 정치, 컨설팅, 기술 분야에서 쌓은 나의 경험이 많이 반영되어 있다. 하지만 나는 인간의 행동은 보편적이며, 그렇기 때문에 경영도 마찬가지라고 굳게 믿고 있다. 이런 생각을 바탕으로 각기 다른 분야의 전문가들에게 각자의 경험과 교훈을 공유해달라고 요청했다. 본문 곳곳에서 그들의 생각을 엿볼 수 있다. 『이코노미스트_The Economist』 편집장 재니 민턴 베도스_Zanny Minton Beddoes, 링크드인 투자자이자 창업자인 리드 호프먼_Reid Hoffman, 줌 CEO이자 창업자인 에릭 위안_Eric Yuan, 그 외에 더 많은 전문가 인터뷰 전문은 press.stripe.com/scaling-people/interviews에서 확인할 수 있다. 이들이 일관되게 공통적인 조언을 한다는 사실과 폭넓은 적용 가능성에 놀라게 될 것이다. 이들은 자신의 커리어와 회사에 대해서도 흥미로운 이야기들을 들려준다.

스트라이프에서는 파블로 피카소_Pablo Picasso의 명언을 자주 인용한다. "미술 비평가들이 모이면 형태와 구조, 의미에 대해 이야기한다. 화가들이 모이면 저렴한 유화 물감을 어디서 구할 수 있는지에 대해 이야기한다."[7] 피카소의 생애에 관한 책을 읽고 싶을 때도 있지만, 때로는 가장 저렴한 유화 재료를 어디서 살 수 있는지 알고 싶을 때도 있다. 이 책은 후자

의 경우다. 즉 관리에 필요한 실질적인 도구들을 안내하는 실용적인 가이
드이다.

관리자 업무 체크리스트

○ 나는 내가 관리하는 영역의 관리자로서 법적 책임이 있다는 것을 인지하고 있다.

○ 나와 부하직원들은

☐ 매주 또는 격주로 원온원 미팅을 정기적으로 가지며, 일정이 변경되는 경우는 거의 없다.

☐ 양측의 의견 제시, 기록, 합의된 조치 등이 포함된 원온원 주제를 작성한다.

☐ 분기별 목표를 세우고 함께 모니터링한다.

☐ 3~6개월마다 부하직원과 함께 서로 피드백을 주는 시간을 가진다.

☐ 3개월, 6개월 또는 12개월마다(회사가 빠르게 변화할수록 더 자주 가져야 한다) 공식적인 대화를 통해서 달성한 성과(또는 달성하지 못한 성과)와 그 성과를 달성한 방법 또는 달성하지 못했던 방법을 모두 강조한다.

○ 나와 우리 팀은

☐ 매주 또는 격주로 회의한다.

☐ 회의에 정시 출석하고, 특별한 사유 없이 회의 일정을 변경하지 않는다.

☐ 계획을 조율하고, 의사결정을 내리거나 어려운 문제에 대해 논의하는 등 서로의 업무 수행을 돕기 위해 함께 시간을 보낸다.

○ 나와 우리 본부는

☐ 채용하려는 직무에 대해 설명할 수 있고 면접 평가 기준을 가지고 있다.

☐ 직원들과 명확하게 소통할 수 있는 승진 단계와 직급이 있다.

☐ 직원들이 이해할 수 있는 보상 철학과 명확한 보상 체계를 가지고 있다.

○ **나는**

☐ 내 직무와 팀의 역할을 이해한다.

☐ 관리자와 합의한 분기별 목표가 있다.

☐ 관리자와 정기적으로 원온원 미팅을 한다.

☐ 관리자나 조직 내 리더들로부터 전반적인 회사의 우선순위와 목표에 대한 맥락을
파악할 수 있는 정보를 얻을 수 있다.

1장

성장 조직 구축을 위한
필수 운영 원칙 네 가지

ESSENTIAL OPERATING PRINCIPLES

조직을 운영하고 의사결정을 내리는 방법은 다양한데, 당신이 현재의 방식을 택한 이유는 무엇인가? 관리자는 좋은 본보기를 보이는 것이 팀 성공의 핵심이라고 믿고, 고객 미팅을 철저히 준비하거나 디자인 리뷰에 상세한 피드백을 남기는 등 모범을 보이며 팀의 성공을 위한 중요한 행동을 실천하려 노력하고 있을 수도 있다. 데이터가 없으면 어떤 결정도 내릴 수 없다고 믿기 때문에, 모든 팀이 주요 결정을 내리기 전에 측정 가능한 결과를 도출하는 테스트를 거치도록 요구할 수도 있다. 혹은 위임 능력이 뛰어나 대부분의 시간에 적절한 인재를 적재적소에 배치하고, 그들이 탁월한 성과를 내도록 방해 요소를 제거하는 데 집중할 수도 있다.

의식적이든 무의식적이든, 당신은 이미 자신만의 수많은 관리 운영 원칙을 세웠을 것이다. 이러한 원칙들은 의사결정을 내리고 업무를 수행하는 지침이 되며, 당신의 업무, 관리 방식과 의사결정에 대한 개인적인 가치 체계가 되기도 한다. 운영 원칙이 어떻게 자신의 업무에 영향을 미치는지 이해하면 더 나은 관리자가 되는 데 도움이 된다. 운영 원칙을 명확하게 표현하면, 다른 사람들이 당신의 업무 방식을 더 쉽게 이해할 수 있기 때문이다. 운영 원칙은 회사 전체의 코어 프레임워크를 구축·구현하는 데도 길잡이 역할을 한다.

다음 장에서 이러한 프레임워크에 대해 자세히 알아보기 전에, 나의 원칙을 공유하고자 한다. 지금까지의 커리어에서 다양한 경영 전략을 활용해왔는데, 그중 상당수는 나와 많은 사람이 존경하는 훌륭한 관리자와 리더들에게서 배운 것이다. 시간이 지나면서 다음과 같은 원칙들을 바탕으로 내 관리 방식의 뼈대를 다듬었으며, 이 원칙들은 리더이자 관리자로서 성공하는 데 중요한 토대가 되었다.

1. 상호 이해의 기반은 자기 인식이다

2. 말하기 어려운 이야기는 솔직하되 건설적으로 하라

3. 관리와 리더십의 차이를 구분하라

4. 전사 공통의 운영 시스템을 구축하라

나처럼 진정성 있는 리더십authentic leadership('진정성 있는 리더십'은 하버드대학교 경영대학원의 빌 조지Bill George가 제창한 개념으로, 리더가 자신의 가치와 신념에 기반해 조직을 이끄는 방식을 뜻한다-옮긴이)을 중요시한다면, 내가 당신의 취향과 행동 방식에 맞춰 관리하고 이끄는 방법을 알려줄 수 없다는 점을 이해할 것이다. 당신은 이미 자신만의 원칙을 가지고 있기 때문이다. 그럼에도 이 몇 가지 원칙이 훌륭한 리더이자 관리자가 되기 위한 강력한 토대가 될 것이라 믿는다. 이는 모든 리더십 스타일에 적용되며, 효과적인 관리에 필수적이다.

이 모든 원칙은 단 한 가지, 신뢰 구축으로 귀결된다. 자기 인식 없이는 당신의 능력과 행동에 대한 피드백을 누가 신뢰할 수 있겠는가? 자신의 의견과 판단을 명확히 밝히지 않는다면, 어떻게 팀원들이 자신의 위치를 파악하고 당신이 그들의 이익을 위해 일한다고 믿을 수 있겠는가? 회사를 성장시키는 과정에서 정해진 목표를 달성하고 있는지, 아니면 새로운 비전을 구상하고 있는지 확신하지 못한다면, 팀원들은 당신이 팀을 성공으로 이끌 것이라고 어떻게 믿을 수 있겠는가? 또한 일관성과 안정성이 없다면, 팀원들은 당신이 무엇을 기대하는지 어떻게 알 수 있겠는가?

스트라이프의 공동 창립자이자 CEO인 패트릭 콜리슨Patrick Collison은 최근 "나는 어떻게 정직한 중재자가 되었는가?"라는 제목으로 테드 조이아Ted Gioia가 쓴 글의 링크를 보내왔다.[8] 조이아는 지난 커리어에서 정부 및 다양한 이해관계자들과 복잡한 거래를 경험하며 "솔직한 소통과 신뢰할 수 있는 거래로 명성을 쌓은" 사람, 즉 "장기적인 관점에서 행동하는" 정직한 중재자가 되는 것이 유일한 길임을 배웠다고 했다. 이는 그에게 큰 울림을 주었고, 작가이자 평론가로서의 두 번째 커리어에서는 독자들이 신뢰할 수 있는 정직한 중재자가 되겠다고 했다. 패트릭은 내가 테드의 글에 공감할 것이라고 했는데, 실제로 나는 그 글에 깊이 공감했다. 특히 패트릭이 신뢰 구축을 위한 나의 노력을 인정해주었다는 점이 매우 기뻤다. 동료들, 특히 팀을 위해 정직한 중개인이 되려고 노력하자.

나의 확고한 또 다른 신조는 '너 자신을 알라'다. 누가 처음 이 말을 했는지는 의견이 분분하지만, 델포이의 격언이라고 불릴 정도로 오래된 말이다. 리더십, 관리, 회사 설립이 모두 자기 인식에서 시작된다는 말이 직관적으로 와닿지 않을 수 있지만, 나는 굳게 믿는다. 자기 인식은 내가 생각하는 네 가지 원칙 중 가장 중요하므로, 이 원칙부터 살펴보겠다.

1. 상호 이해의 기반은 자기 인식이다

자기 인식은 훌륭한 관리의 핵심이다. 다른 세 가지 운영 원칙은 관리자로서의 역할에 관한 것이지만, 이 원칙이야말로 모든 원칙을 뒷받침하는 근본적인 기반이 된다. 내가 먼저 자각함으로써 모든 사람이 자각할 수 있는 환경을 조성하자. 이는 결국 팀원들 간의 상호 인식으로 이어질 수 있다.

흔히 관리는 다른 사람을 다루는 기술이라고 생각하지만, 관리는 자신의 강점과 개선점을 명확히 아는 데서 시작한다. 자신의 강점과 약점을 설명할 수 없는 팀은 성공할 수 없다. 더 중요한 점은, 자신이 기여할 수 있는 강점과 부족한 부분을 모른다면 효과적이고 상호 보완적인 팀을 구성할 수 없다는 것이다.

자기 인식을 위해서는 세 가지 요소를 고려해야 한다. 첫째, 삶의 근본을 이루는 자신의 가치 체계를 이해하는 것이다. 둘째, 타고난 선호도, 즉 업무 스타일과 의사결정 성향을 파악하는 것이다. 셋째, 보유한 기술과 실제로 요구되는 능력의 간극을 명확히 아는 것이다.

자신의 가치관을 이해하라

구글에서 나는 엘리(가명)라는 관리자와 함께 일했다. 엘리의 팀원들은 그와 일하는 것을 좋아했다. 엘리의 팀은 항상 성과를 냈으며, 회사에 대한 그의 열정도 컸다. 엘리는 정말 좋은 관리자였다. 하지만 문제도 있었다. 그는 팀원들에게 모든 정보를 공유했다. 여러 팀에 영향을 줄 수 있는 부서 변경 계획을 너무 빨리 알리는 바람에, 다른 관리자들은 팀원들과 소통하지 않는 것처럼 비쳤다. 새로운 보수 체계 프로세스를 만들 때도, 그는 팀원들에게 "아직 보수 체계 계획이 확정되지 않아서 스트레스를 엄청 받고 있어"라고 말하며 불안감을 조성했다. 그의 팀원들은 우리가 새로운 보수 체계를 도입하려는 이유와 자신에게 어떤 도움이 될지 알기도 전에 불안감을 느끼며 거부하기 시작했다. 그의 문제적 행동 때문에 나는 그와 몇 차례나 원온원 미팅을 가졌다. 엘리는 매번 자신의 행동에 대한 나의 평가에 동의했지만, 회의실을 나가면 다시 예전 습관으로 돌아갔다. 해결책이 없어 막막한 기분이었다.

그러던 차에 얼마 지나지 않아 인사 담당자의 도움으로 우리 부서를 위한 관리자 교육을 진행하게 되었다. 강연자로 온 『나를 꿈꾸게 하는 회사』의 저자 스탄 슬랩Stan Slap[9]은 모든 관리자에게 자신의 핵심 가치가 무엇인지, 그리고 그 가치가 어디서부터 시작되었는지를 생각해보라고 했다. 그는 수백 명의 관리자 앞에서 참가자들을 무대로 불러 각자의 가치를 공유하는 시간을 가졌다. 그때 엘리가 손을 들었다.

엘리가 들려준 이야기는 다음과 같다. 그가 일곱 살 무렵, 어머니가 심하게 아프셨다. 나중에 어머니가 유방암에 걸렸다는 사실을 알게 되었지만, 당시에는 가족 중 누구도 그에게 무슨 일이 일어나고 있는지 알려주지 않았다. 가족은 가능한 한 평소처럼 보이기를 원했다. 물론 상황은 전혀 그렇지 않았고, 엘리는 어머니의 몸과 마음이 이전과 얼마나 달라졌는지 알아차렸다. 어머니는 상태가 악화되어 결국 병원에 입원했지만, 엘리는 어머니를 볼 수 없었다. 어느 날, 엘리의 새아버지가 학교에 엘리를 데리러 왔다. 두 사람은 엘리가 좋아하는 식당으로 가서 팬케이크를 주문했다. 엘리가 팬케이크를 먹으며 시럽이 흘러내리는 것을 보고 있을 때, 새아버지는 어머니가 돌아가셨다고 말했다.

엘리의 가치는 바로 투명성이었다.

나는 그의 이야기를 인상 깊게 들었고 두 가지 중요한 교훈을 얻었다. 첫째, 다른 사람의 속 깊은 이야기는 절대 알 수 없다는 것이다. 함께 일하기 힘든 팀원의 행동 뒤에는 대개 납득할 만한 깊은 이유가 숨어 있다. 둘째, 어떤 사람들은 자신이 왜 그런 행동을 하는지 잘 모를 수도 있다는 것이다. 자신의 행동이 어떤 근본적인 신념에 의해 움직이는지를 이해하지 못하면 아무리 노력해도 자신을 바꿀 수 없다.

엘리는 자신의 신중하지 못한 행동이 팀 운영을 어렵게 할 뿐 아니라, 본부에까지 부정적인 영향을 미칠 수 있다는 것을 알고 있었다. 그는 팀을 위해 더 나은 일을 하고 싶었지만, 동시에 팀에게 정보를 숨기는 것은 투명성을 중시하는 자신의 신념을 배신하는 것처럼 느꼈다. 그와 나는 모두 팀을 지원하고 안정된 환경을 조성하기 원했지만, 투명성에 대한 그의 지나친 강조는 그러한 목표를 약화시키고 있었다.

엘리가 자신의 가치관을 명확히 인식하고, 나를 비롯한 주변 사람들과 이를 공유하게 되면서, 우리는 모든 상황을 메타적 관점에서 이야기할 수 있게 되었다. 우리는 엘리가 팀과 본부에 어떤 정보를 공유하는 것이 옳고 적절한지를 함께 논의할 수 있었다. 자기 인식을 구축함으로써 엘리는 관리자와 팀원, 팀, 본부가 성공적으로 협력하는 상호 인식 관계에 기여할 수 있었다. 궁극적으로 엘리는 중요한 결정을 공유하기 전에 동료나 상사와 상의해야 하며, 사려 깊게 소통하는 것이 팀원들을 배려하는 방법임을 깨달았다.

자신에게 무엇이 중요한지 알면 자신의 업무 방식, 활력을 얻는 요소와 고갈시키는 요소, 감정적 반응을 일으키는 요인을 이해하는 데 도움이 된다. 이러한 인사이트를 통해 자신의 가치를 표현하고, 그 가치가 서로 상충하거나 다른 사람의 가치와 충돌할 때를 이해할 수 있다. 그렇게 되면 엘리와 내가 사용했던 방법 중 하나인 '대화에 대한 대화'를 활용할 수 있다. 나는 이를 '메타적 접근'(행동이 미치는 더 넓은 의미와 영향을 함께 고려하는 방식-옮긴이)이라고 부른다. "저는 X를 중요하게 생각하는데, 당신은 다른 동기나 기준을 가지고 있을 수도 있겠네요"라고 말하며 결론을 내리거나 상황을 정리할 수 있다. 좌절감을 느낀다면, 오히려 내 가치관이 때로는 장벽이 될 수 있다는 점을 받아들이는 마음이 생긴다. 그러면 엘리처럼 앞으로 나아갈 방법을 찾을 수 있다. 이 장 말미에는 자신의 가치관을 발견하는 데 도움이 되는 템플릿이 준비되어 있다.

선호하는 업무 스타일을 파악하라: 업무 유형 4

자신의 핵심 가치관을 이해하기 시작했다면, 이제 업무 스타일과 선호도를 파악할 차례다. 가장 먼저 고려할 부분은 내향적인지 외향적인지 여부를 확인하는 것이다. 당신은 타인과의 상호작용을 통해 에너지를 얻는 스타일일 수도 있고, 반대로 조용히 혼자 사색하면서 에너지를 얻는 스타일일 수도 있다. 내가 즐겨 사용하는 방법 중 하나는 '생각하기 위해 말하는지, 아니면 말하기 위해 생각하는지'를 스스로에게 물어보는 것이다. 나는 외향적인 편은 아니지만, 생각하기 위해 이야기하고, 혼자가 아니라 다른 사람과 협력할 때 최고의 성과를 낸다.

외향성과 내향성 외에도 다양한 차원의 선호도가 있다. 예컨대, 당신은 프로세스를 명확히 하는 것을 좋아하는 사람일 수도, 반대로 프로세스를 따르는 것을 거부하는 사람일 수도 있다. 자신의 선호도를 이해하면, 현재 맡은 역할에서 자신의 강점을 발휘하는 데 도움이 된다(많은 영업사원이 외향적인 반면, 영업 운영 담당자들이 대개 내향적이고 프로세스 구축에 능숙한 것은 결코 우연이 아니다). 중요한 점은 자신의 잠재적인 취약점을 파악하고, 어떤 동료와 팀원이 당신의 업무 방식을 가장 잘 보완해줄 수 있는지를 아는 것이다.

이러한 자기 인식 능력을 구축하려면 꾸준한 노력이 필요하다. 몇 주간 자신이 활력을 느낄 때, 지친 기분이 들 때, 업무에서 최고의 역량과 최저의 역량을 발휘한 순간들을 꾸준히 기록하다 보면 점차 패턴이 보이기 시작할 것이다. 자신의 인식이 확실하지 않다면, 신뢰할 만한 주변 사람에게 자신이 언제 뛰어난 성과를 냈고, 언제 가장 부진했는지 물어보라. 자신과 타인에 대해 더 깊이 이해할 수 있는 공식적인 방법도 있다. 예를 들어 당신의 업무 선호도에 대한 피드백을 얻을 수 있는 관리자, 코치, 멘토 등을 만나 물어보는 것이다.

일반적으로 대부분의 업무 스타일과 성격 선호도 평가는 내향적인지

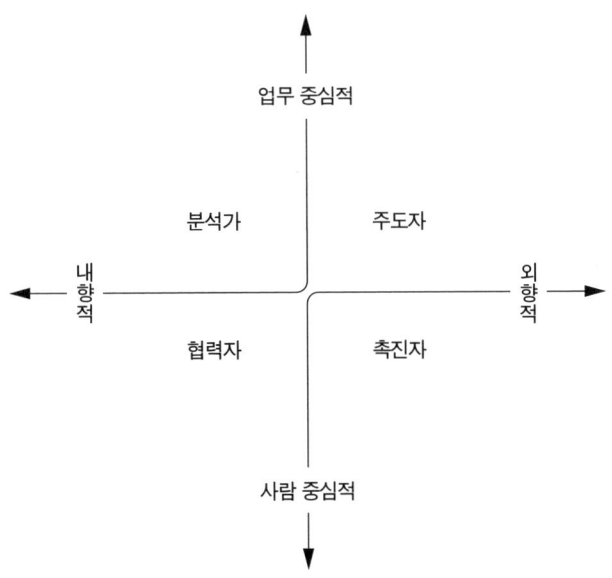

그림 1. 업무 스타일과 성격 선호도

외향적인지, 그리고 업무 중심적인지 사람 중심적인지를 기준으로 하여 네 가지 유형으로 분류한다(그림 1은 기존의 4분면을 내가 변형한 것이다).

여기서 중요한 점은 자신이 어떤 사람인지, 어떻게 일하는지 단정 짓거나 사람들에 대해 고정관념을 가지는 것이 아니라, 동료들이 당신의 선호도를 이해하고, 동시에 그 반대되는 성향도 인식하도록 돕는 것이다.

고정관념에 빠지는 것은 위험하며 우리는 모두 개별적 특성을 가진 개인이라는 점을 염두에 두면서 모든 업무 스타일의 주요 4분면을 다음과 같이 나누었다.

분석가(내향적, 업무 중심적)

분석가Analyzer 유형은 매우 신중하게 의사결정을 내리며 행동이나 반응의 근거가 되는 데이터를 꾸준히 탐색한다. 이들은 철저하며, 다른 사람들이 데이터에 기반하지 않은 직관적인 판단으로 인해 함정에 빠지는 것을 막아준다. 반면 데이터가 없으면 행동하는 데 어려움을 겪으며, 업무 지향적인 성향 때문에 협업, 프로세스 구축, 그리고 자신의 결정과 행동에 사람들을 참여시키는 데 어려움을 겪을 수 있다.

주도자(외향적, 업무 중심적)

주도자Director 유형은 '정답'에 대한 확고한 생각을 가지고 있으며, 올바른 결과를 빨리 얻는 것을 중요하게 여겨 신속한 조치를 취하는 경향이 있다. 이들은 능숙하게 비전을 수립하고 모든 사람이 이를 따르길 원한다. 하지만 대개 프로세스 구축을 선호하지 않아서 직접 일을 처리하거나, 어떤 과정을 따라야 하는지 세세하게 지시해 다른 사람들의 의욕을 꺾거나 자율성을 저해할 수 있다.

촉진자(외향적, 사람 중심적)

촉진자Promotor 유형은 카리스마가 있고 사람 중심적이다. 아이디어가 많고 영감을 주는 이야기를 표현하는 능력이 뛰어나다. 디테일이나 관리 업무는 좋아하지 않으며, 시작은 잘하지만 마무리는 잘하지 못하는 경향이 있다. 전반적으로 큰 그림을 볼 수 있고, 다른 사람들에게 영감을 주며 관계를 구축하는 데 탁월하다.

협력자(내향적, 사람 중심적)

협력자Collaborator 유형은 내부 고객(회사 직원)이든 외부 고객(제품 사용자)이든 고객을 중요하게 생각한다. 이러한 성향 덕분에 이들은 종종 다른 사람들을 끌어들이는 훌륭한 시스템을 구축한다. 반면, 사람 중심적인 성격이라 누구도 배제하고 싶지 않은 마음에 일을 지나치게 복잡하게 만드는 경향이 있다. 모두의 동의를 얻는 과정에서 조직에 도움이 되지 않는 비효율적인 프로세스가 구축될 수도 있다. 예를 들어 모든 팀원이 한 명의 지원자를 만나도록 하는 프로세스를 만들어, 채용 절차가 90일이나 소요되는 경우가 발생할 수도 있다.

이러한 업무 스타일 중 객관적으로 더 좋거나 나쁜 것은 없다. 하지만 특정 상황에서는 어느 한쪽이 더 유리한 경우가 있다. 예를 들어 기술적인 장애가 발생했을 때 소수의 인원이 중요한 결정을 신속하게 내리는 시스템이 필요할 수 있다. 이때는 즉각적인 조치가 필요하므로 사람들의 장기적인 동의를 얻는 데 신경 쓸 필요가 없다. 이러한 상황에서는 주도자가 필요하다. 반면, 팀이 다음 해에 어떤 일을 할 것인지 결정하는 계획 프로세스를 구축하려는 경우, 사람들에게 업무의 중요성을 이해시키고 지속 가능한 시스템을 만들고 싶을 것이다. 신뢰할 수 있는 몇몇 사람들과 함께 모든 계획을 세울 수도 있지만, 그렇게 되면 실제로 업무를 수행해야 하는 사람들이 배제될 수 있다. 또한 향후 계획 수립에 필요한 기술을 개발하는 데 도움이 되지 않을 것이다. 이 경우에는 협력자와 촉진자가 필요하다.

이와 같은 일반적인 선호도 패턴을 평가하는 도구 중에 DISC 검사[10]와 MBTIMyers-Briggs Type Indicator[11]가 있다. DISC 검사는 지배력dominance, 영향력influence, 꾸준함steadiness, 성실함conscientiousness과 같은 성격 요소

를 측정하며, MBTI는 카를 융의 연구를 기반으로 하여 16가지 성격 유형을 식별하는 데 도움을 준다. 개인적으로 내가 가장 좋아하는 평가 도구는 인사이트 디스커버리Insights Discovery다.[12] MBTI보다 세분화되어 있으면서 이해하기 쉽고, 팀 내 특정 행동을 효과적이고 빠르게 식별할 수 있다.

인사이트 디스커버리 평가는 개인의 성격 유형을 빨강, 노랑, 초록, 파

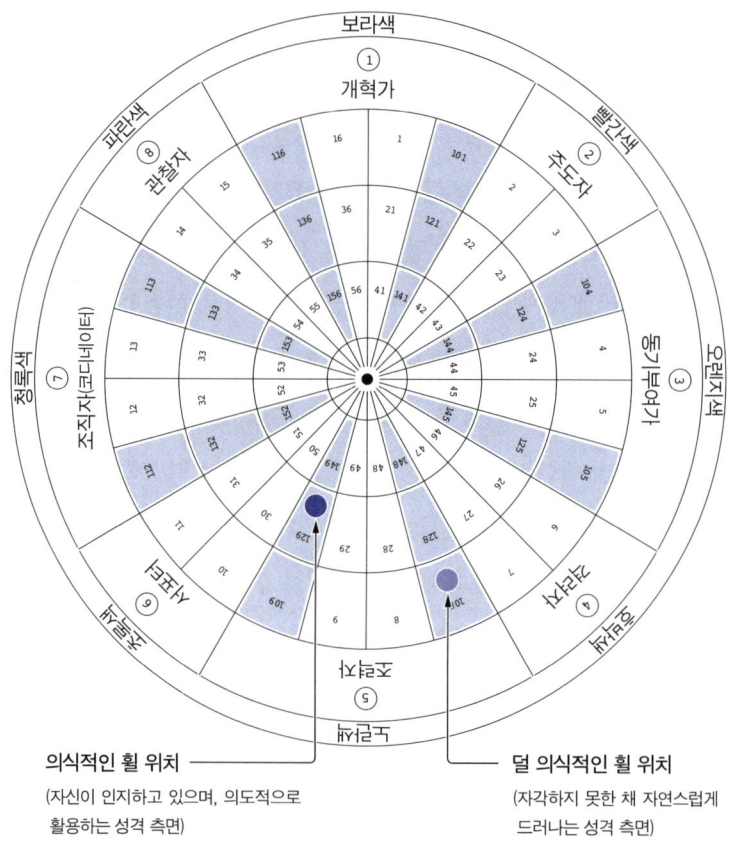

그림 2. 인사이트 디스커버리 휠(개인 결과 예시 포함).

스케일링 피플

랑 네 가지 색으로 이루어진 사분면 중 하나로 분류한다.

내가 속한 사분면이 원의 중심에 가까울수록 해당 영역에 대한 나의 선호도가 강함을 의미한다. 또한 평가 결과를 통해 집과 직장에서 각각 행동 강도가 어떻게 다르게 나타나는지도 알 수 있다. 내가 선호하는 스타일은 노란색 경계에 가까운 초록색 '서포터supporter' 범주에 속했다. 내가 선호하는 스타일과 반대되는 스타일은 빨간색, 즉 '주도자Director' 범주에 가까웠다. 이러한 통찰은 나의 강점을 분명히 보여준다. 나는 일을 해내는 것을 좋아하지만, 대개 프로세스와 사람을 통해 일을 처리한다. 반면, 차트에 빨간색이 많은 다른 리더들은 업무를 할당하거나 직접 처리하는 방식으로 더 많이 일한다.

자신의 기술과 역량을 분석하라

핵심 가치와 선호하는 업무 스타일을 명확히 파악했다면, 이제 두 가지 질문을 통해 더욱 전술적인 측면에서 자기 인식에 대해 알아볼 수 있다.

- **나는 무엇을 잘할 수 있는가?** 어떤 기술을 보유하고 있으며, 어떤 기술을 개발해야 할까?
- **나의 역량은 무엇인가?** 타고난 재능은 무엇이며, 시간이 지나면서 어떤 능력을 습득했는가?

기술skill은 전술적인 능력이다. 간단한 소프트웨어 프로그램을 작성하고, HTML을 활용하며, 스프레드시트로 재무 모델을 구축하거나, 상세한 마케팅 캠페인을 기획하고 문서화하는 작업 등이 이에 해당한다. 좀 더 높은 수준에서는 비즈니스 문제를 분석하고 전략을 수립하는 능력도 이에 포함된다. 하지만 이러한 접근 방식은 지나치게 이분법적이다. 즉 '해봤다', '해본 적이 없다', '효과적이었다', '효과적이지 않았다' 같은 단순한 기준으로 판단하게 된다. 자신의 역할에 필요한 기술, 현재 보유한 기술, 배워야 할 기술 목록을 작성해 부족한 부분을 파악하고 이를 보완하기 위한 구체적인 계획을 세운다.

역량Capability(능력Competency이라고도 한다)은 순수한 기술보다 한 단계 더 높은 수준이다. 주어진 상황에서 특정 기술을 사용할 수 있는 타고난 능력에 가깝다. 예를 들어 나는 전술적 분석 기술이 특출나지는 않다. 경영대학원에서 재무 모델을 구축하는 방법을 배웠지만, 의사결정의 근거로 삼을 만큼 좋은 모델을 구축할 수 있을 거라고는 생각하지 않는다. 하지만 분석 역량은 강하다. 나는 많은 데이터와 의견을 흡수하고 상황의 모든 요소를 빠르게 종합해 결정해야 할 사항, 위험, 취해야 할 잠재적 조치를 파악할 수 있다는 말을 들었다.

기업이 위기 상황에 처했을 때 내부와 외부 커뮤니케이션을 관리하는 상황을 가정해보자. 이때 필요한 것은 기술뿐 아니라 위기 상황을 감지하는 본능, 그리고 과거 유사 사례와 비교 분석할 수 있는 능력이다. 이를 통해 예측 불가능한 새로운 문제를 포함해 발생 가능한 모든 상황에 대처할 수 있다. 프로젝트 관리와 언론 또는 이해관계자와 소통하기 위해 리더가 전달할 핵심 메시지를 작성하는 것은 '기술'이다. 하지만 이해관계자를 관리하고, 위험을 평가하며, 긴급한 상황에서 올바른 커뮤니케이션 전략을 판단하는 능력은 '역량'이다.

어떤 능력이 선천적인지 후천적인지를 고민할 때, 나는 스스로에게 묻는다. '이 일을 숨 쉬는 것만큼 잘할 수 있는가?' 나는 특정 능력을 습득해야 한다고 생각할 필요가 없었다. 그 대신, 필요할 때마다 그 능력을 끄집어내어 활용할 수 있었다. 예를 들어 많은 사람이 공동 작업을 수행해야 하는 상황에서, 나는 작업을 완료하는 데 필요한 행동과 각 사람의 역할을 순서대로 파악하고 정리하는 데 어려움을 느끼지 않는다. 반면에, 간트 차트Gantt chart(프로젝트 일정 관리를 위한 바 형태의 도구-옮긴이)와 같은 다양한 프로젝트 관리 도구를 사용하는 능력은 익혀야 했다. 하지만 그 차트 내에서 행동의 범위와 순서를 정하는 것은 나에게 자연스러운 역량이었다.

강점은 기술과 역량의 총합이다. 그렇기 때문에 강점과 약점에 대한 대화를 할 때 기술과 역량이 모두 언급되는 경향이 있다. 예를 들어 부하 직원은 개발이 필요한 분야가 뭐라고 생각하느냐는 질문에 "이메일을 더 잘 쓰고 싶습니다"라고 답할 수 있다. 이유를 물어보면 팀의 규모가 커져서 더 효과적인 커뮤니케이션 능력이 필요하기 때문이라고 대답할 수 있다. 이메일이 부서 내 주요 소통 수단이므로 직원들은 이메일 작성 기술과 더불어 리더십 커뮤니케이션 역량을 키우고 있다. 두 가지 모두 중요하지만 실제로 성장을 촉진하는 것은 역량이다. 다른 형태의 커뮤니케이션으로 변환되어 재사용될 수 있기 때문이다. 이메일 작성은 유용한 기술이지만, 효과적인 커뮤니케이션은 훨씬 더 광범위하고 다재다능한 역량이다.

강점과 약점에 대해 이야기할 때, 자기 인식 능력을 키우는 비결은 '강점은 약점도 될 수 있다'는 사실을 이해하는 것이다. 경영대학원에 다닐 때 인상 깊었던 기억 중 하나는 제프리 가르텐Jeffrey Garten 학장의 말이었다. 그는 "여기서 배우게 될 가장 큰 교훈은 여러분의 가장 큰 강점이 가장 큰 약점이기도 하다는 것입니다"라고 말했다. 덧붙여 경영대학원 프로그램이 프로젝트 중심으로 진행되며, 그 과정에서 동료 학생들로부터 받는 피드백을 통해 이 사실이 명확하게 드러날 것이라고 설명했다.

강점이 약점도 될 수 있다는 사실을 인식하면 부서와 팀을 구성하고, 프로세스를 운영하며, 의사결정을 내리는 방식에 변화를 줄 수 있다. 팀은 관리자의 거울이다. 자신의 강점을 다른 사람의 강점과 조화시키지 못하면 취약점이 드러난다. 내 경우는 시간이 촉박할 때 효과적으로 소통하는 데 강점이 있지만, 때로는 충분히 멈춰서 주의 깊게 듣지 못하는 경우가 있다. 또한 너무 빨리 결론을 내리고 행동으로 옮긴다. 팀 회의나 원온원 미팅에서 긴급한 상황에 직면했을 때, 내가 지키려는 개인적인 규칙이 있다. 바로 먼저 질문하는 것이다. 이렇게 하면 성급하게 행동하는 것을 방지할 수 있다. 팀원들이 자신감을 가지고 소통하며 문제를 해결하는 능력을 키우는 데도 도움이 된다. 특히 행동이 느린 사람들로 구성된 팀이라면 더욱 그렇다.

자신의 강점을 기준으로 팀을 꾸리고 싶어질 수 있지만, 실제로 필요한 팀은 자신에게 부족한 기술과 능력을 보완할 수 있는 팀이다. 관리자의 역할은 팀 전략을 파악하고, 각 팀원의 업무 선호도와 강점을 최적으로 활용할 수 있도록 상호 보완적인 팀을 구성하고 임무를 배치하는 것이다. 예를 들어 뛰어난 전략적 사고 능력을 가진 사람이라면 다른 사람의 전략적 사고 능력을 더 쉽게 알아챌 수 있다. 훌륭한 전략적 사고가 어떤 것인지 이미 이해하고 있기 때문이다. 게다가 전략적 사고를 즐기고 토론하는 것을 좋아하므로, 그만큼 전략적 사고를 더 핵심적인 가치로 인식할 가능성이 높다. 어느새 당신은 전략가들로 가득 찬 팀을 구성하게 되고, 팀 회의는 장기적인 계획과 거시적인 관점에 대한 브레인스토밍으로 채워진다. 모두 같은 생각을 가진 사람들이고 이런 이야기를 나누는 것을 좋아하므로 팀 분위기는 좋을 수 있다. 그러나 팀원들의 아이디어 실행력이 부족해 실제적인 성과로 이어지지 않는다.

다양한 선호도, 경험, 기술, 역량을 가진 사람들로 팀을 구성하면 훨씬 더 강력한 팀을 만들 수 있다. 이때 자기 인식과 상호 인식 능력이 중요한

> 아버지는 자신의 강점을 이해하는 것이 중요하지만, 약점을 이해하는 것도 중요하다고 말씀하셨다. 약점에 대한 이해가 자신이 부족하다는 의미는 아니다. 자신에게 부족한 점을 보완해줄 수 있는 사람들로 주변을 채워야 한다. 나는 이 사실을 처음부터 알고 있었다.
>
> — **도미니크 크렌**Dominique Crenn, 미슐랭 3스타 레스토랑 '아틀리에 크렌' 오너 겸 셰프

역할을 한다.

이를 보완해주는 팀이 있더라도, 스스로 안전지대에서 벗어날 장치를 마련하는 것이 중요하다. 예를 들어 나는 데이터로 가득 찬 스프레드시트를 깊이 파고들어 분석하는 것을 좋아하지 않는다. 핵심 인사이트 몇 가지를 뽑아 회의에서 논의하는 방식을 선호한다. 하지만 측정 가능한 목표가 많은 팀을 운영하기 때문에 팀원들이 표와 데이터를 꼼꼼하게 검토하도록 시스템을 구축했다. 또한 기본적인 수치에 집중하는 팀원들(분석가들)이 충분히 목소리를 낼 수 있도록 시간을 할애하고, 그들이 차트와 결과를 도출한 요인에 대해 설명하도록 장려한다. 이렇게 하면 필요한 주제에 충분한 시간을 할애할 수 있다. 개인적으로는 에너지가 많이 소모되는 심층적인 데이터 분석을 마친 후, 더 높은 수준의 전략적 토론에 참여함으로써 스스로에게 보상을 준다.

자기 인식을 평가하려면

자신을 인식하지 못한다는 것을 어떻게 알 수 있을까? 다음 몇 가지가 확실한 징후다.

- 다양한 사람들로부터 동의하기 어려운 피드백을 계속 받고 있다(피드백이 항상 옳다는 뜻은 아니지만, 다른 사람들이 나를 바라보는 방식과 내가 스스로를 인식하는 방식이 다르다는 의미다).
- 팀의 방향이나 결정에 공감하지 못해 답답함과 짜증을 느끼며, 이유를 설명해도 동료들이 이해하지 못하는 것 같다.
- 하루 일과가 끝나면 피곤함을 느끼지만, 그 이유를 정확히 모른다.
- 내가 어떤 일을 좋아하고 싫어하는지 설명하기 어렵다.
- 관리자와 마찰을 겪고 있으며, 서로 해결하는 데 어려움을 겪고 있다.

이 중 하나 이상의 항목에 해당한다면 그 이유를 깊이 살펴볼 필요가 있다. 이 책에 담긴 많은 템플릿은 자신과 타인에 대한 이해를 높이는 데 중점을 둔다. '나와 함께 일하기' 문서를 작성하면 자신이 어떤 방식으로 가장 효과적으로 일할 수 있는지 되돌아보게 된다. 직속 부하와 커리어 대화를 나누면 그가 내린 직업적 결정과 그 이유를 이해할 수 있다(자기 인식, '나와 함께 일하기', 커리어 대화에 대한 자세한 내용은 3장에서 다룬다).

업무 효율을 높이려면 자기 인식이 필수적이다. 자신이 왜 특정 방식으로 일하는지를 이해하지 못하면, 업무 방식을 개선하거나 바꿀 수 없다. 자기 자신을 이해하고, 자신이 업무 환경에 어떤 영향을 미치는지를 알지 못하면 성장 중인 회사에서 팀원들과 팀을 효과적으로 관리할 수 없다.

한 멘토가 나에게 '에릭, 자신을 돌아봐야 해. 매일 자신의 강점과 약점을 살펴보고, 자신을 더 잘 알기 위한 계획을 세워야 해'라고 말한 적이 있다. 나는 지금도 그분의 조언을 따라 달력에 '15분 생각과 명상'을 적으며 실천하고 있다. 그리고 자신에게 물어본다. '오늘을 다시 시작한다면 무엇을 다르게 할 수 있을까? 내가 실수한 것은 없는가? 내일은 더 나아질 수 있을까?' 가끔은 중요한 생각을 기록하기도 한다. 하지만 대부분은 이러한 생각만으로도 충분하다.

— 에릭 위안, 줌 설립자 겸 CEO

2. 말하기 어려운 이야기는 솔직하되 건설적으로 하라

스트라이프에서 팀들과 분기 성과 리뷰QBR, Quarterly Business Reviews를 시작한 지 얼마 지나지 않았을 때, 중요한 제품 영역에 대한 리뷰에 참여하게 되었다. 그런데 리뷰가 진행되는 동안, 한 팀의 직원들이 중요한 장애물에 대해 에둘러 표현하고 있다는 느낌을 받았다. 그 팀의 업무와 관련된 다른 팀들도 그 자리에 있었다. 나는 QBR을 멈추고 물었다. "중요한 문제가 언급되지 않은 것 같습니다. 관련 팀과 갈등이 있나요?" 우리는 남은 회의 시간 동안 그 명백한 문제에 대해 이야기했고, 두 팀이 함께 그 문제를 해결하기 위한 계획을 세우는 데 집중했다. 회의를 마치고 나오는 길에 참석했던 한 엔지니어가 나에게 "참 신선했어요"라고 말했다.

회의에 참석했을 때, 문득 '아무도 입 밖으로 내지 않지만, 중요한 무엇인가가 있는 것 같아'라고 생각한 적이 간혹 있을 것이다. 부하직원과 대화하는 중에 '내 말에 기분이 상한 건 아닐까?'라는 생각이 든 적도 있을 것이다. 모든 단어를 신중하게 골라서 말하고 있는 자신을 자각한 적도 있을 것이다. 이러한 생각은 더 큰 질문으로 이어진다. 왜 관리자는 솔직하게 말하지 못하는 걸까?

사람들은 종종 신중하게 몇 단계에 걸쳐 말을 가려서 하는 것이 좋은 관리 방식이라고 생각하는데, 그럴 만한 이유가 있다. 자신의 말이 개인적인 판단으로 비칠까 우려되기 때문이다. 하지만 지나치게 말을 걸러내는 것은 주의해야 한다. 적절한 필터링을 통해 건설적인 피드백을 전달한다면, 현재 상황에 대해 더욱 솔직한 대화를 나눌 수 있다. 그러면 모두가 해결책을 모색하는 단계로 나아갈 수 있다.

프레드 코프먼Fred Kofman은 『비즈니스 의식혁명, 깨어 있는 리더들의 7가지 원칙』에서 우리가 생각하는 것을 말하기 어려운 이유를 설명한다.[13] 그는 모든 대화에는 다음 세 가지 중요한 요소가 존재하기 때문이라고 말한다.

- **그것**it: 현재 논의 중인 과제
- **우리**we: 대화에 참여하는 사람들 사이의 관계
- **나**I: 대화에 참여하는 당신 개인의 입장

이 세 가지 요소 각각은 드러나지는 않지만 복잡하고 미묘한 긴장감을 형성해, 때로는 우리가 솔직하게 자신의 생각을 말하는 것을 어렵게 한다.

'그것'은 우리가 당면한 문제, 예를 들어 배송이 지연되는 상황에서 제작 일정을 조정하는 방법에 관한 논의다. 이 과정에서 여러 팀의 의견이 일치하지 않거나, 지연의 책임이 누구에게 있는지에 대한 암묵적인 믿음이 존재할 수 있다. '우리'는 함께 일하는 사람들과의 관계에서 말로 드러나지 않는 모든 측면과 관련이 있다. 우리가 서로를 존중하는가? 서로에게 호감을 가지고 있는가? 서로를 신뢰하는가? 이러한 미묘한 감정들이 대화에 영향을 미칠 수 있다. 마지막으로 '나'는 자신에 대해 의심하고 비판하는 것이다. 내가 이런 생각을 하는 건 어리석은 걸까? 이런 말을 하면 사람들이 나를 어떻게 생각할까? 나는 이 배송 지연에 어떻게 대처해야 할지 모르는 건 아닐까?

이 프레임워크는 대화의 숨겨진 방해 요소를 이해하고 극복하는 데, 그리고 마음속 목소리에 귀 기울이는 데 매우 유용하다. 내가 솔직하게 말하기 어렵다고 느꼈던 순간에 도움이 되었던 세 가지 방법을 공유한다.

감정을 공유하자

감정은 누구에게나 있는 만큼 강력한 관리 도구가 될 수 있다. 걱정되거나 과부하가 걸렸을 때 어떤 기분인지를 우리는 모두 잘 알고 있다. 팀원들에게 자신의 감정을 공유하면, 당신의 말이 얼마나 중요한지를 그들이 빠르게 이해하도록 도울 수 있다. 목표를 달성하지 못했다는 말만으로는 상황의 심각성이 전혀 전달되지 않는다. 반면에 "목표를 달성하지 못했고, 이것이 우리 팀과 비즈니스에 미칠 영향이 걱정됩니다"라고 말한다면 팀은 즉시 해결해야 할 문제가 있음을 이해할 것이다.

차분하게 말할 때 효과적이다

"우리 팀이 목표를 달성하지 못해서 정말 미치겠네요"라고 말한다면, 팀원들이 당황하기 시작할 테고 필요한 작업을 진행하는 데 방해가 될 수 있다. 이 장 앞부분에서 언급한 엘리의 사례를 떠올려보자. 엘리는 부서에 어떤 일이 일어나고 있는지, 그로 인해 자신이 어떻게 느끼는지("스트레스를 너무 많이 받고 있어요") 솔직하게 털어놓았지만, 정보나 감정을 신중하고 차분하게 전달하지 못한 탓에 오히려 팀 전체에 불안감을 조성했다.

사람을 아이디어와 과제로부터 구분하자

'그 사람이 누구인지'와 '그가 무엇을 했는지'를 구분하자. 토론은 '그것' 자체에 집중해야 하지만, 종종 '우리' 또는 '나'에 대한 평가처럼 느껴질 수 있다. 내가 아는 한 코치는 비판이나 민감한 의견을 제시하면 양측이 서로 대립하는 것처럼 느껴질 수 있지만, 함께 같은 문제를 바라보고 해결책을 모색하는 것이 훨씬 효과적이라고 말했다. "그 발표는 형편없었어요"라고 말해서 상대방이 프레젠테이션에서 어떤 역할을 했든 방어적인 태도를 취하도록 유도하는 것은 "프레젠테이션에 대해 어떻게 생각하세요? 몇 가지 부분에서 실망스러웠는데 어떻게 생각하시는지 듣고 싶어요"라고 말하는 것과 차이가 있다. 또 다른 예로, 예술 작품에 대해 토론한다고 가정해보자. 단순히 "마음에 들지 않아요"라고 말하는 것은 많은 정보를 전달하지 못한다. 왜 그렇게 느끼는지 설명하는 것이 더 효과적이다. 예를 들어 "팀원들의 업무 처리가 엉망입니다"라고 말하는 대신 "제 생각에는 현재 팀 내 의사소통이 잘 이루어지지 않고 있고, 그 결과 마감일을 지키지 못하는 것 같습니다"라고 말하는 것이다.

많은 관리자가 자신의 생각을 솔직하게 털어놓지 못하는 이유를 충분히 이해한다. 때로는 관리가 마치 체조 경기에서 아슬아슬하게 균형을 잡는 일처럼 느껴진다. 이는 단순히 개인의 실패뿐 아니라 팀과 조직 전체의 실패로 이어질 수 있는, 위험도가 높은 일이다. 조금만 지나치면 너무 많은 것을 공유하게 되고, 반대로 말을 너무 아끼면 닫힌 사람처럼 비칠 수 있다. 하지만 솔직하되 건설적인 방식으로 자신의 생각을 표현하는 법을 배운다면 균형을 유지하는 데 도움이 될 것이다. 위험 부담은 있지만, 이 능력을 연마하면 신뢰를 구축하는 데 긍정적인 영향을 미칠 것이다.

신뢰가 가져다주는 보상은 매우 크다. 신뢰는 팀 전체를 강화하고 더욱 단단하게 결속시킨다. 자유롭게 말할 수 있는 팀은 문제를 더 빨리 발견하고 해결한다. 또한 업무나 직장 환경에 대한 생각이나 감정을 억누를 필요가 없어지므로, 팀원들은 더 행복한 직장 생활을 누릴 수 있다. 나아가 개방적이고 솔직한 태도를 유지하면서도 항상 건설적인 접근 방식을 취한다면, 직속 부하직원과 신뢰를 쌓는 데 필요한 강력한 일대일 관계를 효과적으로 형성할 수 있다. 킴 스콧Kim Scott의 『실리콘밸리의 팀장들』[14]이 주목받은 이유도 바로 여기에 있다. 개방적이고 배려 깊은 커뮤니케이션이 최고의 성과를 내는 사람과 팀, 일터의 토대를 이루기 때문이다.

말하기 어려운 이야기도 반복 연습과 피드백을 통해 효과적으로 전달할 수 있다. 전달하는 데 실패할 수도 있지만, 그 경험을 통해 교훈을 얻고 접근 방식을 바꿔서 다시 시도해야 할 수도 있다. 예전에 팀원에게 회의에서 긴장한 것처럼 보인다고 말한 적이 있다. 그는 멍한 표정으로 나를 쳐다보더니 방어적인 태도를 보였다. 내 의도는 그를 도와주려는 것이었다. 실제로 그가 긴장했는지 여부는 확실하지 않았지만, 그의 긴장된 모습이 발표의 설득력을 떨어뜨린다고 말하고 싶었다. 이후 회의에서도 그가 비슷한 태도를 보이자, 나는 이전과는 약간 다른 방식으로 접근했다. "약간 긴장한 리더십이 전략적이라면, 관리는 실행에 대한 것이다. 리더십은 방향을 설정하고, 목표를 설정하며, 사람들을 설득하고, 왜 그 방향으로 가야 하는지 설명한다. 다시 말해 기준을 세우고, 기대치를 설정하며, 분위기를 조성한다. 반면, 관리는 설정된 방향을 구현하는 것이다. 즉 적합한 프로세스를 구축하고, 필요한 역량을 가진 사람들을 적재적소에 배치하며, 최적의 팀을 구성하는 것이 관리의 핵심이다.

— 재니 민턴 베도스, 『이코노미스트』 편집장

것처럼 보이네요. 어떻게 생각하세요?" 그는 잠시 생각한 후 왜 그렇게 생각하는지 물었다. 나는 말하는 속도와 음색, 본인은 의식하지 못하는 버릇 등 몇 가지 특정 습관을 설명했다. 그는 이러한 행동이 다른 사람들에게 어떻게 비칠지 전혀 인식하지 못하고 있었다. 우리는 앞으로의 회의에서 그가 긴장한 모습을 어떻게 줄일 수 있을지에 대해 지속적으로 대화를 나누었다. 이는 그가 회사에서 성공하기 위해 반드시 필요한 대화였다.

단순히 보고 느낀 것을 전한 것이라도 상대방은 개인적 판단으로 받아들일 수 있기에, 자신의 의견을 표현하는 것이 어렵게 느껴질 수 있다. 이에 대해서는 5장에서 더 자세히 설명한다. 코칭, 성과 피드백, 회의 진행, 외부 워크숍 등 이 책의 다양한 템플릿으로 이러한 소통 기술을 연습할 수 있다.

3. 관리와 리더십의 차이를 구분하라

팀을 구성하고, 부하직원의 성장을 지원하며, 자신의 커리어를 발전시켜 나가는 과정에서, 관리자가 되는 것과 리더가 되는 것 사이의 차이점을 인식하는 것이 중요하다. 관리와 리더십 모두 회사의 성장을 위해 필요하지만, 같은 개념은 아니다.

훌륭한 리더는 비전을 제시하고 높은 목표를 설정하며, 그 길이 항상 명확하지는 않더라도 다른 사람들이 앞으로 나아갈 수 있도록 영감을 준다. 비전이 명확하면 모두가 더 큰 목표에 집중하고, 꾸준히 참여하며, 동기 부여를 유지할 수 있다. 리더가 관리자가 될 필요는 없지만, 비전을 실현할 적합한 팀을 구성하기 위해 관리자와 협력하고, 필요한 관리자를 채용하는 방법을 알아야 한다. 때로는 리더가 너무 많은 것을 요구하는 것처럼 느껴질 수 있지만, 궁극적으로 그러한 요구는 팀원들에게 동기를 부여하는 요소가 된다.

훌륭한 관리자는 실제 업무 수행을 책임진다. 관리의 핵심은 사람을 통한 실행이다. 훌륭한 관리자는 목표를 세우고 운영 주기operational cadences를 정하며, 각 구성원이 현재의 성과와 미래의 커리어 포부를 명확히 이해하도록 도와준다. 훌륭한 관리자가 있는 팀은 팀원 간의 신뢰가 높고, 열심히 일하는 과정에서 도전과 보람을 느끼며, 개인과 팀이 모두 발전하고 있다고 느낀다. 훌륭한 관리자가 처음부터 훌륭한 리더가 될 필요는 없지만, 관리자의 역할이 커질수록 리더십 기술을 개발하는 것이 더욱 중요해진다. 팀에 불편을 주더라도 비전과 방향을 제시하지 못하면 관리자는 결국 한계에 부딪힌다.

다른 방법으로 관리자와 리더의 차이에 대해 생각해볼 수 있다. 나는 종종 로널드 하이페츠Ronald Heifetz, 알렉산더 그래쇼Alexander Grashow, 마티 린스키Marty Linsky의 저서 『적응적 리더십의 실천The Practice of Adaptive Leadership』에 나오는 기술적 문제와 적응적 문제를 평가하는 프레임워크를 참고한다.[15] 기술적 문제는 명확한 해결책과 달성 가능한 방법이 존재하지만, 적응적 문제는 계속 변화한다. 끝이 없는 게임과도 같다.[16] 예를 들어 기술적 문제는 고객 서비스 수준 협정SLA에서 약속한 2시간 내 문의에 응답하지 못하는 경우다. 적응적 문제는 진화하는 사용자 요구와 치열해지는 경쟁 속에서 제품 우선순위를 설정하는 것이다. 관리자는 기술적 문제를 해결하는 데 뛰어나다. 적응적 문제를 해결하려면 리더십이 필요하다. 훌륭한 관리자는 편해질 수 있지만, 진정한 리더는 매일 불편함을 감수해야 한다. 이 두 가지를 혼동하지 말아야 한다.

관리와 리더십의 차이를 이해하게 된 것은 내 커리어에서 정말 귀중한 경험이었다. 예전 같았으면 관리자로 승진시켰을 고성과자를, 이제는 리더로서 더욱 중요한 역할을 하도록 도울 수 있었다. 또한 나와 다른 사람들이 기술적 문제 해결을 넘어 적응적 리더십 영역으로 발전하는 데 도움이 됐다. 내가 가장 좋아하는 자기 인식 평가 테스트 중 하나인 빅 파이브 성격 테스트Big Five Personality Test[17]에서 나는 성실성과 친화성이 높은, 전형적인 훌륭한 관리자 유형으로 평가받았다. 하지만 뛰어난 리더십을 발휘하려면 종종 반대 의견을 제시하고, 더 높은 기준을 요구할 수 있어야 한다. 나는 그러한 리더십을 실천하는 방법을 배워야 했다.

때로는 문제의 틀을 다르게 설정하는 것만으로도 해결책을 찾을 수 있다. 최근에 스트라이프의 촉망받는 제품 마케팅 리더를 코칭한 적이 있다. 그녀는 팀의 업무를 끊임없이 변화하는 회사 제품 로드맵과 조율하는 데 계속해서 어려움을 겪고 있었다. 우리는 원온원 상담을 통해 해결책을 논의했는데, 단번에 해결할 수 있는 문제가 아니라는 결론에 도달했다. 그래서 그녀가 접근 방식을 지속해서 조정하고, 제품팀 또한 기존의 방식을 조정하도록 유도했다. 완벽한 프로세스 구축보다는 설득력과 신중한 커뮤니케이션을 통한 리더십이 필요하다는 사실을 깨달은 그녀는 완벽한 관리 해법을 찾으려는 부담에서 벗어났다. 이처럼 그녀는 자신의 리더십에 변화를 주어 문제를 효과적으로 해결할 수 있었다. 팀 내에는 경험이 풍부한 팀원들이 있었기에, 관리자로서보다는 다른 팀에게 속도를 내도록 설득해 상호 이익을 도모할 수 있는 리더로서의 면모가 그녀에게는 더 필요했다.

저자 중 한 명인 마티 린스키가 동료와 직속 부하직원에게 자주 하는 말이 있다. "리더십은 사람들이 감당할 수 있는 속도로 실망시키는 일이다." 리더십은 궁극적으로 변화를 주도하는 역할을 하는 반면, 관리는 안정화하는 것이다. 업무 환경에서 안정성은 중요하지만, 도전에 맞서고 새로운 아이디어를 실현하려면 불편함을 감수해야 한다. 즉 당신과 당신의 팀은 안정적이고 익숙한 방식에서 벗어나, 불확실하지만 흥미로운 새로운 방향으로 나아가야 한다.

경험이 풍부한 직원에게는 관리자로서의 상사보다는 리더로서의 상사가 필요하다. 커리어가 일정 수준에 도달했다면 업무를 능숙하게 수행할 수 있을 것이다. 이들에게는 명확한 비전을 제시하고, 목표 달성을 위한 마일스톤milestone(중간 목표-옮긴이)을 설정하며, 팀이라는 한정된 공간을 벗어나 더 넓은 외부 시스템에서 성장할 수 있도록 길을 열어줄 리더가 필요하다. 리더는 팀이 기존의 틀에서 벗어나 새로운 관점으로 생각하고 행동하도록 이끌며, 변화를 환영하고, 궁극적으로 더 야심 찬 목표를 달성하도록 독려한다. 반면, 경험이 적은 직원들에게는 리더보다는 관리자 관리는 우리가 일을 제대로 수행하고 있는지, 필요한 도구를 개발하고 있는지, 성과 지표를 파악하고 꾸준히 주시하고 있는지 등과 밀접한 관련이 있다.

리더십은 조직의 정신을 어떻게 설정하는가와 깊은 관련이 있다. 목표의 중요성보다, 실제 현장에서 목표를 달성하기 어렵다는 점이 더 큰 문제다.

관리는 조직의 각 요소들을 결합하는 기술이다. 반면 리더십은 조직 문화를 형성하고 참여 의지를 불러일으키는 것, 다시 말해 승리의 중요성에 대한 확신을 심어주는 것과 더 관련이 있다. '우리는 해낼 수 있다'는 긍정적인 에너지를 창출하는 것이다.

— **리드 호프먼**, 그레이록 파트너스 파트너, 링크드인 공동 창립자 겸 전 회장

로서의 상사가 필요하다. 이들은 직무 수행 전략을 세우는 데 도움을 받고, 일상적인 업무를 관리받으며, 개인의 성장과 업무 수행 능력 개발을 지원받는 것이 중요하기 때문이다.

스케일링 피플

4. 전사 공통의 운영 시스템을 구축하라

이어지는 4개 장에서는 운영 시스템을 구성하는 네 가지 코어 프레임워크를 살펴보고, 견고한 운영 시스템을 구축하는 방법을 다룬다. 운영 시스템에 대해 자신 있게 설명할 수 있게 된 것은 비교적 최근의 일이다. 2018년, 기술 업계에서만 벌어질 법한 일련의 사건 속에서, 나는 콜로라도에서 열린 컨퍼런스에 참석했다가 악천후로 인해 대량의 항공편이 취소되는 사태를 겪었다. 결국 근처에 앉아 있던 벤처 투자자, 은행가와 함께 농담 삼아 '탈출 신디케이트'를 결성해, 집으로 돌아가는 문제를 해결했다. 다행히도 다른 신디케이트 멤버들이 대부분의 비용을 부담한 덕분에 우리는 소형 비행기를 전세 내어 베이 지역으로 돌아갈 수 있었다. 공항에서 몇 시간 동안 발이 묶인 우리는 비행기에서 서로 이야기를 나누었다. 성공한 많은 기업과 함께 일해온 은행가는 자신이 아는 CEO와 리더들에게 즐겨 묻는 질문이 있다고 말했다. 바로 "당신이 가진 비장의 무기는 무엇인가요?"였다. 그는 한 CEO가 전 직원에게 회사에 대한 최고의 아이디어를 제출하도록 요청하고, 모든 제안서를 직접 읽는다는 인터뷰 내용을 들려주었다.

그의 이야기를 듣고 잠시 생각해본 후, 나의 비장의 무기는 바로 내가 관리하는 모든 팀에 공통된 운영 시스템을 구축할 수 있는 능력이라는 것을 깨달았다. 나는 각 팀이 동일한 운영 시스템, 즉 명확한 미션, 구체적인 목표, 핵심 지표, 유사한 회의 구조, 주간 및 분기별 회의 주기를 갖추도록 체계화할 수 있다. 리더로서 나는 어떤 팀에서든 자연스럽게 업무 환경을 전환할 수 있다는 의미다.

구글에서 여러 팀을 관리하기 시작했을 때, 끊임없이 변화하는 상황에 압도당하는 느낌이었다. 그러나 모든 팀에 공통된 사용자 인터페이스를 도입하자 업무가 훨씬 수월해졌다. 내가 했던 것처럼, 모든 팀에 동일한 핵심 요소를 적용하면 효율성이 극대화된다. 나중에 나는 직원과 팀의 채용 및 개발뿐만 아니라, 회사 전체에 동일하게 적용되는 운영 시스템이 훨씬 더 강력한 영향력을 미친다는 사실을 깨달았다.

공항에서의 일화보다 조금 더 진지한 이야기를 원한다면, 내 경영대학원 시절 교수의 말을 들려주고 싶다. 그 교수는 "틀에서 벗어나 생각하라think outside the box"는 유명한 조언을 뒤집어 이렇게 말했다. "성공하려면 사람들이 실제로는 틀 안에서 생각하기를 바라야 합니다. 바로 리더가 만든 틀 안에서!" 나는 이 말을 자주 떠올리곤 한다. 때로는 팀이나 동료들을 위해 문제의 틀을 설정할 때, 우리가 동일한 방식으로 핵심 요소를 바라볼 수 있다면 문제를 해결할 수 있다는 뜻이다. 팀 관리라는 맥락에서 살펴보면 운영 시스템이란 모든 것이 변화하는 상황에서도 모두가 신뢰할 수 있는 일관된 실행의 틀을 제공하는 것이라는 사실을 다시금 깨닫게 된다.

나의 운영 시스템과 마찬가지로, 당신 회사의 운영 시스템 또한 팀을 채용하고 육성하는 방식, 운영 주기, 즉 분기별 목표 설정, 월요일의 지표 검토 회의, 화요일의 팀 회의, 매주 원온원 미팅, 전체적인 조망을 위한 외부 워크숍 등을 기반으로 구축되어 있을 것이다. 팀과 회사는 다르지만, 이러한 기본적 루틴들은 안정성을 제공한다. 물론 이러한 리듬을 깨거나 루틴을 변경해야 할 때도 있지만, 대체로 정해진 루틴을 따를 때 효과적이다. 이는 추상화를 그리기 전에 기본적인 그림 그리기 기술을 완벽하게 익히거나, 자유시를 쓰기 전에 시적 운율을 먼저 배우는 것과 같다. 다른 경영대학원 교수는 포터의 5가지 경쟁 요인Porter's five forces이나 마케팅의 4P와 같은 다양한 비즈니스 프레임워크를 열정적으로 가르치고 나서, "이 모든 프레임워크를 이해했으니 이제 그 틀을 깰 수 있습니다!"라고 웃으며 말했다.

자기 인식, 솔직한 대화, 관리자와 리더의 역할 구분은 훌륭한 관리와 강력한 팀 구축의 기본이다. 하지만 이것만으로는 충분하지 않다. 결국 성과는 팀이 움직이는 환경과 실행력이 조화를 이룰 때 가능해진다. 이 조화가 제대로 작동하려면, 일련의 코어 프레임워크 내에서 팀이 운영되어야 한다. 이 장에서 설명한 원칙들은 신뢰를 중심에 둔 팀 환경을 어떻게 구축할 수 있는지를 보여준다. 이 책은 신뢰가 자리 잡은 환경 내에서 성과를 창출하기 위한 프레임워크에 대해 다룬다. 빌 월시Bill Walsh는 『결과는 저절로 따라온다The Score Takes Care of Itself』에서 스티브 제이미슨Steven Jamison에게 이렇게 설명했다. "신뢰가 강하게 자리 잡은 팀은 단 한 번의 승리에 그치지 않는다. **계속해서** 이긴다."[18]

나의 가치관 이해하기

(스탠 슬랩의 연습 문제를 응용하여 만듦)

다음은 자신의 가치관을 발견하고 업무에 어떤 영향을 미치는지 이해하는 데 도움이 되는 템플릿이다. 직장에서의 가치관에 맞추어져 있지만 개인 생활에도 적용할 수 있다.

1. 80세가 되어 커리어를 되돌아보는 자신을 상상해보자. 스스로에게 이렇게 물어보라. 직장 생활에서 성취감을 느끼고 의미 있었던 것은 무엇인가?

2. 성취를 이룬 삶을 상상할 때 떠오르는 열 가지 핵심 가치(예: 탁월함, 기쁨, 균형, 공동체, 영향력, 배움)를 적어보자. (뒤에 나오는 '가치 관련 사례' 참고)

3. 위의 목록을 5개의 가치로 좁히자.

4. 이제 목록을 세 가지로 좁히자. 다른 사람들과 함께 그룹으로 진행할 경우 세 가지 가치를 고르고, 그 가치를 선택한 이유에 관해 토론하자.

5. 각 가치 옆에 해당 가치를 반영하여 실제로 업무를 수행하고 있다고 생각되는 구체적인 행동을 적는다. 예를 들어 우수성이 가치인 경우, 제품이 95% 완성되었다고 판단하기 전에는 절대 고객에게 제품을 제공하지 않는다는 행동을 적는다.

6. 이러한 가치의 긍정적인 효과를 먼저 떠올려본 다음, 그 가치의 단점에 대해서도 생각해보라. 예를 들어 우수성이라는 가치의 긍정적인 결과는 고품질의 결과물을 만들어내는 것이다. 하지만 마감일을 놓치거나, 상황에 따라 어느 정도의 품질 타협이 불가피함에도 그렇게 하는 데 어려움을 겪는 경우가 종종 발생한다.

이 연습은 팀 단위로 진행하며, 팀원들은 소그룹으로 나뉘어 세 가지 핵심 가치를 공유할 수 있다. 그런 다음 자신의 이야기를 더 큰 그룹과 공유할 수 있다. 나는 이 활동이 자신에게 중요한 가치가 무엇이고, 그 가치가 직장 생활에서 어떻게 드러나는지에 대한 대화를 시작하는 데 도움이 된다는 사실을 알게 되었다. 더 나아가, 팀원 모두가 공유하는 세 가지 가치에 집중하고, 이를 팀의 사명으로 발전시키는 것도 좋은 방법이다.

가치	업무 활동	긍정적인 결과	상충되는 가치
1.			
2.			
3.			
4.			
5.			
6.			
7.			
8.			
9.			
10.			

가치 관련 사례들

다음은 스탄 슬랩이 『나를 꿈꾸게 하는 회사』에서 제시한 가치 중 일부다. 50가지 가치의
전체 목록은 스탄 슬랩의 책에서 확인할 수 있다.

나의 가치	정의
성취	목표 달성에 성공하기
발전	진행, 승진, 개선
모험	위험 감수, 새로운 경험
애정	사랑, 깊은 우정
이타주의	스스로 하지 못하는 사람들을 돕기
균형	침착함, 절제, 통찰력
헌신	대의에 대한 헌신, 책무에 대한 만족
연민	타인에 대한 공감, 관용, 이해

나에 대한 인식 파악하기

가치관 표현하기

다음 프레임워크를 사용해 자신의 개인적 가치를 작성하자(앞 페이지에서 예시로 든 가치들을 참조해도 된다).

개인적인 가치	이유	스토리 사례
가치의 이름. *예시:* 　영향력	이 가치가 중요한 이유를 설명하라. *예시:* 　나는 내 일이 당장 눈앞의 결과뿐만 아니라 더 넓은 관점에서 중요하다고 믿지 않으면 동기 부여가 되지 않는다. 부모님은 내가 주변 세상에 관심을 갖도록 교육시키셨다.	이 가치가 생활 속에서 어떻게 나타나는지 예를 들어 공유하자. *예시:* 　내가 만난 비즈니스 리더들이 경제 복지와 정책에 더 많은 영향력을 끼치고 있다는 사실을 깨닫고 로스쿨에 진학하지 않기로 결심했다.

개인적인 가치	이유	스토리 사례
1.		
2.		
3.		

선호하는 업무 스타일 고려하기

앞에서 설명한 다양한 업무 스타일 유형을 고려하여 현재 나의 업무 방식을 파악해보자.
재택근무 시 선호하는 방식과 출근 시 선호하는 방식이 다른지 생각해본다.

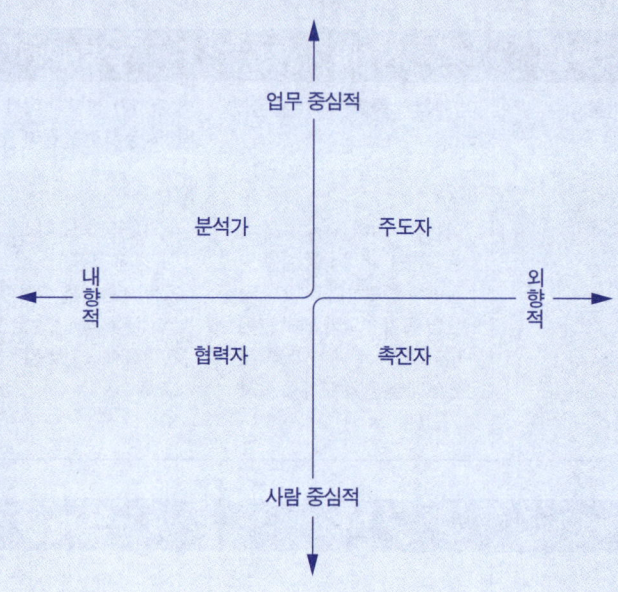

자신의 강점 파악하기

자신의 현재 기술과 역량, 앞으로 개발해야 할 역량을 더 명확히 파악하기 위해 먼저 자신이 가장 잘하는 것, 즉 자신의 강점을 나열해보는 것부터 시작하자. 그런 다음, 이를 타고난 기술과 역량, 후천적으로 습득한 기술과 역량으로 분류하자(앞에서 설명한 '자신의 기술과 역량을 분석하는 법' 참조).

강점
예시: 커뮤니케이션 능력.

기술	
타고난 기술	습득한 기술
예시: 잘 듣고 명확하게 말하기, 빠른 글쓰기.	*예시:* 대중 앞에서 말하기, 메모 작성.

역량	
타고난 역량	습득한 기술
예시: 신속한 정보 처리 및 분석 능력.	*예시:* 광범위한 전달(예: 마케팅)을 위해 복잡한 정보를 간단히 종합해 요약하는 능력.

스케일링 피플

2장

코어 프레임워크 1

목표 달성을 위한 시스템 구축

CORE FRAMEWORK 1

스트라이프에 합류하기 위해 창업주인 패트릭 콜리슨과 존 콜리슨John Collison 형제를 처음 만났을 때, 가장 먼저 물어본 질문 중 하나는 "회사의 미션이 무엇인가요?"였다. 그들의 대답은 정말 의외였다. 공식적인 미션이 없다는 것이었다.

나는 모든 회사의 미션은 반드시 창립 문서founding document에 명시되어야 한다고 굳게 믿고 있다. 창립 문서는 더 큰 계획과 책임 프레임워크의 일부로, 기업이 존재하고 운영되는 기본적인 틀을 제공한다. 이 프레임워크는 창립 문서, 운영 시스템, 그리고 업무의 흐름을 유지하는 운영 주기로 구성된다. 이는 마치 집이 기초, 구조를 지탱하는 기둥과 지지대, 배관과 같은 기계적인 설비로 구성되어 있는 것과 같다.

이 장에서는 기업으로서 추구하는 가장 높은 열망에서부터 단기적인 워크플로우에 이르기까지 목표 설정을 위한 프레임워크를 구축하는 방법과, 목표를 통해 진행 상황을 측정하는 방법을 다룬다. 또한 성공을 위한 필수 요소인 자원 배분, 평가 및 책임 시스템도 다룬다. 창립 문서부터 시작해 순차적으로 설명하도록 하겠다.

회사의 기초, 창립 문서

창립 문서는 회사 전체의 계획을 상세히 설명하는 문서로, 회사의 장기적인 목표와 원칙, 즉 회사가 존재하고 운영되는 이유와 방식을 포함한다. 창립 문서는 어느 정도 회사가 자리를 잡은 초기 단계에 작성하는 것이 바람직하다. 회사가 40명 또는 50명 이상으로 성장하면 창립 문서는 더욱 중요한 시금석이 된다. 창립 문서에서 회사의 존재 이유를 명확히 전달한 후에는 회사 전체의 초기 운영 시스템을 구축하고 실행하는 데 집중할 수 있다.

강력한 창립 문서를 통해 회사의 존재 이유와 달성하고자 하는 목표를 공유하면, 운영 시스템은 공통의 목적을 지향하고 목표에 기반하여 구체화된다. 이는 경영진부터 개별 직원에 이르기까지 명확한 회사 철학에 따라 움직이도록 이끈다. 운영 시스템은 회사 규모가 성장함에 따라 조직 전반에 일관되게 확장될 수 있으며, 혼란스러운 시기에도 회사의 목적과 고유의 문화가 구성원들을 안내하는 길잡이 역할을 하도록 돕는다. 더불어 회사가 중요시하는 가치(원칙)가 명확하면 모든 구성원에 대한 기대치가 명확해져 상호 이해를 증진시키고, 누군가가 이러한 기대에 미치지 못할 때 건설적인 피드백을 제공하는 것이 훨씬 수월해진다.

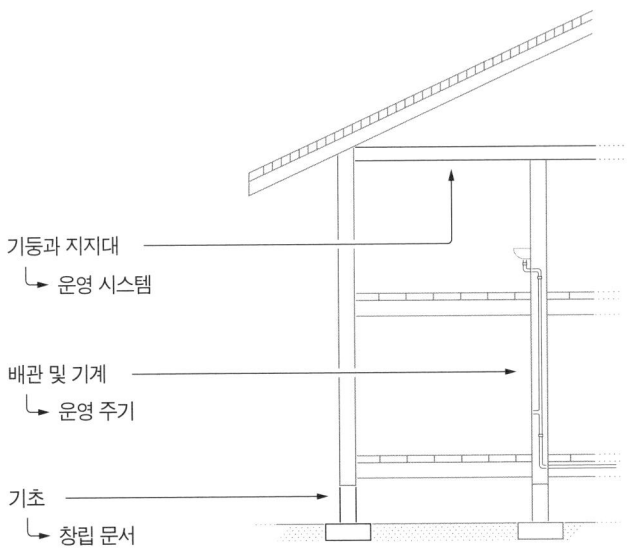

그림 3. 운영 시스템, 운영 주기, 창립 문서는 기둥과 지지대, 기계적인 설비 요소, 집의 기초와 같다.

창립 문서에는 미션, 장기 목표, 원칙(흔히 '가치'라고도 함), 팀 헌장team charters이 포함되어야 한다.

미션

미션Mission에는 회사의 존재 이유가 명시되어 있다. 공식적으로 명시되지 않더라도, 미션은 대개 자연스럽게 드러난다.

스트라이프의 미션을 묻는 내 질문에 패트릭은 사실 사명이 없는 것이 아니라, 그와 동생이자 공동 창업자인 존이 이를 공식화하지 않았다고 답했다. 하지만 스트라이프의 초기 회사 소개 페이지에서 패트릭은 회사에서 "인터넷 경제의 GDP를 키우고 싶다"라고 썼다. 그 후부터 직원과 입사 지원자 모두 이 문구를 회사의 미션으로 계속 언급했다. 이 문장은 스트라이프의 강렬한 목표를 상징하는 표현으로 자연스럽게 인식되었다.

전 직원 연례 모임을 앞두고, 늦은 밤 패트릭과 전화 통화를 하며 그가 할 발언을 검토한 적이 있었다. 우리 둘 다 이제 주어진 미션을 받아들여야 할 때라는 것을 알고 있었기에, 스트라이프의 미션은 '인터넷 경제의 GDP를 키운다to increase the GDP of the internet'가 되었다.

미션은 설명적descriptive이면서 열망적aspirational이다. 미션은 동일한 미션을 가진 조직이 존재해서는 안 될 정도로 고유하고 구체적이어야 한다. 그런 점에서 설명적이라고 할 수 있다. 미션은 완전히 달성될 가능성이 거의 없다는 점에서 열망적이다. 빌 게이츠는 "초기에 공동 창업자인 폴 앨런Paul Allen과 저는 모든 책상과 모든 가정에 컴퓨터를 보급한다는 목표를 세웠습니다. 대담한 아이디어여서 많은 사람이 우리가 미쳤다고 생각했죠"[19]라고 말했다. 이것이 바로 목표를 실현하기 위해 도달해야 하는, 달성 가능한 마일스톤(중간 목표)으로 세분화할 수 있는 열망의 모습이다. "전

사람들은 분명한 목적이 있어야 다른 사람들을 위해 일한다. 그 사실을 깨닫는 데 시간이 걸렸다. 처음에는 군대에서만 적용되는 원칙이 민간 세계에서도 통할지 확신할 수 없었지만, 민간 세계에서도 동일하게 작용한다는 것을 알게 되었다. 요즘 사람들은 예전처럼 교회를 자주 찾지 않는다. 그 대신, 매일 출근하는 회사에 점점 더 많은 것을 기대한다. 생각했던 것보다 훨씬 많은 시간을 회사의 가치와 목적에 할애하라. 가장 중요한 것은 '목적'이다.

— **찰스 필립스**Charles Phillips, 레커그나이즈 매니징 파트너, 전 인포 CEO

세계의 정보를 정리해 누구나 쉽게 접근하고 유용하게 사용할 수 있도록 한다"는 구글의 미션도 마찬가지다.

팀, 본부, 회사와 같은 모든 조직은 미션을 가지고 있어야 한다. 각 팀의 미션은 본부의 미션과, 본부의 미션은 회사의 미션과 연결되어야 한다.

다음은 스트라이프의 회사 미션에 부합하는 본부별 미션의 몇 가지 사례다.

- **디자인 본부**: 사용자가 만족하고 다른 사람에게 추천할 만큼 기능적이고 아름다운 제품과 경험을 창조하여, 스트라이프 브랜드와 제품의 모든 사용자 인터페이스를 정의·개발·전달한다.

- **운영 본부:** 사용자가 비즈니스를 구축하도록 지원하고, 스트라이프의 지속적인 성장을 뒷받침할 수 있는 운영 시스템을 구축한다. 이를 잘 수행하면 인터넷의 GDP 증가를 가속화할 수 있다.

다음은 본부 미션하에 운영되는 몇몇 팀의 미션 사례다.

- **물류팀(운영 본부 산하):** 미국 및 전 세계의 타사 파트너와 긴밀히 협력해 스트라이프의 물류 및 주문 처리 운영을 성장시키는 운영 프로세스를 구축하고 확장한다.
- **인프라팀(엔지니어링 본부 산하):** 스트라이프가 혁신적인 신제품을 개발할 수 있도록 인프라를 제공하는 동시에, 안전하고 안정적이며 비용 효율적인 인프라로 기존 사업 분야의 확장을 지원한다.
- **수요팀(마케팅 본부 산하):** 고객을 유치하고 고객 생애 가치를 성장시키며 가속화하고, 자가 유입 및 영업 대상 모두에서 전환 가능성이 높은 잠재 고객을 발굴할 뿐만 아니라, 잠재 고객과의 관계 전 과정에서 유용한 콘텐츠를 제공하여 지속적으로 관여한다.

개인에게도 미션이 존재할 수 있으며, 역할과 책임이 변화함에 따라 그 미션은 상당히 달라질 수 있다. 그러나 중요한 것은 자신의 업무가 팀, 본부, 그리고 회사에 어떤 방식으로 기여하는지 이해하는 것이다.

마이크로소프트를 예로 들면, 미션이 위에서 아래로 어떻게 흘러가는지 상상해볼 수 있다(이는 내가 분류한 것으로 마이크로소프트 내부에서 정한 것과는 다를 수 있다).

- **회사 미션:** 모든 가정의 책상 위에 컴퓨터를 놓는다.
- **본부 미션:** 컴퓨터 운영 시스템을 구축한다.

초기에 내가 저지른 가장 큰 실수는 회사의 비즈니스 원칙을 작성하는 데 집중하지 않은 것이다. 다른 리더에게 권한을 위임하려면 채용, 해고, 성과, 보안 등 다양한 영역에 대한 원칙을 작성해야 한다.

— **에릭 위안**, 줌 설립자 겸 CEO

- **팀 미션:** OS(운영 체제) 사용자를 위한 그래픽 사용자 인터페이스GUI를 개발한다.

회사의 장기 목표(비전)

스트라이프에 입사하면서 나는 회사의 장기 목표Long-term goals, 즉 향후 몇 년간 달성하거나 개선하고자 하는 큰 그림을 담은 야심찬 목록을 요청했다. 하지만 당시에는 장기 목표가 작성되어 있지 않아, 2014년 입사 직후 두 페이지 분량의 장기 목표를 작성했다. 당시에는 이 장기 목표를 3~5년 단위의 계획으로 생각했다. 하지만 8년이 지난 지금 돌아보면 여전히 장기 목표로 남아 있다. 다음은 그중 일부 예시다.

- 인터넷 기반 상거래의 성장
- 글로벌화의 가속화
- 개발자 도구 및 인프라 구축 기술의 발전

이 목표들은 회사의 미션과 맞물려 더욱 강화되었다. 앞으로 3~5년 후에도 변하지 않을 것으로 예상된다. 이는 직원들이 우리의 포부와 존재 이유를 이해하는 데 중요한 맥락을 제공한다. 물론, 분기별 또는 연간 단위로 설정되는 회사, 본부, 팀 목표도 있다(이 장에서 곧 다룬다). 이러한 단기 목표들은 장기 목표와 연결되므로, 장기적인 비전을 설정하는 것은 단기 목표를 설정하는 데 필수적인 전제 조건이다.

원칙

회사의 최상위 체계에서 다음으로 명확히 해야 할 요소는 기업 문화의 근간을 이루는 기업 가치다. 미션은 회사의 존재 이유를 설명하고, 장기 목표는 회사가 달성하고자 하는 목표를 제시한다. 가치 또는 원칙Principles 은 미션과 장기 목표를 향해 나아갈 수 있는 문화를 확립한다. 스트라이프 에서는 공유된 신념과 행동 체계를 중요시하므로 가치를 '원칙'이라고 부른다. 원칙을 뭐라고 부르든, 회사의 모든 활동에 녹아 있어야 한다.

원칙은 회사의 정체성에 진정성을 부여해야 한다. 회사 브랜드와 마찬가지로 원칙도 (조직의 전략, 실제 업무 등과) 관련이 있고, 신뢰할 수 있으며, 지속 가능하고, 실행 가능해야 한다. 물론 원칙에는 포부도 담겨야 하지만, 지나치게 이상적이면 직원들의 공감을 얻기 어려울 수 있다. 예를 들어 "우리는 고객을 소중히 여깁니다"라는 가치가 있다면, 단순히 고객 수를 파악하는 것이 아니라 제품을 사용하는 고객의 경험을 이해하는 것이 중요하다. 그렇지 않으면 가치와 실제의 괴리가 명확히 드러날 것이다.

조직 문화 모델로 유명한 MIT의 에드거 샤인Edgar Schein 교수는 문화를 '가시적 산물', '표방된 신념과 가치', '기본적인 가정'이라는 세 가지 수준으로 설명하며, 이를 빙산에 비유한다.[20] 즉 문화는 가시적인 것들로 드

배려가 우리 회사의 가치다. 우리는 커뮤니티, 고객, 회사, 팀 동료들, 우리 자신을 소중히 여긴다. 우리가 같은 가치와 문화를 공유하면 다른 모든 것이 따라온다.

– 에릭 위안, 줌 설립자 겸 CEO

러나지만, 진정한 문화는 표면 아래에 있음을 강조한다. 원칙을 명확히 설명하기 어려운 이유는 그것이 때때로 겉으로 드러난 신념뿐만 아니라 눈에 보이지 않는 무의식적인 가정에도 근거하기 때문이다. 원칙에 대한 초안을 작성할 때 회사의 역사에서 주목할 만한 순간들을 하나씩 적어보라. 이는 중요한 결정, 중요한 제품 선택, 또는 조직이 결집했던 순간일 수 있다. 그 순간에 무엇이 진정으로 중요한 가치였는가? 어떤 신념 체계가 두드러지게 드러났는가? 이러한 순간이 초안을 작성하기에 좋은 출발점이 될 수 있다.

조직 전체에 의견을 구하는 것을 두려워하지 말아야 한다. 스트라이프 초기에는 직원들이 원칙의 초안을 작성했다. 이미 문화에 내재화된 표방된 신념과 기본적인 가정이 흥미롭게 조합된 초안이었다. 패트릭은 이를 검토한 후 수정했고, 사내에 배포해 의견을 수렴한 후 공식적인 첫 운영 원칙을 공유했다. 우리는 원칙이 진정성과 관련성을 유지할 수 있도록 1~2년에 한 번씩 재검토하여 업데이트하고 있다. 가장 중요하게 생각하는 것은 회사 전반의 채용, 보상, 리더십, 행동 방식에 원칙이 진정성 있게 반영되도록 하는 것이다(스트라이프의 최신 운영 원칙을 살펴보려면 이 장 뒤 부록에 나오는 '스트라이프의 운영 원칙'을 참조하길 바란다).

초간단 스트라이프 문화 가이드

다음은 대면 면접에 참여한 모든 지원자에게 공유한 문서에서 발췌한 내용이다.

* * *

어떤 회사에서든 조직과 대부분의 구성원 가치가 당신의 가치와 얼마나 일치 하는지가 업무 성취도에 영향을 미친다. 외부에서 회사 문화를 정확히 평가하기 는 어렵고, 대부분의 회사는 자기 문화를 있는 그대로 잘 설명하지 못한다(물고기 가 물을 설명할 수 있을까?). 또한 사실보다는 매력적으로 들리는 말로 설명하기도 한 다. 이러한 문제들을 염두에 두고 스트라이프 가이드를 작성했으며, 스트라이프 의 문화를 솔직하게 설명하려고 노력했다. 스트라이프가 여러분이 소중한 시간 을 보내고 싶은 곳인지 결정하는 데 도움이 되길 바란다.

우리는 아직 승리하지 못했다

지원자들은 종종 이제 막 성공하기 시작한 스타트업에 너무 늦게 합류하는 것 은 아닌지 걱정한다. 큰 문제들이 모두 해결되었는지, 아직 중요한 결정이나 해야 할 일이 남아 있는지 궁금해한다.

좋은 소식은 아직 늦지 않았다는 것이다. 스트라이프가 해결해야 할 중요한 문 제 중 많은 부분이 아직 해결되지 않은 채로 남아 있다. 스트라이프에 합류한 지 몇 주 안에, 기존 직원 중 누구도 해결하지 못한 문제를 해결하게 될 것이다(때로는 전 세계적으로 아직 해결되지 않은 문제를 맡게 될 수도 있다). 여러분이 중요한 영향을 미칠 기회는 여전히 많다.

하지만 나쁜 소식도 있다. 우리의 성공은 아직 보장되지 않았다. 스트라이프와 같은 단계에 도달했던 회사 대부분은 정체되거나 퇴보했다. 현재도 다양한 문제들이 존재하며, 우리가 성공할수록 앞으로 더 많은 문제가 발생할 것이다(레벨이 올라갈수록 난이도가 높아지는 타워 디펜스 게임을 해본 적이 있다면, 빠르게 성장하는 스타트업을 확장하는 과정이 그와 비슷하다).

긴박함과 높은 집중력을 유지하자

우리의 고객인 사용자들은 우리를 믿고 자신들의 자금, 비즈니스, 나아가 생계까지 맡기고 있다. 개인 사업자, 스타트업, 대기업 등 전 세계 수백만 비즈니스가 우리를 통해 운영된다. 우리가 일을 망치거나, 마감일을 놓치거나, 속도가 느려지면 큰 문제가 발생한다. 우리는 이러한 책임을 매우 무겁게 받아들인다.

훌륭한 스트라이프인들은 열정과 규율을 바탕으로 업무에 임한다. 불필요한 대면 시간을 중요하게 생각하지 않으며, 직원들은 언제 어디서 일할지를 유연하게 조정할 수 있다. 이러한 문화 덕분에 많은 스트라이프 직원이 거의 매일 저녁 가족이나 친구들과 저녁 식사를 하며 성공적으로 이곳에서 업무를 수행하고 있다.

그러나 일하다 보면 야근이나 주말 근무가 필요할 때가 있고, 특히 중요한 책임을 맡게 되면 업무 시간 외에도 이메일을 확인해야 할 때가 있다. 역할에 따라 샌프란시스코, 도쿄, 파리 동료들과 시차 회의를 해야 할 수도 있다. 모든 사람이 일반적인 근무 시간에 맞춰 회의 일정을 조정하기는 어렵다. 우리 비즈니스는 글로벌 경제와 밀접하게 연관되어 있어서 스트라이프인들은 휴가를 가질 수 있지만, 스트라이프에는 휴가가 없다.

또한 동기 부여가 뛰어나고 강한 추진력을 가진 사람들과 함께 일하게 될 것이다. 다양한 삶의 배경, 가치관, 업무 스타일을 가진 사람들이 모여 있어, 칸막이 옆의 게으름뱅이 동료 때문에 짜증 나는 일이 거의 없다는 장점이 있다(단지 칸막이가 없어서가 아니라). 하지만 이것이 스트레스가 될 수도 있다. 다른 사람과 자신을 비교하다 보면 거의 매번 더 열심히 일하거나, 더 오래 일하거나, 더 성공한 누군가를 발견하게 된다.

자신의 성공을 위해서 다른 누군가를 이겨야 하는 경쟁적인 문화는 아니다. 승자독식 환경이라면 동료들이 여러분을 깎아내릴 수 있지만, 우리는 그렇지 않다. 우리는 다른 의미에서 매우 경쟁적인 문화를 가지고 있다. 만약 여러분이 높은 기준을 세우면, 아마 함께 일하는 동료들은 더 높은 기준을 세우려고 할 것이다. 서로 더 높은 기준을 세워 도전하고 노력하는 경쟁적인 문화가 형성되어 있다. 스트라이프에서 성공한다는 것은 마치 더 가파른 스키 슬로프를 찾는 것처럼, 도전적인 과제를 찾아내고 해결하는 것을 의미한다.

스트라이프는 빠르게 움직이며 지속해서 변화하고 있다. 대부분 업무에 엄격한 지침을 두지 않으며, 직원들이 업무와 자기 계발에 높은 자율성을 가지기를 기대한다. 성과 관리와 피드백은 중시하되, 커리어 개발 경로와 업무 가이드라인을 엄격히 따르지는 않는다. 높은 성과를 내는 직원들은 인정받고, 지원받으며, 보상받는다. 주식 리프레시(처음 입사할 때 부여되는 주식을 받은 직원에게 추가로 지급하는 주식 옵션-옮긴이)나 보너스 같은 '전통적인' 형태의 인정 외에도, 고성과자에게는 가장 흥미롭고 중요한 문제를 해결할 기회를 제공한다.

치밀하게 사고하라

우리는 옳은 가치를 중요하게 생각한다. 때로는 더는 유용하지 않은 수많은 행동이 맹목적으로 반복되곤 한다. 우리는 이러한 비합리적인 반복을 피하고, 이런 상황에서 가장 합리적인 의견을 찾으려고 노력한다. 비판을 받을 때 방어하기보다는 비판 속에서 진실을 찾으려 한다. 우리와 의견이 다른 사람들도 초대해 강연을 듣고, 우리의 생각과 일치하지 않는 의견을 환영한다.

치밀함Rigor이란 NIH 증후군Not Invented Here Syndrome(내부에서 직접 개발하지 않은 외부의 기술이나 연구 성과는 인정하지 않는 태도-옮긴이)을 의미하지 않는다. 우리는 세상에 관심이 많으며, 다른 기업이나 산업, 학문 분야에서 배울 점이 많다. 따라서 다른 분야에서 영감을 얻고 고정관념을 깨는 아이디어를 적극적으로 탐색한다.

치밀한 사고는 우리의 일상 업무에 자연스럽게 적용된다. 예를 들어 현재 기술 업계에서 진행하고 있는 전통적인 면접 방식이 최선은 아니라고 생각한다. 이에 따라 업무 샘플 테스트 도입, 화이트보드 프로그래밍 폐지, 자격 증명에 대한 강조 완화, 무의식적 편견 없애기 등 여러 변화를 시도해왔다. 하지만 여전히 개선해야 할 중요한 점들이 많이 있다.

치밀한 사고의 일환으로 우리는 신중하게 행동한다. 스트라이프인들은 열띤 토론을 하지만, 동료들에게 고함을 지르지 않는다. 매일 변동성이 큰 상황을 처리하지만, 사려 깊고 신중하게 대응한다.

팀 헌장

팀 차원의 창립 문서인 팀 헌장을 추가로 작성할 것을 권장한다. 팀 미션은 회사의 미션과 가치를 따르는 한두 문장으로 구성된다(앞에서 살펴본 스트라이프와 마이크로소프트의 팀 미션을 떠올려 보라). 팀 헌장은 팀의 목적과 존재 이유, 장기적인 목표를 명확히 설명하는 한 페이지 정도의 긴 문서다. 이를 통해 팀원들과 회사 사람들에게 팀이 왜 존재하는지, 팀이 장기적으로 무엇을 목표로 하는지를 분명히 전달할 수 있다.

회사가 빠르게 성장하거나 부서의 규모가 커질 때, 누가 어떤 업무를 담당하고 어느 선까지 책임지는지 명확히 파악하기 어려울 수 있다. 이럴 때 훌륭한 관리자는 업무를 정리해 단순화함으로써 각자의 역할과 책임을 분명히 한다. 팀 헌장은 팀의 업무를 정리하고, 다른 사람들이 팀으로부터 즉각적이거나 장기적으로 기대할 수 있는 사항들을 요약한 문서다. 팀의 업무와 책임에 대한 투명하고 개방적인 정보는 팀과 회사의 미션을 달성하는 데 중요한 역할을 한다.

팀 헌장은 쉽게 접근할 수 있는 곳, 이상적으로는 공유 인트라넷에 게시되어야 한다(이 장의 뒷부분에서 스트라이프의 인트라넷인 스트라이프 홈에 대해 자세히 설명한다). 팀 헌장은 각 팀의 업무(예: 사용자에게 더 나은 결과를 제공하는 데 도움이 되는 데이터 인사이트 생성), 업무의 중요성, 주요 지표, 리스크, 유관 부서를 명확히 설명해야 한다. 팀 지표와 목표를 담은 대시보드 링크를 포함하고, 팀 헌장 페이지에 팀과 연락하고 협력할 수 있는 최적의 방법에 대한 가이드를 추가하면 더욱 도움이 된다. 유관 부서의 신입 직원들이 회사에서 업무를 시작할 때, 해당 팀의 누구와 어떻게 연락해야 하는지를 알 수 있다. 이 장 뒤 부록에 나오는, 예시 텍스트가 담긴 팀 헌장 템플릿을 참고하길 바란다.

조직을 성장시키는 운영 시스템

운영 시스템이란 모든 직원이 공유하는 규범과 행동의 집합을 의미한다. 운영 시스템과 그 구성 요소들은 성장과 성공에 필수적이다. 연간 계획, 분기별 목표, 정기적인 커뮤니케이션과 같은 조직의 핵심 요소들은 회사의 모든 구성원이 진행 상황과 회사 전체의 공통된 우선순위를 추적할 수 있도록 돕는다. 이러한 시스템은 본부와 팀 단위로 각 단위에 적용되어 조직의 우선순위를 명확히 하고 유관 부서와의 관계를 해결하는 데 도움을 준다. 효과적인 운영 시스템은 모든 조직 단위에서 원하는 결과, 진행 상황을 보고하는 방법, 성과를 측정하는 방법을 명확히 한다.

잘 구축된 운영 시스템은 무엇보다도 명확한 신뢰의 기반을 형성한다. 직장에서는 기대치가 불분명하면 불안감이 커진다. 이는 특히 직장에서 더욱 두드러진다. 직원들은 어떻게 협력해야 하는지, 무엇을 위해 일하는지, 왜 중요한지를 알지 못하면, 불확실성 때문에 한 발자국도 앞으로 나아가기 어려울 수 있다. 나는 구글의 전사 회의에서 CEO가 이 점을 명확히 강조했던 것을 기억한다. "여러분은 매일 어디에 시간을 투자할지 선택합니다. 제 목표는 여러분이 최선의 결정을 내릴 수 있도록 정보를 제공하는 것입니다."

또한 운영 시스템은 안정적이고 일관된 기준을 제공한다. 이는 외부 요인이 회사의 우선순위에 영향을 미칠 때 기준점이 되어주며, 급격한 성장으로 인해 혼란이 발생할 수 있는 환경에서도 회사를 하나로 결속시키는 역할을 한다. 회사, 본부, 팀 등 모든 단위에 운영 시스템의 구조를 일관되게 적용하면, 회사 전체가 동일한 언어를 사용하게 되어 실행 과정에서 발생하는 마찰을 줄일 수 있다.

구글의 OKR(목표와 핵심 결과objectives and key results) 활용 방식은 일관된 구조 적용의 대표적인 사례다.[21] 경영진은 OKR을 팀과 직원들에게 신중하게 전달하므로, 회사의 가장 중요한 목표가 구성원들에게 투명하게 공유된다. 이를 기반으로 팀 간 상호 협력을 효과적으로 조정하며 체계적인 운영 시스템을 구축했다. 어떤 분기에는 구글의 경영진이 한 방에 모여 우선순위를 조정하느라 OKR이 지연되기도 했다. 마치 교황 선출을 기다리며 굴뚝에서 하얀 연기가 피어오르기를 기다리는 모습과 같았다. 하지만 나는 OKR이 지연되는 것이 좋았다. 회사의 OKR이 진지하고 현실적이며, 결정하기가 어렵다는 것을 의미했기 때문이다. 나 역시 경영진과 마찬가지로 우리 팀의 OKR을 신중히 다루었다.

운영 시스템이 잘못된 회사나 팀을 경험한 적이 있을 것이다. 이런 환경에서는 누가 무엇을 하고 있는지, 팀이 어떤 목표에 책임을 져야 하는지 불분명하여 혼란스러운 경우가 많다. 이러한 불확실성은 리더가 책임자를 명확히 지정하고, 팀이 회사 내에서의 역할을 이해할 때 해소될 수 있다(팀 헌장이 중요한 이유다. 팀 헌장은 잘못된 운영 시스템을 완전히 해결할 수는 없지만, 좋은 운영 시스템을 위한 기초를 제공한다). 모든 조직, 본부, 팀은 자신의 정체성을 형성하는 기간을 거친다(이에 대해서는 4장에서 더 자세히 설명한다). 회사 전체에 적용할 수 있는 간단한 운영 시스템을 신속히 마련하고, 이를 지속적으로 개선해가는 것이 최선의 방법이다. 앞에서 운영 시스템의 중요성을 경기장에 비유해 설명했다. 규칙이 없는 운동 경기를 상상해보자. 아무리 좋은 장비를 갖췄어도 규칙이 없다면 선수들이 어떻게 경기해야 할지 알 수 없어 혼란스러울 것이다.

관리자의 역할은 이러한 회사 운영 시스템의 구조를 제대로 이해하고 참여하는 것이다. 회사의 미션, 장기 목표, 원칙에서부터 시작하자. 팀의 구조, 특히 팀의 미션과 팀 운영을 회사의 운영 구조와 어떻게 일치시킬지 생각해보라(뒤에 나오는 표 1 참조). 당신의 역할은 이러한 회사의 핵심 요소들을 강화하는 것이다. 만약 일부 요소에 동의하지 않는다면, 자신의 관리자와 협력해 이를 개선하도록 돕는 것도 중요하다.

운영 시스템의 구조를 명확히 해야 하는 시기

회사 직원들이 더 이상 한 회의실에 모일 수 없을 만큼 성장했다면, 이제 운영 시스템과 구성 요소들을 문서화할 시점이다. 제품-시장 적합성을 찾는 단계에서는 문서화가 시기상조일 수 있다. 여전히 회사의 존재를 고민하고 있다면 존재 이유를 설명할 필요가 없다. 하지만 조직이 존재 이유를 찾은 변곡점에 도달하면 미션과 창립 문서에 이어 운영 시스템을 확립해야 한다. 이제는 단순히 존재 이유를 정의하는 것을 넘어, 비전을 실현하려면 어떤 인재와 무엇이 필요한지 고민할 필요가 있다. 어떻게 의사결정을 내리고 우선순위를 정할 것인지, 성공을 어떻게 측정할 것인지를 고민해야 한다. 이를 고려하면 회사와 팀 모두가 운영할 수 있는 견고한 기반을 구축하는 데 도움이 된다.

창립 문서와 팀 헌장에 대해 설명했으니, 이제 운영 시스템의 나머지 구성 요소를 하나씩 살펴보겠다. 그러고 나서 각 구성 요소를 더 자세히 다룰 것이다.

전략과 재무 계획

2006년 구글에 입사한 지 2년이 되었을 때였다. 당시 구글은 검색 색인, 즉 검색 결과 생성을 위해 모든 사이트를 색인하는 데 여전히 집착하고 있었고, 경쟁사 야후의 검색 색인을 우려하며 지켜보고 있었다. 같은 해, 야후의 수석 부사장인 브래드 갈링하우스Brad Garlinghouse는 일명 '땅콩버터 선언The Peanut Butter Manifesto'으로 알려진 사내 문서를 통해 회사에 집중할 것을 촉구했다.[22] 이 문건은 외부로 유출되어 내가 아는 거의 모든 기술 업계 사람들의 필독 문서가 되었다. 그 핵심 내용은 다음 인용문에 잘 담겨 있다. "저는 우리의 전략이 온라인 세계에서 계속 진화하는 무수한 기회에 마치 땅콩버터를 골고루 바르듯 분산된다는 설명을 들었습니다. 그 결과, 우리의 투자가 모든 분야에 얇게 퍼지면서 어느 한 분야에도 집

표 1. 회사의 운영 구조, 경영진과 관리자의 역할

운영 시스템 구조	경영진과 관리자의 역할
– 미션 – 장기 목표 – 원칙 또는 가치	• 비전$_{Why}$, 장기 목표$_{What}$, 실행과 행동의 기본 원칙$_{How}$에 대한 명확한 설명.
– 전략 및 재무 계획 – 팀 헌장 – 목표 – 중요 지표	• 회사 전략과 이를 바탕으로 한 우선순위 결정. • 특정 기간의 재무 계획 및 손익 목표 설정. • 전략을 지원할 조직 구조 결정. • 필요한 업무에 대한 팀 배정. • 팀별 목표 설정. • 측정할 내용과 진행 상황 보고 방법에 대한 명확한 설정.
– 책임 주체	• 업무와 역할 배정. • 할당되지 않은 업무에 대한 채용 계획 수립. • 목표와 지표에 대한 명확한 책임자 배정. • 업무 완수를 위한 직원의 기술과 역량 개발.
– 책임 실행 체계	• 측정 및 보고 방식 수립. • 목표가 달성되지 않았을 때 진행 상황 검토 및 과정 수정. • 업무 피드백 및 직원 개발 목표 추적. • 목표 달성을 포함한 긍정적인 성과를 강화하기 위한 보상과 인정.
– 내부 커뮤니케이션	• 일관된 커뮤니케이션 관행 수립 및 모든 직원과 팀이 알아야 할 정보를 정기적으로 공유. • 회사 프로세스와 구조에 대한 맥락 제공 및 모든 프로세스 준수를 통한 본보기 제공.
– 운영 주기	• 전략적 우선순위와 재무 목표를 설정하고, 구체적인 목표와 지표를 수립하며, 업무 배정과 진행 상황을 명확히 한다. 또한 이를 정기적으로 검토하고 소통하는 모든 과정을 일정한 주기로 시행한다.

스케일링 피플

중하지 못하게 되었습니다."

갈링하우스가 찾고 있던 것은 바로 전략이었다. 폭발적으로 성장하는 순간에도 기업은 핵심 제품에 어떤 새로운 기능을 어떤 순서로 추가할지, 기존 성장 동력을 보강하고 확장하기 위해 무엇을 구축할지 선택해야 한다. 나는 "전략에는 늘 고통이 따른다"라는 말을 즐겨 한다. 시간과 자원을 어디에 투자하고 어디에는 투자하지 않을지에 대한 절충점은 내부적으로든 고객에게든 고통과 실망을 안겨줄 것이다. 모든 것을 동시에 우선순위에 두는 전략은 존재하지 않는다.

전략과 더불어 장기 계획도 수립해야 한다. 장기 계획이란 본질적으로, 회사의 전략을 다년간의 재무 수치로 구체화하는 것이다. 연간 계획의 핵심은 연말에 회사의 재무 목표를 설정한 다음, 목표를 달성하는 데 필요한 이니셔티브(실행 계획)를 세우고 팀에 자금과 인력을 배치하는 것이다. 또한 미션과 장기 목표를 최우선으로 생각하면서, 장기적인 전략과 재무성과 달성을 위한 실행에 자원을 투입해야 한다.

많은 신생 기업이 제품-시장 적합성에 집착하는 것은 당연한 일이다. 따라서 초기 전략은 간단하다. 계속해서 불에 기름을 붓는 것이다. 그러나 시간이 지나면 전략이 복잡해지면서 '땅콩버터' 상황에 처할 수 있다. 맥킨지McKinsey는 세 가지 성장 호라이즌three growth horizons으로 잘 알려진 프레임워크를 제시한다.[23]

- **호라이즌 1:** 현재 성장의 원천
- **호라이즌 2:** 다음 성장의 원천(아직 초기 단계지만 유망한 분야)
- **호라이즌 3:** 아직 결정되지 않은 세 번째 성장 동력에 대한 투자

기술 분야에서 호라이즌 2와 3의 작업은 매우 이른 시점부터 시작해

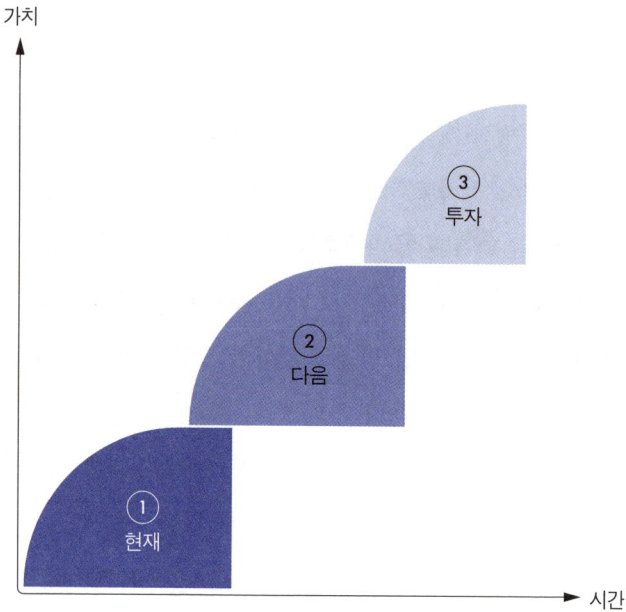

그림 4. 맥킨지의 세 가지 성장 호라이즌

야 한다.

창업이나 성장 초기 단계의 신생 기업들은 '솔직히 할 일이 너무 많은데 전략이나 기획 같은 고상한 활동을 할 시간이 있을까?'라며 거부감을 드러내는 경향이 있다. 제품 출시 전이나 시장 출시 전 단계에서는, 무엇이 효과적인지 파악하며 빠르게 적응할 수 있는 프로세스가 필요하다. 이 단계에서는 계획이 주로 단기적인 목표에 집중될 수 있다. '우리 제품이 시장에서 성공하려면 몇 가지 주요 목표를 달성해야 한다'는 단기 플랜을 짤 필요가 있다. 하지만 일단 제품-시장 적합성을 확보하면, 장기적인 관점에서 생각할 때가 된 것이다.

성숙기에 접어든 기업은 장기 전략과 재무 상태를 명확하게 파악하고 있으며, 목표 달성 방법도 잘 알고 있다. 따라서 회사를 구성하고 있는 다양한 팀을 통해 달성 목표와 계획을 수립할 수 있다.

성장기에 있는 회사는 창업 초기와 성숙기 사이의 중간 단계에 위치한다. 중요한 것은 이 과정에서 적절한 균형을 찾는 것이다. 충분한 구조를 갖춰 속도를 높이되, 이제 막 자리를 잡은 팀과 제품에 과중한 부담을 주지 않아야 한다. 콜린 브라이어Colin Bryar와 빌 카의 저서 『순서 파괴』에서 인상 깊었던 교훈 중 하나는 아마존이 OP1과 OP2 접근 방식('OP'는 '운영 계획operating plan'의 약자다)에 도달하기까지 상당한 반복과 고통스러운 회사 프로세스를 거쳤다는 점이다. 신제품 출시NPI는 가장 인기 없어 보였다.[24] 스트라이프도 마찬가지였다. 간단히 시작해 점진적으로 적응한다.

단기적 관점과 장기적 관점 사이의 균형을 유지하기 위해 다음의 두 가지 산출물을 제안한다.

- **재무 모델:** 향후 3년 정도의 재무 모델과 그 수치를 달성하기 위해 필요한 목록을 작성하자. 이 목록을 작성하려면 일련의 전략적 대화와 결정이 필요하다. 이 장기적인 예측이 정확하지 않을 수도 있지만, 매년 재검토하고 수정할 수 있다. 초기 예측이 얼마나 정확한지에 따라 최소한의 수정만 필요할 수도 있고, 더욱 포괄적으로 과정을 수정해야 할 수도 있다. 성숙기에 접어든 지 오래된 기업은 5~10년 단위로 이 작업을 수행하며, 새로운 성장 영역(맥킨지의 호라이즌 3)을 결정하는 데 더 많은 시간을 할애하고, 단기 계획에 대한 반복 작업에는 상대적으로 적은 시간을 할애하는 경향이 있다.

- **단기 계획:** "향후 6개월, 12개월 동안 무엇을 달성하려 하는가?" "올해 12월까지 손익은 어때야 하는가?"에 답하는 단기 계획을 세

우자. 각 팀과 회사는 이를 위해 각기 다른 운영 시스템을 활용하겠지만, 핵심은 장기적인 전략적 주제와 대략적인 재무 목표에 연결되어 "우리가 장기적으로 나아가고자 하는 방향은 이것"이며 "분기별로 가장 중요한 지표를 달성하기 위해 집중하고 있는 부분은 이것"이라고 말할 수 있는 계획을 수립하는 것이다. 재무 성과는 그 자체로 계획도, 회사의 존재 이유도 아니라는 점을 명심해야 한다. 하지만 회사의 실제 업무에 대한 규율을 세우고 측정 체계를 구축하는 중요한 수단이 된다.

회사가 미션 달성을 위해 세 가지 성장 호라이즌 구조를 따른다면, 대부분의 경우 성숙한 사업 부문과 신규 사업 부문이 혼합되어 있을 것이다. 성숙한 사업 부문은 명확한 지표와 단기 목표를 가지고 있어야 하며, 신규 사업 부문은 '제품 출시 및 시장 적합성 테스트'와 같은 단순한 목표를 가질 수 있다. 이처럼 한 회사에서도 사업별 라이프 사이클의 단계와 수준에 따라 계획을 다르게 세워야 한다.

자원 배분

계획의 또 다른 요소는 자원 배분Resource allocation이다. 간단히 말해, 가장 중요한 자원은 사람과 돈이다. 자원 배분 계획의 핵심은 다음과 같다. 초기 단계 사업에 충분한 자금과 인력을 투입해 성공을 입증할 기회를 제공하는 동시에, 성숙한 단계의 사업은 간소화하여 성장을 저해하지 않으면서도 운영 효율성을 높이고 수익성을 빠르게 증대시켜야 한다.

수학적으로 볼 때, 신규 잠재 고객이나 처리된 지원 사례처럼 수치로 측정 가능한 결과를 내는 영업팀이나 운영팀의 자원 수요를 추적하는 것이 상대적으로 쉽다. 반면 엔지니어링 자원에 대한 투자 수익률ROI을 측정하는 표준적이고 신뢰할 수 있는 방법은 존재하지 않는다. 인원을 배분하는 한 가지 방법은 부서별 비율(예: 엔지니어 10명 대 제품 관리자 1명, 직원 250명 대 HR 비즈니스 파트너 1명)을 고려하는 것이다. 그러나 비율 기반 접근 방식에는 몇 가지 단점이 있다. 다른 회사의 기준이 우리 회사의 비즈니스 모델을 제대로 반영하지 못할 뿐 아니라, 시간이 흐름에 따라 비율의 효율성이 향상될 가능성이나 팀원 수가 아닌 영향력에 따른 자원 배분의 필요성을 충분히 고려하지 못한다. 그럼에도 불구하고 현재 수준을 직관적으로 확인하기 위해서 비율을 염두에 두는 것이 좋다.

일단 인원 배분을 하고 나면, 현재의 핵심 사업 부문이 충분히 지원받고 있는지 확인해야 한다. 성장 호라이즌 2와 3의 신사업에 대한 유혹이 크겠지만, 현재 사업의 핵심인 호라이즌 1은 성장을 유지하기 위해 항상 더 많은 인력과 자금이 필요하다. 창업자들과의 대화에서 인원 배분은 자주 등장하는 주제다. 창업자들은 '인원을 계속해서 충원하고 있지만 오히려 제품 개발과 발전 속도는 느려지는 것 같다. 내가 잘못 생각한 것은 아닐까?'라는 생각을 자주 한다. 창업자는 현금 소진율을 검토하며 인원 충원에 신중을 기해야 한다. 이는 추가된 인원에 상응하는 성과를 요구하고 싶어 하기 때문이다. 성장 둔화는 규모가 커질수록 불가피한 현실이다. 조직의 규모가 커질수록 조정 작업이 증가하고, 협업과 같은 상호작용은 더 복잡해지기 때문이다.

나는 창업자들에게 내가 관찰한 엔지니어링 생산성과 회사의 성장 단계에 대해 설명한다.

- **1단계:** 소규모의 민첩한 개발팀이 공유 코드베이스에서 빠르게 작업하지만, 새로운 기능이나 제품을 출시하기 위해 종종 기술 부채

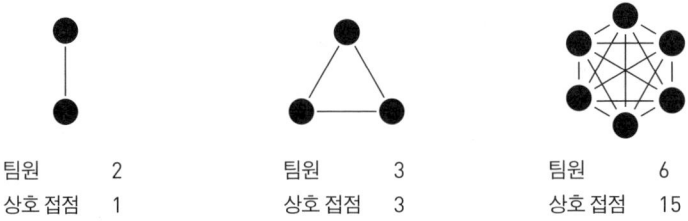

| 팀원 | 2 | 팀원 | 3 | 팀원 | 6 |
| 상호 접점 | 1 | 상호 접점 | 3 | 상호 접점 | 15 |

그림 5. 상호작용의 복잡도. 팀의 인원이 많아질수록 상호 접점들이 많아지며, 이에 따라 커뮤니케이션과 조정의 어려움이 증가한다.

를 떠안는다.

- **2단계:** 팀이 공유 코드베이스의 요소를 분리하고 개발자 생산성을 향상시키기 위해 더 나은 방안을 짠다. 여기에는 경험이 풍부한 엔지니어, 엔지니어링 관리자, 리더 채용이 포함된다.
- **3단계:** 팀이 기본 인프라를 완전히 재구축하는 고통스러운 과정을 거쳐 진정한 플랫폼 또는 공유 서비스 아키텍처를 구축한다. 그리고 엔지니어링뿐만 아니라 회사 전체가 경험이 풍부한 사람들이 이끄는 각각의 부서들로 구성되어야 한다는 것을 깨닫는다. 각 부서는 협업 측면에서는 느슨하게 연결될 수 있지만, 계획과 목표 설정으로 긴밀하게 연결된다.

이러한 현상은 흔하며, 오히려 성공의 징후일 수 있다는 점은 창업자에게 큰 위안이 된다. 그러나 이것이 쉬운 일은 아니다. 인프라에 적절한 투자를 했는지, 최적의 조직 구조를 개발했는지, 적절한 리더를 채용했는지 지속적으로 평가해야 하며, 생산성 저하의 근본 원인을 다각도로 접근하여 해결해야 한다.[25]

개발자 생산성에 대한 투자

스트라이프의 CTO인 데이비드 싱글턴David Singleton은 개발자 생산성에 관해 다음과 같은 사내 게시글을 올렸다.

＊　＊　＊

엔지니어, 환경, 프로젝트를 가리지 않고 똑같이 적용할 수 있는 단일 지표는 없다. 우리가 코드 변경을 구성하는 방식은 기본적으로 임의적이다. 사용자 입장에서 보면, 큰 풀 리퀘스트(PR, 새로운 코드 변경사항을 원본 소스 코드에 병합하기 위한 제안-옮긴이) 한 번으로든, 작은 풀 리퀘스트 스무 번으로든 결과는 같을 수 있다. 완성된 결과물에 이르기까지 커밋을 몇 번 나누느냐는 순전히 개인의 스타일이다. 업계에서 전통적으로 사용해온 몇몇 지표는 오히려 나쁜 습관을 유도한다. 예를 들어 하루 코드 라인 수로 엔지니어의 성과를 평가하는 방식은 간결하고 유지보수하기 쉬운 코드를 지향해야 할 우리가 오히려 복잡하고 장황한 코드를 쓰게 만든다. 결과적으로 이해하기 어렵고 오류 가능성이 높은 코드가 늘어난다.

그렇다고 생산성 측정 자체를 포기하자는 이야기는 아니다. 오히려 지금보다 나아지고 있는지, 혹은 뒤처지고 있는지를 판단하려면 반드시 측정이 필요하다. 개선이 필요한 부분을 정확히 파악하기 위해서도 생산성 측정은 중요하다. 스트라이프는 이 작업을 두 축으로 병행한다. 하나는 가능한 한 많은 개발 도구에 측정 기능을 적용하고, 그로부터 나오는 데이터를 꾸준히 추적하는 객관적인 방법이다. 다른 하나는 개발자들에게 주기적으로 의견을 묻는 주관적인 방법이다.

무엇보다 중요한 것은 생산성 향상에 기꺼이 투자할 자세다. 스트라이프는 다음과 같은 원칙 아래 이 투자를 실천하고 있다.

- 개발 생산성을 높이는 인프라에 과감하게 비용을 지출할 것
- 다른 엔지니어들의 작업 환경을 개선하기 위해 전담 인력을 배치할 것

내가 2018년 스트라이프에 처음 합류했을 당시, 개발 환경은 꽤 복잡하게 얽혀 있었다. 공통 코드 베이스를 활용하면서 얻게 된 생산성의 이점은 컸지만, 핵심 인프라 구성 요소들이 서로 뒤엉킨 '진흙 뭉치ball of mud(소프트웨어 업계에서 흔히 쓰이는 은어로, 명확한 구조 없이 복잡하게 얽힌 코드 베이스를 비유적으로 일컫는 표현 - 옮긴이)' 상태였다. 재사용 가능한 인프라와 개별 제품의 복잡한 로직이 여기저기 뒤섞여 있었고, 전체 구조를 충분히 이해하는 사람은 거의 없었다. 이로 인해 우리는 기존 코드 위에 조건문을 하나씩 얹는 식으로 기능을 확장해갈 수밖에 없었다.

이후 우리는 핵심 모델의 결합도를 낮추기 위해 다양한 시도를 해왔고, 일부 영역에서는 개선이 이루어졌다. 하지만 지금도 우리는 제품 인프라를 구축하는 방식을 근본적으로 바꾸는 전환점 한가운데 있다. 물론 기존 환경에서도 생산성을 높이기 위한 노력을 계속하고 있다. 오히려 이런 전환기일수록, 무엇에 우선순위를 둘지가 더 중요해진다. 현재 스트라이프의 각 서비스는 내부 구현을 완전히 감춘 고유의 API를 제공한다. 이 인터페이스는 내부 구조와 데이터를 완전히 추상화하기 때문에, 내부를 전면 개편하더라도 외부 인터페이스에는 영향을 주지 않는다(시간 흐름에 따라 급진적 변화가 가능하다는 뜻이다!). 각 서비스는 느슨하게 연결되어 있지만, 응답 시간이나 처리량 등은 엄격히 정의된 '명시적 약속'으로 서로를 보장한다.

이 구조가 개발자 생산성과 어떤 관련이 있을까?

- 바로 이 방식 덕분에 스트라이프는 규모가 커져도 생산성을 유지할 수 있다. 대부분의 팀은 자신이 구축하고 운영하는 서비스에 대해 전적인 자율권을 가진다. 공개된 인터페이스만 지키면 다른 팀과 일일이 조율할 필요가 없다.
- 핵심 서비스 구성이 명확하다면, 개발자는 그 내부 구조를 바꾸는 대신 '이 인터페이스를 어떻게 조합하면 원하는 기능을 만들 수 있을까'를 고민하게 된다. 생산성은 자연스럽게 높아진다.

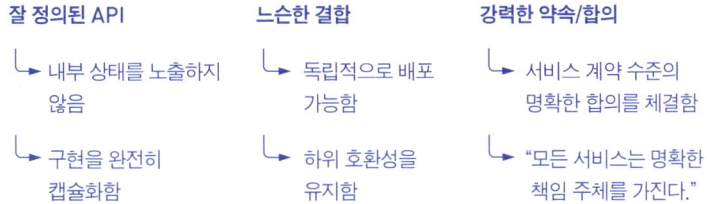

잘 정의된 API	느슨한 결합	강력한 약속/합의
↳ 내부 상태를 노출하지 않음	↳ 독립적으로 배포 가능함	↳ 서비스 계약 수준의 명확한 합의를 체결함
↳ 구현을 완전히 캡슐화함	↳ 하위 호환성을 유지함	↳ "모든 서비스는 명확한 책임 주체를 가진다."

그림 6. 개발자 생산성을 우선시하는 제품 인프라 프레임워크

＊　＊　＊

이 글은 데이비드의 전체 게시글 중 일부에 불과하다. 그는 이외에도 보안과 신뢰성을 유지하는 방식, 코드 소유자 체계 및 리뷰 프로세스, 개발 워크플로 개선에 대한 투자 전략을 소개했다. 또한 개발 생산성 전담 인력의 이상적인 비율은 전체 엔지니어의 5~8% 정도이며, 스트라이프는 생산성 향상을 가속하기 위해 더 많은 인력을 투입하고 있다고 설명했다.

초창기 구글에도 흔히 말하는 '피넛버터 문제'가 있었다. 각 팀이 다음해 목표와 인력 계획을 제출하면, 재무팀은 실제로는 전년도 인원수를 기준으로 일정 비율만 인력을 배정했다. 겉보기에 비합리적으로 보였지만, 시간이 지나면서 그 방식에도 나름의 이유가 있었음을 이해하게 되었다. 그 시절에는 사업 예측이 어려웠고, 추가 인력이 실제로 얼마만큼의 성과를 낼지 측정하기도 어려웠다. 그래서 대부분의 경우 전년도 계획을 그대로 기준으로 삼는 일이 잦았다. 하지만 인력 계획을 제출하는 행위 자체에는 분명 의미가 있었다. 팀이 잠시 멈춰 장기 목표와 필요한 자원을 진지하게 고민할 수 있었기 때문이다. 이는 '계획을 세우는 근육'을 기르는 과

정이었다.

이러한 사고방식이 없으면, 결국 '말 잘하는 사람'이 자원을 차지하게 된다. 그렇기에 조직은 점점 더 객관적인 평가 기준을 도입해야 한다. 예를 들어 제품별로 엔지니어당 매출이나 전년 대비 성장률 등을 지표로 삼는 것이다. 한편, 자원 배분 방식 자체를 바꾸는 것도 방법이다. 예컨대 6개월 단위로 인력을 재배정하거나, 일부 인력을 회사 차원의 공용 풀로 남겨두는 식이다. 이런 방식은 우선순위가 갑자기 바뀔 때도 유연하게 대응할 수 있다. 물론 단점도 있다. 채용 계획의 정확도가 떨어지고, 인재 확보가 어려워질 수 있다. 그럼에도 중요한 점은 단기적인 수요나 내부 로비에만 휘둘리지 않고, 계획적이고 체계적인 자원 배분 체계를 갖추는 것이다.

또 하나 주의할 점은, 인력이 늘어나는 것이 '보상'이나 '인정'처럼 비칠 수 있다는 사실이다. 그렇기 때문에 경영진은 예산을 절감하거나 자발적으로 인력을 감축하거나 재배치에 협조한 팀장들을 눈여겨봐야 한다. 그런 팀장들을 공개적으로 칭찬하는 문화도 함께 조성하자. 이런 문화는 전략 실행력과 조직 전체의 효율성을 높이는 데 중요한 역할을 한다.

자원 배분에 대한 기대치 설정

최근 한 창업자를 만났는데, 자원 배분 시기가 되면 리더십팀 내부에서 갈등이 발생한다며 한탄했다. 평소 협력적이던 팀원들이 각자의 팀만 신경 쓰게 되면서, 창업자는 유일한 의사결정권자인 자신이 '악역' 같다고 느꼈다. 우리는 자원 배분을 위한 객관적인 지표 설정에 대해 논의했지만, 그의 회사처럼 빠르게 성장하는 기업에서는 예측을 세우고 벤치마크와 비교하며 결과를 추적하는 것이 어려웠다.

나는 그에게 경영진의 기대치를 바탕으로 팀과 대화를 시작해보라고 조언했다. 채용이나 승진 결정을 내리기 전에 사람들에게 내재된 편향을 상기시키는 것이 효과적인 것처럼, 중요한 결정을 내릴 때 무엇을 기대하는지를 미리 상기시켜 주는 것도 효과적이다. 이 경우 나는 창업자에게 다음과 같이 하도록 조언했다. 경영진에게 각자의 팀보다 회사 전체의 큰 그림을 항상 염두에 두라고 명확히 전달해야 한다. 또한 최종 결정을 위해 협력적 태도를 기대하며, 모두가 하나의 팀으로 움직여 달라고 요청하라고 했다.

지메일이 출시되고 구글이 키홀을 인수해 구글 어스가 된 후, 회사의 우선순위를 두고 내부적으로 긴장이 발생했다. 기존 제품에 대한 투자를 비롯해 핵심 검색 및 광고 사업의 글로벌 확장에 많은 투자가 필요했기 때문이다. 여러 팀에서는 회사가 새로운 프로젝트에 정신이 팔려 주요 수익원과 성장 동력이 충분히 성숙하기도 전에 기존 프로젝트를 소홀히 한다고 느꼈다. 당시 CEO였던 에릭 슈미트Eric Schmidt는 이러한 긴장을 해소하기 위해 간단하지만 매우 효과적인 프레임워크를 공유했다. 구글 자원의 70%를 핵심 비즈니스에, 20%를 신흥 제품에, 10%를 미래 제품을 위한 연구 개발에 투자하기로 한 것이다. 이 프레임워크가 도입되자 긴장은 가라앉았다. 이는 맥킨지 성장 호라이즌을 에릭 슈미트의 방식으로 적용한 것이며, 세부적인 비율과 직설적인 화법의 이메일, 전 직원 회의인 TGIF에서의 발언 등 그만의 커뮤니케이션 도구로 강화되었다. 이는 구글의 핵심 사업이 초기 단계임에도 불구하고 새로운 분야에 지속해서 투자할 수 있는 배경이 되었다.

스트라이프에서도 신제품을 개발하기 시작할 때 유사한 긴장감이 형

내가 가장 좋아하는 책 중 하나는 전 인텔 CEO인 앤디 그로브Andy Grove가 쓴 『편집광만이 살아남는다』이다.²⁶ 우리는 매우 편집증적이다. 항상 "서버 용량이 10배 더 커지거나 사용량이 10배 더 많아지면 어떻게 될까? 살아남을 수 있을까? 보안이나 안정성, 성능에 구멍은 없을까?"라는 질문을 한다.

CEO로서 나의 최우선 과제는 어떤 종류의 위험 요소에 집중해야 하는지 생각하는 것이다. 이 사실을 깨닫고 팀에게 "예전에는 문화, 가치, 제품에만 집중했는데, 이제는 그것이 옳지 않다고 생각합니다. 지금은 위험 요소에 대해 생각하는 것이 최우선 과제입니다"라고 솔직하게 말했다.

– 에릭 위안, 줌 설립자 겸 CEO

성되었다. 수많은 긴 회의 끝에 결국 우리는 '실존적 위험 〉핵심 제품(추가 투자할 국가 포함) 〉신제품'이라는, 한 페이지 분량으로 압축한 우선순위를 담은 프레임워크를 도출했다. 회사의 기본 업무를 위한 리소스 확보(내부 도구 개발, 인력 개발)에 대해서는 추가 설명을 덧붙였다. 완벽하지는 않았지만, 모두가 방향을 잡는 데 기준점이 되었다.

생존의 위험과 관련한 리더십팀의 핵심 역할은 아무도 자발적으로 우선순위에 두지 않는 중요한 업무에 투자하는 것이다. 회사의 계획, 인센티브, 지표 구조가 위험을 완화하거나 작업을 중단하고 다시 실행하도록 설계된 경우는 드물다. 보안 투자, 기술 부채 상환, 프로젝트 중단과 같은 어려운 결정을 내려야 할 때, 이를 하향식으로 지시할 수 있는 리더십의 역할이 필요하다. 관리자로서 우선순위가 높은 작업을 수행하는 다른 팀과 경영진으로부터 하향식 요청을 받을 수 있다. 전략과 큰 그림을 고려하여, 팀의 자원 확충 계획에 차질을 빚더라도 팀 목표에 회사의 우선순위와 그에 따른 다른 팀과의 협업 가능성을 항상 염두에 두어야 한다.

연간 및 분기별 목표

앞에서 다룬 장기 목표와 달리, 연간 및 분기별 목표는 더욱 전술적이고 측정 가능한 형태로, 특정 기간의 회사 성과를 나타낸다. 이러한 목표는 책임을 맡은 팀과 해당 본부 내 다른 구성원들 간에 특정 기간 동안 수행할 작업에 대한 합의된 기준과 같은 역할을 한다. 예를 들어 1983년 11월에 있을 데모 공개를 위해 윈도의 첫 GUI를 개발한 마이크로소프트 팀의 목표는 데모 준비 완료였을 것이다. 목표 달성을 향한 진행 상황은 실제 달성된 결과와 이를 증명하는 구체적인 지표 데이터를 사용하여 측정된다.

회사의 미션과 팀의 미션이 명확하지 않으면 목표를 설정하기 어렵듯이, 명확한 목표가 없으면 성과를 측정할 좋은 지표를 설정하기도 어렵다 (지표에 대해서는 곧 다룰 것이다).

목표에는 두 가지 유형이 있다. 첫째는 이행 여부가 분명한 단일 과업형 목표다("결제 제품에 로우 코드 기반의 현지 결제 수단을 파일럿으로 도입한다"처럼 완료 여부가 분명한 목표). 둘째는 지속적으로 추적 가능한 지표 기반 목표다("카드 외 결제 비중을 20% 증가시킨다"처럼 지표를 기반으로 한 목표). 미션과 마찬가지로, 회사의 목표는 본부에서 팀으로, 팀에서 개인으로 일관성 있게 연계되는 것이 이상적이다. 다음은 스트라이프의 사례로, 단일 과업형 목표와 지속적인 지표 기반 목표를 모두 포함한다. 미션과 마찬가지로, 회사의 목표도 본부에서 팀, 그리고 개인으로 일관되게 연계되는 구조가 이상적이다.

- **회사 목표:** 보안 업무. 모든 팀은 보안 대시보드 지표상 최대 80%를 유지해야 하며, 이를 위해 새로운 도구와 인프라를 도입할 때가 많다. 나아가, 모든 팀이 각자의 영역에서 엄격한 보안을 지속해서 유지해야만 회사 전체의 보안을 유지할 수 있다.

- **본부 목표(엔지니어링):** 보안 기준을 유지하고, 상위 3대 기술 우선순위 프로그램을 지원하기 위한 기존 작업을 수행한다. 이를 통해 보안 프로젝트는 새로운 불변성을 제공하고, 회사와 사용자에게 신뢰할 수 있는 서비스를 제공한다.
  - **단일 과업형 목표:** S0 등급(가장 심각한 수준) 보안 사고는 단 한 건도 발생하지 않도록 한다.
  - **지표 기반 목표:** 모든 팀은 분기 말까지 보안 대시보드에서 최대 80%를 달성한다. 이를 위해 새 인프라를 도입한다.

- **팀 목표(관리자 플랫폼)**
  - **단일 과업형 목표:** 레벨 2 데이터에 100% 접근하기 위해 자동화된 비즈니스 타당성을 확보하거나, 2명의 승인을 받아야 한다.

목표 설정에 대한 방법론은 여러 가지가 있다. 그중에서 OKR과 SMART(구체적specific, 측정 가능measurable, 달성 가능achievable, 결과 지향results-oriented, 정해진 기간targeted(T를 timebound로 보기도 함-옮긴이)) 목표가 대표적인 예로, 서로 배타적이지 않다. 두 가지 모두 명확하고 측정 가능한 목표를 설정해 책임을 묻는 데 도움을 준다.

목표를 잘 설정하려면

목표 설정에 대한 다음의 글은 스트라이프의 제품 리더였던 마이클 실리스키Michael Siliski의 글을 발췌한 것으로, 스트라이프는 현재까지도 이를 참고하고 있다.

＊ ＊ ＊

제품 성숙도의 모든 단계에서 1~500명으로 구성된 팀과 목표 설정 프로세스를 주도하면서, 매번 비슷한 질문과 반발을 받아왔다. 이 글은 그러한 질문들에 대한 나의 답변이다. 온라인에서 목표 설정 프로세스에 대한 전술적인 조언을 쉽게 찾을 수 있지만, 여기서는 실제로 우리가 달성하고자 하는 목표의 본질과 그것을 잘 수행했는지 확인하는 방법에 대해 초점을 맞추고자 한다. 이 글에서는 다음과 같은 주제를 다룬다.

- 목표를 설정하는 이유
- 좋은 목표의 특징
- 목표 테스트를 위한 휴리스틱heuristics(경험적 판단기준 혹은 체크리스트)
- 자주 묻는 질문(FAQs)

목표를 설정하는 이유

목표를 설정하는 진정한 이유는 다음과 같다.

- **성공에 대한 정의**Define success: 목표는 성공적인 최종 상태를 말한다. 무엇을

달성하려 하는지, 달성 여부를 어떻게 알 수 있는지 명확히 해야 한다. 계획은 일련의 활동들이다. 계획 실행은 목표 달성에 도움이 되지만, 계획 자체가 목표는 아니다. 성공적인 결과를 얻으려면, 먼저 최종 목표를 설정하고 거꾸로 목표에 도달할 가능성이 가장 높은 활동을 찾는 작업을 해야 한다.

- **집중**Focus: 우리가 할 수 있는 일보다 해야 할 일은 항상 더 많다. 생산적인 팀은 모든 좋은 아이디어 중에서 가장 중요한 것을 명확히 구분하고, 최우선 과제에 끊임없이 집중한다. 집중하는 과정은 팀을 구성하는 각 파트들이 관련 목표에 대해 협업하는 데 도움이 된다.

- **자율성 허용**Allow for autonomy: 성공에 대한 공유된 정의를 정렬하고 이에 전념하면, 자연스럽게 책임감이 생긴다. 이때 특정 활동을 강요하지 않으면, 책임감은 오히려 자율성, 창의성과 함께 나타나게 된다.

좋은 목표의 특징

FOCUS를 기억하라! 좋은 목표는 집중적이고focused, 간결하며concise, 이해하기 쉬워야comprehensible 한다. 팀원 모두가 팀의 목표를 쉽게 외울 수 있어야 한다. 한 분기 또는 한 해 동안의 성과는 수천 번의 독립적인 의사결정의 결과이므로 매우 중요하다. 너무 많은 목표나 세부사항은 방해가 된다. 사람들은 3~5개 정도만 기억할 수 있다.

- **가장 중요한 일에 집중하라**Focus on the most important things: 목표는 방해 요소를 식별하고 피하는 데 도움이 되어야 한다. 팀의 전략을 잘 이해하는 사람이라면 누구나 쉽게 이해할 수 있는 평이한 언어를 사용하라. 이는 전략의 명확성, 기억력, 의사소통에 도움이 된다. 전문 용어는 종종 전략적 차이를 흐리게 만든다.

- **객관적으로 평가 가능해야 한다**Objectively assessable: 팀원 모두가 성공의 모

습과 실패를 같은 기준으로 이해해야 한다. 목표는 반드시 정량적일 필요는 없지만, 그렇다고 주관적이어서는 안 된다.

- **도전적이지만 실현 가능한 목표**Challenging but possible: 목표는 신뢰할 수 있어야 한다. 만약 사람들이 목표를 상상할 수 없는 결과라고 생각하면 이를 무시하거나 포기할 것이다. 목표는 팀원들에게 영감을 주고 도전의 기회를 제공해야 한다. 팀에게 도전적인 목표를 부여하면, 종종 예상 이상의 성과를 이끌어낼 수 있다. 경험상 70% 정도의 성공률을 목표로 삼는 것이 좋다.

- **사용자 중심의 목표를 설정하라**User-oriented: 기능별(예: 엔지니어링, 디자인 등)로 팀 목표를 구성하지 않아야 한다. 성공은 모든 팀의 기능이 협력해 훌륭한 제품을 만들어내는 데 달려 있다. 하나의 목표를 설정하면 팀의 노력을 한 방향으로 정렬alignment(기업 내부의 다양한 부문과 목표를 조화시키는 과정-옮긴이)하는 데 도움이 된다. 일부 목표가 특정 기능에 더 많이 의존하더라도, 팀이 유연하게 역량을 발휘하고 창의적으로 문제를 해결하도록 하자. 제공하는 기능에 초점을 맞춰 목표를 구성하기보다는 고객 문제 해결에 집중해 가능한 한 고객 중심의 목표를 설정하는 것이 좋다.

- **활동이 아닌 상태에 집중하라**States, not activities: 구체적인 활동을 지시하기보다는, 팀이 자율적이고 창의적으로 문제를 해결할 수 있도록 원하는 결과에 집중하자. 성공했을 때 세상의 상태를 어떻게 설명할 수 있을지 생각하고, 그 결과를 가능한 한 정확하게 정의하라.

- **민감도와 구체성 확보**Sensitivity and specificity: 목표는 성공이라는 구체적인 결과가 보여야 하며, 실패 또한 명확히 구분할 수 있어야 한다.

목표 테스트를 위한 휴리스틱

다음 가이드라인을 사용해 목표를 평가하자.

- 목표가 '출시', '구축', '개선' 등 행동을 나타내는 표현으로 끝나는지 확인하라. 만약 그렇다면, 활동이 포함될 가능성이 높으므로 원하는 결과를 명확히 설명하도록 재구성하자. 'X를 통해 Y를' 형태로 생각하는 것이 도움이 된다(X가 꼭 필요한지 고려하라). 목표를 읽고 '왜?'라고 질문하며, 그 질문에 대한 답을 찾는 과정을 반복하면 진정한 목표에 도달할 수 있다(표 2의 예시 참조).

- '엔지니어링 목표'와 '비즈니스 목표'처럼 기능 단위로 목표를 구분하고 있는가? 그런 구분은 이제 그만두라. 이와 같은 목표 분리 방식은 팀 전체가 통합된 노력과 일관된 방향성을 가지기 어려워진다.

- 목표가 한 페이지 이상, 3~5개 이상, 목표당 핵심 결과(KR)가 3~5개 이상인가? 아무도 읽지 않을뿐더러, 기억하기도 어렵다.

- 목표를 보며 '그렇다면 X 프로젝트(또는 작업)는 어떻게 진행해야 하지? 이번 분기에 꼭 달성하고 싶었는데'라고 생각하며 움찔했는가? 그렇지 않다면, 목표에 충분히 집중하지 않았거나, 목표가 가치를 창출하지 못하고 있을 가능성이 높다.

- 한 팀원은 목표가 달성되었다고 생각하지만 다른 팀원이 완전히 동의하지 않는 경우가 있는가? 그렇다면 목표가 충분히 구체적이지 않은 것이다. 모

표 2. 목표 재설정하기

원래 목표	새로운 목표
백엔드 리팩터링	백엔드가 동시다발적으로 기능을 추가하는 5개 이상의 팀을 지원.
V2 제품 출시	새로운 결제 통합을 통한 전환율 2배 향상.
검색에 무한 스크롤 추가	검색 쿼리 중 결과 클릭이 발생하는 비율 X%.

두가 대체로 성공적이라고 여기지만 실제 결과가 60~80% 완료 수준이라면, 과연 누가 목표에 신경을 쓸까?

- 목표를 달성했지만 여전히 만족스럽지 않은 상황을 상상할 수 있는가? 그렇다면 목표가 충분히 구체적이지 않거나 어떤 측면이 누락된 것이다.
- 목표를 달성하지 않고도 성공할 수 있는 상황이 가능한가? 그렇다면 목표가 지나치게 구체적이라는 의미이므로, 성공의 정의를 다시 생각해봐야 한다.

자주 묻는 질문

목표를 어떻게 관리하나요?

좋은 목표를 설정하고 팀원들의 진정한 동의를 얻었다면, 이는 팀 전체가 기초로 삼을 수 있도록 목표가 공유되어야 한다. 팀의 성과를 평가하거나 회의, 스프린트$_{sprint}$(짧은 주기로 목표를 정해 집중 실행하고 결과를 검증하는 반복 단위-옮긴이) 계획, 진행 상황에 대해 이야기할 때 설정한 목표에 맞춰 대화를 구성해보자. 목표를 중심으로 활동을 정리하고, 목표에 대해 끊임없이 이야기하며, 목표 달성에 도움이 되는 방식으로 일상 업무를 구성하자. 모든 팀원이 항상 목표를 최우선으로 고려하도록 하자.

목표를 어떻게 평가하나요?

나는 보통 분기 중반과 분기 말에 가볍게 목표 리뷰를 진행한다. 이때 성공을 나타내는 녹색, 성공과 실패가 혼합된 결과를 나타내는 노란색, 실패를 나타내는 빨간색으로 평가를 표시한다. 분기 중간 리뷰는 집중을 놓친 목표에 다시 집중하게 해주는 유용한 체크포인트다. 분기 말 리뷰는 우리가 얼마나 공격적으로 목표를 설정했는지 재검토하고, 정기적으로 진전을 이루지 못하는 영역을 확인하는 데 도움이 된다. 만약 리뷰에 많은 노력이 필요하거나 자주 해야 한다고 느껴진다면, 이는 팀이 목표를 충분히 내면화하지 못했고 일상적인 활동에 목표를 활용하지 않고 있다는 신호다.

기간이 끝나기 전에 목표가 변경되면 어떻게 하나요?

때로는 전략이 바뀌거나 우선순위가 변경되는 경우가 있다. 그래도 괜찮다. 새로운 목표가 생기면 즉시 그 목표에 맞춰 작업을 시작하라. 이전 목표는 별표(*)를 달아 0점으로 표시하되, 너무 신경 쓰지 말자. 그러나 이런 일이 자주 발생한다면 목표가 지나치게 구체적이거나 목표 설정 과정에서 활동 계획을 과도하게 포함했을 가능성이 높다.

'정량적 측정 가능성'에 대해서는 어떻게 생각하시나요?

목표는 일반적으로 명확하게 정의되고 측정 가능한 지표를 통해 달성될 때 가장 효과적이다. 예를 들어 '평균 지연 시간을 0.2초 이하로 줄이기'는 '지연 시간 감소'보다 훨씬 더 명확한 성공 기준이다.

그러나 정량화에 집착하면 정말 중요한 것을 놓칠 수도 있다. 성공이 무엇인지 명확하게 정의할 수 있고 주관적인 질문이 아니라면, 숫자가 없는 목표도 괜찮다. 예를 들어 'MVP_{Minimum Viable Product}(최소 기능 제품)가 실제 운영 환경에서 가동 중이며, 여러 외부 회사들로부터 테스트하고 초기 피드백을 받는다'는 목표는 숫자는 없지만 매우 구체적이다. 중요한 것은 팀 전체가 성공과 실패를 동일한 방식으로 평가하는 것이다. 앤디 그로브는 중요한 것은 "마지막에 논쟁 없이 '목표를 달성했는지' 명확하게 말할 수 있는가"라고 강조했다.

최적화하려는 항목을 측정할 수 없는 경우 어떻게 해야 하나요?

일반적으로 나는 목표를 설정할 때 지표를 활용하며, 직접 측정이 어려운 경우에는 간접 지표proxy를 사용해서라도 평가해볼 것을 권장한다. 이는 잘못된 목표를 설정하는 것보다 훨씬 나은 접근 방식이다. 존 튜키John Tukey(수학자이자 통계학자-옮긴이)는 "명확하지만 잘못된 질문에 대한 정확한 답변보다는, 모호하지만 올바른 질문에 대한 대략적인 답변이 훨씬 낫다"고 말했다. 팀 전체의 성공을 실제로 측정하는 데 사용할 올바른 지표를 개발하는 것만큼 동기를 부여하는 것은 없다.

측정 지표는 있지만 올바른 목표를 모르는 경우 어떻게 해야 하나요?

종종 성공을 측정할 좋은 방법에는 동의하지만, 아직 기준선이 없기 때문에 합리적인 목표를 정확히 알 수 없는 경우가 많다. 일반적으로 나는 이렇게 말한다. "그게 뭐 중요한가요? 지나치게 걱정하지 마세요." 합리적인 숫자를 추측하되, 추측이라는 점을 인정하자. 그리고 목표를 향해 나아가면서 더 많은 것을 알게 되면 목표를 업데이트하라. 목표를 잘못된 방향으로 설정해 정확히 얼마나 가야 할지 불확실한 것보다는, 올바른 방향으로 목표를 설정하는 것이 훨씬 바람직하다.

목표에 대해 합의할 수 없다면 어떻게 해야 하나요?

목표에 합의하지 못하는 이유는 여러 가지가 있을 수 있다. 합리적인 팀원들이 선의로 함께 일하며 팀을 위해 최선을 다하고 있다고 가정해보자(그렇지 않다면 목표 설정 문제가 아니다). 첫 번째 단계는 논쟁을 멈추고 왜 그런 것인지 진단하는 것이다. 원인을 파악할 수 있다면 거의 언제나 좋은 해결책을 찾을 수 있다.

구성원들이 목표에 대해 자주 겪는 의견 불일치의 몇 가지 일반적인 원인은 다음과 같다. 다음 항목을 살펴보며 어디에서 의견이 맞지 않는지 파악하라. 다른 문제들을 모두 잠시 보류하고 해당 문제를 해결한 후 남은 항목들을 계속 점검하자.

- **비전, 전략에 대한 서로 다른 생각**: 팀이 달성 목표에 대해 의견이 일치하지 않으면, 그 과정에서 마일스톤을 효과적으로 파악할 수 없다.
- **우선순위에 대한 서로 다른 생각**: 다른 사람은 A를 먼저 하고 나서 B를 해야 한다고 생각하지만, 나는 B를 먼저 하고 나서 A를 해야 한다고 생각하면 목표를 조율할 수 없다.
- **다양한 해석**: 각자가 목표를 어떻게 해석했는지 구체적으로 논의하고, 무엇이 성공이고 무엇이 아닌지에 대해 서로 동의하는 과정을 거쳐 이 문제를 해결하라.
- **불완전한 성공 진술**: 목표가 성공의 핵심 요소를 제대로 포착하지 못하면, 사람들이 목표를 지나치게 광범위하게 설정하려는 경향이 나타날 수 있다. 효과적인 결과를 도출하려면 구체적인 내용을 추가해 의견 일치에 도달할 때까지 범위를 좁힌 다음, 적절하게 단순화하라.
- **실현 가능성에 대한 서로 다른 생각**: 목표가 근본적으로 실현 불가능하거나 비용이 많이 든다고 생각하는 사람이 있는지 확인하고, 그 이유를 자세히 살펴보는 것이 좋다.
- **정도에 대한 서로 다른 생각**: 전체 계획에 대해서는 모두 동의하지만, 특정 기간 내에 어느 정도까지 목표를 달성해야 하는지에 대한 의견 차이가 있는지 확인하라.

OKR과 Goal은 어떻게 다른가요?

OKR은 특정한 구조를 가진 목표_{Goal} 설정 방식이다. OKR은 우리가 하고자 하는 것(목표)과 성공에 대한 구체적인 정의(핵심 결과)를 구분한다. 이러한 구조적 구분이 성공을 명확히 정의하는 데 도움이 되므로 나 역시 OKR 프레임워크를 선호한다. '목표 관리'의 선구자인 앤디 그로브는 『하이 아웃풋 매니지먼트』에서 OKR을 두 가지 핵심 질문으로 구분한다.[27]

- 내가 가고 싶은 곳은 어디인가? 이 질문의 답이 목표_{Objective}다.
- 목표에 도달하고 있는지 어떻게 확인할 것인가? 이 질문의 답이 마일스톤, 즉 핵심 결과_{Key Rests}다.

다음은 목표를 효과적으로 설정하고 사용하는 몇 가지 추가적인 방법이다.

목표 설정 시 기대수준을 명확히 정하라

어떤 기업과 리더는 목표를 최대한 현실적으로 설정해 100% 달성을 기대한다. 반면, 목표를 좀 더 도전적으로 설정한 또 다른 기업들은 약 20~30%의 목표가 달성되지 않을 것으로 예상한다. 두 가지 방식 모두 사용할 수 있지만, 어떤 목표가 도전적인_{aspirational} 목표(70% 달성)인지, 어떤 목표가 필수적인_{committed} 목표(100% 달성)인지 명확히 구분하는 것이 중요하다. 어느 쪽이든, 목표를 달성하는 데 필요한 요건을 항상 고려하자.

필수적인 목표는 다음과 같은 경우에 특히 좋은 전략이 될 수 있다.

- 경쟁업체가 주요 제품 기능 중 하나를 더 발전된 버전으로 개발한 경우처럼 회사에 실존적인 위협이 될 때

- 최고 우선순위 프로젝트를 진행 중인 팀의 진행이 막혔을 때
- 고객에게 특정 일정에 맞춰 제품이나 프로젝트가 제공될 것이라고 이미 알린 경우

도전적인 목표를 선호해야 한다는 주장의 논리는 간단하다. 개인과 팀의 행동은 종종 구체적인 결과에 집중하거나 그것을 달성하는 데 초점을 맞추는 경향이 있다. 그러나 좀 더 도전적인 목표는 달성 방법을 다른 관점으로 바라보게 하고, 새로운 아이디어와 에너지를 샘솟게 하는 원동력이 될 수 있다. 팀은 무의식적으로 '달성 가능한' 목표에 도달하고 나면 노력의 강도를 낮추고, 더 나아갈 수 있는 가능성을 스스로 차단해 버리는 경향이 있다. 이는 기대치를 초과 달성함으로써 팀이 스스로의 역량에 대해 더 큰 자신감을 얻을 수 있는 기회를 놓치게 만든다. 도전적인 목표의 핵심은 기대치를 설정하는 것이다. 팀은 목표의 70~80%를 달성하는 것도 성공으로 간주하지만, 기대치를 초과 달성하면 더 큰 인정과 보상을 제공해야 한다(팀이 좋은 OKR을 작성하는 데 도움이 되는 지침은 이 장 뒤 부록에 나오는 'OKR 작성 가이드' 참조).

개인 단위의 목표에는 한두 가지 개인적인 목표가 포함되어야 한다

관리자는 개인의 업무가 회사 중심적(본부에 기여하기 위해 무엇을 할 것인가)이면서 동시에 개인 중심적(내 업무가 자신의 커리어와 발전에 어떻게 기여할 것인가)임을 기억해야 한다. 이 두 가지 가치가 목표 설정에 반영되어야 한다. 매 분기마다 팀원은 기대하는 업무 성과 외에 최소한 한두 가지의 개인적인 개발 목표를 세워야 한다. 이렇게 하면 현재 필요한 업무를 수행하는 동시에 자신의 영향력을 키우고, 미래에 팀이 필요로 하는 역량

을 갖추며, 자신의 커리어를 발전시킬 능력도 함께 개발할 수 있다.

예를 들어 한 팀원이 기본적인 분석만 할 수 있는데 데이터가 점점 복잡해지고 있다고 가정해보자. 이 경우, 그 팀원은 내부 시스템에서 데이터를 조회하기 위한 SQL 쿼리 작성법을 포함한 고급 분석 기술을 개발하는 것이 중요하다. 해당 분기에 최대 30개의 기본 분석을 수행하는 목표를 세울 수 있으며, SQL 강의를 수강하고 분기 말까지 복잡한 분석 프로젝트를 수행할 수 있음을 입증하는 목표를 세울 수도 있다. 경험이 쌓이면 목표의 초점이 기술skill 중심에서 역량capabilities 중심으로 바뀔 수 있다. 예를 들어 '상세한 프로젝트 계획서 작성'이라는 목표 대신 '복잡한 프로젝트를 계획 단계부터 완료까지 이끌며 측정 가능한 긍정적인 결과를 도출한다'라는 목표를 세울 수 있다.

관리자로서 팀이 자기 개발 목표보다는 해당 분기에 필요한 업무에만 집중하게 하고 싶은 유혹을 느낄 수 있다. 그러나 기업이 매출 성장을 단일 제품에만 의존할 수 없고, 미래의 제품이나 수익원에 대한 투자가 필요하듯이, 팀과 개인도 미래를 위해 개발에 투자해야 한다. 이는 특히 고성장 환경에서 더욱 중요하다. 1분기에 업무를 완수한 기술과 노력이 6개월 또는 12개월 후에도 동일하게 요구된다는 보장은 없다. 따라서 팀과 팀원 모두가 미래의 규모와 도전 과제에 대비해야 한다. 더 나아가, 관리자가 맡은 역할 중 하나가 직원들을 코칭하고 개발을 장려하는 것이라고 할 때, 직원들이 자기 개발 목표에 집중하도록 돕지 않는다면 역할에 전념하고 있다고 볼 수 없다. 관리자가 "여러분을 코칭하기 위해 여기에 있는 것입니다"라고 말하기는 쉽지만, 중요한 것은 말이 아니라 행동이다(구성원 코칭에 대한 자세한 내용은 5장에서 다룬다).

'방법'은 '목표'만큼 중요하다

특정 프로젝트, 분기 또는 연도를 되돌아볼 때 목표 달성 결과만 보는 것이 아니라, 팀원이나 팀이 업무에 어떻게 접근했는지 그 과정에도 주목해야 한다. 목표를 달성했더라도 고통스럽거나 비효율적인 방법을 썼을 수 있다. 때로는 결과물의 품질보다 동료 팀원과의 소통과 협업에 집중하거나, 문제를 해결하는 기술적 작업 대신 문제 범위 설정에 집중해야 할 때도 있다. '목표what'뿐만 아니라 '방법how'도 함께 점검하고, 그에 따라 개인에게 피드백을 제시하자.

'피로스의 승리Pyrrhic victory'라는 말을 들어본 적이 있을 것이다. 큰 대가를 치르고 얻은 승리로, 결과적으로 패배와 다름없어서 이겨도 이긴 게 아닌 경우를 말한다. 업무에서도 이런 경우를 자주 본다. 제품이 제시간에 출시되었더라도 팀 내부의 관계가 간신히 유지되고, 팀원들은 지쳐 있으며 소통이 단절된 상태라면, 다음 달에는 양질의 작업을 기대하기 어렵다. 한 독자는 내게 "성과는 결과와 행동을 곱한 값입니다. 불안을 조장하고 뒷담화를 하며 목표를 달성했다면 95점이 아니라 0점을 받아야 합니다"라고 말했다. 관리자의 역할은 팀이 목표를 정의하고 달성하도록 돕는 것이지만, 팀의 미래 역량을 희생해서는 안 된다. 회사가 성장하려면 지속 가능한 업무를 수행할 수 있는 일관된 능력이 필요하다. 그렇지 않으면 성장이 멈춰버릴 수 있다.

현재는 관리와 리더십의 균형이 절실히 필요한 시점이다. 업무 수행 방식에 대한 피드백을 받고, 프로세스에 기여한 사람들을 인정하며, 방해 요인이 된 사람들과 피드백을 공유하는 것이 대인 관계나 절차상의 문제를 해결하거나, 문제 발생과 악화를 방지하는 데 도움이 될 수 있다. 하기 힘든 말이라도 해야 한다는 것을 반드시 기억하라. 개인이나 팀에 직접적인 피드백을 제공하며, 특정 프로젝트 완료에 과도한 비용이 들었음을 인정하자. 여기에는 그러한 결과를 초래한 자신의 역할을 인정하는 것도 포함된다. 솔직하게 상황을 공유하고, 반성과 개선의 모습을 보여주면, 팀원들에게도 자기 인식을 북돋우는 계기가 된다. 또한 리더의 자리는 완벽하지도, 편안하기만 한 자리도 아님을 보여줄 수도 있다. 팀이 이러한 상황에서 잠시 멈춰 배움의 기회를 갖는다면, 평균에 안주하지 않고 비효율을 줄이며, 도전적인 목표에도 효과적으로 대응할 수 있다.

건강한 성장을 위한 핵심 지표 설정

회사의 핵심 지표metrics는 회사 차원에서 본부, 팀, 때로는 개인에게까지 확장될 수 있는 또 하나의 구조적 요소다. 목표와 마찬가지로 지표 역시 장기적 관점과 단기적 관점의 두 가지 호라이즌에서 설정할 수 있다.

장기 지표는 대체로 후행 지표의 특성을 지닌다. 이는 수많은 운영상의 단기 '선행' 지표가 누적되어 나타나는 결과물이다. 스트라이프에서는 매년 '회사 목표'라는 개념으로 시작한다. 이는 회사의 우선순위를 가장 잘 반영하는 한 해의 지표다. 그중 일부는 내년에 수행할 업무를 반영하는 재무적 결과 지표들이고, 다른 일부는 우리 제품을 사용하는 월별 활성 사용자 수와 같은 전략적 선행 지표다. 예를 들어 신규 출시된 제품군에 대한 사용자의 일일/주간 실제 사용률을 추적할 수 있다. 이러한 지표는 궁극적으로 손익계산서상의 수익과 마진을 측정하는 지표에 대한 입력값이 된다. 또한 우리는 '제로 목표'라는 개념을 가지고 있다. 이는 서비스 중단과 같은 문제가 전혀 발생하지 않는 것을 목표로 하는 측정 기준을 의미한다.

상장 기업의 경우, 투자자에게 보고하는 내용은 중요한 핵심 지표의 일부일 가능성이 높다. 따라서 매 분기마다 이러한 결과를 이끌어내는 데 필요한 선행 지표들에 대해 어느 리더, 본부, 팀이 책임을 지는지 명확히 파악해야 한다.

어떤 팀은 성과를 수치로 측정하기 어려운 일을 하지만, 그럼에도 어떤 형태로든 지표가 있어야 한다

복리후생, 인사, 재무를 담당하는 일부 팀의 경우, 팀의 전체 부가가치를 파악할 수 있는 지표를 마련하기가 어려울 수 있다. HR 팀이 필요하다는 것은 자명하지만, 그들의 업무를 구체적으로 측정하는 방법은 명확하지 않을 수 있다. 그럼에도 팀을 위한 목표와 지표를 설정하는 것은 타당하다. 이러한 지표는 빈번하게 측정되지 않을 수도 있지만, 데이터를 활용하여 전반적인 진행 상황을 모니터링하는 것은 팀의 건강한 성장을 유지하는 데 효과적인 방법이다.

내부 팀의 경우, 직원 참여 설문조사는 1년에 한두 번만 실시하더라도 조직 문화나 팀의 건강 수준을 평가하는 데 효과적인 방법이다. 예를 들어 근무 환경에 대한 만족도와 복리후생이 공정하다고 느껴지는지 등을 질문할 수 있다. 법무팀이나 재무팀은 투입(시간)과 산출(작업)을 측정해 ROI를 계산할 수 있다. 이러한 팀은 특정 작업에 소요되는 시간을 측정하는 것을 꺼릴 수 있다. 하지만 예를 들어 소송팀이 3분기에 잠재적인 법적 문제를 처리하는 데 800시간을 투자했고 그 결과 회사에 불리한 조치나 합의가 이루어지지 않았다면, 이는 회사 입장에서 1천만 달러의 비용 절감을 의미한다. 이는 시간당 약 1만 2,500달러 절감한 것으로, 건강한 ROI로 평가될 수 있다.

이러한 사례는 팀의 업무와 영향력을 정량화하는 것이 얼마나 가치 있는 일인지 보여준다. 회사 차원에서는 자원 배분 결정에 도움이 되고, 팀 차원에서도 자신의 작업에 대한 정량적인 기여도를 파악할 수 있으므로 팀 사기에도 긍정적인 영향을 준다.

지표 작성 가이드

이 자료는 스트라이프의 데이터 과학팀이 작성한 지표와 목표에 관한 글을 참고해 재작성했다.

* * *

소개

지표를 개발하고 사용하는 방법이 항상 명확하지는 않다. 여러분과 팀이 훌륭한 지표를 개발하는 데 도움을 주고자 이 글을 썼다.

프레임워크

다음 지표 프레임워크(그림 7 참조)를 사용하면 팀을 효과적으로 관리하는 데 도움이 될 수 있다.

목표
⌐▸ 어디로 가고 싶은가?

지표 설정
⌐▸ 목표를 달성하고 있는지 어떻게 알 수 있을까?

지표 활용
⌐▸ 나는 전진하고 있는가? 전진하는 이유 또는 그렇지 않은 이유는 무엇인가?

그림 7. 목표와 지표를 사용하는 방법

목표

목표는 우선순위, 전략과 의도를 포괄적으로 표현하는 것이다. 즉 목표는 '어디로 가고 싶은가?'라는 질문에 답하는 것이다.

지표 만들기

지표를 통해 목표 달성 여부를 측정할 수 있다. 이는 "목표를 달성하고 있는지 어떻게 알 수 있을까?"라는 질문에 답한다. 하나의 목표에는 하나 또는 여러 개의 지표가 있을 수 있다.

장기 지표: 미션과 비전

장기 지표는 팀의 미션과 3개년 비전에 대한 성공을 정의하는 데 도움을 준다. 미션 지표는 최종적인 후행 지표로, 진행 상황을 실시간으로 점검하기 위한 지표로는 적절하지 않다. 이러한 미션 지표는 오랜 시간에 걸쳐 변화가 관찰되므로, 연간 계획 수립 시 진척 상황을 측정할 수 있는 마일스톤을 포함하는 것이 좋다.

이상적인 경우, 팀은 핵심 성과 지표를 자주 바꾸지 않고, 2~5년간 일관되게 사용하는 것이 좋다. 결제량, 매출액, 총 손실액, API 안정성 등과 같이 팀 미션이나 장기 목표와 연결된 팀 핵심 성과 지표를 3~5개 정의하고, 팀의 성과를 추적 및 개선해가는 것이 바람직하다.

단기 지표: 운영 지표 또는 선행 지표

단기 지표는 실시간 또는 선행 지표로, 활동 또는 중간 결과를 측정하는 데 사용된다. 이는 미션이나 3개년 비전의 성공 여부를 직접 결정하지는 않지만, 원하는 결과를 향해 순조롭게 나아가고 있는지를 판단하는 중요한 단서가 된다. 운영 지표는 종종 팀의 단기 목표 또는 핵심 활동과 직접 연결된다. 따라서 팀은 보통 3~5개의 운영 지표를 선정하여 이를 기반으로 실행 현황을 점검하고 운영 효율을 관리하는 것이 바람직하다.

기타 지표

팀이 상반기 또는 하반기에 달성하고자 하는 다른 목표들을 측정한다. 이러한 지표는 연속적인 지표가 이상적이다. 특정 결과를 요구하는 명확한 지표(예: 제품 X 배송)가 설정된 경우, 해당 제품에 대한 연속 측정값(예: 제품 X를 신규 사용자 50명에게 배송)을 고려하는 데 유용한 출발점이 될 수 있다.

지표를 설정한 후에는 정기적으로 검토할 수 있는 대시보드가 마련되어 있는지 확인하는 것이 중요하다.

지표의 활용

지표를 정기적으로 활용하고 검토하지 않으면 그 효과를 제대로 발휘할 수 없다. 지표를 활용해야만 "내가 전진하고 있는가?"라는 질문에 답할 수 있다. 지표는 본질적으로 불완전하기에, 정기적으로 검토해야만 지표를 개선하거나 변경해 더욱 유용하게 사용할 수 있다. 다음은 지표를 검토할 적절한 시점에 대한 몇 가지 아이디어다.

- 매주 또는 격주로 지표 회의를 진행한다.
- 월요일 아침 스탠드업 미팅 또는 격주 스프린트 계획에서 지표에 대해 논의한다.
- 격주로 이메일 업데이트를 통해 주요 지표를 공유해 검토를 유도한다.
- 매월 성과 리뷰 회의를 한다.

중요한 지표를 설정하는 방식이 무엇이든, 본부 내 모든 팀이 동일한 데이터와 언어를 사용해 목표를 추적하고 정의할 수 있도록 일관되게 설정해야 한다. 핵심 개념에 대한 정의를 공유하는 것은 매우 중요하다. 예를 들어 고객이란 무엇인가? 제품을 한 번 사용한 적이 있는 사람인가, 아니면 적극적으로 사용하는 사람인가? 연말 선물 수요로 인해 4분기에 사용량이 급증하는 계절성 제품인데, 고객의 약 20%가 4분기에만 제품을 사용한다면 어떻게 해야 할까? 많은 컨설팅 프로젝트와 구글, 스트라이프에서도 일부 사용자가 간헐적인 이탈로 인해 '이탈'을 명확하게 정의하는 데 어려움을 겪었다. 궁극적으로 '이탈'과 같은 용어는 회사 차원에서 정의할 필요가 있으며, 이 정의가 완벽할 수 없다는 사실에 만족해야 한다.

팀의 목표가 본부의 목표와 미션, 더 나아가 회사의 목표, 미션과 연결되는 사다리 개념을 상상해보자. 사다리의 각 단계마다 측정 항목의 정의가 다른 회사가 있다면, 어떤 모습이 떠오르는가? 책임감 부족과 팀 간 마찰로 이어져, 조직 리더와 매니저에게 최악의 악몽을 선사할 것이다. 운영 시스템을 구축할 때 가장 어렵고 중요한 부분은 바로 측정이다. 이를 제대로 수행하려면 핵심 지표와 정의에 대한 합의를 이루기 위해 여러 부서를 넘나들며 상하위 부서와 협력해야 할 수도 있다. 이러한 노력을 기울인 결과, 당신과 팀은 회사의 다른 팀들과 동일한 측정 기준을 사용해 성공을 평가할 수 있게 된다. 이를 통해 공동의 신뢰가 쌓이고, 궁극적으로 모두가 함께 성취를 이룰 수 있다.

책임 주체를 명확히 하라

목표와 지표에는 작업 완료에 대한 최종 책임자가 있어야 한다. 책임을 부여하는 과정은 특정 작업이나 프로젝트에 가장 적합한 사람을 선정하는 것으로, 경험, 능력, 선호도를 고려해야 하므로 관리의 핵심적인 부분이다. 책임을 맡는 것은 작은 작업에서부터 시작된다. 예를 들어 회의에서 나온 실행 항목을 누가 완료할 것인가 하는 문제부터 팀, 그룹 또는 본부의 결과에 대한 궁극적인 책임까지 다양하다. 각 회사 목표에는 이를 책임지고 주도할 책임자(또는 공동 책임자)가 있어야 하며, 이들은 대부분 경영진일 가능성이 높다. 특정 목표는 다른 팀의 성과나 다양한 요소에 의존하는 경우가 있을 수 있지만, 진행 상황을 추적하고, 일정이 지연될 경우 문제를 해결할 수 있도록 책임자를 두는 것이 중요하다.

스트라이프에서 재무 계획을 세우던 중, 수익 책임자를 배정하는 데 어려움을 겪었던 회의가 기억난다. 문제는 수익 예측이 신제품 출시에 따라 달라지므로, 영업팀은 당연히 제품 및 엔지니어링팀에 의존하는 목표에 대해 책임지고 싶어 하지 않았다. 결국 현재 출시된 제품의 매출은 영업 책임자가 책임지고, 신제품 매출 라인을 신설해 제품팀이 그 수치를 책임지기로 결정했다. 특히 회사의 최고위층에서는 이러한 사항을 명확히 하고 문제를 분리하는 것이 중요하다. 명확한 책임 주체에 초점을 맞추면, 본부 내 전반적인 실행력이 높아지는 모범 사례가 될 수 있다.

프로젝트 초기에 책임 소재가 명확히 정의되지 않으면 본부와 팀 내 협업 문화가 약화될 수 있다. 책임자가 명확하게 할당되지 않은 팀을 쉽게 발견할 수 있다. 이들은 "영업 개발 담당자가 잠재 고객 정보를 제공해줄 것으로 기대했는데, 그 결과 고객 계정 담당 임원이 매출 파이프라인에서 뒤처지고 있다." 또는 "보안팀이 HR 데이터를 위한 보안 데이터 저장소를 구축하지 않아 인력 데이터 대시보드를 개발할 수 없다"라고 말하며 항의한다. 더욱 심각한 문제는, 책임자가 명확하지 않은 팀에서는 구성원들이 서로 자신이 가장 중요한 업무를 맡고 있다는 것을 보여주기 위해 경쟁하거나, 일이 잘 풀리지 않을 때 다른 사람을 비난하는 등 조직 내 정치적 갈등이 생길 위험이 있다.

측정 가능한 성과를 내는 팀의 경우, 책임 소재를 명확히 정의하는 것은 더 쉽다. 예를 들어 북미 영업 책임자는 북미 매출 목표 달성에 대한 책임이 있다는 것을 분명히 할 수 있다. 제품 및 엔지니어링팀처럼 협업이 필요한 경우, 두 사람에게 책임 소재를 할당하거나 작업을 더 세분화해 각자의 책임 범위를 명확히 할 필요가 있다. 예를 들어 "이브는 이번 주 말까지 제품 요구사항 문서를 작성하고, 톰은 이달 말까지 프로토타입을 제작한다"와 같이 구체적인 행동 계획을 설정하는 것이 효과적이다.

최악의 관리 실수 중 하나는 팀에 어떤 일을 지시할 때, 예를 들어 "다음 주까지 사용자 이벤트 데모를 만들어야 한다"고만 이야기하고 누군가 자원해서 처리해주기를 기대하는 것이다. 더 심각한 것은 명확하게 책임자를 지정하지 않으면서, 누군가 알아서 해주기를 기대하는 것이다(4장에서 책임자 배정에 대해 더 자세히 다룬다).

목표 달성 진행 상황을 검토하는 책임 실행 체계

책임 실행 체계는 리더와 관리자가 목표와 미션을 향한 진행 상황을 검토하는 데 사용하는 도구다. 이는 회사, 팀, 개인 등 모든 차원에 적용된다(여기서 이 세 가지를 모두 다룬다). 책임 실행 체계에는 계획과 실행 항목을 검토하는 회의, 지표 대시보드, 프로젝트 스니펫snippet(진행 상황과 주요 결정을 간단히 요약한 것-옮긴이) 작성과 같은 요소가 포함된다.

책임 실행 체계를 구현하는 첫 단계는 누가 이 실행 과정에 참여할지와 주기를 파악하는 것이다. 대시보드를 누가 검토해야 할지, 스니펫은 얼마나 자주 제출하며 누가 읽어야 할지, 회의에는 누가 참석할 것인지, 본부나 팀의 진행 상황을 어떤 방법으로 체크할 것인지, 얼마나 자주 체크할지를 결정해야 한다. 예를 들어 매주 일요일 밤에 스트라이프 리더십팀은 다음 날 월요일 정기 회의를 앞두고 지난주의 주요 정보, 다음 주의 우선순위, 실행 항목의 진행 상황을 요약한 스니펫을 공유한다. 월요일 회의의 많은 안건이 이러한 스니펫에서 시작된다.

여러 초기 단계 기업의 COO들을 만나면 종종 QBR과 연간 계획에 대해 이야기하게 된다. 이 두 실행 체계는 제대로 운영하기가 쉽지 않지만, 반드시 회사와 함께 발전해야 할 중요한 요소다. 다른 리더들과 이런 핵심 운영 사이클에 대해 공감대를 형성하면 조직이 안정적으로 운영된다. 완벽하지는 않더라도, 이러한 체계를 세우고 유지하려는 노력은 충분히 그럴 만한 가치가 있다.

QBR은 직원 수가 200명 이상이고 여러 제품과 팀을 보유한 복잡한 조직에서 흔히 사용하는 책임 실행 체계다. QBR은 팀이나 사업부의 해당 분기 성과에 대한 평가와 향후 목표에 대한 논의로 구성된다. 이러한 리뷰는 보통 1시간에서 1시간 30분 정도 진행된다. 스트라이프는 참가자들이 사전에 검토할 수 있도록 검토 대상 부서에서 회의 전이나 회의 시작 시점에 대략 5페이지 분량의 문서나 프레젠테이션을 공유한다.

일상적인 업무에서 한 발짝 물러나서 분기마다 검토하는 것은 다음과 같은 장점이 있다.

- 본부나 팀의 중점 영역과 진행 상황에 대해 주요 이해관계자와 리더가 동일한 정보를 일치시킨다.
- 지표나 주요 목표 달성에 있어 지속적으로 발생하는 문제를 해결할 기회를 제공한다.
- 향후 우선순위와 진행 상황 측정 방법에 대해 리더십 차원에서 조

율하고, 조율이 부족한 경우 전략과 비전을 재설정할 수 있다.
- 팀, 본부의 리더와 관리팀에 대한 책임 실행 체계로 작용한다.

내 경험상 모든 본부가 QBR에 참여하거나 회사 전체 회의에서 거론될 필요는 없다. 예를 들어 재무팀은 QBR을 준비하고 회사의 주요 지표를 보고하는 데 중요한 역할을 할 수 있지만, 매 분기에 재무팀 자체를 검토하거나 언급하는 경우는 드물었다. 그렇다고 재무팀의 업무가 중요하지 않다는 의미는 아니다! 재무 리더들은 재무 조직 내 각 팀의 분기별 진행 상황을 면밀히 점검하기 위해 QBR 메커니즘을 조직 전체에 도입할 수 있다(QBR에 대한 자세한 내용은 이 장 뒤 부록에 나오는 '분기 성과 리뷰' 참조).

일반적인 회사 차원의 간단한 책임 실행 체계도 있다. 매주, 매월, 또는 분기마다 전체 회의에서 지표와 목표를 공유하고 진행 상황을 보고하는 방식이다. 요약 이메일과 전체 회의만으로도 충분할 때가 많다. 과도한 리뷰 체계는 비효율적이다. 핵심 요소 몇 가지만 일관되게 유지하고, 각 본부와 팀이 해당 기능이나 비즈니스 영역에 가장 적합한 접근 방식을 결정하도록 하는 것이 바람직하다.

회사의 실행 체계를 지속적으로 조정하는 것은 역효과를 낼 수 있으므로, 최소 1년에 한 번은 점검하는 것이 확장과 발전에 도움이 된다. 스트라이프에서는 보통 1월에 일부 회의와 책임 실행 체계를 재설정한다. 직원들이 업무에 복귀한 후 전년도 회사 운영과 조직 방식의 장단점을 평가하고, 1월 말까지 당해 연도를 위한 접근 방식을 발전시키기 위해 회사 내다른 구성원들의 피드백을 받는다.

팀 수준의 책임 실행 체계는 회사 전체의 주기를 반영해 연간, 분기, 월간, 주간 주기로 설정된다. 모든 팀이 모든 실행 체계에 참여할 필요는 없으며, 일부 팀은 자체적으로 별도의 체계를 고안할 수 있다. 그러나 회사 전반에서 널리 채택되는 몇 가지 핵심 체계를 보유하는 것은 큰 힘을 발휘한다. 모든 팀이 동일한 방식으로 일하면 구성원들이 새로운 방식에 일일이 적응해야 하는 부담이 줄어들고, 조직 전체가 더욱 일관되고 효율적으로 운영될 수 있다.

모든 팀에 최소한 다음 두 가지 형태의 책임 실행 체계를 권장한다.

- **주간 팀 회의:** 이 회의는 팀의 최신 상황을 업데이트하는 자리일 수도 있고, 토론 및 의사결정을 위한 자리로 활용될 수도 있다. 정기 팀 회의를 최소한 한 번 이상 열어 팀 규범을 유지하고, 모든 구성원이 우선순위, 진행 상황, 실행 항목, 그리고 실행 항목의 책임자에 대해 동일한 정보를 공유하는 것이 좋다(회의에 관한 자세한 내용은 4장에서 다룬다).

- **주간 팀 지표 검토:** 팀 회의의 첫 15분을 지표 검토 시간으로 할당하자. 일부 관리자는 회의 대신 보고서로 지표 검토하는 것을 선호하지만, 팀 전체가 함께 지표를 논의하는 시간을 따로 마련하는 것이 큰 이점이 있다. 이렇게 하면 모두가 동일한 수치에 집중할 수 있고, 인사이트와 트렌드를 논의할 수 있으며, 모든 구성원이 측정 지표와 목표 달성에 책임감을 가져야 한다는 메시지를 전달하는 효과가 있다.

책임 실행 체계의 빈도는 팀이 해당 지표에 얼마나 빨리 영향을 미칠 수 있는지에 따라 달라져야 한다. 이를 통해 팀은 목표 달성을 위한 필요한 조치에 집중할 수 있다. 예를 들어 주간 팀 회의에서 지원 응답 시간을 논의하는 것은 현실적인 접근 방식이다. 만약 팀이 목표 달성에 어려움을 겪고 있다면 직원 추가, 신속한 제품 업데이트, 고객 응답 시간 조정 등의 조치를 7일 내에 실행해 수치에 영향을 미칠 수 있다. 지표를 과도하게 검토하면 사기가 저하된다. 반대로 검토 빈도가 낮으면, 시급히 해결해야 할 중요한 트렌드나 문제를 제때 파악하지 못할 수도 있다.

책임 실행 체계는 모니터링과는 다른 개념이다. 비정상적인 일이 발생했는지 여부를 추적하는 자동화된 대시보드도 필요하다. 예를 들어 지원 응답 시간이 갑자기 증가하는 등의 상황을 실시간으로 측정하는 대시보드가 가장 이상적이다. 이러한 대시보드는 임계값 초과 시 알림 기능을 포함할 수 있다. 많은 엔지니어링팀은 실시간 대시보드와 시스템 문제에 대한 경고를 제공하기 위해 노력한다. 여기서 필요한 책임 메커니즘은 대시보드의 갑작스러운 변화에 누가 책임을 지고, 그 사람이 근본 원인과 해결책을 관련 이해관계자에게 어떻게 전달할지 결정하는 것이다.

최상의 내부 커뮤니케이션 전략

조직의 규모가 매년 두 배로 증가한다고 상상해보라. 이는 현재 직원의 약 절반이 1년 전에는 회사에 없었음을 의미한다. 즉 1년 후에는 직원 4명 중 3명 이상이 불과 24개월 전에 이루어진 논의와 결정에 대해 알지 못하게 된다는 의미다. 이런 상황에서 새로운 구성원이 중요한 맥락을 빠르게 파악할 수 있도록 중요한 정보를 어떻게 회사 내에 기록할지 결정해야 한다. 또한 회사에 대한 배경 지식이 있는 사람과 그렇지 않은 사람으로 나뉘는 문화가 생기지 않도록 명확한 커뮤니케이션 정책을 세워야 한다. 내부 커뮤니케이션은 접근 방식에 따라 평등을 촉진할 수도, 차별을 초래할 수도 있다.

최상의 내부 커뮤니케이션은 신뢰를 구축하는 또 하나의 중요한 수단이다. 이는 직원들이 중요한 정보에 쉽게 접근하고 이를 유용하게 활용할 수 있도록 하여, 회사의 성장과 함께 확장된다. 하지만 최악의 경우, 내부 커뮤니케이션이 사내 선전용 메시지를 양산하는 수단으로 전락할 수 있다. 훌륭한 계획과 긍정적인 상황을 직원들에게 설득하기 위해 별도의 전담팀이 필요하다면, 이는 큰 문제가 있음을 의미한다. 신뢰는 위선과 반비례한다. 좋은 커뮤니케이션은 실시간으로 정직한 정보를 제공하는 것이다. 여기에는 실수를 기꺼이 인정하는 것도 포함된다. 실수는 용서되지만, 정보가 숨겨지거나, 거짓이거나, 오해의 소지가 있는 경우, 또는 경영진의 말과 행동이 일치하지 않을 때 신뢰를 잃게 된다.

리더와 관리자의 역할 중 하나는 원활한 내부 커뮤니케이션에 집중하는 것이다. 본부는 어떤 정보를 언제, 어디서, 어떻게 전달할지 알아야 한다. 팀원들이 모든 회의에서 이루어진 결정사항과 다음 단계의 계획이 기록된다는 것을 알게 되면, 회의 중에 이루어진 약속에 대해 훨씬 더 확신을 가질 수 있다. 이후 논의에 대한 기억이 다를 경우, 항상 회의 기록을 참조하면 된다. 또한 직원들이 업무 수행에 필요한 정보를 쉽게 접근할 수 있어야 하며, 이러한 지식 접근이 조직 내 인맥이나 근속 연수에 달려 있지 않다는 확신을 심어주어야 한다.

내부 커뮤니케이션 투자의 적기

던바의 수Dunbar's number(한 사람이 사회적 관계를 유지할 수 있는 인지능력의 한계)는 내부 커뮤니케이션 전략을 개발하는 데 유용한 프레임워크다.[28] 150명쯤 되면 이름과 소속을 모두 기억하기 어렵다. 이미 내부 커뮤니케이션 관행을 문서화하고 있다면 좋겠지만, 직원 수가 150명에 도달할 때까지는 회사 내부 웹사이트, 명확한 커뮤니케이션 지침, 어떤 정보가 저장되고 어떤 채널을 통해 전달되며, 어떤 팀이 정보를 유지·관리할 책임이 있는지에 대한 정책을 마련해야 한다. 오래된 콘텐츠를 폐기하는 방법도 공식화해야 한다.

전사 차원의 커뮤니케이션은 운영 원칙을 회사 문화에 녹여내는 가장 효과적인 방법 중 하나다. 만약 어떤 팀은 부서 변경사항을 조직 전체에 널리 공유하는 반면, 다른 팀은 이를 전혀 공유하지 않는다면, 회사 전반의 운영 원칙과 부합하지 않는 하위 문화가 생겨날 것이다. 스트라이프에서 중요한 버팀목 중 하나는 바로 글쓰기 문화다. 긴 글이 많다는 지적도 있지만, 명확한 문서화 방식은 아이디어, 업무, 문화를 빠르게 확산시키는 데 매우 중요한 역할을 해왔다.

스트라이프의 글쓰기 문화

스트라이프에는 커뮤니케이션 원칙을 설명하는 많은 내부 문서가 있다. 이케 드 밀리아노Eeke de Milliano는 스트라이프의 초기 직원이자 비즈니스 운영팀을 이끌었으며, 나중에는 여러 제품팀을 관리했다. 다음은 그가 작성한 '스트라이프가 글쓰기 문화에 공을 들이는 이유'를 요약한 내용이다.

✳ ✳ ✳

스트라이프에서 기록은 사내 커뮤니케이션 전략의 핵심이다. 논의 내용은 요약된 문서로 작성되어 발송된다. 중요한 회사 검토사항은 사전에 읽어야 하며, 프레젠테이션은 종종 서면 메모 형태로 전달된다. 이러한 문서들은 누구나 찾아볼 수 있도록 사내 위키에 저장된다.

우리가 기록에 많은 투자를 하는 데는 세 가지 이유가 있다.

- **첫째, 글쓰기는 기회의 평등을 만든다:** 훌륭한 문서화는 회의에 참석하지 못한 사람들, 즉 다른 팀, 다른 사무실의 동료 또는 아직 입사하지 않은 사람들에게 맥락을 제공한다. 이는 고성장 기업에서 특히 중요하다. 회사의 인원이 매년 두 배로 늘어나는 경우, 3년 차에는 팀원 중 90%가 첫해의 논의 내용을 모르는 상황이 발생하게 된다. 강력한 기록 문화는 모든 직원이 동일한 이야기, 사고와 결정에 접근할 수 있게 해주므로 장소, 연차, 근속 기간에 관계없이 공평한 환경을 조성한다.
- **둘째, 장문의 글쓰기는 사고의 질을 높인다:** 스트라이프에서는 장문의 글쓰기가 더 높은 수준의 사고를 이끈다고 믿는다. 글 쓰는 사람 입장에서는 문장들을 일관된 서사로 연결할 때 논리의 빈틈을 더 쉽게 발견할 수 있다. 읽는 사람 입장에서는 시각적 프레젠테이션 자료보다 서면 자료를 대충 훑어보기가 더 어렵다. 대부분의 경우 이는 단점이 아닌 장점이다. 장문의 글쓰기는 세세한 부분까지 주의를 기울이게 한다.
- **셋째, 글쓰기는 업무의 효율을 높인다:** 글을 잘 쓰는 사람들은 어쩌면 중복되는 말을 피하고 싶은, 다소 게으른 커뮤니케이터일 수 있다. 문서에 이미 명확하게 맥락이 정리되어 있다면, 서로 같은 내용을 되풀이하며 시간을 낭비할 필요 없이, 앞으로 나아갈 방향에 대해 더 깊이 있게 논의할 수 있다.

강력한 글쓰기 문화의 단점은 많은 양의 문서가 생성된다는 점이다. 회사 전체적으로 콘텐츠 관리에 공을 들여야 한다는 의미다. 글쓰기 문화의 단점을 보완하려면 영구 보존 문서, 진행 중인 문서, 일회성 문서를 구분해야 하며, 정보 접근이 정보 과부하로 이어지지 않도록 강력한 정보 검색 도구와 명확한 정보 계층 구조를 갖춰야 한다.

또한 문서 작성 가이드라인을 엄격히 준수해야 한다. 회의 후 언제 요약본을 배포해야 하는지, 포함되어야 할 정보는 무엇인지에 대해 팀과 명확한 기대치를 설정하자. 중요한 결정만 기록하지 말고, 회사의 용어집(예: 전체 회의를 'ATH_{all the hands}'로 부르는 이유 설명)과 스토리(예: 라마가 비공식 회사 마스코트가 된 이유)를 문서화한다.

회사에서 '좋은 글쓰기'가 무엇을 의미하는지 명확히 정의하자. 팀원들에게 우수한 글쓰기 스타일에 관한 가이드와 구체적인 예시를 제공하고, 직원들이 더 효과적인 글을 쓸 수 있도록 피드백을 제공해야 한다. 글쓰기 클래스를 개설해주는 것도 좋다.

이 모든 것에는 경영진, 팀, 개인의 노력이 필요하다. 훌륭한 기록 문화를 정착시키는 데 관심이 있다면, 첫걸음은 바로 그것을 문서화하는 것이다.

내부 커뮤니케이션 프로그램 구축 및 평가

팀, 본부, 또는 회사 전체의 내부 커뮤니케이션 정책을 수립하고 평가할 때 다음 기준을 충족하는지 확인하자.

- **완전성:** 구성원들이 업무를 수행하는 데 필요한 정보에 접근할 수 있도록 정보를 만들고 있는가?
- **접근성:** 모든 사람이 필요한 정보에 접근할 수 있는가? 재직 기간, 지역, 언어 등 부서와 회사의 다양한 부문을 모두 고려했는가?
- **신뢰성:** 콘텐츠가 정확한가? 전사적인 회의가 정시에 시작되며, 사람들이 매번 동일한 수준의 품질을 기대할 수 있는가? 매주 팀에 일관되고 예측 가능한 주기로 업데이트를 제공하고 있는가?
- **투명성:** 투명성이란 모든 정보를 공유하는 것이 아니다. 모든 직원이 어떤 내용이 언제, 누구와 공유되는지 명확히 아는 것을 말한다. 예를 들어 모든 직원은 인사 문제가 회사 전체에 공유되지 않는다

는 것을 이해하고 있다. 하지만 급여나 직급 같은 인사 정보가 어떤 팀이나 개인과 공유되는지 명확히 인지하는 것은 중요하다.

중요한 정보는 다양한 채널을 통해 최소한 세 번 전달할 계획을 세워야 한다. 사람들은 특정 커뮤니케이션 채널에 무감각해질 수 있다. 직원들도 소비자처럼 정보를 받아들이는 선호도가 제각각이다. 예를 들어 중요한 회사 지표를 팀원들에게 확실히 알리고 싶다면 격주로 열리는 전사 회의에서 공유하고, 언제든지 접근할 수 있는 회사 대시보드에 게시하며, 추세 분석이 포함된 회사 뉴스레터에 공유하는 것이 좋다.

내부 커뮤니케이션과 관련해 다음 두 가지 사항을 명심하자.

위기와 변화의 시기에는 더 많이 소통하라

위기 상황에서 회사의 소통이 줄어드는 경향이 있다. 해결책을 찾은 뒤에 직원들과 소통하려 하면, 정작 필요할 때 소통이 줄어든다. 4장에서 다루겠지만, 위기 상황에서는 결정사항 전달이나 업데이트가 아니더라도 직원들과 더 자주 소통하려고 노력하자. 개인적인 메시지나 생각을 담은 이메일만으로도 회사가 문제를 진지하게 다루고 있다는 확신을 줄 수 있다.

불확실하거나 변화가 많은 시기에는 명확한 답변을 내놓지 못하더라도 기대보다 훨씬 많은 소통을 하는 것이 좋다. 구글이 유튜브를 인수했을 때, 나는 구글 비디오의 운영 리더로 일하고 있었다. 인수 소식이 전해졌을 때 팀은 큰 혼란에 휩싸였다. 미래 전략에 대해 많이 알지는 못했지만 팀에 짧은 글을 보내, 이번 인수가 현명한 결정이며 궁극적으로 우리를 더욱 강한 조직으로 이끌 것이라고 설명했다. 유튜브 통합팀의 일원이 되어 두 서비스의 계획이 구체화되는 대로 모두에게 알려주겠다고 말한 것도 도움이 되었다. 팀원들은 나의 솔직한 이메일에 공감해주었고, 나는 그 과정에서 팀의 신뢰를 얻을 수 있었다.

대형 고객 이탈과 같이 사내에 널리 알려지지 않았지만 회사에 영향을 미치는 사건이나 위기가 있다면, 언제 어떻게 상황을 공유할지 신중하게 고민하자. 이런 경우 적절한 타이밍을 잡는 것이 중요하다. 너무 빨리 소통하면 불안감이, 너무 늦게 소통하면 불만이 커진다. 효과적인 균형을 찾기 위해 동료들과 리더들의 의견을 구하라. 만약 당신이 상황을 모르는 직원이라면 어떤 정보를 언제 알고 싶어 할지를 생각하면서, 관리자로서 메시지가 조직 전체에 잘 전달되도록 힘써야 한다.

회사 규모에 따라 전사 회의 빈도를 조절하라

회사가 작을 때는 전사 회의를 자주 열어 주요 정보를 공유하는 것이 효율적이다. 하지만 회사의 규모가 커지면 전사 회의의 빈도를 줄일 필요가 있다. 그 대신 인트라넷이나 이메일 등 다른 소통 채널을 활용하자. 전사 회의는 리더의 의견을 듣고, 정서적으로 교감하며, 중요한 사업 성과를 강조하는 기회로 활용하자(무엇을 축하할지 보여주는 자리이기도 하다). 회의의 질이 참석률과 효과를 좌우한다. 전사 회의의 질을 높이는 데 투자하거나, 충분한 시간을 들여 더 나은 회의를 준비할 수 있을 때만 개최하자.

스트라이프의 내부 인트라넷 사이트를 '스트라이프 홈'이라고 부른다. 이 사이트는 회사 전체 구성원들을 연결하기 위해 설계되었다. 직원 생산성을 높이는 도구를 담당하는 '사내 도구팀'은 직원들이 정보를 더 잘 찾을 수 있도록 사이트를 구축하는 데 비교적 많은 투자를 했다. 이러한 내부 도구들은 작아 보여도 성장 단계에서 중요한 투자다. 제품 기능 개발이 끝난 후로 미룰 일이 아니다.

스트라이프 홈 활용 가이드

스트라이프 홈에 대한 설명은 당시 스트라이프의 사내 도구 팀장이었던 마이클 샤데Michael Schade의 블로그 포스트에서 발췌한 것이다.[29] 스트라이프 홈은 직원들이 협업하고 정보를 쉽게 찾을 수 있도록 디자인된 훌륭한 시스템이다. 오랫동안 스트라이프 엔지니어로 일해온 브라이언 크라우스Brian Krausz와 스트라이프의 최고 디자이너 중 한 명인 빌 라부스Bill Labus가 직접 참여해, 내부 협업과 커뮤니케이션의 중요성을 강조하고 이를 실현하기 위해 노력했다.

* * *

스트라이프는 항상 소통하고, 정보를 공유하며, 연결을 유지하는 방식에 대한 노력을 기울여왔다. 회사 규모가 작을 때는 이러한 일이 자동으로 이루어지기 쉬웠다. 하지만 직원 수가 150명 정도 되면서 모든 직원의 이름을 기억하기 어려워졌다. 이에 전사 해커톤hackathon(프로젝트 결과물을 출품하는 행사-옮긴이)에서 몇몇 스트라이프 직원들이 힘을 모아, 서로 만나고 알아갈 수 있도록 돕는 디렉토리인 '피플'을 만들었다.

이후에 우리는 피플을 정식 제품인 '홈'으로 발전시켜, 이메일을 넘어 서로를 알고 정보를 공유하는 방식을 하나의 플랫폼으로 통합했다. 지난 한 달 동안 스트라이프 직원의 99%가 사용한 홈은 우리가 누구인지, 무엇을 하고 있는지, 왜 하고 있는지에 대한 정확한 정보를 제공하며, 개인을 지원하고 서로 알아가는 데 도움을 주는 플랫폼이다.

피플의 고유한 정신을 계승하여, 신규 입사한 스트라이프 직원들은 홈 화면 첫 페이지에서 간단한 동영상 소개, 기존 직원들의 플립북, 회사에서 진행하는 다양한 활동 목록들을 확인할 수 있다. 이 목록에는 회사가 주최하는 각종 클래스부터 사용자 이벤트까지 나와 있다.

스트라이프 직원들의 협업은 매우 활발하다. 우리의 검색 시스템을 통해 문서, 사람, 팀, 심지어 API 모델까지 검색할 수 있으며, 실시간 필터를 통해 필요한 정보를 빠르게 찾을 수 있다. 검색 인터페이스는 완전히 API 기반으로, 다양한 콘텐츠를 통합하고 추가하기 쉽게 설계되었다.

내부적으로 홈은 외부 고객용 제품(예: 대시보드)과 동일한 기술을 활용해 개발되어, 외부 고객용과 사내 임직원용 화면을 손쉽게 전환할 수 있도록 설계되었다. 그 덕분에 홈은 신규 스트라이프 직원들의 스핀업 프로젝트에 가장 많이 활용되고 있으며, 해커톤 프로젝트에서도 인기가 높다.

우리는 여전히 투명성을 유지하면서도 정보 과부하를 피하고, 우연한 발견과 엄선된 콘텐츠, 선명한 인터페이스와 팀 경계, 회사를 회사답게 만드는 인간적인 요소들 사이의 균형을 어떻게 맞출지 고민하고 있다.

성장의 습관을 만드는 운영 주기

지금까지 성공적인 운영 시스템의 구성 요소에 대해 살펴보았다. 여기서는 이를 어떻게 실행에 옮기는지 살펴본다. 한때 디렉티비DirecTV에서 'CRM 운영화'라는 프로젝트를 진행한 적이 있었는데, 프레젠테이션의 맨 위에 이 단어를 쓸 때마다 'CRM 운영화'라는 표현이 어색해 보였지만, 지금은 운영 시스템을 실제로 가동해 얻을 수 있는 장점을 높이 평가한다.

인간은 습관의 동물이므로 회사, 본부 또는 팀이 진행 상황 보고와 의사결정을 위한 일관된 일정이나 운영 주기를 마련해 자연스럽게 따라가는 것이 좋다. 긴급 상황이나 그 밖의 타당한 이유가 있을 때는 틀을 깨고 나와야 하지만, 대부분의 경우에는 안정성과 예측 가능성을 유지하는 것이 중요하다. 각 팀이 제각각 목표와 지표를 세우면 혼란이 발생하고 사기가 저하될 것이다.

정기적인 운영 주기는 관리자, 팀, 개인에 따라 다를 수 있지만, 모든 관련 당사자가 사전에 합의한 일정이어야 한다. 보통 연간 계획을 반영해 결정되는 회사의 주기를 따르는 경우가 많다. 주기별로 운영 주기를 설계하는 데 특별한 비법이 있는 것은 아니며, 팀의 성격과 회사 상황에 맞게 설계하면 된다. 중요한 것은 주기를 설정하되, 그 틀에 고착되지 않는 것이다. 이러한 리듬은 종종 반복과 수정이 필요하며, 적절성과 최신성을 유지하기 위해 정기적으로 재검토해야 한다.

정기적인 운영 주기의 예로는 다음과 같은 것들이 있다.

- 연간 계획 수립 프로세스
- 분기 비즈니스 리뷰
- 월간 전사 회의
- 주간/격주 원온원 미팅
- 주간 스니펫 및 팀 회의(성과 지표 검토 포함)
- 일일 스탠드업 미팅

정기적인 운영 주기가 마련되어 있지 않다면, 현재 이루어지고 있는 상호작용과 검토 프로세스가 어떤 방식으로 진행되고 있는지 관찰할 필요가 있다. 예를 들어 몇몇 팀에서 이미 특정 프로세스나 커뮤니케이션 방식을 활용하고 있을 수 있다. 이들이 그러한 방식을 선택한 이유와 그 접근법의 장단점을 파악한 후, 이를 바탕으로 회사 전체 또는 특정 부서에서 이 방식을 한 달 또는 한 분기 동안 테스트해보고, 피드백을 수집한 후 다시 조정하면 된다.

각 주기에 따라 팀과 개인은 서면 업데이트, 자동화된 보고서, 기타 진척 상황 측정 등 다양한 종류의 보고서를 작성한다. 예를 들어 지원팀은 매주 고객 만족도, 피드백, 응답률을 검토하고, 다음 주에 수치를 개선하기 위한 계획을 세울 수 있다. 제품 관련 리더들은 출시 일정을 검토하고, 예정된 출시에 대한 상태 업데이트를 공유할 수 있다. 중요한 것은 본부나 팀의 모든 구성원에게 예측 가능하고, 공통적이며, 일관된 구조를 제공하는 것이다. 주간 팀 회의와 같은 소규모 운영 주기는 구성원들이 자신의 업무 중요성, 업무 수행 방식, 성공 기준, 이를 측정하는 방법에 대한 공통된 이해를 형성하는 데 도움이 되어야 한다(회사 전체의 운영 주기 예시는 그림 8 참조).

운영 시스템과 운영 주기에 대한 피드백을 자주 요청하는 것이 좋다. 특히 다음과 같은 사항들을 알고 싶다면 말이다.

- 모든 구성원이 회사, 본부, 팀의 사명과 목표를 이해하고 있으며, 자신이 해야 할 일도 명확히 알고 있는가?
- 계획과 실행을 위한 명확한 타임라인이 마련되어 있으며, 목표 대비 진행 상황을 측정할 수 있는 지표가 존재하는가?
- 상호 연결된 프로젝트들이 관련 팀과 리더 간에 원활하게 합의되어 각자 책임과 우선순위가 명확히 설정되어 있는가?
- 모든 구성원이 성공을 측정하는 방법과 각 업무 구성 요소에 대한 책임이 누구에게 있는지 알고 있으며, 계획이나 결과를 언제 완료해야 하는지 명확히 알고 있는가?
- 진행 상황을 모니터링하고, 결정을 내리며, 팀의 장애물을 제거할 수 있는 체계가 마련되어 있는가?
- 목표에 대한 업데이트를 제공하고, 관련 팀에 변경사항을 알릴 수

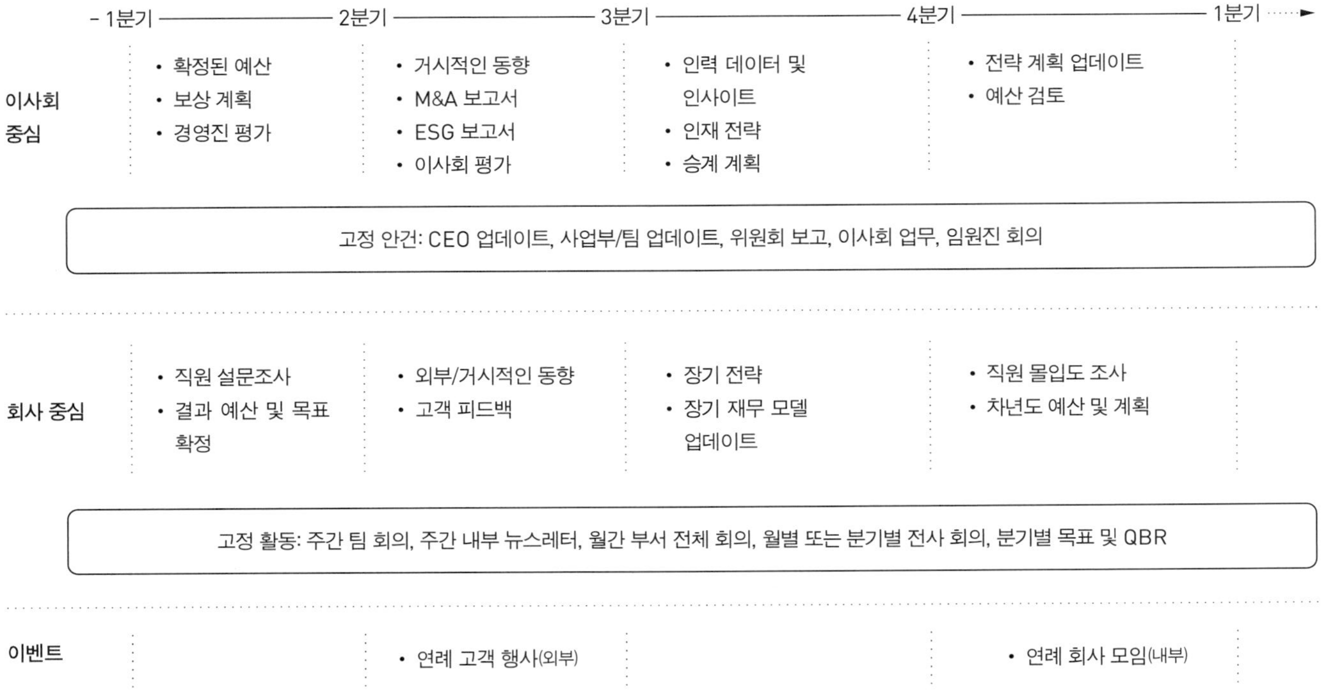

이사회 중심

── 1분기 ──── 2분기 ──── 3분기 ──── 4분기 ──── 1분기 →

1분기:
- 확정된 예산
- 보상 계획
- 경영진 평가

2분기:
- 거시적인 동향
- M&A 보고서
- ESG 보고서
- 이사회 평가

3분기:
- 인력 데이터 및 인사이트
- 인재 전략
- 승계 계획

4분기:
- 전략 계획 업데이트
- 예산 검토

고정 안건: CEO 업데이트, 사업부/팀 업데이트, 위원회 보고, 이사회 업무, 임원진 회의

회사 중심

1분기:
- 직원 설문조사
- 결과 예산 및 목표 측정

2분기:
- 외부/거시적인 동향
- 고객 피드백

3분기:
- 장기 전략
- 장기 재무 모델 업데이트

4분기:
- 직원 몰입도 조사
- 차년도 예산 및 계획

고정 활동: 주간 팀 회의, 주간 내부 뉴스레터, 월간 부서 전체 회의, 월별 또는 분기별 전사 회의, 분기별 목표 및 QBR

이벤트

- 연례 고객 행사(외부)
- 연례 회사 모임(내부)

그림 8. 이사회 및 전사 회의, 이벤트가 포함된 운영 주기 예시

있는 커뮤니케이션 구조가 마련되어 있는가?

- 성공을 인정하고 축하하며, 실수를 공유하고 그로부터 배우고 있는가? 사내 커뮤니케이션을 통해 회사의 가치와 운영 방식을 강화하고 있는가?

경영진의 선호도와 역량에 맞춰 운영 주기를 설계하고 위임하는 것이 좋다. 이러한 프로세스를 실행하기 위해 리더들이 헌신적인 노력을 기울일 것이라는 확신이 있을 때만 가동하는 것이 바람직하다. 각 운영 구조마다 책임자를 두고, 모든 리더가 이를 존중해야 한다.

일반적으로 훌륭한 운영자는 헌신적이고 일관된 방식으로 회사의 구조를 존중하며, 훌륭한 운영은 시간이 지남에 따라 반복적으로 일관되게 개선되는 경우가 많다. 반면, 젊은 기업은 새로운 것을 발명하고 구축하는 것을 좋아하는 사람들로 채워지는 경향이 있으므로, 반복적인 프로세스를 인식하고 투자할 수 있는 리더를 채용하거나 승진시켜 이러한 성향의 균형을 맞출 필요가 있다. 창의성과 운영의 치밀함을 조화롭게 연결할 리더가 필요하다. 리더와 회사의 구조를 명확히 파악하고, 각 리더의 강점과 조직 구조의 조화를 이루는 것이 중요하다. 리더가 모범을 보이면 조직 문화와 실행력에 긍정적인 영향을 미칠 수 있다. 반대로 리더가 책임감이 부족하거나 회사 운영 방식을 고수하지 않으면 안정적인 구조를 구축하는 실행력이 무너진다.

효율적인 프로세스를 구축하려면

현대 비즈니스 환경에서 프로세스는 천덕꾸러기 신세가 되었다. 구성원들의 속도를 늦추고 에너지를 소진시키는 요소로 인식되기도 한다.

나는 창업자들로부터 회사 업무가 '프로세스, 회의, 체크인, 업데이트' 등으로 인해 비대해지는 것에 대한 우려를 자주 듣는다. 많은 관리자가 프로세스를 너무 많이 도입하는 것을 경계해야 하며, 과도한 회의는 생산성에 큰 걸림돌이 될 수 있다는 점을 유념해야 한다. 그러나 운영 방식을 안내하는 프로세스를 갖추는 것이 본질적으로 나쁜 것은 아니다. 나쁜 프로세스는 업무의 비대화를 초래하지만, 좋은 프로세스는 명확한 방향을 제시해 더 빠른 실행으로 이어지기 때문이다.

프로세스에 대한 몇 가지 생각을 공유하니 참고하기 바란다.

방어적 프로세스를 주의하라

명확한 책임자와 의사결정권자가 부재한 환경에서는 '방어적 프로세스', 다시 말해 '책임 회피성 절차'와 같은 현상이 발생하기 시작한다. 이러한 유형의 프로세스는 문제가 발생했을 때 자주 나타나며, 같은 실수가 반복되지 않도록 한다는 명목으로 명확한 책임자를 지정하기보다는 새로운 프로세스를 도입하는 방식으로 대응하는 경우를 의미한다.

구글에 근무할 때 새로운 기능이나 제품을 출시하기 위한 승인 절차, 일명 '비트 플립bit flip'의 승인자가 3명에서 20명 이상으로 늘어난 적이 있다. 처음에는 법무팀의 검토 요청으로 시작된 이 과정이 점차 여러 부서에서 출시 임박에 대한 공식 통보를 요구하면서 점점 더 복잡해졌다. 결국 제품 관리자들은 불만을 제기했고, 이에 따라 승인 권한을 소수의 담당자로 축소해 책임 소재를 명확히 했다. 예를 들어 제품 관리자는 법무팀과 기타 관련 부서의 조언을 받아 출시 준비 여부를 결정하는 역할을 맡았다. 철저하게 검토해야 할 출시를 방어적으로 막는 것은 더 이상 법무팀의 업무가 아니었다.

좋은 프로세스는 정렬을 공고히 하면서 속도와 모범 사례 준수를 동시에 달성할 수 있도록 가벼운 점검 체계를 구축한다. 이를 통해 참여자들이 더 이상 최선의 방법을 고민할 필요가 없도록 한다. 반면, 방어적인 프로세스는 특정 결정을 내리는 책임자가 명확하지 않아 필연적으로 속도를 저하시킨다.

오래되어 효과 없는 프로세스를 주의하라

많은 사람이 프로세스가 오래되어 효과 없는 상황을 경험한다. 요청된 자료의 마감일을 사람들이 지키지 않고, 회의 중 참가자들이 집중하지 않고 노트북으로 본인의 업무 처리를 하며, 회의에 필요한 업데이트를 제출하지 않는다. 회의 참가자들은 "장기적인 전략은 뭔가요?" "이 작업의 책임자는 누구인가요?" 같은 질문만 반복한다. 회의가 형식적으로 흐르듯, 프로세스도 금세 진부해지거나 형식적이 될 수 있다. 이는 프로세스가 나쁘다는 의미가 아니라, 프로세스의 목적이 달성되었거나 다시 검토할 때가 되었다는 뜻일 수 있다. 또는 방어적인 프로세스의 원인을 제거했으므로 그 프로세스를 종료해야 한다는 뜻일 수 있다.

그렇지만 프로세스를 너무 자주 변경해서도 안 된다. 프로세스는 충분한 기간 동안 유지해야 효과를 볼 수 있지만, 잘못된 프로세스가 너무 오래 지속되어 팀의 생산성을 떨어뜨리지 않도록 하는 것도 중요하다. 프로세스 재검토 주기는 6개월이 적절하다. 이보다 변경이 잦으면 시스템이 불안정해질 수 있지만, 잘 변경하지 않으면 기존 방식에 안주하게 되어 수동적인 업무 태도와 참여 저하를 초래할 수 있다.

프로세스를 실험하라

사람들은 프로세스를 실험하는 것이 비전문적이거나 우유부단하게 보일까 봐 두려워하는 경향이 있다. 하지만 직접 시도해보지 않으면 팀에 가장 적합한 방법이 무엇인지 알 수 없다. 나는 시스템과 프로세스를 실험해보는 것을 매우 좋아한다. 프로세스를 실험하려면 반드시 다음과 같은 방법을 따르는 것이 좋다.

- 프로세스를 얼마나 오래 시도할 것인지 명시한다.
- 진행 상황을 확인하기 위해 언제 다시 점검할 것인지 결정한다.
- 프로세스를 계속 유지할지 아니면 재검토할지에 대한 평가 기준을 정한다.

프로세스가 곧 회의를 의미하는 것은 아니다

회의는 정보 공유, 토론, 의사결정, 팀의 유대감 형성 등 팀을 잘 운영하기 위해 필요한 많은 일을 하는 데 유용한 도구다. 하지만 팀의 선호도와 목표에 따라 회의 없이도 업무를 처리할 수 있는 다양한 방법이 있다. 그중 한 가지 방법은 스스로에게 이렇게 질문해보는 것이다. '이 회의의 목표는 단순한 문서 업데이트로도 달성될 수 있었을까, 아니면 팀원 모두의 참여를 통한 프로젝트 추적이 필요했을까?' 좋은 프로세스는 회의의 횟수를 늘리는 것이 아니라 줄여나가는 방향으로 설계되어야 한다.

운영 시스템 또는 운영 주기에 문제가 있는지 확인하는 법

다음과 같은 경고 신호를 주의 깊게 살펴볼 필요가 있다. 이러한 신호들은 운영 시스템이나 운영 주기를 다시 점검해야 한다는 의미일 수 있다.

- 목표, 일정, 또는 업무에 대한 책임자가 불분명하다. 즉 어느 팀이

언제 무엇을 해야 하는지 알 수 없다.

- 모든 것이 너무 느리게 진행되는 것처럼 느껴진다.
- 사람들이 문제를 보고하지만 해결책을 제안하지 못한다.
- 작업 상태에 대한 간단한 정보를 찾을 수 없다.
- 프로젝트의 의사결정권자가 누구인지, 회사나 팀의 우선순위가 무엇인지 명확히 아는 사람이 없다.
- 주요 정보를 제공하거나 회의에 참여하라는 요청을 받으면 구성원들이 더 이상 참여하지 않거나 나타나지 않는다.
- 어떤 업데이트나 회의가 중요한지 명확하지 않고, 트래커tracker(고객의 행동을 추적하는 도구나 시스템-옮긴이)를 업데이트하거나 회의에 참석하는 것을 꺼린다.

효율적인 운영 주기를 갖춘 탄탄한 운영 시스템은 원활한 실행에 필수적이며, 훌륭한 관리의 토대를 마련한다. 이는 회사 설립자이자 관리자로서의 업무를 수행하는 데 필수적인 기반이 된다. 운영 시스템이 확립되면, 조직 내에서 다음과 같은 주요 요소들이 자리 잡게 된다.

- **채용:** 최우선 과제를 추진하고 긍정적인 기업 문화를 조성할 인재를 영입한다.
- **팀 개발:** 의사소통, 의사결정, 협업을 돕는 프로세스를 통해 영향력과 효율성을 극대화하고 팀 업무의 성과를 측정한다.
- **피드백 및 개선:** 조직의 성공에 필요한 기술을 파악해 직원을 개발하고 코칭하며, 직원들이 자신의 개발 목표와 커리어 포부를 명확히 할 수 있도록 돕는다.

회사가 성장함에 따라 적합한 인재를 확보하는 방법부터 시작해, 다음 장에서 각 요소를 하나씩 살펴볼 것이다.

스트라이프의 운영 원칙

다음은 2021년 12월 기준 스트라이프의 운영 원칙이다.

우리는 어떻게 일하는가?

사용자를 최우선으로 고려한다

우리는 스트라이프에서 구축된 사업과 그 서비스를 사용하는 사람들에 대한 막중한 책임이 있다. 스트라이프는 사용자들의 사업 성공에 중요한 역할을 한다. 그러므로 우리의 모든 행동은 사용자들의 필요를 최우선으로 고려해야 한다.

긴박함과 집중력으로 움직인다

행동을 통해 학습 속도를 높이고 사용자들을 만족시키는 것이 핵심이다. 중요한 것에 집중하여 빠르게 시도하고, 최상의 결과가 나올 때까지 꾸준히 반복하는 것이 중요하다.

세심하게 일처리를 한다

일을 잘하는 것은 스트라이프의 DNA다. 우리는 장인 정신을 소중히 여기며, 뛰어난 작품을 만드는 데 열정을 쏟는다.

피드백을 요청한다

우리는 지적 정직성을 중요시하며, 아이디어를 구체화하고 도전하는 과정을 통해 비즈니스 전반에 대한 통찰을 깊이 있게 키워나갈 동료를 찾는다.

탁월한 결과를 도출한다

스트라이프 직원들은 성취에 대한 열정이 높다. 우리는 업무를 끝까지 완수하고, 약속을 이행하기 위해 책임을 진다.

우리는 어떤 사람들인가?

호기심

사람, 아이디어, 미지의 세계에 대한 깊은 관심을 가지고 있으며, 다양한 관점을 이해하기 위해 노력한다. 무엇이 옳은지 단정하기보다 탐구하는 과정 자체를 선호한다.

회복탄력성

스타트업은 혼란스러운 곳이며, 대담한 목표를 추구하다 보면 실패도 경험할 수 있다. 우리는 좌절을 성장의 발판으로 삼아 실력을 갈고 닦을 기회로 삼는다.

겸손

오만하거나 자만하지 않고 겸손하며 모두를 포용하는 환경을 조성한다. 우리는 현재의 업무 방식에 얽매이지 않으며 현재의 관행이 잘못될 수 있음을 인정한다.

거시적 낙관주의

우리는 냉소주의를 거부하며, 모든 문제는 올바른 이해와 끊임없는 노력으로 해결되고 발전할 수 있다고 믿는다. 우리는 장기적인 안목을 믿는다.

따뜻한 에너지

팀과 회사 전체에 따뜻한 에너지를 전파한다. 모든 직원이 업무에 열정을 쏟고, 환영받는 따스한 환경에서 성장할 수 있도록 진심을 다한다.

리더는 어떤 사람들인가?

인재에 집착한다

우수한 인재를 유치하고 유지하는 것이 팀의 경쟁 우위를 결정한다. 스트라이프의 리더는 모든 후보자를 신중히 검토한다. 관리자가 단순히 적당한 인재를 채용하려는 태도를 보이면 강하게 반대하며, 높은 성과 기준을 유지한다. 또한 부적절한 채용을 신속하게 해결하고, 중요한 인재를 육성하며, 뛰어난 성과를 내는 직원에게 도전적인 업무를 맡길 수 있도록 지원하는 문화를 조성한다.

야망을 끌어올린다

팀이 내년, 4년 후, 10년 후에 나아갈 방향을 명확히 설정하고, 이를 위한 설득력 있는 비전을 개발한다. 또한 합리적인 범위를 확장해 가능성의 한계를 재정의하도록 팀을 이끌어간다.

속도와 에너지를 이끌어준다

스트라이프는 사용자에게 큰 포부와 책임감을 가지고 있다. 대담한 목표를 설정하고, 예상보다 빠르게 목표를 달성할 계획을 세우며, 팀원들에게 활력과 보람, 성취감을 제공하는 데 집중한다.

결정을 내리고 책임을 진다

누가 결정을 내려야 하는지 항상 명확하지는 않다. 의사결정 책임자가 명확하지 않은 경우에도 리더는 스스로 결정을 내리거나 필요한 팀과 협업해 결과를 이끌어낸다. 의사결정을 명확하게 전달하고, 자신과 팀이 결과에 대해 책임을 진다.

명확함과 맥락으로 리드한다

혼란한 상황을 명확하고 설득력 있는 계획으로 바꾼다. 스트라이프 전반에서 일어나는 일에 대해 깊이 있게 파악하고, 이를 참조해 팀의 계획을 수립한다.

문제를 해결한다

리더는 발전을 위한 끈질긴 추진력을 발휘한다. 팀과 스트라이프 전체가 협력해 특히 어려운 문제를 신속하고 효과적으로 해결한다.

마지막으로, 우리가 발전을 거듭해오면서 따랐던 몇 가지 지침은 여전히 유효하다. 핵심적인 운영 원칙은 아니지만, 다음과 같은 '클래식'한 슬로건을 업무에 적용해보는 것을 적극 추천한다.

- 우리는 아직 승리하지 못했다.
- 효율성이 곧 레버리지다.
- 기초를 탄탄하게 구축해야 한다.
- 서로 다른 의견이 있어도, 일단 결정되면 그에 따른다.
- 모든 일에 진심 어린 관심을 기울인다.
- 가장 중요한 첫 번째 원칙에서 출발한다.
- 목표를 향해 끈질기게 나아간다.

팀 헌장

미션

예시:

대시보드의 모든 사용자와 계정에 최고 수준의 보안을 제공하는 것이다. 여기에는
인증 및 권한 부여, 대시보드 역할 및 권한 설정이 포함된다.

비전

예시:

우리는 대내외적으로 모든 사용자에게 최고의 보안을 제공함으로써 신뢰를 구축하고자 한다. 이는 대기업에서 소규모 사용자까지 포함하며, 불필요한 관리 부담을 피하면서 사용자와 지원팀의 과부하를 방지하는 것을 목표로 한다. 계정 탈취는 더 이상 끔찍한 사용자 경험이나 금전적 손실을 초래하는 문제가 되어서는 안 된다. 계정 탈취를 완전히 막을 수는 없겠지만, 발생 시(예: 고객 측 내부의 악의적 행위자) 이를 방지하기 위해 모든 합리적인 조치를 취했다는 신뢰를 받을 수 있어야 한다. 또한 새로운 기업 고객과의 보안 관련 논의에서 자신 있게 내세울 수 있는 기본적인 보안 기능을 제공해야 한다.

_____

_____

_____

_____

_____

_____

_____

_____

_____

고객

예시:

- 모든 사용자와 계정의 보안을 책임지며, 계정과 그 안의 민감한 데이터가 오직 사용자만의 소유로 안전하게 유지되도록 보장한다.
- 판매자가 비즈니스에서 정보 접근 권한을 직접 관리할 수 있도록 지원하며, 불량 행위로부터 모든 판매자 계정의 이익을 보호한다.

지표

예시:

한 달 동안 탈취된 계정 수

- 측정 목적: 사용자 경험 개선, 불만족 고객의 이탈 위험 관리, 지원팀의 부담 감소
- 목표 값: [X]

계정 탈취 손실

- 측정 목적: 계정 보안 문제로 인해 발생하는 직접적인 금전적 손실 및 수익 손실 평가
- 목표 값: [X]

2단계 인증을 채택한 전체 대시보드 사용자의 비율

- 측정 목적: 계정 탈취로부터 전체 사용자 기반 보호
- 목표 값: [X]

_____

_____

_____

_____

_____

_____

_____

_____

_____

전략적 중요성

예시:

> 계정 보안을 강화하면 재무적 손실을 줄이는 것뿐만 아니라 사용자 경험을 개선하고 신뢰를 구축할 수 있다. 견고한 보안 체계는 외부 공격을 방지하고, 사용자 불만을 줄이며, 예상치 못한 손실을 예방하는 데 도움이 된다. 세계 최고 수준의 보안을 제공하지 않으면 공격의 표적이 될 수 있기 때문이다. 강력한 보안 실적은 기업 사용자에게 제품의 매력을 높이고, 새로운 영업 기회를 창출하며, 기존 영업을 가속화하는 중요한 요소가 될 것이다.

_____

_____

_____

_____

_____

_____

_____

_____

_____

_____

주요 위험

예시:

- 감사 또는 규정 준수 활동으로 인해 우선순위가 낮은 업무에 투입되는 팀
- 중대한 보안 침해
- 새로운 주요 공격 벡터
- 일회성 기업 요청으로 인한 업무 과부하
- 기술 부채 증가

_____

_____

_____

_____

_____

_____

_____

_____

_____

_____

_____

_____

_____

제공되는 인터페이스(주 업무/기능)

예시:

- 로그인 코드
- 2단계 인증(2FA) 인프라
- 세션 인프라
- 로그인/이메일 인증
- 대시보드 감사 모델
- 계정 복구/비밀번호 재설정 플로우

_____

_____

_____

_____

_____

_____

_____

_____

_____

_____

_____

연동 인터페이스(협업 업무/기능)

예시:

- 사용자 등록 화면 UI
- 2단계 문자 인증 UI
- 사용자 이메일 시스템 및 팀 연동

조직 기반

명확한 운영 시스템을 갖추고 있는지 확인하려면 아래와 같은 표를 작성해보는 것이 좋다. 팀 내 개별 보고서, 팀 단위의 보고서, 본부 단위의 보고서를 얼마나 쉽게 작성할 수 있는지 테스트하라. 해당 정보가 본부 내 어디에 문서화되어 있으며, 쉽게 접근할 수 있는지 확인해보자. 이 템플릿을 작성하는 데 어려움을 겪고 있다면 팀과 보고서 작성자가 느낄 부담감을 상상해보라.

	개인	팀	본부
미션			
목표와 책임자DRI			
주요 지표			
책임 실행 체계			
운영 주기			

이 정보는 팀과 본부의 내부 홈페이지에 문서화되어 누구나 쉽게 접근할 수 있어야 한다. 같은 페이지 또는 내부 대시보드 상단에 연간 주요 목표와 지표에 대한 세부 정보를 포함해야 한다(다음 템플릿 참조).

목표와 지표 체크리스트

문서화된 목표를 면밀히 검토해 명확성을 확보하고, 팀 또는 본부의 미션과 회사의 성공에 기여할 수 있는 계획과 연계되는지 확인하라. 아래 템플릿을 활용하면 도움이 될 것이다.

목표	지표	현재 값	목표 값

당신 팀 또는 본부의 목표가

- ☐ 영감을 주는가?
- ☐ 팀이 실행 가능한가?
- ☐ 팀의 미션 및 비전과 관련이 있는가?
- ☐ 회사의 우선순위 및 목표와 관련이 있는가?

목표가 'SMART'한가?

- ☐ 구체적Specific
- ☐ 측정 가능Measurable
- ☐ 달성 가능Achievable
- ☐ 결과 중심Results-oriented
- ☐ 정해진 기간Targeted

그 밖에 체크할 사항

- ☐ 지표가 선행 지표인가?
- ☐ 균형을 잡아줄 반대 지표가 설정되어 있는가?(예: 제품을 무료로 제공해 사용자 수를 늘릴 수 있지만, 그에 상응하는 수익 지표는 무엇인가?)
- ☐ 지표를 측정할 수 있는가?(예: 계산 또는 쿼리)
- ☐ 각 지표의 책임자가 지정되어 있는가?
- ☐ 지표가 절댓값이 아니라 상댓값인가?(예: 단순히 '사용자 수 1천 명 증가' 대신 '사용자 수를 5천 명에서 6천 명으로 20% 증가'와 같이 상대적인 증가로 설명하라)
- ☐ 기존 사용자 증가를 고려했는가?(예: 기존 사용자 증가만으로 매출 목표를 달성할 수 있지만, 이 경우 별도로 노력하지 않아도 되기 때문에 큰 의미가 없다)

OKR 작성 가이드

이 가이드는 스트라이프의 재무 및 기술 지원팀에서 CTO인 데이비드 싱글턴과 협력해 작성했다.

기본 사항

작성: 해당 분기에 달성하고자 하는 최상위 수준의 3~5개 목표와 목표당 1~5개의 핵심 결과를 적는다. 어떤 것이 반드시 달성해야 하는 목표인지 파악하라(지침은 이어지는 내용 참조).

협업: 다른 부서 또는 팀과 긴밀하게 협력하는 경우, 피드백을 받고 설정한 OKR에 동의하는지 확인한다.

게시: 작성이 완료되면 문서 제목에서 '초안'을 '진행 중'으로 변경해서, OKR이(회사 인트라넷 또는 기타 문서 공유 등의 방법으로) 진행 중임을 공유한다.

야망에 대한 지침

대부분의 목표는 야심차면서도 달성 가능해야 한다. 이는 시간이 지나면서 대부분의 목표를 달성할 수 있음을 기대하되, 일부 목표는 무리임을 인정해야 한다는 의미다. 대체로 한 분기 동안 70~80% 범위의 성과를 기대할 수 있다.

어떤 목표(팀당 한 분기에 20~30% 정도)는 필수적인 목표로 설정할 수 있다. 이러한 목표는 '반드시 달성해야 하는 목표'로 표시하고, 95% 이상 달성해야 한다. 목표 달성률이 저조하면, 다른 목표를 희생해서라도 달성한다.

좋은 OKR은 좋은 Objective(목표)에서 시작된다

좋은 목표 수립을 위한 가이드

- '나는 어디로 가고 싶은가?'라는 질문에 명확하게 답할 수 있도록 정의되어야 한다.
- 분기 말에 도달하고자 하는 상태outcome를 설명해야 한다. 목표는 해결하고자 하는 사용자 문제에 초점을 맞춰야 한다.
- 가장 중요한 일에 집중해야 하며, 3~5개를 넘지 않아야 한다.
- 의도와 방향을 나타내야 하며, 결과에 초점을 맞춘다.
- 장기적이며 몇 분기, 심지어 몇 년에 걸쳐 진행될 수 있다.
- 조직 내 위아래로 어느 정도 연결되어야 한다.
- 야심차게 설정되어야 하고, 일부 해석과 논쟁의 여지가 있을 수 있다.
- 도전적(70%)이거나 필수적(100%)일 수 있다. 어느 유형인지 반드시 명시하라.
- 모든 목표는 중요한 의미를 가져야 하며, 영감을 줄 수 있어야 한다.
- 여러 팀이 공유할 수 있다.

Key Result(핵심 결과)에 대한 정의

핵심 결과 수립을 위한 가이드

- 성공을 정의하는 구체적인 지표로, 목표 달성 여부를 판단한다. '내가 올바른 방향으로 가고 있는지 어떻게 확인할 수 있을까?'라는 질문에 답한다.
- 활동activity이 아닌 결과outcome를 나열해야 한다. 하나의 목표당 1~5개가 적당하다.
- 측정 가능하고 달성 여부가 명확해야 한다. 해석의 여지를 남기지 않는다.
- 목표 및 자신의 업무와의 명확한 인과 관계가 있어야 한다.
- 팀과 조직 전체가 현재 상황을 동일하게 인식할 수 있는 공통된 기준이어야 한다.
- 시간이 지남에 따라 누적되어 더 큰 성과로 이어질 수 있어야 한다.

OKR을 수립할 때 흔히 범하는 함정

- 활동을 결과로 사용
- 어떤 식으로든 측정할 수 없는 핵심 결과를 수립
- 로드맵을 목표와 핵심 결과로 바로 전환
- 3~5개 이상의 목표 또는 목표당 1~5개 이상의 핵심 결과 작성

목표 점검 및 조정

분기 중간 점수 매기기

분기 중간에 팀이 모여 진행 상황을 점검하고 대략적인 점수를 매겨야 한다. 가장 간단한 방법은 **'녹색', '노란색', '빨간색'**으로 표시해 **'진행 중', '지연', '위험'**으로 평가하는 것이다 (팀에서 백분율 기반 점수를 선호하는 경우, 가장 효과적인 방법을 사용해도 좋다). 지연되었거나 위험 수준으로 평가된 항목은 팀이 에너지를 재분배하고 회복할 시간을 확보하는 방법을 찾을 수 있도록 추가 논의를 진행해야 한다.

정보 및 우선순위 변경을 처리하는 방법

새로운 정보로 인해 목표나 핵심 결과를 변경해야 할 경우, 변경사항을 추적하고 처리하는 몇 가지 일반적인 처리 방식이 있어야 한다. 여기에는 OKR 점수를 낮추거나 목표를 바꾸는 것이 포함될 수 있다. 팀 상황에 맞는 조치를 취하되, 일관되고 명확하게 적용해야 한다. 무엇보다 중요한 것은 영향을 받는 모든 팀에 변경사항을 알리고 변경된 내용과 이유를 명확히 기록하는 일이다.

다음은 몇 가지 일반적인 가이드라인이다.

- 핵심 결과를 추가하거나 삭제하는 경우, 해당 결정을 문서화하고 영향을 받는 팀에게 알린다.
- 목표를 추가하는 경우(예: 긴급한 상황 변화로 인해) 기존 업무의 우선순위를 낮추는 결과를 초래했는지, 그렇다면 어떤 업무의 우선순위가 낮춰졌는지 문서화한다.
- 목표를 삭제하는 경우는 드물어야 한다. 제약 조건이 변경되었거나 실제로 사용자에게 가치를 제공하지 못할 수 있기 때문이다. 이러한 경우 해당 업무를 중단하되, 평가와 논의를 위해 OKR에는 그대로 유지하는 것이 가장 효과적이다.

분기 성과 리뷰 QBR

이 QBR 문서는 나를 포함한 여러 스트라이프 리더들과 논의한 내용을 바탕으로, 재무팀의 케일리Kailey Stockenbojer가 작성했다.

QBR 가이드라인

QBR 회의로 충족되어야 할 사항

- QBR에서 연말까지 분기별 목표와 함께 명확한 헌장(장기) 및 운영(단기) 지표를 제시했다. 2년 후 비전 실현을 위해 현재 적절한 궤도를 유지하고 있는지, 무엇이 잘 진행되고 있으며 보완이 필요한 부분은 무엇인지 스스로 점검해보아야 한다.
- QBR에서 우리가 어떤 목표를 실행했고, 어떤 목표를 실행하지 못했으며, 그 이유는 무엇이고, 어떻게 협력하여 차질을 만회하고 계획한 목표에 도달할 수 있는지(계획이 변경될 경우, 변경되는 이유)를 설명했다.
- QBR에서 해당 분야에 투자한 금액 대비 산출 결과를 명확히 제시하여, 참석자들이 앞으로의 투자 규모를 가늠할 수 있게 했다.
- 참가자들은 앞으로 어떤 성과를 거둘 수 있을지에 대한 분명한 기대를 공유한 채 회의를 마쳤다.
- 연말까지 어떤 잠재적 장애물이 발생할 수 있는지 알고 있다.
- 경영진은 속도를 높이고 더 큰 성과를 내기 위해 무엇이 필요한지 명확히 파악하고 있다.

QBR 회의 진행 원칙

- **결과에 집중한다:** 우리는 이미 계획을 세웠고, 구체적인 조치를 취했으며, 추상적인 계획에 대해 지루하게 토론하는 대신, 어떻게 실행되고 있는지 지표를 통해 구체적으로 확인해야 한다.

- **솔직하게 말한다:** 핵심 청중인 경영진은 팀이 이룬 성과, 개선이 필요한 부분, 향후 계획에 대한 솔직한 평가를 원한다.
- **간결하게 말한다:** 6페이지 분량의 본문과 표/차트가 포함된 부록으로 구성한다.
- **미리 준비한다:** 회의 최소 24시간 전에 자료를 공유한다. 또한 회의에서 자료를 읽을 시간을 제공한다. 회의는 이 자료를 바탕으로 한 토론으로 진행된다.
- **'참석'이 아니라 '참여한다':** 참석자는 회의 토론에 전념하고 업무 방해 요소를 최소화해야 한다(슬랙Slack 알림을 일시 중지하고 다른 창을 최소화하는 것이 좋다). 자료가 디지털 형태로 제공되더라도 부가 정보에 연결된 링크를 열어보는 것은 자제하도록 하자.

QBR 회의 준비사항

- 회의 시작 최소 24시간 전까지 캘린더와 리더십 가이드북에 QBR 문서 링크를 등록한다.
- 기밀 주제가 있는 경우 별도의 문서로 작성하고 공유 범위를 제한 설정한 다음, 가이드북에 링크를 추가한다. QBR 참석자에게 문서 액세스 권한을 부여한다.
- 토론 자료를 참석자에게 직접 이메일로 보낸다.
- 경영진과 함께 다루고 싶은 주요 주제에 대한 의제를 준비한다.

QBR 회의 중

- 자료를 미리 읽을 시간을 준 후, 시간이 끝났음을 알린다.
- 참석자들로부터 가장 궁금한 질문과 주제를 수집하여 회의 전에 준비한 안건에 추가한다.
- 필요한 경우 주제에 우선순위를 정하여 할당된 시간 내에 가장 중요한 주제를 먼저 다루도록 한다.
- 지표를 표준 토론 주제에 포함한다.
- QBR 리더는 의제의 핵심 주제를 바탕으로 토론을 주도한다.
- 회의록을 작성하거나 회의에 참석하는 사람이 메모할 수 있도록 준비한다. 여기에는 작업 항목과 책임자가 포함되어야 한다.

QBR 회의 후

- 모든 QBR 참가자와 회의록을 공유한다.
- QBR 실행 항목 추적 리스트에 실행 항목들을 추가한다.
- 지표의 품질을 포함해 QBR의 품질에 대해 회고한다. 파트너와 경영진으로부터 피드백이 제공되지 않았다면 피드백을 수집하라. '더욱 효과적인 QBR을 위해 개선해야 할 점은 무엇인가? 다음 회의를 위해서 무엇을 변경해야 할까?'

QBR 개요

참고: 권장 단어 수와 페이지 제한은 문서가 6페이지를 넘지 않도록 돕는 가이드라인 역할을 한다. 내용이 6페이지를 초과하는 경우, QBR 리더가 재량에 따라 어느 부분을 줄일지 결정해야 한다.

요약(250단어 이내)

팀의 성과와 전략적 방향에 대해 경영진이 알았으면 하는 것은 무엇인가? 성공에 대한 요약이 아니라 솔직한 평가를 작성한다.

공유 내용(최대 2페이지)

팀의 분기 성과와 전략적 방향에 대해 최대 2페이지 분량으로 작성한다. 명확한 내용이어야 하며, 회의 중 추가 설명은 논의를 보완하는 역할로만 활용해야 한다. 본문은 목표 대비 성과에 대한 논의를 포함하여 팀 헌장 및 운영 지표에 근거를 두어야 한다.

결과에 대한 토론은 솔직해야 한다. 목표 대비 성과에 따라 논의의 균형을 적절히 맞춘다. 목표를 달성하지 못한 경우, 미흡한 부분(왜 달성하지 못했는지에 대해)만 이야기하면 된다. 목표를 달성한 경우에도 미흡한 부분에 관한 논의를 빠뜨리지 않도록 하자.

분기별 결과, 남은 한 해에 대한 전망, 장기적이고 전략적인 고려사항에 대해 논의한다. 논의의 균형을 맞추는 것은 리더의 몫이지만, 일반적으로 회의 시간의 50% 이상을 전략과 전망에 할애해야 한다.

QBR 참석자들의 이해를 돕기 위해 관련 지표 시각 자료를 내용에 포함시키는 것이 좋다. 본문에 포함되지 않은 모든 지표는 QBR의 지표 성과 섹션에 수록되어야 한다.

개요 예시

다른 팀이 효과적으로 토론하는 데 도움이 된 개요 사례를 참고하는 것도 좋다. 팀의 성과와 향후 방향성을 잘 설명할 수 있도록 내용을 구성하고, 필요한 경우에만 개요를 활용하는 것을 추천한다.

1. 현재 분기 회고: 목표 대비 성과를 설명한다.

1) 운영 및 팀 현장 지표를 통해 목표 대비 성과를 뒷받침한다.

(1) 지표에 어떤 변화가 있었으며, 시간이 지남에 따라 어떻게 변화했는가?

(2) 이를 위해 팀은 무엇을 했는가?(하지 않았는가?)

2) 주요 성과(출시 등)에 대해 논의한다. 주요 성과(출시 등)를 달성하지 못했다면 그 이유는 무엇인가?

3) 사용자 피드백에 대해 논의한다.

(1) 영향력 있는 중요한 사용자들의 요청과 이에 대한 대응 상황을 문서화한다.

(2) 성과가 우수한 영역에서 사용자가 칭찬한 내용을 문서화한다.

4) 전반적인 진행 속도에 대해 논의한다.

2. 전망: 다음 분기와 차기 연도를 전망한다.

1) 우선순위에 따른 가장 중요한 세 가지 목표는 무엇인가?

(1) 목표가 어떤 지표에 영향을 미치는가?

(2) 사용자 경험과 페인 포인트(고객이 경험하는 불편함-옮긴이)에는 어떤 영향이 있을까?

(3) 이러한 목표를 달성할 수 있을 것으로 보이는가? 그렇지 않다면 그 이유는 무엇인가?

2) 무엇이 당신을 잠 못 이루게 하는가?(즉 경영진은 무엇을 걱정해야 할까?)

3. 기타 섹션: 팀의 필요에 따라 선택적으로 사용한다.

1) 여러 부서에서의 요청

2) 채용 진행 상황

3) 팀 사기 진작

주요 지표별 성과(최대 2페이지-추가 지표는 부록에 첨부한다)

대부분의 경우 지표에 대한 논의는 본문에서 다뤄야 한다. 이 섹션에서는 성과를 측정하는 데 사용하는 지표의 변경사항(지난 QBR 이후의 변경사항 또는 예상되는 변경사항)을 간략하게 설명한다. 그래프를 포함하라. 지표는 현재 기간뿐만 아니라 대략 2년의 기간(가능한 경우)을 포함해야 한다.

계획 중에 지표를 수정한 경우, 차트와 설명에 기존 목표치와 수정 목표치를 모두 명시한다.

핵심 지표 예시

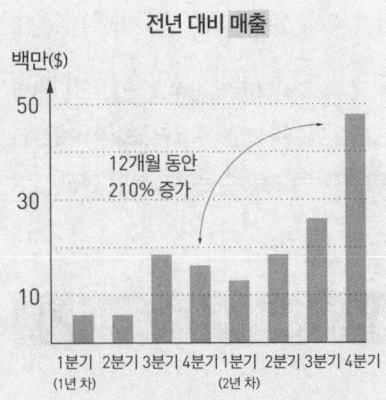

전년 대비 매출

백만($)

12개월 동안
210% 증가

1분기 2분기 3분기 4분기 1분기 2분기 3분기 4분기
(1년 차)   (2년 차)

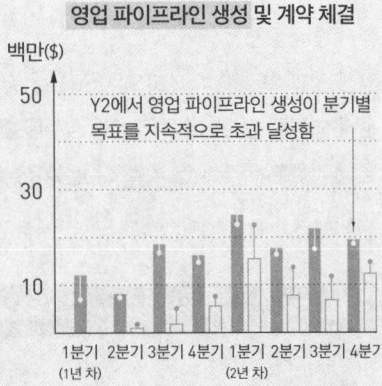

영업 파이프라인 생성 및 계약 체결

백만($)

Y2에서 영업 파이프라인 생성이 분기별
목표를 지속적으로 초과 달성함

1분기 2분기 3분기 4분기 1분기 2분기 3분기 4분기
(1년 차)   (2년 차)

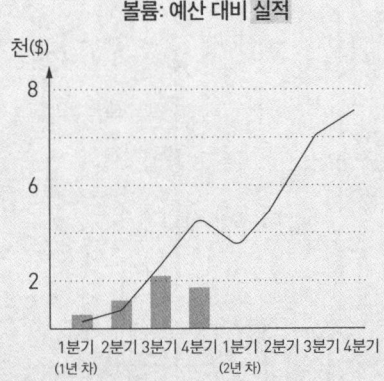

볼륨: 예산 대비 실적

천($)

1분기 2분기 3분기 4분기 1분기 2분기 3분기 4분기
(1년 차)   (2년 차)

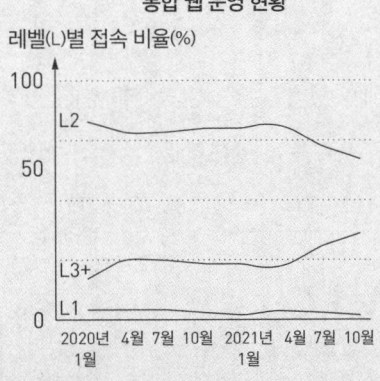

통합 웹 운영 현황

레벨(L)별 접속 비율(%)

L2

L3+

L1

2020년 4월 7월 10월 2021년 4월 7월 10월
1월   1월

제품 손익계산서(P&L)

제품팀: 지표 외에 재무팀과 협력하여 이 섹션에 제품 손익계산서를 포함한다.

부서 간 중점 협업 영역

핵심 성과 및 지표 외에도 회사 목표를 달성하기 위해 리더들의 참여가 필요한 일련의 중점 영역을 정의해보았다. 평가 점수에 대한 의견(예: 점수 향상을 위해 무엇을 하고 있는지)을 추가하고 아래에 결과 스크린샷을 첨부하라. 평가에 관한 질문이 있으면 중점 영역 DRIDirectly Responsible Individual에 문의한다.

중점 영역	책임자DRI	X분기 점수	Y분기 점수	의견
신뢰성				
보안				
효율성				
운영				
제품 품질				

목표 진행 상황(최대 1페이지 - 추가 목표가 있다면 부록에 첨부한다)

상위 5~10위의 목표를 선정하여 다음 표에 요약한다. 1페이지 분량 제한이 있다.

팀 목표	완료	진행 중	지연	위험	합계
목표 1					
목표 2					
목표 3					
목표 4					
목표 5					
합계					
전체의 %					100%

팀 목표	핵심 결과	마감일	진행 상태	X분기 점수	의견
(선택사항)	(달성하고자 하는/개선해야 할 지표)				

부록 A: 필수 표 목록

이전 QBR 작업 항목

이전 QBR의 실행 항목을 해결하고 미완료 실행 항목에 대한 현황을 업데이트하자.

실행 항목	후속 조치 상태/설명	책임자

운영 비용(비제품팀의 경우)

제품 손익계산서를 포함하지 않은 경우, 재무 파트너가 운영 비용 예산 대비 실제 비용을 공유하여 여기에 수록할 수 있다. 제품팀은 선택적으로 이를 추가 세부 정보로 포함할 수 있다.

인원 현황

팀 구성 방식에 따른 하위 팀별 인력 현황을 입력하자.

서브팀					
설명					
현재 인원수	현재 미채용 정원	연초 대비 순증감	연간 할당	연말까지 순고용 능력	
총 인원수					

사용자 최우선 요청사항

우리는 내부와 외부의 다양한 사용자들과 협력하여 제품을 개발한다. 그들이 가장 중요하게 생각하는 최우선 요구사항은 무엇인가? 상태는 '**반영 확정**', '**부분 반영 확정**', '**미확정**' 중 하나로 표기하자.

사용자 요청사항	사용자 구분	상태	의견

스케일링 피플

부록 B: 추가 보조 자료

재량에 따라 이 섹션에 추가 보조 자료와 링크를 포함시킬 수 있다. 예를 들어 최근 주요 출시 제품, 향후 출시 예정 제품, 추가 목표 등을 수록할 수 있다.

_____

_____

_____

_____

_____

_____

_____

_____

_____

_____

_____

_____

_____

_____

코어 프레임워크 2

적합한 채용, 신속한 채용

CORE FRAMEWORK 2

인재가 가장 중요하다고 믿는다면, 채용 프로세스도 그만큼 중요하게 다루어야 한다. 성장할 수 있고 회사에 가장 긍정적인 영향을 미칠 인재를 찾는 것을 목표로 해야 한다. 채용 후에는 인재가 역량을 발휘할 수 있도록 환경을 조성하고, 조직의 사명과 문화를 실천할 수 있도록 적응시키는 것이 중요하다.

구글 입사 전에 본 마지막 면접 중 하나는 업무 환경을 견딜 수 있는지, 회사 문화에 적응할 수 있는지를 평가하는 부서장 면접이었다. 그는 매우 개방적이면서 친근한 분이었고, 편안하게 이야기할 수 있도록 분위기를 조성해주었다. 면접이 끝날 무렵, 그는 이렇게 물었다. "입사해서 꼭 이루고 싶은 목표가 뭔가요?" 나는 망설임 없이 "조직의 틀을 완전히 새로 짜는 것입니다"라고 답했다. 지금 돌이켜보면 어떻게 그렇게 말할 수 있었을까 싶을 정도로 당찬 대답이었지만, 그 솔직함이 오히려 입사에 긍정적인 영향을 미친 듯하다. 내 대답이 회사의 혁신적인 미션과 잘 맞아떨어졌기 때문이기도 했을 것이다. 나는 기술이 사회에 긍정적인 영향을 미치고, 모두에게 평등한 기회를 줄 수 있다고 믿었기에 구글에 매료되었다. 구글은 남들과는 다른 방식으로 제품을 만들고 운영할 방법을 고민하는 사람들을 찾고 있었다. 다시 말해, 거의 20년 전부터 지금의 구글을 상상하고, 그 목표에 도달할 방법을 고민해온 인재를 원했다.

나는 관리자 직책(악명 높은 중간 관리자 자리였다) 면접을 보았지만, 곧 구글의 면접 절차는 직책에 관계없이 면접 단계가 많고 까다롭다는 것을 알게 되었다. 나는 그것이 적절하다고 생각한다. 회사의 인재는 회사의 운명을 좌우하며, 빠르게 성장하는 회사에서 초기 인재는 미래의 리더라고 말할 수 있다. 스트라이프에서 내 첫 직속 부하 중 한 명은 이전에 메모리얼 슬론 케터링 암 센터에서 채용 및 운영 프로그램을 관리하는 채용 담당자였다. 그녀는 패기 넘치는 채용 담당자이자, 운영 프로세스를 구축하는 데 뛰어난 통찰력을 갖춘 노련한 소통가였다. 내부에서 인재로 성장한 대표적인 사례이기도 했다. 현재 그녀는 수백 명의 직원이 근무하는 글로벌 조직 스트라이프에서 채용 및 인재개발팀의 책임자로 활약 중이다.

일부 회사는 리더십 채용과 달리, 대부분의 직무 채용을 자동화된 채용mechanize hiring 방식으로 진행한다(채용 시 개인별 맥락이나 특성을 고려하는 사람 중심 접근이 아니라, 획일화·자동화된 시스템 중심으로 접근하는 것을 자동화된 채용이라고 함-옮긴이). 이는 채용된 리더의 적합성과 신뢰에 해를 끼칠 수 있다. 기업의 미래를 위해서는 유능한 인재를 영입하는 것이 중요하다. 따라서 모든 직급의 채용에 엄격한 절차를 적용해야 한다. 리더급 채용은 직급에 맞춰 맞춤화할 수 있지만, 리더와 직원 채용의 기본 원칙과 문화적 중요성은 동일하게 적용되어야 한다. 리더가 쉽게 입사하는 것처럼 보이면, 아무리 훌륭한 이력을 갖추고 있더라도 신뢰성에 대한 의문이 생길 수 있다.

신속한 채용과 적합한 채용 사이에서 균형을 유지하는 것이 중요하다. 운영 리더에게는 "적합성과 신속성이 동시에 충족되어야 한다"는 요구가 가장 어려운 과제 중 하나다.[30] 운영 리더는 이것이 얼마나 어려운 일인지 잘 알지만, 다른 리더들은 이러한 목표를 실현하는 데 실제로 어떤 노력이 수반되는지 모를 수 있다. 그러나 빠르게 성장하는 기업이라면 이 두 가지 요소를 완벽하게 달성해야 한다. 이를 위해 회사의 거의 모든 직원이 채용에 참여하고, 업무의 우선순위를 명확하게 정하며, 정해진 운영 및 문화적 기준을 준수해야 한다. 이들은 미래의 동료가 될 사람들이므로, 채용 과정에 대한 동기 부여를 받을 수 있다. 기대치를 설정한 후에는 적합성과 신속성이라는 목표를 강화하는 방식과 프로세스를 구축하고, 프로세스에 영향을 미치는 긍정적인 행동과 부정적인 행동을 평가하며 모니터링해야 한다.

'인재 확보'라는 표현은 사실 마케팅과 영업, 특히 그로스growth 마케팅(비즈니스 성장에 초점을 맞춘 마케팅 방법론-옮긴이)이나 퍼포먼스performance 마케팅(투자 대비 성과를 추적하는 방식-옮긴이)과 비슷하다. 채용 페이지 조회 수와 지원자 수 등 트래픽을 '인재 유입 경로funnel(채용 과정)'로 효과적으로 유도하려면 채용 브랜딩을 강화하고 리드Lead(잠재 고객), 즉 후보자를 발굴하며, 후보자 접촉에 투자해야 한다. 그런 다음 후보자의 적합성을 평가하고, 채용 프로세스의 각 단계를 거쳐 성공 가능성이 높은 인재를 채용할 수 있도록 전환율을 높이는 것이 중요하다. 인적 요소가 가변적이긴 하지만, 많은 기업이 성공적으로 영업 및 마케팅 유입 경로를 구축했듯이, 인재 유입 경로를 통해서도 동일한 전략을 적용할 수 있다.

성공적인 채용은 조직의 중요한 목표와 문화적 원칙을 명확히 정립하는 데서 출발한다. 채용 프로세스와 성공 여부를 측정할 방법에 대한 개요를 작성하는 것이 다음 단계다. 채용 프로세스는 지원자가 입사하는 것으로 끝나지 않는다. 성공적인 온보딩 경험을 통해 신입 사원과 관리자, 회사 전체가 강한 유대감을 형성하는 것까지가 채용의 완성이다(그림 9는 채용 프로세스와 관련된 단계, 즉 채용 전환 유입 경로를 보여준다).

이 장에서는 채용 유입 경로의 각 단계를 탐색하는 방법과 리더급 채용 시 적절한 접근 방법을 설명한다.

고객 세그먼트에 따라 영업 잠재 고객을 확보하고 이를 실제 유료 고객으로 전환할 때 전략 조정이 필요한 것처럼(예를 들어 소규모 고객은 셀프 서비스나 최소한의 접촉으로도 충분하지만, 대규모 고객은 맞춤형 대우가 필요하듯이), 회사의 성장 단계와 역할 유형에 따라 채용과 온보딩 접근 방식도

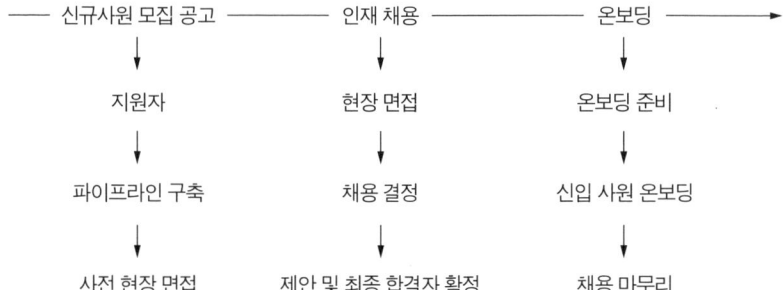

그림 9. 채용 전환 프로세스

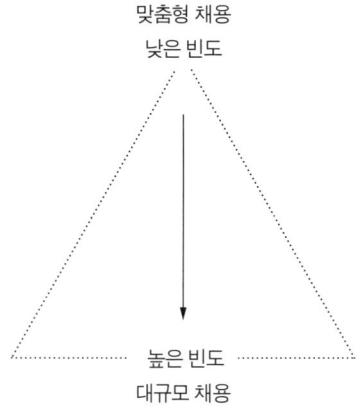

그림 10. 각 단계(직급 등)별 다양한 채용 요구사항

유연하게 조정해야 한다. 직급별로 고유한 채용 요구사항이 존재하는데, 이를 피라미드 형태로 구조화하면 더욱 효과적으로 접근할 수 있다.

피라미드의 최하단에서는 대규모 채용이 이루어지며, 대부분의 업무와 면접은 해당 역할에서 이미 검증된 사람들이 수행한 후 최종 관리자 면접으로 이어진다. 이 단계의 채용은 많은 면접관이 참여하는 정해진 프로세스를 따르며, 필요한 면접관의 수는 채용 인원수에 비례한다. 별도의 채용 위원회나 채용 회의를 운영하는 대신, 후보자 최종 심의와 승인을 위한 통합 절차를 마련할 수도 있다.

피라미드가 좁아질수록, 즉 상위 직급으로 올라갈수록 채용 프로세스와 접근 방식은 해당 역할에 맞게 더욱 집중되고 맞춤화된다. 피라미드 중간 이상 단계의 채용에서는 주요 협업 부서 관계자들을 포함하여 모든 후보자를 동일한 면접관들이 평가하는 별도의 채용팀이나 위원회를 구성해야 한다. 이 위원회는 후보자와 해당 역할 간의 적합성을 평가하여 더욱 신중한 채용 결정을 내릴 수 있도록 한다. 결과적으로 조직은 더욱 뛰어난 인재를 영입하는 강력한 채용 프로세스를 구축할 수 있다.

경영진과 같은 최고위급 채용 단계에서도 채용팀이 구성되지만, 이 과정에서는 훨씬 더 맞춤형 접근 방식을 취하게 된다. 이 팀에는 현 경영진과 해당 채용을 위해 특별히 선발된 사람들이 주로 포함된다(자세한 내용은 이 장 뒤에 나오는 '임원급 리더 채용 과정'에서 설명한다).

회사의 성장 단계에 맞춰 계획 프로세스를 설계하는 것처럼, 초기 경력직도 아니고 경영진도 아닌 중간 단계의 채용 후보자에 대해서도 프로세스를 조정해야 한다. 새로운 역할을 처음 채용하는 경우(예: 첫 사내 변호사)는 프로세스를 맞춤화할 수 있지만, 기존 팀에 관리자를 추가로 채용할 때는 어떤 사람을 찾고 있는지, 어떻게 적합한 사람을 선별할지 알고 있으므로 더 규범적인 방식으로 프로세스를 운영할 수 있다. 시간이 지남에 따라 채용의 효율성을 높이고 프로세스를 확장해야 하지만, 이는 고품질로 반복할 수 있다는 확신이 있을 때만 가능하다. 특히 주요 직책의 경우 모든 접근 방식을 표준화할 수는 없다.

채용에서 창업자의 역할

최근 창업자들로부터 최종 후보에 오른 모든 지원자를 직접 면접해야 하는지 묻는 문자를 받은 적이 있다. 창업자나 신뢰할 수 있는 시니어 리더당 직원 수가 100명 이하인 초기 규모의 회사라면, 답은 '그렇다'이다. 초기 채용은 회사의 미래 성장 방향을 결정짓는 중요한 과정이다. 창업자는 엄격한 면접 기준을 설정하고, 높은 수준의 자질을 요구하는 채용 문화의 모범을 보여주는 데 가장 적합한 사람이다.

내 경험상, 창업자가 채용에서 가장 큰 영향력을 발휘할 수 있는 순간은 바로 무난한 후보자에 대한 채용을 심사할 때다. 그 후보는 모든 자격 요건을 갖췄고 평가 기준도 통과했지만, 어딘가 말로 설명하기 어려운 찜찜함이 남아 과연 그가 탁월한 성장을 이룰 태도와 잠재력을 지녔는지 고민하게 만들기 때문이다. 많은 면접관이 이러한 막연한 우려를 표출하는 것을 주저하는 이유는 그것이 정형화된 면접 질문이 아니라 본능에서 비롯된 감각이기 때문이다. 따라서 표면적으로는 문제가 없는 사람을 채용하지 않기로 결정했다면, 이를 뒷받침할 사례나 채용 모델링이 필요하다. 채용 프로세스에 이러한 요소를 반영하는 필터를 구축할 수 있지만, 가장 효과적인 방법은 리더가 직접 행동으로 보여주는 것이다. 명확히 설명하기 힘든 이유로 채용을 거절하는 경우에도 그 근거를 투명하게 밝혀야 한다. 이를 통해 다른 사람들에게 면접을 진행하는 방법과 "이 사람이 어떤 역할을 맡든 함께 일하면 좋겠다"라는 느낌을 주는, 설명하기 어려운 요소를 어떻게 찾고 평가할 수 있는지를 가르칠 수 있다.

이 일을 성공적으로 해낸다면, 회사가 성장함에 따라 다른 리더들도 이를 모범 삼아 따라 하도록 가르칠 수 있다. 이것이 바로 스트라이프에서 우리가 한 일이다. 창업자들이 솔선수범하여 채용 원칙과 기대치를 새로운 리더들에게 직접 전수했다. 스트라이프가 성장하면서 시니어 리더가 최종 면접관 역할을 맡기 시작했고, 창업자나 경영진이 모든 최종 후보자를 직접 면접했다. 이는 스트라이프의 직원 수가 수백 명에 이를 때까지 계속되었다. 현장 부서장recruiting manager(채용을 요청한 부서의 관리자. 미국은 현장 부서가 채용의 결정권을 가지고 있어, 우리나라의 채용팀 장recruiting team leader이나 인사팀장과 다른 개념임 - 옮긴이)과 본부의 리더들이 엄격한 채용 프로세스뿐만 아니라, 올바른 채용 행동까지도 창업자나 경영진처럼 해낼 수 있다는 확신이 섰을 때 비로소 경영진은 한발 물러서서 채용 피라미드의 중간 과 상단에 더 많은 시간을 집중하기 시작했다.

이 장의 나머지 부분에서는 채용 프로세스의 주요 단계를 개괄적으로 설명한다.

- **모집**recruiting: 지원자 유치를 통한 지원자 풀 구축
- **채용**hiring: 현장 인터뷰부터 입사 제안까지 의사결정
- **온보딩**onboarding: 신입 사원이 회사에 잘 적응해가는 과정

각 단계에서는 직원 채용부터 경영진 채용까지 모두 다룬다. 마지막으로, 시간이 지남에 따라 채용 절차를 개선하는 방법에 대한 실질적인 조언으로 마무리한다. 이제 채용의 시작인 모집부터 살펴보겠다.

잠재적 인재를 모집하는 법

신제품의 시장 인지도를 구축하는 일이 쉽지 않듯, 잠재적 인재들 사이에서 회사의 인지도를 구축하는 것도 어렵다. 지원자들에게 회사의 존재를

알리고, 적합한 인재를 찾아내려는 노력이 필요하다. 소규모 기업은 구인 사이트 등을 활용할 수 있지만, 성장 중인 기술 기업이라면 이러한 접근 방식으로는 어려움을 겪을 수 있다. 기술력 있는 인재들이 모이는 시장에서는 경쟁이 치열하므로, 다양한 선택지를 가진 인재들에게 회사의 강점을 어필해야 한다. 초기에는 창업자와 직원 네트워크를 활용하는 것이 효과적이지만 한계가 있다. 또한 개인 네트워크를 통한 채용은 경험, 배경, 인종과 성 정체성 측면에서 우리와 비슷한 경향이 있어 다양성이 부족할 수 있다.

초창기에 스트라이프는 채용 파이프라인(지원자 풀)을 구축하는 데 있어 창의적인 방식을 활용했다. 개발자를 위한 제품을 만들었기에, 초기 사용자 중에서 뛰어난 피드백을 제공한 몇몇 인재들을 채용할 수 있었다. 하지만 얼마 지나지 않아 우리는 교육과 차별화를 위한 새로운 전략을 추가했다. 창립자들이 쿼라Quora(글로벌 Q&A 플랫폼 - 옮긴이)나 해커스 뉴스Hacker News에 글을 올리고, 인터넷 릴레이 채팅Internet Relay Chat에서 질문에 답하는 것부터 스트라이프 사이트에 블로그 게시물을 작성하고 트위터로 이를 공유하는 것까지 다양한 활동을 펼쳤다.

초기 팀이 스트라이프 채용 공고로 트래픽을 유도한 방법 중 하나는 '깃발 뺏기 대회Capture the Flag, CTF'였다. 이 대회는 일련의 코딩 챌린지로 화제를 모았고, 무엇보다도 회사에 훌륭한 인재가 될 수 있는 참가자들을 찾는 데 효과적이었다. 첫 CTF에는 약 1만 2천 명이 참여해 250명이 완주했고, 그중 3명이 스트라이프에 입사했다. 이 이벤트는 스트라이프가 다른 온라인 포럼에서 펼친 활동과 함께 강력한 채용 브랜딩을 구축하는 데 기여했다. 또한 채용 프로세스로 이어지는 잠재 후보자 풀을 형성하는 데 도움이 되었다.

스트라이프의 깃발 뺏기

다음은 스트라이프의 강력한 글쓰기 문화를 반영하여, 초기 스트라이프 엔지니어이자 깃발 뺏기 대회의 핵심 기여자인 크리스천 앤더슨Christian Anderson이 이 대회의 기원에 대해 모든 스트라이프 직원이 읽고 배울 수 있도록 작성한 글에서 일부 편집한 발췌본이다.

* * *

스트라이프의 가장 유명한 커뮤니티 이벤트는 2012년부터 세 차례에 걸쳐 진행된 프로그래밍 콘테스트인 '깃발 뺏기CTF'다. 첫 번째 CTF는 12일 만에 준비되어 블로그 포스팅을 통해 발표되었다. 우리는 이 콘테스트가 프로그래머들에게 즐거움을 선사하고, 입사 지원자들에게는 선택적인 도전 과제를 제공하며 온라인에서 계속 진행될 것으로 예상했다. 그러나 예상보다 큰 인기를 끌면서 일주일 만에 약 1만 2천 명이 참가했다. 그때부터 CTF는 개발자, 온라인 혁신 제품을 만드는 사람들로 구성된 핵심 고객층과 스트라이프의 관계를 강화하는 데 중요한 역할을 했다. 이 이벤트는 기술에 대한 우리의 열정과 우수성을 향한 노력을 공개적으로 보여주었으며, 많은 엔지니어를 스트라이프로 유입시켰다. 이 엔지니어들은 다음 CTF를 만드는 데 기여했다.

스트라이프는 2012년 2월, 직원 18명으로 시작했다. 당시 스트라이프 엔지니어였던 싯다르트 찬드라세카란Siddarth Chandrasekaran은 보안 취약점을 식별하고 활용하는 대회인 '스매시더스택SmashTheStack'에서 영감을 받아, 스트라이프만의 도전 과제를 만들자고 제안했다. 그는 2월 9일부터 코딩을 시작해 2명의 엔지니어와 함께 첫 번째 CTF를 구성했다. 참가자는 점점 난이도가 높아지는 6개의 레벨을 순차적으로 완료해야 했으며, 각 레벨에서 취약점을 활용해 다음 사용자의 비밀번호를 알아내면 다음 단계로 넘어갈 수 있었다. 네 번째 레벨에서는 버퍼

오버플로우를, 여섯 번째 레벨에서는 타이밍 기반 사이드 채널 공격을 이용해야 했다.

마감일까지 250명이 모든 레벨을 완료했다. 몇몇 우승자는 대회 이후 스트라이프에 합류했다. 그중 한 명은 CTF2의 설계자로 참여해, 대학 채용 시즌을 앞두고 웹 보안 CTF를 제안했다. 우리는 3주 동안 집중적으로 CTF2를 개발했고, 마침내 2012년 8월 22일에 출시했다.[31] 이 3주 동안 스트라이프의 직원 수는 28명에서 31명으로 증가했다. 핵심 팀은 소규모로 운영되었지만, 첫 번째 여름 인턴을 포함한 많은 스트라이프 직원이 새로운 CTF를 다듬고 테스트하는 과정에 참여했다.

CTF2는 모든 면에서 CTF1보다 철저하게 준비되었다. 예를 들어 확장성을 고려해 적절한 인프라에서 실행했으며, 출시 일주일 전에 발표하고 신중한 마케팅을 진행했다. 가장 눈에 띄는 변화는 디자이너 루트비히 페테르손Ludwig Pettersson이 영화 「트론」을 테마로 한 멋진 CTF2 웹사이트를 제작했다는 것이다.

CTF 사이트에는 8개의 레벨이 설정되어 있었으며, 참가자 1만 6천 명의 진행 상황을 추적하는 리더보드가 있었다. CTF1과 마찬가지로 초반 몇 개 레벨은 비교적 쉽게 접근할 수 있었지만, 마지막 몇 개 레벨은 상당히 난이도가 높았다. 새로운 웹의 취약점에 대한 논의 중 "이건 스트라이프 CTF가 생각나는데!"라는 말을 듣는 일은 여전히 흔했으며, 이는 대부분 CTF2를 의미했다. 예를 들어 레벨 7에서는 해시 길이 확장 기법을 다루었는데, 유명한 MD5 길이 확장 논문의 저자 타이 즈엉Thai Duong과 줄리아노 리조Juliano Rizzo는 이 부분에 대해 스트라이프를 극찬했다. 나중에 그들은 TLS 프로토콜에 대한 크라임CRIME 공격 논문을 발표하면서 우리에게 편지를 보내고, 발표 동영상에 우리를 언급하기도 했다.

CTF2는 뛰어난 완성도를 자랑했지만, 제작 과정에서 많은 자원이 소모되었다. 그 후 몇 달 동안 CTF3에 대한 논의는 전혀 이루어지지 않았다. 그러나 2013년

여름이 되자 세 번째 CTF를 진행해야 한다는 의견이 다시 모아졌다. 우리는 CTF3가 CTF1과 CTF2의 주요 문제점을 해결해야 한다고 판단했다. CTF1과 CTF2는 구축자_{builder}보다는 파괴자_{breaker} 중심으로 최적화되어 있었다. 이를 개선하기 위해 우리는 CTF3의 새롭고 야심 찬 주제로 분산 시스템, 성능, 확장성을 포함한 시스템 엔지니어링을 선택했다. 스트라이프의 목표를 고려할 때 이러한 선택은 자연스러웠지만, 새로운 불확실성도 마주하게 되었다. 보안 CTF에 대한 경험은 풍부했지만, 분산 시스템 CTF를 구축한 경험은 전무했기 때문이다. CTF3를 만드는 일이 불가능하지는 않았지만, 현실적인 어려움이 따랐다. 참가자들이 제출하는 임의의 분산 시스템 코드를 우리가 직접 구축하고 실행하며 테스트해야 했기 때문이었다.

스트라이프의 창립 멤버 중 한 명이자 초대 CTO인 그레그 브로크만_{Greg Brockman}(현 오픈AI 회장 - 옮긴이)은 7월 말과 8월 초까지 분산 시스템 아이디어를 검증하고 아키텍처 프로토타입을 제작하는 데 몰두했다. 그러나 2013년 늦여름과 초가을은 스트라이프 역사상 가장 바쁜 시기 중 하나였고, 2013년 연말 시즌의 핵심 작업을 우선순위에 두기 위해 우리는 CTF3 출시를 2014년 1월로 연기하기로 결정했다. 이때 CTF3가 무기한 보류될지도 모른다는 우려가 있었다. 하지만 우리는 여기까지 오면서 분산 시스템 CTF를 추진하는 것이 훌륭한 아이디어임을 확신했고, 그 아이디어 자체가 강력한 힘을 가지고 있음을 깨달았다. 12월에 그레그는 두 가지 예제 레벨을 내부에 공개했다. 당시 74명이었던 회사 직원들은 이 예제들을 매우 긍정적으로 평가했다. 연휴가 끝난 후, 스트라이프 팀은 CTF3 출시 준비에 총력을 기울였다.

엔지니어링 핵심 팀은 그레그의 고향인 노스다코타로 이동해 일주일 동안 CTF 개발에 집중했다. 1월에 북미를 강타한 극한 한파로 노스다코타의 기온이 영하 10도까지 떨어지고 항공편이 결항되는 상황에서도, 우리는 많은 성과를 이루었다. 우리는 5단계의 레벨 초안을 작성하고 1월 15일에 CTF3를 사전 발표했다. 출시 직전 한 주 동안 많은 스트라이프 직원이 도움을 주었다. 그 주는 거의 밤샘 작업의 연속이었지만, 마침내 CTF3는 1월 22일 뜨거운 환호 속에 출시되었다. CTF3에는 7,500명의 참가자가 몰렸으며, 64만 번 이상의 코드 푸시_{push}(서버에 올리는 것을 말함-옮긴이)가 이루어졌다. 각 레벨의 문제는 실제 분산 시스템 환경을 반영하여 설계되었기 때문에 예상치 못한 다양한 해결 방법이 존재했지만, 이는 참가자들의 즐거움을 반감시키지 않았다. 많은 사람이 "스트라이프 CTF는 내가 프로그래밍한 것 중 가장 재미있었다"고 회상할 때 떠올리는 것이 바로 CTF3다.

세 가지 CTF는 회사의 핵심 사용자층인 개발자들에게 다가가는 방법을 연구한 대표적인 사례다. 개발자들은 우리의 CTF를 경험하며 "내가 중요하게 생각하는 가치를 존중하는 회사가 여기 있구나"라는 반응을 보였다. 이는 우리가 제품과 향후 프로젝트에서 꾸준히 지켜나가야 할 중요한 가치다. 또한 CTF는 우리의 가치를 반영한다. 각 CTF마다 자발적으로 조직된 자원봉사자 그룹이 모여 회사를 위해 훌륭한 성과를 냈다.

일단 사이트에 트래픽을 유도하기 시작하면, 회사에서 일하는 것이 어떤 경험인지 설명하고 지원자가 채용 공고를 확인할 수 있는 페이지를 마련해야 한다. 이 과정은 중요한 마일스톤이며, 이를 달성하려면 많은 노력이 필요하다. 특히 제품을 개발하고 다양한 역할을 정의하는 초기 단계, 즉 모든 구성원이 여러 역할을 수행하는 시기에는 회사 및 직무 설명을 올바르게 작성하기가 매우 어렵다. 핵심은 업무 환경과 기대치를 명확하게 전달하되, 지나치게 장황하거나 과도하게 제한하지 않는 것이다. 업무를 성공적으로 수행해나갈 잠재력을 가진 지원자를 유치할 수 있을 만큼 충분히 개방적이되, 지나치게 높은 수준의 채용 공고로 인해 실망하지 않도록 해야 한다. 그 역할이 아직 확립되지 않았다면, 그 사실을 솔직히 밝히는 편이 오히려 후보자를 걸러내는 데 도움이 된다. 역할의 불확실성이 불편하게 느껴지는 사람이라면, 애초에 해당 직무에 적합하지 않을 가능성이 크기 때문이다. 또한 역할이나 기대하는 자격 요건을 설명할 때, 지원 대상과 비대상을 암묵적으로 규정하는 편향적 언어가 포함되지 않도록 주의해야 한다. 다행히도 이러한 언어를 중립적으로 조정해주는 도구(예: Textio 또는 Grammarly)와, 데이터를 분석해 숨겨진 인재를 찾아내는 서비스(예: AdeptID)가 존재한다.

초기에 회사와 직무 역할을 설명하는 것이 회사 브랜딩과 채용 브랜딩의 출발점이다. 첫 제품을 출시할 때처럼 이러한 기초 작업에 주의를 기울여야 한다. 제품을 처음 사용하는 고객과 마찬가지로, 첫 번째 지원자들과 그들의 경험에 대해 세심한 관심과 면밀한 조사가 필요하다.

한동안 스트라이프의 채용 프로세스는 리크루터recruiter(채용 담당자)가 아닌 엔지니어들이 직접 관리했다. 덕분에 모든 직원이 전 채용 과정에 주인의식을 가지게 되었고, 후배인 신규 입사자들의 성공을 진심으로 바라는 문화가 자리 잡았다. 그러나 단점도 있었다. 엔지니어 중심의 채용 방식에 대한 만족도가 너무 높다 보니, 한 초기 엔지니어링 리더가 쿼라에 "스트라이프에는 리크루터가 필요 없다"는 글을 올려 버린 것이다. 그 결과 채용팀, 특히 리더십 구축을 위한 채용 담당자를 모집하는 일이 어려워진 적도 있었다.

회사의 모든 직원이 주인의식을 갖는 것은 중요하지만, 지원자를 선별하고 채용 프로세스를 효과적으로 관리하기 위해 전문가를 채용해야 할 시점이 반드시 온다. 초기 팀의 규모가 10~20명을 넘어 지속적으로 채용을 진행하게 되면, 최소 한 명의 리크루터와 일정 및 세부 계획 관리를 도와줄 채용 코디네이터가 필요할 수 있다. 일주일에 여러 명을 채용하기 시작했다면, 채용 경험이 풍부한 리더가 이끄는 채용팀을 구성하는 것을 고려해야 한다. 하지만 리크루터는 현장 부서장을 대신해서는 안 된다. 리크루터와 신입 사원의 채용을 궁극적으로 책임지는 현장 부서장 사이에 긴밀한 파트너십이 필요하다. 회사의 규모가 커질수록 각 채용에서 누가 책임자인지 명확하지 않을 수 있다. 예를 들어 특정 엔지니어링팀에 배정되지 않은 경우가 있을 수 있다. 이런 상황에서는 해당 역할에 가장 적합한 지원자를 찾겠다는 현장 부서장의 의지를 효과적으로 반영할 수 있는 채용 담당 인원과 프로세스를 정할 필요가 있다(자세한 내용은 뒤에 나오는 '후보자 최종 심의' 참조).

신입 사원 채용

채용은 모든 직원의 책임이다. 스트라이프에는 리더급 이하 직원의 채용 및 채용 과정에서 각 개인이 맡아야 할 역할을 설명하는 광범위한 내부 가이드가 있다. 그러나 많은 회사가 채용을 마치 상품 주문하듯이 별도의 부서에 맡기고, 몇 주 후면 새로운 직원이 합류할 것이라 기대한다. 대규모 채용이 이루어질 때, 특히 리더십을 제외한 대부분의 역할에서 이러한 방식이 흔하게 나타나는 이유는 충분히 이해할 수 있다. 회사가 성장하면서 팀원들이 면접이 아닌 자신의 업무에 집중할 수 있도록 채용 과정을 전문화하고 세분화하는 것은 자연스러운 일이다. 하지만 이러한 경향을 경계할 필요가 있다. 왜냐하면 직원들이 회사를 대표하는 방식, 즉 조직의 문화를 배우는 기회를 잃게 되고, 동료를 선택하는 과정에서의 책임감과 그들의 성공을 돕겠다는 의지를 약화시킬 가능성이 있기 때문이다.

특히 대규모 채용을 진행할 때는 더 많은 직원이 채용 과정에 참여하도록 유도하고, 회사가 성장하더라도 이들의 참여를 지속적으로 유도할 수 있어야 한다. 이를 위해 채용 부서(리크루팅 팀, HR 팀 등)와 참여자 사이에 명확한 책임 분담과 강력한 프로세스를 기반으로 한 확실한 약속이 이루어져야 한다. 또한 채용이 단순히 부수적인 업무가 아니라 회사 구성원 모두의 핵심 책임이라는 인식을 심어주기 위해, 채용 과정에서 큰 기여를 한 사람을 공개적으로 인정하고 축하해주는 것도 효과적이다.

채용에 대한 공동의 약속

다음은 채용에 관한 내부 문서의 일부 예시다. 이 문서는 채용팀과 스트라이프 조직 내 다른 구성원 간의 상호 약속을 간략하게 정리한 것이다. 이를 통해 모든 구성원이 서로의 역할과 채용 과정에 대한 기대를 충족할 수 있도록 하기 위해서다. 인트라넷인 스트라이프 홈에서 자세한 내용을 확인할 수 있다.

✳ ✳ ✳

채용에 대한 스트라이프 구성원들의 책임

일정을 정확하게 준수한다.

면접 진행 역할과 면접 방식을 숙지한다.

직무 기술서, 역량, 프레임워크를 검토한다.

- 면접 교육에 참여하고 자주 실시하는 면접에 대한 업데이트를 놓치지 않는다.
- 면접 전에 준비 자료를 읽는다(특히 역할극이나 시나리오 기반 면접의 경우).
- 면접에서 평가할 역량과 그에 따른 평가 가이드를 숙지한다.

면접 루틴을 숙지한다.

- 지원자를 혼자 두지 않는다. 면접 시간에 지각할 예정이거나 지원자를 두고 먼저 면접장을 나가야 하는 경우 리크루터에게 연락한다.
- 다음 면접관이 누구인지, 면접이 몇 시에 끝나는지 항상 파악한다. 이렇게 하면 지원자가 다음 면접을 준비하고, 질문할 시간을 확보할 수 있다.

지원자에 대해 미리 파악한다.

- 면접을 진행하기 전에 지원자의 이력서, 링크드인 프로필, 기타 지원 자료를 검토한다.
- 면접관의 경우: 이전 면접 단계에서 작성된 과제와 피드백을 검토하여 추가 검토가 필요한 부분을 파악한다.

피드백은 기한 내에 제출한다.

채용 회의에 적극적으로 참여한다.[32]

- 채용을 결정하기 전(피드백을 제출한 후) 다른 면접관의 피드백을 읽고 우려되는 점이나 이견이 있는 부분에 관해 논의할 준비를 한다.
- FUD(두려움$_{fear}$, 불확실성$_{uncertainty}$, 의심$_{doubt}$)에 대해 구체적이고 명확하게 기술하고, FUD가 평가 요청을 받은 역량 중 하나와 직접 연관되어 있는지 확인한다. 예를 들어 "지원자는 과거 역할에 대해 논의할 때 동료를 무시하고 팀의 기여를 경시했습니다"라고 말하는 것이 "저는 이 후보자가 저희 회사 문화에 맞지 않는 것 같습니다"라고 추상적으로 FUD를 말하는 것보다 더 도움이 된다.
- 당신의 목소리를 내라! 채용을 거절하거나 제안하기 전에 각자의 의견이

나 우려사항을 이야기할 수 있는 기회가 주어져야 한다. 공개적으로 공유하고 싶지 않은 내용이 있다면, 언제든 리크루터에게 직접 연락한다. 이는 잠재적인 문제에 대해 침묵하는 것보다 훨씬 나은 방법이다.

후보자와 후속 조치를 취한다.

- 면접에서 합격한 후보자에게 채용 제안(오퍼 레터)을 보내거나, 후보자가 채용 제안을 수락했을 때 환영하는 이메일을 발송한다. 이는 현장 면접에서 후보자와 상당한 시간을 함께 보낸 경우 특히 중요하다.
- 후보자의 후속 질문에 신속히 답변한다. 즉시 답변할 수 없는 경우, 채용팀이나 현장 부서장에게 문의를 전달한다.
- 채용 절차의 어느 단계에서든 리크루터가 지원자를 소개하면 48시간 이내에 답장을 보낸다.

채용은 항상 진행 중임을 기억하라!ABR: Always Be Recruiting

스트라이프 구성원들에 대한 채용팀(리크루터)의 책임

직원들의 일정을 존중한다.

추천과 추천인을 소중히 여긴다.

지원자의 성공을 준비한다.

- 면접을 시작하기 전에 명확한 직무 설명과 면접 프레임워크를 정한다.
- 지원자에게 면접 과정에서 예상되는 사항에 대해 투명하게 알려준다.
- 지원자와의 접촉부터 거절 또는 제안에 이르기까지 지원자를 위한 옹호자이자 상담자 역할을 한다.
- 항상 직접적이고 명확하게 의도를 전달하고, 결과와 상관없이 지원자가

환대받았다는 느낌을 받을 수 있도록 배려한다.

- 면접의 모든 단계에서 지원자의 말을 선의로 해석하고 공감하는 태도로 대하라. 면접은 어렵다!

지원자들과 명확히 자주 소통한다.

면접과 채용 과정에 지원자들이 성공적으로 임할 수 있도록 현장에서 지원한다.

성공적인 채용 회의를 준비한다.

- 현장 부서장과 협력하여 논의가 효율적으로 진행되도록 지원한다. 논점에서 벗어나지 않도록 조율하며, 회의가 정시에 종료될 수 있도록 적극적으로 지원한다.
- 채용 논의가 공정하고 지원자를 존중하는 방식으로 이루어지도록 적절하게 진행한다.
- 논의는 특정 역량과 연계되어야 하며, 지원자가 해당 직무를 수행할 수 있는지 여부에 우선적으로 초점을 맞춰야 한다.

채용 과정 전반에 걸쳐 현장 부서장, 면접관들과 효과적으로 소통한다.

민감한 정보는 신중하게 다루고, 비공개로 처리한다.

- 리크루터는 지원자와 함께하는 과정에서 중요하거나 민감한 정보를 접할 수 있다. 이러한 정보는 꼭 알아야 하는 사람에게만 공개할 것을 약속한다.
- 면접관은 지원자에 대한 사적인 우려사항을 리크루터에게 편안하게 공유할 수 있어야 하며, 채용 담당자는 이러한 정보를 신중하게 다뤄야 한다.

스트라이프를 위해 옳은 일을 한다.

- 무엇보다도 채용 기준을 유지하고 스트라이프의 장기적인 성공을 위해

최적화하는 것이 중요하다. 채용팀은 현재와 미래에 스트라이프에 가장 적합한 인재를 채용하기 위해 끊임없이 노력할 것이다.

인재 요구사항과 지원자의 성공에 대한 인사이트 구축

채용 공고를 게시하고 본격적인 프로세스를 시작하기 전에, 회사가 생각하는 성공의 모습을 고민해봐야 한다. 이는 스스로에게 다음과 같이 물어보는 것에서부터 시작한다.

- 이전에는 어떤 유형의 사람들을 채용했는가?
- 현재 누가 일을 잘하고 있는가?
- 회사의 성장과 함께 발전하고 있는 사람은 누구인가? 왜 그런가? 그들은 어떤 자질과 역량을 갖추고 있는가?
- 회사에서 놓치고 있는 관점과 경험은 무엇인가? 다양성이 부족한 부분은 어디인가? 약점과 역량의 부족은 어디서 발생하는가?

나는 조지 W. 부시 전 미국 대통령 시절 국무장관을 지낸 콘돌리자 라이스Condoleezza Rice가 인터뷰하는 행사에 몇 차례 참석한 적이 있다. 그중 한 행사에서 그녀는 장관직을 그만둔 후 다른 기회들이 많았을 텐데 어떻게 다시 스탠포드대학교로 돌아오게 되었느냐는 질문을 받았다. 그녀는 자신이 가장 원했던 것은 뛰어난 능력과 영향력을 발휘하며 열정을 추구할 수 있는 일이었다고 대답했다. 그녀에게 그것은 교육 분야였다.

그녀의 조언은 일을 잘하는 사람, 회사의 발전에 큰 영향을 미치는 사람, 자신의 일을 사랑하는 사람이라는 3개의 요소로 이루어진 벤다이어그램을 생각하면 이해하기 쉽다. 이상적인 직원은 이 세 가지 특성을 모두

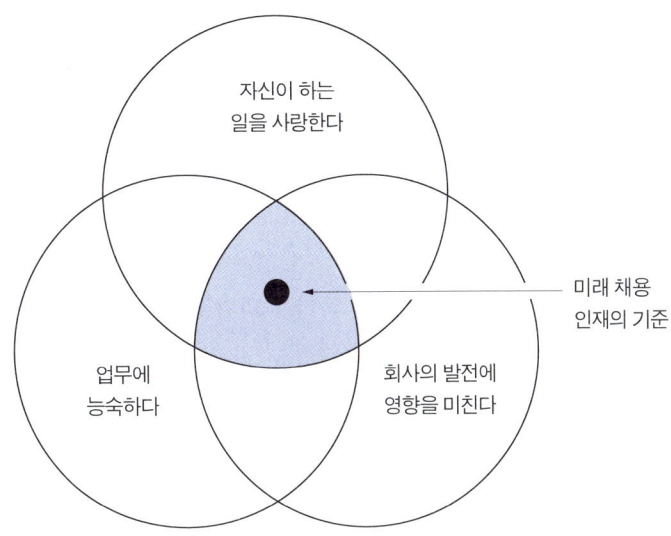

그림 11. 이상적인 인재상

갖춘 사람이다. 회사에서 이 범주에 해당하는 모든 직원의 목록을 작성해 보라. 이들에게 공통적으로 나타나는 다른 자질은 무엇인가? 채용 과정에서 지원자가 이러한 자질을 갖추고 있는지 알아보기 위해 어떤 질문을 할 수 있을까? 이러한 내부 질문을 통해 단순히 기술적인 역량을 갖추고 있을 뿐만 아니라 끊임없는 열정과 에너지를 가지고 일하는 인재를 더 많이 채용할 수 있다. 열심히 일하면서도 즐겁게 일하는 사람은 누구인가? 그들은 본질적으로 동기 부여가 되어 있으며, 이는 자연스럽게 겉으로 드러난다. 다니엘 핑크Daniel Pink는 그의 저서 『드라이브』에서 동기는 자율성, 능숙함, 목적을 통해 달성된다고 주장한다.[33] 나는 동기 부여와 성취감이 야말로 높은 성과를 내는 데 중요한 요소라고 생각한다. 이러한 사람들에게는 호기심을 가지고 배울 수 있는 에너지와 열린 마음이 있다.

내가 처음 스트라이프에 입사했을 때만 해도 해외 진출은 초기 단계였다. 각 나라의 관리자들은 초기에 필요한 역할을 수행하며 제너럴리스트(특정 분야의 전문성보다는 다양한 분야를 폭넓게 다룰 수 있는 사람-옮긴이)로 활동했다. 그러나 회사가 성장함에 따라, 그들은 팀을 구축하고 매출에 대한 책임을 지는 관리자로 거듭날 필요가 있었다. 그중 몇몇은 나중에 대규모 부서를 이끌기도 했다. 일부 국가 관리자들은 이러한 변화에 적응하며 성장했지만, 다른 이들은 그렇지 못했다. 초기 시장 진입 단계에서는 좋은 성과를 냈지만, 시간이 지나 역할이 발전함에 따라 요구되는 역량이나 의욕이 부족했던 것이다.

사업 확장을 위해 새로운 국가 관리자를 영입할 때, 우리는 기존에 이런 역할을 성공적으로 수행한 사람들의 특성을 분석하여 채용에 반영했다. 하지만 역할이 변화함에 따라 우리의 이해도 그에 맞춰 조정되었다. 우리는 사업 확장이라는 도전을 즐기고 회사에 필요한 것이 무엇인지 배우며, 끊임없이 피드백을 요청하고, 제품과 현지 시장에 대해 스스로 학습하는 데 시간을 아끼지 않는 열정적인 인재를 찾았다. 회사와 함께 성장할 인재는 6개월 후 자신의 역할이 어떻게 바뀔지 예상하고, 현재 어떤 역량을 배워야 할지 예측할 수 있어야 한다. 특정 역할의 경우 이러한 적응력이 필수적인 요소다.

스트라이프의 국가별 리더십 역할은 끊임없이 변화하고 있다. 성숙기에 접어든 안정된 시장에서는 개척보다는 영업 역량을 최적화하고 확장하는 데 중점을 둔다. 반면, 아직 성숙하지 않은 시장에서는 브랜드 전파와 기초 작업, 초기 영업을 통해 핵심 사용자층을 확보하고, 이를 통해 더 많은 사용자를 유치하는 데 중점을 둔다. 이 역할에 요구되는 사항은 계속 변화할 것이며, 그에 따라 어떤 후보자가 가장 적합한지 판단하는 기준도 유연하게 조정될 필요가 있다. 후보자들은 역할에 맞게 적응할 수 있는 잠재력을 갖추고 있어야 하며, 이상적으로는 스스로 부족한 부분을 돌아볼 수 있는 사람이어야 한다. 채용 전략을 세울 때, 회사의 다음 단계에서 요구되는 경험과 역량이 무엇인지 끊임없이 스스로에게 물어야 한다(자세한 내용은 뒤에 나오는 '새로운 리더 채용' 참조).

채용 공고를 통해 지원자들이 스스로 적합성을 판단하도록 돕자

채용을 결정하고 진행하는 과정에서 회사와 팀, 직무를 긍정적으로 포장하고 싶은 유혹이 있을 수 있다. 그러한 충동을 참고 직무 설명과 채용 프로세스를 명확하게 설계하여 적합한 지원자를 유치하고, 적합하지 않은 지원자는 걸러내야 한다. 직무에 대한 기대치를 명확히 설정하고, 회사의 사명, 문화 가이드, 복리후생, 업무 관행에 대한 실질적인 정보를 제공하여 지원자가 팀과 회사에서 일하는 환경을 이해할 수 있도록 한다. 가장 중요한 것은 업무 환경에 대해 솔직하게 설명하는 것이다. 빠르게 변화하는 업무 환경에 직원들이 자율적으로 행동하기를 기대하는 경우, 그 기대를 명확하게 알려줘야 한다. 언제, 어떤 방식으로 자신이 가장 잘 일할 수 있는지를 아는 사람들이 모인 조직은 회사 성장의 중요한 요소가 된다(운영 원칙 1 "상호 이해의 기반은 자기 인식이다"를 기억하자). 자신이 누구인지 알면 채용도 잘할 수 있다.

'초간단 스트라이프 문화 가이드'에는 스트라이프가 자신에게 적합한 직장인지 평가하는 데 도움이 되는 일련의 질문도 포함되어 있다. 각 스트라이프 원칙마다 해당 질문이 있다.

우리는 아직 승리하지 못했다

- 스트라이프의 가치(그리고 여러분이 가진 지분의 가치)는 보장된 것이 아니다. 성과에 영향력을 미칠 수 있지만, 상당한 위험과 불확실성을 감수할 준비가 되어 있는가?

긴박함과 높은 집중력을 유지하자

- '편안한 직장'이 아닌 곳에서도 열정적으로 일할 준비가 되어 있는가?
- 한 명의 의사결정권자가 명확한 목표와 마일스톤을 정해주는 것보다 자신의 커리어 결과를 스스로 책임지는 데 더 익숙한가?

치밀하게 사고하라

- 자신의 기본적인 의견이나 신념에 대해 마지막으로 마음을 바꾼 것이 언제였는가? 그런 일이 자주 있는가?
- 스트라이프인은 매일 변동성이 큰 상황을 처리하지만, 사려 깊고 신중하게 대응한다. 그런 환경에서 일하고 싶은가?

추천 채용

특정 직무에서의 성공이 어떤 모습인지 명확히 파악하고, 직무 설명서를 작성하여 게시한 후, 면접 절차에 참여할 지원자를 선별하게 된다. 이때 채용 브랜딩 개발과 함께 강력한 추천 프로세스를 구축하는 것이 좋다. 기존 직원들이 잠재적인 지원자를 알고 있을 가능성이 높기 때문이다. 채용이 잘 이루어졌다면 직원들의 네트워크도 그만큼 강력할 것이다.[34]

하지만 추천이 유일한 지원자 확보의 원천이 되어서는 안 된다. 추천 프로세스는 확장하기 어렵고, 앞서 언급했듯이 팀의 다양성을 저해할 가능성이 있다. 그렇지만 추천의 효과를 과소평가해서도 안 된다. 추천을 가치 있게 대우해줘야 한다. 추천은 직원들의 회사 만족도와 참여도를 측정할 수 있는 좋은 방법이기 때문이다.

나의 구글 입사 면접은 경영대학원 친구가 자신의 대학 시절 친구인 구글 매니저를 소개해준 덕분에 이루어졌다. 캘리포니아의 구불구불한 도로를 따라 운전하며 약혼자 옆에 앉아, 소개받아서 하는 면접이니 우호적인 통화를 하게 될 것이라고 생각했던 기억이 생생하다. 그런데 내 예상과는 달리, 그녀는 45분 동안 나를 철저히 면접했다! 통화가 끝날 무렵, 비록 친구의 추천으로 면접이 이루어졌지만, 구글에서 성공할 수 있는 역량과 태도를 갖추고 있음을 확신시켜야 한다는 사실을 깨달았다. 매니저와의 장시간 면접을 통해 구글의 철저한 채용 프로세스와 인재 선발에 대한 강한 의지를 엿볼 수 있었다. 나는 종종 그 매니저가 보여준 주인의식과 회사에 대한 헌신, 그리고 모든 직원이 채용 과정에 참여하는 중요성에 대해 생각하곤 한다.

면접 프로세스

지원자 수에 따라 면접 프로세스는 달라질 수 있으며, 초기 이력서 검토는 여러 사람이 함께 검토하거나 머신러닝 알고리즘을 활용해 자동화될 수 있다(추천된 지원자는 이 단계를 건너뛸 수 있다). 기본적으로 이력서를 통해 지원자의 자격이 직무 요건과 부합하는지 확인한다. 예를 들어 빠른 성장 궤적을 보였거나 유사한 직무에서 성공한 경험이 있는지 살펴본다. 일부 기업에서는 지원자의 헌신도를 확인하기 위해 코딩 테스트나 과제를 추가하기도 한다(이 장 뒤 부록에 '서면 과제 예시' 템플릿이 있다). 그러나 채용 브랜딩과 외부 인재풀을 구축해가는 중이라면, 너무 많은 진입 장벽을 만들지 않도록 주의하자.

지원자가 적합해 보이면 리크루터나 현장 부서장이 초기 전화 면접을 통해 직무에 적합한 사람인지 확인한다. 전화 면접에서 좋은 평가를 받으면 현장 면접으로 넘어간다. 일부 회사는 리크루터가 지원자를 만나기 전에 팀원이나 관리자가 2차 면접을 진행하기도 한다. 어떤 경우든, 최종 단계는 일련의 공식 면접으로 마무리된다. 이 단계는 리더를 채용할 때 어떻게 조정해야 하는지를 먼저 살펴본 후, 더 자세히 다룰 것이다. 또는 이 장 뒤에 나오는 공식 면접 프로세스로 바로 넘어가도 된다.

새로운 리더 채용

경영진을 채용할 때는 "만약 고객들에게 뭘 원하는지 물었다면 자동차 대신 더 빠른 말이라고 답했을 것이다"라는 헨리 포드의 말을 참고할 필요가 있다. 과거와 현재에 머무르는 시각이 아닌, 미래를 내다보는 시각이 헨리 포드의 제품 개발 원칙이었다. 내가 스트라이프에서 면접을 볼 당시 회사 규모는 100명 정도였다. 당시 공동 창립자인 패트릭 콜리슨은 팀원들에게 피드백을 받고 내게 전화를 걸었다(이 장 뒷부분에서 구성원들의 채용 과정 참여가 얼마나 중요한지 더 자세히 설명할 것이다). 피드백의 요지는 "회사의 인원이 400명이 되면 그 자리가 필요하겠지만, 지금은 너무 이르다"라는 것이었다. "하지만 우리는 내일이면 곧 400명이 됩니다"라는 패트릭의 말에 우리는 함께 웃었다.

이는 '직원들은 리더가 필요하다고 말하지 않는다'는 진리를 보여주는 전형적인 예다. 적절한 시기를 판단하는 것은 당신의 몫이며, 그렇게 하지 못하면 후회할 수 있다. 진정한 추진력이 있다면 회사는 100명에서

400명으로 빠르게 성장할 수 있다. 이러한 폭발적 성장hyperscaling은 '용의 등에 올라타는 것'과 같다. 더 높은 곳으로 날아오르기 전에, 미리 용의 등에 올라탈 준비가 되어 있는 용감한 리더들을 확보해야 한다.

특히 창업자나 설립자의 경우 리더에게 필요한 적절한 타이밍을 인식하기 어려울 수 있다. 업무에 너무 몰두한 나머지 자신이 하는 다양한 일을 실제로 다른 사람이 수행할 수 있다는 사실을 인식하지 못하기 때문이다. 최근 빠르게 성장하고 있는 한 회사의 창업자와 통화한 적이 있다. 그는 언제 더 많은 리더가 필요한지, 또는 언제 새로운 특정 역할을 맡을 리더가 필요한지 알 수 있는 방법에 대해 물었다. 나는 그에게 지난 3주 동안 수행한 모든 업무를 적어보라고 했다. 그리고 창업자이자 CEO로서 자신만이 할 수 있는 일, 예를 들어 경영진 채용, 투자자와의 대화, 기업 문화 확립, 전략적 비전 수립, 미래 제품이나 잠재적 위협에 대비한 주요 의사결정 같은 일을 생각해보라고 했다. 그리고 다른 사람이 충분히 맡을 수 있는 일이고, 현재 그 역할을 맡은 사람이 있는데도 너무 깊이 관여하고 있는 것은 아닌지, 아니면 그 역할을 맡을 사람이 없어서 그 일을 대신하고 있는 것은 아닌지 함께 살펴보았다.

이처럼 업무의 양과 복잡성이 커지면서, 전체 상황을 파악하고 인재를 영입하거나 새로운 역할을 신설할 적절한 시기를 파악하는 데 상당한 노력이 필요하다. 그만큼 업무 부담은 계속 늘어나며, 6~12개월 후에 그 업무를 수행할 사람을 지금 채용할지 예측하는 것은 더욱 어렵다. 일상 업무에서 벗어나 지난 3~6개월 동안 조직 내에서 어떤 변화가 있었는지 조사해야 한다. 그런 다음 리더가 필요할 정도로 계속해서 변화하고 중요성이 커지는 업무가 무엇인지 파악해야 한다.

회사가 성장할 때 가장 중요한 목표 중 하나는 직원들이 스스로 문제를 해결하도록 돕는 것이다. 구글에 있을 때 이 방식을 직접 시험해본 적이 있다. 상위 리더에게서 질문 메일을 받으면, 나는 바로 답장하지 않고 팀원 중 누군가가 대신 답변할 때까지 기다렸다. 만약 나만이 답변할 수 있는 상황이라면, 그것을 리더로서의 실패로 간주했다.

성장하는 회사들 사이에서 특히 인기 있는 이야기 중 하나는 구글, 페이스북, 큅Quip에서 고속 성장을 경험한 몰리 그레이엄Molly Graham의 사례다. 그녀는 더 많은 레고를 주어도 아이들이 기존에 가진 것을 나누려 하지 않는 레고 놀이에 비유해 이를 설명했다.[35]

고속 성장 중인 환경에서는 자신이 직접 구축해온 것들이나 맡고 있는 여러 역할을 내려놓기가 쉽지 않다. 그러나 당신과 회사가 성장하는 유일한 길은 그러한 감정적 집착을 극복하는 것이다. 더 많이 내려놓을수록 더 좋은 기회가 생긴다. 그레이엄은 "6개월마다 자신이 맡고 있는 일을 다른 사람에게 넘겨주어야 한다"고 말한다. 이는 특히 리더, 창업자, CEO에게 해당하는 말이다.

또한 향후 회사의 성공에 결정적인 영향을 미칠 수 있음에도, 자신과 경영진의 부족한 역량에 대해 끊임없이 주의를 기울여야 한다(1장의 '자신의 기술과 역량을 분석하라' 참조). 즉 자신이 무엇을 모르고, 무엇을 할 수 없는지를 알아야 한다.

자신과 자신의 부서를 냉정하게 비판하는 것은 결코 쉬운 일이 아니다. 현재 부족한 부분뿐만 아니라 향후 3~5년 내 필요한 역량까지 고려해야 한다. 이는 마치 아슬아슬한 줄타기를 하는 것과 같다. 한편으로는, 지금 당장 생존을 위해 고군분투하면서도 미래에 더 큰 역할을 맡을 사람을 상상하는 것이 쉽지 않지만, 반드시 필요한 과정이다. 다른 한편으로는, 빠르게 성장하는 기업의 경우 운영의 복잡성이 증가하기 시작한다. 현재

스케일링 피플

> CEO로서 훌륭한 리더가 되기 위한 가장 중요한 성공 요인은 인재를 선발하는 능력과 팔로워십을 구축하는 것이다. 그러나 내가 가장 어렵게 배운 교훈은 다른 사람이 더 잘할 수 있다는 신뢰 없이는 성공할 수 없다는 점이다. 단순한 관리자의 역할을 넘어서야 한다. 리더는 다른 사람이 할 수 없는 일에 시간을 투자해야 한다. 팀원들이 충분히 할 수 있는 일을 하고 있다면, 그것은 시간 낭비일 뿐이다.
>
> — **리사 워델**Lisa Wardell, 애드탈렘 글로벌 에듀케이션 전 CEO

소규모 회사에서 자금을 조달하는 것과 미래에 상장 기업의 CFO로서 자금 조달 및 재무 보고 프로세스를 관리하는 것은 완전히 다른 일이다. 자만심이 아니라 미래를 내다보는 선구안을 가져야 한다. 모든 것을 다 할 수 없다는 것을 인정하는 것이 고통스러울 수 있지만, 너무 늦기 전에 빠르게 레고를 내려놓는 것이 현명하다. 그렇지 않으면 회사가 죽음의 소용돌이에 빠질 수도 있다.

어떤 유형의 리더가 필요한지 결정하라

구글 초창기 시절에 관한 흥미로운 이야기들이 많다. 창업자들이 오미드 코데스타니Omid Kordestani를 채용한 일화도 그중 하나다. 오미드는 구글의 11번째 직원으로, 첫 직원과 매출 1달러로 시작한 구글의 사업을 1만 2천 명 이상의 직원과 200억 달러 이상의 매출로 성장시킨 인물이다. 구글에서 부사장, 최고사업책임자 자리까지 오르며 승승장구한 후 트위터 회장을 역임했다. 오미드가 구글 창업자인 래리 페이지Larry Page와 세르게이 브린Sergey Brin을 만나 면접을 보려고 카페테리아에 도착했을 때, 두 사람은 탁구를 하고 있었다. 그는 탁구대 옆에 앉아 두 사람과 대화를 나눴다. 곧 래리와 세르게이가 자신에게 어떤 질문을 해야 할지 고민하고 있음을 알아차린 오미드는 "제가 이 역할을 지원하는 사람을 면접한다면 이런 질문을 할 것 같습니다"라고 말하며 면접을 주도했다. 하지만 모든 지원자가 오미드 같을 수는 없으므로, 지원자에게 원하는 역량과 평가 기준을 명확히 파악해야 한다.

새로운 직무의 인력을 채용하는 일은 까다롭다. 새로운 직책을 채용할 때 정확히 어떤 인재를 찾아야 하는지 모를 수 있다. 경험이 적은 사람이 해당 직무의 일부를 수행하고 있을 때, 더 경험 많은 사람이 회사에 들어올 경우 어떤 새로운 가치를 업무와 조직에 더할 수 있을지 확신하기 어려운 경우도 있다. 예를 들어 회계와 전략 재무는 차이가 있다.

고성장 중인 회사는 필요한 역량을 모두 갖추지 못한 경우가 많다. 회사의 현재 상태를 철저히 평가하기 전까지는 이를 인식하지 못할 수 있다. 이를 보완하기 위한 첫걸음은 역할에 대한 이해를 바탕으로 성공적인 경영진 후보자의 경험, 특성, 핵심 역량(기술)을 개략적으로 정리하는 것이다. 내부 승진이든 외부 채용이든 다음 세 가지 사항을 명확히 하라.

- 완수해야 할 주요 업무는 무엇인가?
- '우수한 인재'는 어떤 모습인가?
- 설정한 기준을 바탕으로 후보자를 어떻게 평가할 것인가?

먼저 자신이 운영하는 비즈니스의 핵심을 이해해야 한다. 그런 다음, 이를 기반으로 모든 것을 하나씩 벗겨내 개선이 필요한 부분과 해당 업무를 수행할 인재를 채용할지 결정해야 한다. 혼자서 모든 것을 다 알 수는 없다.

— **도미니크 크렌**, 미슐랭 3스타 레스토랑 '아틀리에 크렌' 오너 겸 셰프

전체 윤곽이 잡히면, 회사의 필요와 성장 방향을 고려하여 필수 요건과 추가로 갖추면 좋은 선호 요건을 기준으로 내부 또는 외부 지원자의 경험과 능력을 평가해야 한다.

외부 채용을 고려하지 않더라도(뒤에 나오는 '내부 승진 또는 외부 채용'에서 이를 결정하는 방법을 설명할 것이다), 다른 회사에서 해당 역할을 성공적으로 수행한 고문이나 유사한 직무를 맡은 전문가들과 면접 프로세스를 구축해 반드시 검토해야 할 요소와 지원자의 역량을 평가하는 방법에 대한 조언을 구하는 것이 좋다. 성공적인 채용을 위해 비슷한 과정을 거친 회사, 투자자, 고문, 이사회 멤버 등의 성공 사례를 참고하자. 면접 과정에서는 직무에 대한 이해를 높이거나 기대치를 조정하려 해서는 안 된다. 그렇게 하면 우수한 후보자를 놓칠 수 있고, 회사의 평판에도 부정적인 영향을 미칠 수 있다.

많은 창업자가 COO의 필요성을 고민하며 내게 조언을 구해왔다. 그

들은 주로 내 커리어, 스트라이프에서의 역할, 채용 과정, 스트라이프에 합류한 이유를 묻는다. 나는 실리콘밸리의 전통을 따라 시간을 내서 가능한 한 도움을 주려고 한다. 창업자들이 회사를 위한 최선의 접근 방식을 찾는 데 진심으로 도움이 되고 싶기 때문이다.

나의 COO 스토리

내가 스트라이프 COO가 되기까지의 과정은, 지금까지 들려준 대부분의 이야기와 마찬가지로 개인적인 해석이 섞여 있다. 그럼에도 들려줄 가치가 있다. 특히 COO 채용에 대한 접근 방식을 고민하는 사람들에게 도움이 되길 바란다.

대부분의 스타트업이 그렇듯, 스트라이프도 제품-시장 적합성을 찾고 첫 사용자를 확보하는 데 시간이 걸렸다. 약 3년 동안 직원 수는 30~40명 정도였으며, 패트릭과 존도 회사를 성장시키기 위해 신중하게 접근했다. 스트라이프는 초기부터 제품에 대한 비용을 청구하고 손익을 면밀히 모니터링하여, 비용이 매출 증가분을 넘지 않도록 철저히 관리했다. 이러한 신중한 운영 방식 덕분에 사용자와 매출이 급증하기 시작했을 때도 회사를 확장하는 데 있어서 느리게 움직였다. 많은 기업은 이미 로켓이 지구 중력을 벗어날 만큼의 탈출 속도에 도달했음에도 이를 인식하지 못한 채, 시장 반응을 얻는 데만 너무 오래 매달린다. 스트라이프 역시 이러한 전환점에서 투자자와 고문들로부터 두 가지 측면에서 압박을 받기 시작했다. 첫째, 영업팀을 구축해야 한다는 점, 둘째, 모든 부서에서 더 많은 인력을 채용하고 필요한 신규 부서를 추가해야 한다는 것이었다.

창업자들은 영업 책임자, COO 후보자들과 일련의 미팅을 시작했다. 이들은 시장 진출, 운영, 대규모 회사 프로세스 운영 등 스트라이프의 다음 단계에 필수적인 여러 기능을 깊이 이해하고 경험한 제너럴리스트 비즈니스 리더들이었다. 2014년 2월, 스트라이프가 직원 70명 수준에서 빠르게 채용을 진행하던 시기에 나는 패트릭과 처음 만났다. 우리가 나눈 대화는 전술적인 경영 시나리오부터 경제 발전의 미래에 대한 거시적 전망까지 다양한 주제를 아울렀다. 나는 영업 책임자 자리를 위해 구글을 떠날 생각이 없었고, 스트라이프 규모를 고려하면 내 경험이 과연 필요할지 확신이 서지 않는다고 솔직히 말했다.

몇 달 동안 연락이 없었던 패트릭이 그해 봄 다시 연락해 내 경험에 대해 더 자세히 알고 싶다고 했다. 나는 지원 운영을 확장하고 영업팀을 구성하며 이끄는 과정에서 풍부한 고객 경험을 쌓았기에 이러한 측면에서 스트라이프에 흥미를 느꼈다. 한편으로는 회사 설립과 채용 및 인적 자원에 대한 투자에도 큰 매력을 느꼈다. 나의 관심은 실제 HR 기능보다는 스트라이프가 지속해서 건강하게 성장하는 데 필요한 시스템과 문화 구축에 더 집중되어 있었다. 패트릭과 존은 나의 경험과 관심사가 당시 회사의 다른 임원인 빌리 알바라도Billy Alvarado와 상호보완적이라고 생각했다. 나는 부족한 부분을 채우는 역할을 했지만, 스트라이프의 의사결정 모델에 부합하는 협업 방식과 책임 분담이 마음에 들었다. 채용 논의 과정에서 인상적이었던 점은, 이전에 참여했던 팀들과 달리 내 역할에 대한 정해진 틀이 없었다는 것이다. 그 대신 우리는 서로의 강점과 관심사를 탐색했다.

그해 8월 스트라이프의 직원 수는 100명을 넘어섰고, 패트릭과 존은 회사에 단순히 영업뿐만 아니라 여러 부서를 아우르는 리더십이 필요하다는 결론을 내렸다. 이러한 리더가 역할을 맡으면 패트릭과 존, 그리고 빌리의 업무 부담을 덜어주는 동시에, 회사가 스케일업할 수 있도록 돕는 경험 있는 리더십을 제공할 수 있었다. 그들은 내가 바로 그 역할을 맡을 적임자라고 생각한 것 같았다. 이제 내가 스트라이프에서 일할지 결정할 차례였다. 고민 끝에 나는 그 일을 맡기로 결심했다.

한 가지 문제는 빌리가 이미 COO라는 직함을 가지고 있었다는 점이다. 그러나 그는 동시에 CFO 역할도 맡으며 스트라이프의 성장을 이끄는 중요한 재무, 제품, 유통 파트너십 업무에 집중하고 있었다. 채용 과정 중 팰로앨토에서 나와 만난 빌리는 요거트 아이스크림을 먹으며 자신이 유통 파트너십과 재무에 집중해야 한다는 점을 분명히 말했다. 다행히도 그는 회사의 규모 확장에 필요한 채용과 프로세스 구축을 즐기는 인재가 합류하길 원했다. 새로운 회사 성장 단계와 그에 따른 요구사항을 인정해 기꺼이 자신의 직위를 넘겨주고, 새로운 COO 영입에 협력한 빌리의 행동은 존경할 만하다. 이는 패트릭과 존이 빌리를 채용할 때 뛰어난 안목을 가졌음을 보여주는 동시에, 빌리의 인품을 엿볼 수 있었다.

2014년 10월, 나는 스트라이프의 비즈니스 운영책임자(CBO가 아닌 바로 아래 직급-옮긴이)로 정식 입사했다. 이 직책은 내가 갑자기 나타나 빌리의 자리를 빼앗았다는 의심을 잠재우기 위한 것이었다. 그런 인상은 직원들에게도 불편하게 느껴졌을 것이다. 6개월쯤 지나 패트릭은 회사 전체에 짧은 메모를 보내 빌리가 최고 비즈니스책임자CBO를 맡고, 내가 COO가 될 것이라고 알렸다. 오늘날까지도 스트라이프의 리더들은 언제든지 비즈니스에 가장 적합한 인재를 위해 자신의 역할과 책임을 조정하는 것을 두려워하지 않는다. 스트라이프의 이러한 본능은 일찍부터 시작되었다.

내가 스트라이프에 합류했을 당시 직원 수는 160명 정도였고, 내 능력을 발휘하기에는 아직 규모가 작아 보였다. 하지만 나는 창업자들의 아이디어와 야망, EQ와 IQ의 조합에 끌렸다. 신규 사용자 및 매출 증가율, 시장 규모, 나의 경험을 바탕으로 미칠 수 있는 잠재적 영향력, 주요 의사결정 테이블에 앉게 되면서 얻을 수 있는 전문적인 교훈들도 매력적이었다.

돌이켜보면, 스트라이프가 무명의 인물이었던 나를 COO로 채용한 것은 상당히 파격적인 결정이었다. 이 직책은 종종 CEO 대리인으로서의 책임을 의미하기도 한다. 패트릭은 나의 능력을 파악하고 사고방식을 탐구하며 우리의 가치가 일치하는지 이해하기 위해 많은 시간을 할애했다. 패트릭과 존 두 사람의 가치관과 태도가 나와 비슷하다고 느꼈다. 그들은 내가 긍정적인 변화를 가져올 수 있다고 믿었다. 나는 스트라이프를 이끌 기회를 준 것에 대해 그들에게 언제나 감사하고 있다.

COO가 필요하세요?

나는 창업자들에게 COO 채용에 관한 다양한 조언을 제공한다. 특히 COO가 정말 필요한지, 필요하다면 지금이 적절한 시기인지 신중하게 고민해보라고 권유한다. 많은 대기업이 COO 직책을 두고 있지는 않지만, 성장 단계의 기업이나 초기 단계의 일부 기업에서는 COO 역할이 점점 더 중요해지고 있다.

CEO는 고객, 제품, 비즈니스 결정뿐만 아니라 회사 인프라 구축, 기업 문화 관리까지 다양한 의사결정을 내려야 한다. 이러한 책임을 고려할 때, COO의 필요성은 당연한 결과다. 그러나 COO는 조직 내 추가적인 관리 계층을 형성하는 역할을 하며, 회사가 더 성장하고 경영진이 체계적으로 자리 잡으면 더는 필수적이지 않을 수도 있다. 아직 회사가 1년 이상 해당 직무에서 성장할 수 있는 후보자를 유치할 준비가 되지 않았을 수도 있다.

스트라이프에서 처음 맡은 역할은 매우 다양했다. 영업과 운영 전반은 물론 채용 책임자, 팀장, 채용 담당자 역할까지 도맡았다. 시간이 지나면서 COO가 되었고, 채용 책임자가 나에게 보고하는 구조로 조직이 정리되었다. COO로 채용하는 인재는 전략에서 실행까지 폭넓은 역할을 수행할 수 있어야 하며, 다양한 직무를 유연하게 소화할 수 있는 역량이 필수적이다. 이러한 능력을 갖춘 적임자가 아직 없다면 일정 규모에 도달할 때까지 기다렸다가 채용하고, 실질적인 임팩트를 낼 수 있는 자리에 배치하는 것이 효과적이다.

내가 스트라이프에 합류했을 때 물려받은 훌륭한 시스템 중 하나는 비즈니스 운영팀이었다. 컨설팅과 기업가적 배경을 가진 인재들로 구성된 이 팀은 새로운 상황과 스트라이프의 확장 과정에서 발생하는 문제를 해결하는 데 능숙했다. 초기 비즈니스 운영팀 멤버들은 최초의 영업사원이자 제품 관리자 역할을 했다. 이들은 당시 스트라이프가 필요로 했던 다양한 역할을 맡았다. 이들의 업무는 COO의 역할과 유사했다. COO를 채용하기 전에 비즈니스 운영팀을 구성하고, COO의 일부 책임을 수행할 수 있는 비즈니스 운영책임자를 두는 것도 좋은 방법이다. 이렇게 하면 잠재적인 COO에게 필요한 역량을 파악하고, COO를 둘지 여부를 결정하는 데 도움이 된다. 비즈니스 운영책임자가 COO로 성장할 수도 있다(실제로 나는 비즈니스 운영책임자로 스트라이프에 합류했다!).

후보자 탐색 등 외부 조사를 통해 새로운 리더 역할이 정말 필요한지 확인하는 것이 중요하다. 다른 사람들과 논의하면서 잠재적인 후보자를 평가할 수 있는 평가기준표, 즉 루브릭rubric(평가 기준표-옮긴이)을 만드는 데 도움이 된다.

다음은 루브릭 개발을 위해 사람들에게 물어볼 수 있는 몇 가지 질문이다.

- **당신의 회사에서 해당 역할은 어떻게 정의되어 있는가? 그 역할을 수행하는 사람이 맡아야 할 책임은 무엇인가?** 대답이 당신이 구상하는 역할의 정의와 일치하는지 확인하자. 그렇지 않다면 이유를 파악하자. 비즈니스 모델 때문인가, 아니면 회사에서 다른 리더들이 가진 기술이나 능력 때문인가?
- **해당 직무에서 성공하기 위해 필요한 가장 중요한 기술과 역량은 무엇인가?** 목록을 작성해보고, 면접 과정에서 어떻게 검증할 수 있을지 생각해보라.
- **당신/그의 배경 중 어떤 점이 자격 요건에 부합하는가?** 현 직책을 맡

게 된 필수 자격 요건을 찾고, 이것이 당신이 생각하는 역할과 일치하는지 확인하자.

- **당신이/그가 해당 역할을 맡은 첫해에 직면한 가장 큰 어려움은 무엇인가?** 당신이 새로운 리더를 어떻게 도울 수 있을지 생각해보고, 그가 비슷한 어려움에 직면할 가능성이 있는지 평가해보라. 그 역량을 어떻게 검증할 수 있을지 생각해보자.

- **당신은/그는 회사에서 CEO 또는 다른 주요 리더와 어떻게 협력하는가?** 이를 통해 책임 범위, 의사결정 과정, 그리고 가장 긴밀하게 함께 일할 사람들과의 책임 분담을 명확히 할 수 있다. 의사결정 및 책임 분담을 파악하자.

- **이 역할에 적합한 후보자를 찾는 데 조언해줄 만한 사람이 있는가? 이 역할에 적합한 인재를 잘 발굴하는 특정 회사가 있는가? 연락해볼 만한 사람이 있는가?** 이런 질문들을 통해 회사 내부 인사나 추천하고 싶은 후보자 이름을 들을 수도 있다.

해당 역할에서 성공한 사람에게 면담을 요청하는 것도 효과적인 전략이다. 이는 직무에 대한 자신의 기대가 실제 평가와 얼마나 유사한지 확인하는 데 도움이 된다. 자신의 프로세스에 적합한 답변에 대한 감을 잡기 시작하면 루브릭을 구체화하는 데 도움이 된다.

외부 인재를 비밀리에 채용하려는 경우라면, 면담을 요청할 때 솔직하게 의도를 설명하는 것이 좋다. 내 경험상 사람들은 기꺼이 도와줄 뿐만 아니라, 실제로 채용 가능성이 있는지 여부도 알려줄 것이다. 어느 쪽이든 조사 과정이 끝나면 후보자들의 링크드인 프로필을 모아 스프레드시트를 만들어야 한다. 훌륭한 임원 채용 담당자들은 적합한 프로필을 수집하는 것으로 프로세스를 시작하며, 이를 통해 수집된 프로필의 후보자가 해당 직무에 적합한 사람인지 아닌지 판단한다. 이 과정에서 후보자 평가 루브릭이 점점 더 명확해지고, 직무 기술서도 구체화될 것이다. 계속해서 후보자를 추가하거나 평가하면서 목록을 계속 업데이트하면, 후보자 탐색과 검토 과정을 더욱 정교하게 발전시킬 수 있다.

외부와의 대화뿐만 아니라, 첫 번째 원칙(상호 이해의 기반은 자기 인식이다)을 바탕으로 해당 직무에 필요한 것이 무엇인지에 대한 직감을 확신하는 과정도 중요하다. 이력서와 링크드인 프로필은 업계 및 직무 전문 용어로 가득 차 있지만, 이를 모두 걷어내면 근본적인 질문에 대한 답을 찾을 수 있다. 수행해야 할 업무와 이를 효과적으로 해내기 위해 필요한 기술과 역량은 언제나 채용의 근본적인 질문이다.

예를 들어 해당 직무에서 그로스 마케팅을 수행하는 경우를 가정해보자. 이를 위해서는 행사를 조직하고, 콘텐츠를 개발하며, 가입이나 판매로 이어질 잠재 고객을 유도하는 광고를 게시하는 방법을 알아야 한다. 또한 잠재 고객을 실제 고객으로 전환하려면 무엇이 효과적인지 지속적으로 테스트하고 측정해야 한다. 콘텐츠와 이벤트를 기획하고, 광고를 디자인하며, 채널별 최적의 배치 전략을 짜야 한다. 또한 데이터 분석 도구를 활용해 성과를 측정하고, 제품 또는 엔지니어링팀과 협력해 가입 또는 온보딩 프로세스를 개선할 필요가 있다. 궁극적으로는 ROI를 계산해 마케팅 예산을 최적화할 수 있어야 한다. 비즈니스 모델에 따라 이러한 작업 중 일부는 더 중요한 역할을 할 수 있다. 예를 들어 대기업을 대상으로 하는 시장이 핵심이라면, 고객의 셀프 서비스 시스템보다는 행사 기획이나 공식 문서(백서) 작성에 능숙한 전문가가 더 적합할 가능성이 크다. 이런 경우, 후보자는 이 모든 작업을 수행할 수 있는 팀을 구성하는 역량도 갖춰야 한다. 이러한 기술과 역량을 후보자 평가 루브릭에 추가하면 된다. 팀빌딩, 설득력, 분석 능력과 같은 역량은 필수적이며, 효과적인 마케팅 캠페인을 기획하고 실행하는 능력도 중요하다. 또한 필수 요건과 선호 요건을 명확히 구분하자. 예를 들어 그 사람이 이전에 비슷한 팀을 구성한 적이 있으며 팀이 훌륭한 성과를 냈는가? 그 작업을 직접 어느 정도 수행했는가? 초기에는 한 팀으로 시작할 것이므로 가장 중요한 작업을 팀 자체적으로 또는 대행사와 함께할 수 있어야 한다. 첫 번째 온라인 광고 세트를 디자인하고 테스트해야 할 수도 있다. 그렇게 해본 적이 있는가?

당신이 자신의 회사를 누구보다 잘 알고 있으며 해당 환경에서 성공하기 위해 무엇이 필요한지 평가할 수 있다는 사실을 잊지 말자. 이 필요 요소를 루브릭에 추가해 지원자를 평가할 수 있다. 궁극적으로 루브릭은 면접관에게 가이드가 될 것이며, 면접관이 무엇을 살펴보고 어떤 질문을 해야 할지, 지원자의 답변을 어떻게 평가해야 하는지를 알려줄 것이다(루브릭 예시는 이 장 뒤의 부록 '면접 프레임워크와 평가 기준'을 참조하고, 면접에 대한 자세한 내용은 뒤에 나오는 '내부 채용 또는 외부 채용 여부를 결정하는 방법' 참조).

새 리더를 채용할 때, 그 리더의 상위 리더는 평가 루브릭에 기존 경영진과의 상호 보완성을 추가적으로 고려해야 한다. 일부 회사에서는 모든 리더십 후보자에게 업무 스타일 또는 성격 평가를 실시한다. 스트라이프에서는 그렇게까지 하지는 않았지만, 첫 번째 CFO 후보자에게는 1장에서 설명한 인사이트 디스커버리 평가(파란색, 빨간색, 노란색, 초록색 부분으로 결과를 표시하는 평가)를 실시했다. 나는 이 채용이 우리 팀의 다양한 성향을 균형 있게 완성하는 계기가 될 것이라고 기대했으며, 특히 더 내성적이고 분석적이며 과제 지향적인 성향을 가진 파란색 유형의 인재를 보완할 수 있을 것이라고 예상했다. 결과적으로 내 예감은 맞았다. 우리는 후보자의 평가 결과와 다른 리더십 팀원의 결과를 공유하며 상호 이해를 높이는 토론을 진행했다. 후보자는 각 팀원을 더 깊이 이해한 상태에서 역할을 수행했고, 우리는 다양한 관점을 논의하고 결정할 때 활용할 수 있는 공통의 언어를 갖게 되었다.

결국, 이 집중적인 조사 단계를 마치면 역할과 직무에 대한 깊은 이해를 얻게 되고, 후보자 심사와 면접 평가 기준, 당신이 찾고자 하는 자질을 갖춘 후보자들의 목록을 확보하게 될 것이다.

마지막으로 주의할 점이 있다. 후보자 목록을 작성할 때 '경험의 함정'을 주의해야 한다. 즉 후보자 리스트를 만들 때, 단순히 '경험이 많다'는 이유만으로 적합하다고 판단하는 오류를 경계해야 한다. 첫째, 경험이 많은 사람일수록 인터뷰를 잘할 가능성이 크다는 점을 명심하자. 하지만 경험이 많다고 해서 반드시 직무에 가장 적합한 인재라는 의미는 아니다. 경험이 많을수록 인터뷰 스킬도 뛰어날 가능성이 크므로 실제 능력보다 더 좋은 인상을 줄 수 있다. 둘째, 일정 수준의 경험을 쌓고 나면 안주하거나 한계에 부딪히는 사람들이 있다는 점을 경계하자. 한두 번 해본 방식에만 집착해 새로운 환경에 적응하거나 창의적으로 접근하지 못하는 경우가 있다. 그들이 일했던 회사의 수준을 철저히 검토하고, 훌륭한 회사와 강력한 팀을 선택해왔는지 확인하라. 이는 그 사람의 판단력과 야망을 보여주는 중요한 신호다. 모든 채용에서 그렇지만, 특히 리더급 채용에서는 성장 궤적과 추진력 못지않게 순수한 호기심과 학습하려는 태도가 핵심적인 평가 요소가 되어야 한다. 후보자가 야망이 있고 새로운 도전을 추구하며, 어려움을 극복하고 성과를 낸 경험이 있는가? 이는 욕망, 근성, 지력에 관한 것이다. 신뢰할 수 있는 경험만 테스트할 것이 아니라 이 부분도 테스트해야 한다.

내부에서 승진시킬 것인가, 외부에서 채용할 것인가

시니어 또는 리더십 역할에 필요한 인재 유형을 파악했다면, 다음으로 내부에서 승진시킬지 외부에서 채용할지를 결정해야 한다.

고위직에 외부 인재를 채용하는 것은 상당히 위험한 일이다. 높은 직급일수록 채용 과정에 더 많은 시간과 비용이 소요된다. 일반적으로 시니어 리더를 채용하는 데 최소 6개월 이상 걸릴 것으로 예상된다. 이러한 노력에도 불구하고 외부 채용, 특히 고위직의 경우 성공률은 약 25~50%에 불과하다.[36] 가능하다면 당신이 잘 알고 신뢰할 수 있는 인재부터 육성하여 내부에서 승진시키는 것이 좋다.

그러나 내부 인재 승진이 항상 가능한 것은 아니다. 사업상 성숙기에 있는 조직은 대규모 인재풀을 개발할 수 있는 시간과 인력을 갖추고 있다. 그런데도 중요한 역할을 맡을 내부 후계자를 체계적으로 양성하지 않는다면, 이는 심각한 전략적 실패라 할 수 있다(구글은 언제든지 핵심 부서의 미래 리더 수천 명을 육성할 수 있다). 하지만 조직이 성숙기가 아닌 성장기에 있거나 아직 규모가 크지 않은 경우, 선택은 더욱 신중해야 한다. 아직 준비가 덜 되었지만 잠재력이 있는 사람을 내부에서 승진시킬지, 아니면 시장에서 검증되지 않은 미지의 인물을 채용하는 위험을 감수할지 선택해야 한다.

회사가 현재 단계와 향후 5년 이상 필요한 인재를 유치할 수 있는지에 대해 솔직하게 평가하는 것이 중요하다. 안정적이고 잘 알려진 회사에서 높은 연봉을 받는 고위직 후보자에게는 초기 단계의 회사에 합류하는 것이 위험 부담이 큰 결정으로 느껴질 수 있기에, 이들을 설득하기 어려울 수 있다. 결과적으로 몇 년 동안은 적합하지만 장기적으로 맞지 않는 사람을 채용할 위험이 있다. 이는 바늘에 실 꿰기처럼 까다로운 일이다. 실제로 필요한 인재를 유치할 수 있는 규모로 회사를 성장시킬 수 있는 사람이 지금 단계에서 필요하다. 이와 관련해 선택지는 내부 인재를 승진시키거나, 몇 년 후를 내다보고 인재를 채용해 장기적 성장을 기대하거나, 5년 이상 함께할 인재를 찾는 데 많은 시간을 투자하고 그들이 위험을 감수하도록 설득하는 것이다. 상황에 따라 각 역할에 대해 다른 결정을 내리게 될 것이다. 중요한 것은 신중하게 결정을 내리고, 이후에는 인재의 성장을 추적해 회사의 발전에 따라 채용 결정을 재검토할 필요가 있는지 판단하는 것이다.

빠르게 성장하는 초기 단계의 기업에서는 승진의 3분의 1 이상은 내부 인재로 채워야 한다. 이보다 적으면 기존 인재 개발에 충분히 투자하지 않는 것이다. 3분의 1은 외부에서 영입해야 한다. 초기 단계에서는 내부 인재만으로 필요한 인재를 채용하기 어렵기 때문이다. 나머지 3분의 1은 회사의 성장률, 조직의 필요, 내부 인재 개발과 지원 능력, 외부 리더 채용 및 온보딩 능력에 따라 달라진다.

회사가 성장하면 체계적인 리크루팅 기능을 구축하는 것이 필수적이다. 대부분의 경우 리크루터는 대규모 채용에 집중하게 되며, 리더 채용 경험이 부족한 초기 경력자일 가능성이 높다. 특히 고위직 채용의 경우 초기 단계 기업들은 서치펌search firm(헤드헌팅)에 의존하는 경우가 많다. 하지만 이 방식은 결과가 엇갈릴 수 있다. 좋은 서치펌은 필요에 맞는 인재 리스트를 신속하게 제공하고, 후보자와의 초기 미팅을 주선할 수 있다. 그러나 성공적인 결과를 위해서는 생각보다 많은 투자가 필요하다. 회사와 성장 방향, 직무의 본질, 후보자에게 회사를 어떻게 소개할 것인지 전략을 세워야 하며, 회사가 현재 어떤 단계에 있는지 깊이 이해할 필요가 있다. 그렇지 않으면 보상 수준이든, 아니면 리더의 일상 업무에서든 리더 역할에 대한 후보자의 기대치가 효과적으로 설정되지 못한다. 서치펌에 의존하기보다는 자체 네트워크나 이사회, 업계 조언자들에게 연락해 잠재적 후보자들을 찾는 것이 더 효과적일 수 있다.

개인적인 네트워크를 모두 활용했는데도 적절한 후보자를 찾지 못했다면, 서치펌을 고려하는 것도 방법이다. 큰 규모의 우수한 서치펌은 CFO 같은 전형적인 역할을 채용하는 데 강점이 있으며 영업, 마케팅, 엔지니어링 등 특정 분야에 특화된 부티크 서치펌이 더 전문적인 서비스를 제공할 수 있다. 서치펌을 이용하든 그렇지 않든, 최고 경영진을 채용하는 과정은 상당한 노력과 시간이 필요하다. 궁극적으로 당신이 리크루터라는 사실을 잊지 말아야 한다. 리더 후보자들은 CEO와 경영진이 자신들의 성공과 실패에 중요한 역할을 한다는 점을 잘 알고 있기 때문이다.

내부 채용 또는 외부 채용 여부를 결정하는 방법

리더 역할에 필요한 요구사항과 자격 요건을 설정하고 잠재적 채용자의 프로필을 몇 개 확보했다면, 의사결정 트리(그림 12)를 통해 현재 인재풀을 검토하고 내부와 외부 중 어디서 채용할지를 결정하면 된다.

새로운 인재 영입과 내부 인재 육성 사이에서 균형을 맞추는 것은 쉽지 않은 일이다. 조직은 외부 채용에 큰 기대를 히고, 외부 인재가 모든 문제를 해결해줄 것이라 확신하곤 한다. 물론 훌륭한 인재를 영입하면 긍정적인 영향이 크지만, 고위급 외부 채용이 실패하면 조직과 문화에 부정적 영향을 미칠 수 있다. 또한 조직은 로열티와 감사의 마음으로 기존 인재를 붙잡아두려는 경향이 있다. 의리와 감사는 중요하지만, 과거에 회사를 성공적으로 이끌었다고 해서 앞으로도 계속 성공을 이끌 것이라는 보장은 없다.

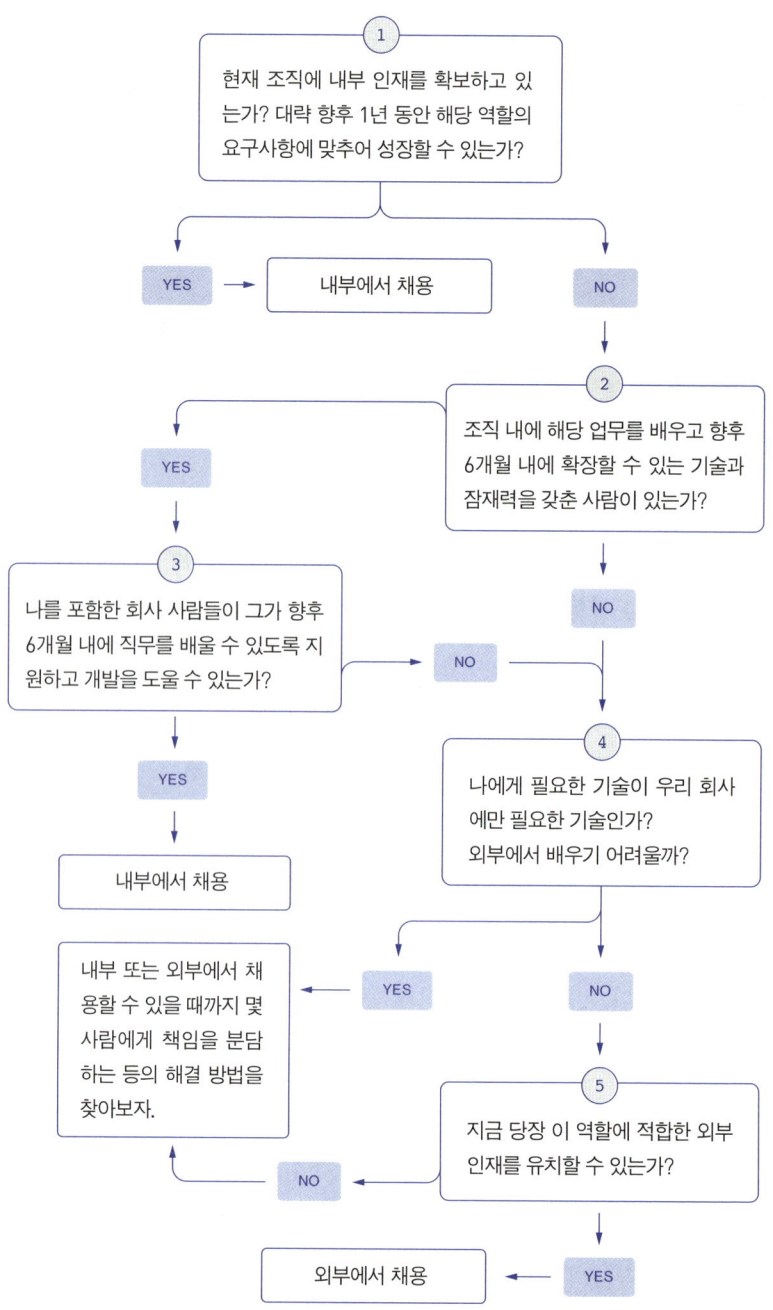

그림 12. 회사 내부에서 채용할지 외부에서 채용할지 결정하는 의사결정 트리

페이스북과 핀터레스트에서 경험을 쌓은 채용팀 리더와 점심을 먹은 적이 있다. 그때 그가 한 말이 내 기억에 강하게 남아 있다. "회사를 지금까지 이끈 사람들이 앞으로도 성공을 이끌 것이라 생각하지 마라." 현재뿐만 아니라 향후 2~4년 동안 팀과 회사가 성공하는 데 필요한 인재를 보유하고 있는지 끊임없이 고민해야 한다.

대규모 인재 확보부터 맞춤형 리더십 채용까지의 연속성을 고려할 때 리더나 고위 직책에 요구되는 역량, 즉 하드 스킬(특정 직무나 과업을 수행하는 데 필요한 기술적 능력-옮긴이)부터 팀을 구성하고 이끄는 능력까지 폭넓게 살펴봐야 한다. 특히 선천적으로 타고나지 않은 역량일수록 발현하고 개발하는 데 더 많은 시간이 필요하다. 이러한 능력은 주로 경험을 통해 형성되며, 맞춤형 채용 절차를 거쳐야 할 가능성이 높다. 초기 성장 단계의 회사는 외부 인재를 채용할 가능성이 높지만, 내부 인재 채용의 장점은 해당 인재와 그 사람의 기여도에 대해 깊이 이해하고 있다는 점이다. 내부 직원들은 회사 제품과 조직에 대해 탄탄한 지식을 보유하고 있다. 시간이 지나면서 오래 근속한 내부 직원들이 임원, 관리자, 직무전문가individual contributor(관리 책임은 없지만 전문성을 기반으로 성과를 내는 직원-옮긴이)와 같은 중요한 리더들이 될 것이다. 따라서 회사는 내부 인재를 육성하고, 회사 전반적으로 성장할 수 있도록 도와주며, 이들이 구현하는 문화를 모든 조직에 내재화해야 한다. 반면, 외부 인재를 채용할 경우, 인재를 평가하고 채용하기 위해 훨씬 더 강력한 면접 절차가 필요하다.

면접부터 입사까지 인재 판별의 기술

나는 지금까지 수천 명의 지원자 면접을 봤다. 구글 입사 초창기에는 일주일에 40시간 동안 면접을 진행했고, 밤에는 본래 업무를 하느라 30~40시간을 추가로 일했다.

면접은 연습을 통해 향상되는 기술이며, 명확한 평가 기준을 가진 정해진 프로세스 내에서 가장 효과적으로 활용될 수 있다. 정해진 프로세스가 복잡할 필요는 없다. 모든 면접에서 집중해야 할 단순한 프레임워크와 지원자가 채용 과정에서 거칠 여러 단계와 절차에 대한 명확한 설정이 있어야 한다는 의미다. 또한 채용 결정 방법에 대한 계획을 의미한다. 지원자가 면접을 잘 준비하도록 돕는 것도 중요하다. 면접 과정과 소요 시간, 면접 유형, 면접자에게 요청되는 사항을 설명해 지원자를 편안하게 해줘야 한다. 예를 들어 코드를 함께 살펴보는 화상 면접이라면 컴퓨터 화면을 공유할 준비를 하도록 알려줘야 한다. 또한 복장 규정(예: 비공식 또는 비즈니스 캐주얼)과 만날 사람에 대해서도 명확히 알려주는 것이 좋다.

경영대학원 재학 중, 조직 설계와 인적 자원을 전문으로 하는 컨설팅 회사에서 면접을 본 적이 있다. 면접은 거의 9시간 동안 진행되었고, 각 면접관은 내 이력서의 각기 다른 부분을 골라 한 시간 동안 업무 경험을 세세하게 물어봤다. 한편으로는 나를 깊이 있게 파악하려는 조직적 접근이 인상적이었지만, 길고 피곤한 하루가 될 것이라는 사전 안내(경고)가 있었더라면 정신적으로 더 잘 준비할 수 있었을 것이다. 스트라이프에서는 사전에 후보자들에게 면접 과정을 상세히 안내하는 가이드를 제공했다. 후보자들은 가이드에 대해 종종 감사의 뜻을 전했다. 나는 후보자들이 환영받고 공정하게 대우받는다고 느끼는 경험을 제공할 때, 채용 과정이 더욱 발전할 수 있다고 믿는다.

리크루터와 현장 부서장이 심사를 거쳐 잠재적 후보자 명단을 확정하면(이 과정에는 내부 추천을 요청하거나, 다양한 후보자를 적극적으로 탐색하는 등의 노력이 포함된다), 대면 또는 화상으로 진행되는 온사이트onsite 면접을 시작할 차례다.

다음은 효과적인 면접 절차를 구축하기 위한 일반적인 가이드라인으로, 신생 기업의 채용 과정뿐만 아니라 중간 및 고위직 채용에도 적용할 수 있다.

- 명확한 직무 기술서가 있어야 한다.
- 면접을 진행할 사람을 결정한다.
- 후보자 1명당 면접관은 최대 8명까지만 배정하는 것이 바람직하다. 구글의 연구에 따르면 추가 면접을 진행할수록 효용이 감소하는 것으로 나타났다. 초급 직무의 주니어급 후보자라면 면접관을 4~5명으로 줄이는 것이 효율적이다.
- 면접관에게 효과적인 면접 방법에 대한 교육을 실시한다.
- 평가 기준, 즉 루브릭을 모든 면접관과 공유하고, 평가 요소가 중복되지 않도록 각 면접관에게 하나 또는 2개씩 할당한다.
- 회사의 특별한 상황에 맞춘 맞춤형 역할이나 자주 채용하지 않는 직무를 채용할 때, 먼저 킥오프 미팅을 열어 모든 이해관계자가 해당 역할과 평가 기준, 채용 과정에서의 각자의 역할을 명확히 이해하도록 한다.
- 1차 면접으로 후보군을 좁힌 후, 최종 후보자 최소 3명을 대상으로 최종 면접을 진행한다.
- 채용 위원회 또는 후보자 최종 심의 프로세스를 통해 최종 선발을

확정한다.

- 리크루터와 현장 부서장이 후보자의 추천서를 확인한다.
- 입사를 제안한다. 후보자가 수락하면 근무 시작일을 정하고 온보딩 정보를 제공한다.

면접 절차의 복잡성은 회사의 성장 단계와 채용 규모에 따라 달라질 수 있다. 대규모 채용의 경우, 이미 해당 직무에 대한 깊은 이해가 형성되어 면접팀이 더 쉽게 후보자 평가 패턴을 파악할 수 있으므로 더 빠르고 효율적인 채용이 가능하다. 이러한 직무는 주로 신입직이므로 절차가 더 간소화될 수 있으며, 시간이 지나면서 채용 위원회 회의도 생략할 수 있다. 반면에 맞춤형 직무의 경우, 채용 빈도가 낮고 면접관이 원하는 인재의 역량을 세밀하게 평가해야 하므로 더 철저한 프로세스를 운영해야 한다.

이 시점에서 강조할 부분은 누가 채용 리더 역할을 맡느냐가 지속적으로 우수한 인재를 채용하는 프로세스를 구축하는 데 매우 중요하다는 점이다. 많은 채용 리더가 뛰어난 리크루터일 수 있지만, 그렇다고 해서 그들이 도구, 프로세스, 측정 기반을 탄탄하게 구축할 역량을 갖춘 것은 아니다. 모든 리더가 그렇듯이, 자신의 강점과 한계를 인식하고 자신의 능력을 보완할 수 있는 적절한 인재와 역할(예: 리크루팅 운영 지원)을 찾아내 확보해야 한다. 후보자의 경험을 향상시키고 투자 대비 수익ROI을 극대화하려면, 가능한 한 빠르게 프로세스 및 데이터 기반의 접근 방식을 갖춘 인재를 채용 운영 담당으로 배치하는 것이 바람직하다.

그러나 아무리 채용 리더와 팀이 뛰어나더라도, 채용 프로세스의 성공 여부는 결국 면접관들의 역량에 달려 있다. 이는 무엇보다 강력한 면접 기술을 기르는 것에서 시작된다.

면접을 진행할 때 주의할 점

20년 이상 면접을 진행해왔더라도 면접 기술을 새롭게 다듬고 개선하는 것은 유익하다. 시중에는 STAR 방식(상황situation, 과제task, 행동action, 결과result)과 같은 면접관 훈련 자료가 많이 있다. 가장 효과적인 면접 기법은 일관성을 유지하는 것이다. 모든 지원자에게 동일한 질문을 던지되, 답변을 탐색할 여지를 남겨둬야 한다. 이를 통해 지원자들의 행동 패턴과 핵심 역량을 파악할 수 있다.

면접관들이 자주 범하는 실수는 다음과 같다.

- 루브릭을 적용하지 않고 후보자마다 서로 다른 질문을 함에 따라 탁월한 답변을 식별하기 어려운 경우
- 해당 직무에서 가장 필요한 역량을 평가하지 않는 경우
- 후보자의 성공 가능성보다는 개인적인 호감을 평가하는 경우
- 학습 능력과 성장 가능성보다는 경험에 지나치게 중점을 두는 경우

최고의 면접은 지원자가 다음의 능력을 가지고 있는지 파악해낸다.

- 다른 사람들과 협업하는 능력
- 양질의 업무 수행 능력
- 스스로 동기를 부여하고 성장하는 능력
- 해당 직무에 필요한 전문 지식이 있거나 이를 개발할 수 있는 능력
- 리더십과 회복력

나는 면접에서 지원자의 자기 인식과 학습 의지를 중요하게 본다. 자기 인식을 평가하는 가장 좋은 방법은 동료들이 자신을 어떻게 묘사할지 물어보는 것이다. 만약 후보자가 긍정적인 말만 한다면, 건설적인 피드백

(발전을 위한 조언)을 받은 적이 있는지, '피드백을 바탕으로 어떻게 개선했는지'를 물어보고 학습 태도와 자기 개선 능력을 평가한다. 또한 '나'와 '우리'라는 표현을 얼마나 사용하는지 주의 깊게 살펴봐야 한다. '나'를 너무 많이 사용하면 겸손하지 않거나 협력적이지 않을 가능성이 높고, '우리'를 너무 많이 사용하면 해당 상황에서 후보자가 구체적으로 어떤 역할을 했는지 모호해질 수 있다. 나는 '우리'를 더 많이 사용하는 사람을 선호하는데, 이들에게 구체적인 역할을 물어보면 보통 긍정적인 답변을 한다. 예를 들어 "아이디어는 제가 냈지만, 팀 전체가 해냈습니다"와 같은 식의 답변을 한다. "다른 사람들이 결정한 대로 했을 뿐입니다"와 같은 답변은 덜 긍정적이다.

면접에서 이력서에 관한 질문에 지나치게 의존하는 경우가 많다. 하지만 커리어가 짧은 후보자를 평가할 때는 효과적이지 않다. 이력서를 바탕으로 질문하는 것은 지원자의 경험을 파악하는 데 유용하지만, 이보다는 지원자에게 특정 상황에서 어떻게 할 것인지 또는 주어진 상황에서 어떤 역할을 했는지 질문하는 것이 더 효과적이다. 좋은 면접에는 상황 질문("이런 상황에서는 어떻게 해결하시겠습니까?")부터 행동 질문("극복한 도전에 대해 얘기해주세요"), 역량 질문("마지막으로 엑셀로 만든 모델과 설계 접근법을 설명해주세요")까지 다양한 질문이 포함되어야 한다. 때로는 행동 질문이 가장 어려울 수 있어서 이 장 뒤에 나오는 부록에 '면접 질문 예시'를 수록해두었다.

행동 질문은 면접 과정에서 회사의 핵심 가치를 반영할 수 있는 좋은 기회다. 예를 들어 회사의 원칙 중 하나가 '고객을 최우선으로 한다'라면, 지원자에게 고객을 최우선으로 고려했던 사례를 공유해달라고 요청할 수 있다. 이때 구체적으로 고객 대면 여부를 묻기보다는, 후보자가 자연스럽

　　　　　　　　　　　　　　　　　　　　　　　　스케일링 피플

> 정말 배우고 싶어 하는가? 면접을 진행할 때 내가 가장
> 중요하게 보는 것은 바로 이 점이다. 배우고자 하는 의
> 지가 있다면 배경은 더 이상 중요하지 않다.
>
> **— 에릭 위안**, 줌 설립자 겸 CEO

게 고객을 언급하는지 확인하면 된다. 실무형 글쓰기 과제도 후보자에게 현실적인 업무 시나리오를 제공하며, 후보자의 사고방식과 문제 해결 방법, 역할과 관련된 스킬을 평가하는 좋은 방법이 될 수 있다. 이 장 뒤 부록에 '서면 과제 예시'를 수록했다.

채용 실수를 방지하고 결과를 개선하며, 편향과 일관성이 없는 채용을 피하려면 채용 프로세스와 면접 기술을 명확하게 정의하고 엄격하게 준수하며 측정해야 한다. 후보자 경험도 중요한 요소다. 대부분의 후보자가 불합격될 가능성이 높기 때문에, 면접이 후보자가 회사에 대해 경험하는 유일한 접점이 될 수 있다. 불합격한 후보자가 스트라이프 채용 담당자에게 감사 편지나 선물을 보내는 경우가 많은데, 이는 채용 절차가 지원자 중심으로 설계되었음을 보여주는 증거다(후보자 경험을 측정하는 방법에 대한 자세한 내용은 이 장 뒤에 나오는 '채용 과정 마무리하기'에서 확인할 수 있다).

비직책자의 채용 과정

리더십 직책자와 비직책자의 채용 과정은 많은 부분이 유사하지만, 채

용 피라미드상 직책의 위치에 따라 핵심 과정 몇 가지가 다르다. 먼저 비직책자의 채용 과정을 살펴보고, 이후 직책자의 리더 채용 과정과 차이점을 설명하겠다.

면접관 선정

채용 규모가 크고 빈번한 직무와 채용 빈도가 낮은 직무에 따라 면접 방식을 조정할 필요가 있다. 채용 규모가 큰 직무의 경우, 일정 기간 이상 근속하며 성과를 달성한 엔지니어나 영업사원 등 다양한 직원이 잠재적 면접관이 될 수 있다. 이에 따라 면접 패널 구성원이 일정에 따라 달라질 수 있다. 또한 채용을 위한 팀이 아직 배정되지 않은 경우, 현장 부서장이나 그 역할을 대신할 수 있는 숙련된 인력을 포함시키는 것이 좋다.

빈도가 낮은 채용과 리더십 직책 채용의 경우, 동일한 면접관이 모든 후보자를 심사하는 것이 좋다. 이렇게 하면 후보자들 간의 캘리브레이션Calibration(평가 조정)이 원활해지고, 패턴 인식이 쉬워지며, 면접관이 루브릭에 따라 자신에게 배정된 평가 영역에 집중할 수 있다. 또한 면접 패널에 직속 팀원뿐만 아니라 후보자가 함께 일하게 될 다양한 직급과 직무의 사람들이 포함되어야 한다. 예를 들어 HR 파트너를 찾고 있다면 법무팀 직원도 채용에 포함해야 한다. 엔지니어링 및 제품 부서와 협력하는 재무팀 구성원들이 후보자의 역량을 평가하도록 한다.

회사의 규모가 커져서 경영진이 모든 지원자를 만날 수 없다면, 아마존의 바 레이저Bar Raiser와 유사한 프로그램을 도입하는 것이 좋다. 『순서 파괴』에서 자세히 설명한 것처럼, 바 레이저 프로그램은 아마존이 지속적으로 우수한 직원을 채용할 수 있도록 설계된 제도다.[37] 바 레이저는 아마존의 기준과 문화를 깊이 이해하는 면접관들로 구성된 전담 팀을 말한다.

모든 면접 패널에는 바 레이저가 한 명씩 포함된다. 바 레이저는 면접을 진행하는 팀 소속이 아닌 채용 위원회 역할을 한다. 또한 이들은 단독으로 지원자를 거부할 권한이 있다. 아마존은 바 레이저 교육에 많은 투자를 하는데, 이는 지원자들을 일관되고 객관적이며 높은 기준으로 평가하도록 돕는다. 아마존에서 바 레이저에 속하는 것은 큰 영광으로 여겨진다. 이는 아마존의 기준과 문화를 가장 잘 구현하는 인재임을 공식적으로 인정해주는 것과 같다.

많은 회사에서 아마존의 바 레이저와 유사한 프로그램을 채택하고 있다. 예를 들어 스트라이프에는 다른 팀의 면접 패널로 참여하는 '엘리베이트Elevate' 면접관이 있었다. 엘리베이트 면접관은 높은 성과를 내고, 다수의 면접을 경험하며 뛰어난 면접 기술을 쌓은 최고의 면접관들이었다. 엘리베이트 면접관은 성과 데이터, 면접 경험, 지원자 평가 능력에 대한 종합적인 평가를 통해 선발되었다. 우리는 지원자 추적 시스템ATS에서 지원자에 대한 과거 피드백을 살펴보고 '매우 적합', '적합', '부적합', '불확실' 등의 응답을 분석했다. 지원자를 채용하지 않은 경우, 면접관이 '부적합' 의견을 명확히 제시했는지 확인했다. 지원자를 채용한 경우, 면접관의 '매우 적합' 또는 '적합' 평가가 해당 지원자의 실제 근무 성과와 얼마나 일치하는지 살펴봤다.

엘리베이트 프로그램과 그 이후 버전들을 스트라이프의 성장 속도에 맞춰 충분히 확장되도록 설계하는 일은 상당한 도전 과제였음을 먼저 인정하고 싶다. 모든 본부가 엘리베이트 면접을 사용하는 것은 아니며(뒤에 나오는 '후보자 최종 심의' 참고), 우리는 여전히 문화 적합성 면접culture interview 형식을 지속적으로 개선해가고 있다. 하지만 엘리베이트 같은 프로그램은 강력한 채용 프로세스의 중요성을 알리는 데 매우 유용한 역할을 한

스트라이프의 오퍼(채용 제안) 승인 프로세스

스트라이프에서는 초창기에 신규 입사자를 위한 간단한 오퍼 승인 프로세스를 만들었는데, 지금도 내가 가장 선호하는 방식 가운데 하나다. 회사가 성장하면서 스트라이프의 리더십팀이 모든 후보자를 직접 만나는 것이 어려워졌지만, 모든 오퍼를 검토하고 최종 승인하는 과정은 계속 유지하고 싶었다. 이를 위해 면접 피드백과 오퍼 세부사항을 검토하면서도, 채용 프로세스의 속도를 유지하고 후보자의 기대 수준을 맞추기 위해 신속한 처리가 필요했다. 따라서 각 고위 기능 조직(예: 비즈니스, 기술 직군 등)별로 슬랙 채널을 개설하여, 오퍼를 승인할 리더들과 리크루터를 추가했다. 리더들은 24시간 안에 승인 여부를 결정하고, 채용 담당자들은 일관된 형식으로 오퍼 승인을 요청했다. 이 템플릿에는 직급 제안, 채용 위원회 요약 링크, 각 면접관과 추천인의 피드백이 포함되었다. 리더의 역할은 정보를 검토하고 오퍼 승인 여부를 결정하거나 명확한 질문을 하는 것이었다.

지원자에 대한 면접관들의 의견이 상반될 경우, 리더들은 더 구체적인 정보를 요청하거나 해당 후보자를 적극 추천하는 사람이 있는지 확인했다. 승인이 거절되는 일은 드물었지만, 피드백이 미온적이거나 후보자가 최고의 인재가 아니라고 판단될 때는 승인하지 않기도 했다. 이 방식은 초기 몇 년 동안 지속되었으며, 5년이 넘는 기간 동안 수천 명의 채용을 거치면서도 여전히 많은 팀에서 활용되고 있다. 현재는 훨씬 많은 리더와 리크루터가 슬랙 채널에 참여하고 있다.

다. 아마존이 바 레이저 프로그램에 지속적으로 투자하는 이유는 이 프로그램이 기업 문화를 강화하는 강력한 수단이기 때문이다. 엘리베이트 면접 질문의 포인트 역시 유사하다. "지원자가 주인의식을 갖고 행동할 것인가?" "치밀하게 사고하는 사람인가?" "호기심이 많고 배우려고 하는 사람인가?"에 중점을 둔 질문을 던진다.

의사결정권자 선정

어떤 규모든 후보자 면접을 시작하기 전에 최종 채용 여부를 결정하는 사람이 누구인지 명확히 하는 것이 중요하다. 나는 협업을 중요시하는 사람으로서, 현장 부서장이 단독으로 후보자 채용을 결정해서는 안 된다고 생각한다. 더 효과적인 모델은 부서나 회사 전체에서 일관되게 운영되는 협의 프로세스를 구축하는 것이다. 현장 부서장이 채용의 주요 의사결정권자로서 책임을 지되, 최종 검토 단계에서 위원회나 경영진이 채용 결정을 체크하고 균형을 유지하는 것이 바람직하다.

스트라이프 초기에는 모든 후보자를 경영진이 직접 면접했으며, 때로는 면접관의 판단과 다르게 채용하지 않기로 결정하는 경우도 있었다. 이러한 과정을 통해 채용에 참여한 사람들은 후보자를 단순히 직무 수행자로 보는 것이 아니라 회사와 함께 성장할 인재로 더 깊이 고려하는 법을 배우게 되었다. 이후 회사가 확장되고 채용 프로세스가 공식화되면서, 이러한 접근 방식은 점차 축소되었다.

이 과정은 구글의 채용 방식과 유사한 흐름을 따랐다. 구글에서는 창업자가 더는 모든 사람을 직접 면접할 수 없게 되자, 모든 채용 승인 신청을 검토한 후 최종 승인했으며, 이후 시간이 지나면서 본부장에게 그 역할을 위임했다. 스트라이프에서는 엘리베이트와 채용 승인 프로세스, 일부 팀의 후보자 리뷰 프로세스를 활용해, 채용 방식을 반복적으로 개선해 갔다.

지원자의 직급 결정

채용 승인 신청 이후 가장 중요한 결정은 지원자의 직급*을 정하는 것이다. 이는 보상을 결정하는 데 중요한 기준이 된다(보상에 대한 자세한 내용은 5장 참조). 초기 단계의 회사는 직급 체계가 확립되지 않은 경우가 많지만, 기본적인 구조를 마련하는 것은 장기적으로 가치 있는 투자가 될 수 있다.

스트라이프에 근무한 첫 해에 미국 영업팀 리더를 채용했을 때의 일이다. 이전에 함께 일한 적이 있어 신뢰하는 사람이었기에, 나는 그녀에게 영업팀의 성과 측정 작업을 준비해달라고 요청했다. 하지만 그녀는 "역할 기대치와 회사 직급 체계를 먼저 정리해주셔야 해요. 그래야 기대치와 그에 따른 보상을 설정할 수 있습니다"라고 말했다.

표 3은 직급을 간략히 요약한 것이다.

많은 엔지니어가 지적하듯, 경력 연차가 곧 실질적인 역량을 나타내는 것은 아니다. 특히 엔지니어링 분야에서는 경력이 적어도 다른 사람보다 10배 더 생산적인 '10x 엔지니어'가 있다.

어느 보상 컨설턴트는 경력을 연차로 설명하는 대신 밧줄과 매듭에 비유하여 각 직급에서 기대되는 능력을 내게 설명해주었다(표 4 참조). 매듭의 복잡성과 기술 수준이 높아지는 것처럼, 더 높은 직급에서 요구되는 능력과 책임도 증가한다는 것이다. 이처럼 각 역할은 직급별 기대되는 능력을 설명하는 '직무 사다리job ladder' 비유를 기반으로 한다. 그러나 직무 사

---

*   이 책에서 'job level'을 '직급'으로 번역함. 'job level'과 '직급' 즉 직무 등급은 어원적으로는 같은 뜻이나, 미국의 'job level'은 역할과 책임 범위의, 말 그대로 '직무의 등급'을 의미하는 반면, 한국의 '직급'은 과장, 부장 등 위계 호칭으로 사용되어온 관행이 있으므로 유의하기 바람-옮긴이

표 3. 직급

레벨 1	대학원 졸업생.
레벨 2	2~3년의 관련 경력.
레벨 3	3~4년 이상의 관련 경력, 독립적으로 일할 수 있어야 함.
레벨 4	8~10년 이상의 관련 경력, 일정한 역할 범위와 상위 레벨로 올라갈 만한 성과 기여도가 있어야 함. 관리자가 될 수 있음.
레벨 5	15년 이상의 관련 경력, 일정한 역할 범위와 성과 기여도가 있어야 함. 상급 관리자 또는 주도자가 될 수 있음.
레벨 6⁺	시니어 주도자(준임원급) 또는 임원(VP / SVP / EVP, C-level)으로, 그에 상응하는 역할 범위와 영향력에 따라 상위 직급을 부여함.

다리가 지나치게 상세해지면 직원들이 이를 승진을 위한 체크리스트로만 느낄 수 있으므로 주의해야 한다. 1장에서 언급한 기술과 역량의 차이를 기억하자. 기술은 목록에서 쉽게 확인할 수 있지만, 협업 능력과 같은 역량은 파악하기 어렵다. 하지만 팀 성과에 중요한 요소다. 특히 직급이 올라갈수록 역량이 성공에 중요한 역할을 하는 경우가 많다.

채용할 직급의 포지션을 정하고 그에 적합한 후보자를 선발하고 나면, 보상을 결정하는 과정이 진행된다. 각 직무에는 연봉 밴드(salary band 혹은 pay band)와 신규 입사자를 위한 제안 기준점target offer point이 설정되어 있다. 스트라이프에서는 제안 연봉 협상 과정에서 편향을 피하고 더욱 효율적인 프로세스를 운영하기 위해 오퍼 협상의 함정을 피하려고 한다. 대신 리크루터와 현장 부서장이 연봉 밴드 내에서 후보자에게 제안할 두 가지 연봉 기준점 중 하나를 선택해 제안하는 방식을 채택한다. 이 과정에서 콤파율compa-ratio을 사용한다.

표 4. 로프와 매듭 비유로 설명한 직급

	레벨 1 초급	레벨 2 중급	레벨 3 숙련
비유	밧줄 배우기.	기본 매듭 묶기 가능. 복잡한 매듭 묶기에 참여.	복잡한 매듭 묶기 가능. 밧줄 강도 계산. 매듭에 대한 많은 지식.
지식 및 전문성	전문 개념 사용법 배우기. 회사 정책과 절차를 적용해 일상 문제 해결.	전문성 개발. 다양한 문제 해결을 위해 회사 정책과 절차를 적용함.	해당 분야에 대한 완전한 이해. 창의적인 방법으로 다양한 문제 해결.
문제 해결력	제한된 범위의 문제를 다루며, 표준화된 절차와 방식을 따름. 조직 내 기본적인 협업 관계를 형성함.	중간 수준의 문제를 다루며, 여러 요소를 분석해 판단함. 정해진 절차 내에서 적절한 조치를 스스로 결정함.	다양한 범위의 문제를 다루며, 식별 가능한 요소들을 평가하여 해결 방식을 선택함. 적절한 방법과 기술을 잘 판단해 적용함.
관리 및 리더십	모든 업무에 대해 세부 지침을 받음.	일상 업무에 대한 일반 지침 및 새로운 프로젝트나 과제에 대한 세부 지침을 받음.	일상 업무에 대한 지침을 거의 받지 않으며 새로운 과제에 대한 일반 지침을 받음.

　　콤파율(그림 13)은 특정 개인의 연봉을 사전에 설정된 연봉 밴드의 중간값으로 나눈 비율을 의미한다. 예를 들어 레벨 1의 최저 연봉이 $85,000, 중간값이 $100,000, 최고 연봉이 $115,000일 수 있다. 해당 연봉 밴드 내에서 어떤 지점을 선택할지는 주로 후보자의 경험과 기대되는 성과 기여도에 따라 결정된다. 예를 들어 경험이 풍부한 레벨 3 후보자는

레벨 4	레벨 5	레벨 6
고급	전문	수석
밧줄 묶기 방법 이해.	회사 내에서 누구보다 밧줄에 대해 많이 앎.	어느 누구보다 밧줄에 대해 많이 앎.
광범위한 경험. 창의적이고 효과적인 방법으로 복잡한 문제 해결을 위해 전문 개념과 회사 목표 사용.	광범위한 전문 지식 또는 독특한 지식 보유. 회사 목표와 원칙의 개발에 기여하고 창의적·효과적인 방법으로 목표 달성.	분야 전문가. 주요 문제와 광범위한 설계 문제 해결을 위해 전문 개념 사용.
복잡한 이슈를 다루며, 다양한 변수에 대한 심층 분석이 필요함. 해결을 위한 방법, 기술, 평가 기준을 스스로 판단해 선택함.	중요하고 독자적인 이슈를 다루며, 정량화하기 어려운 요소들에 대한 평가가 요구됨. 문제 해결 방식 전반에 걸쳐 독립적인 판단을 내림.	제품 설계나 영업 성과에 직접적인 영향을 주는 이슈, 또는 미래 지향적 개념, 제품, 기술과 관련된 문제를 다룸.
새로운 과제에 대한 방법과 절차를 결정하고 다른 직원의 활동을 조정할 수 있음.	새롭거나 특별한 과제에 대한 방법과 절차를 독립적으로 결정. 다른 직원의 활동 감독이 가능.	중요한 과제에 대한 목표와 접근 방식을 결정하는 데 있어 폭넓은 재량권 행사.

연봉 밴드의 하단보다는 상단에 가까운 보상을 받을 가능성이 높다. 스트라이프에서는 후보자의 잠재적인 성과 기여도를 완벽하게 평가하는 것이 어렵다고 보기 때문에, 매년 급여 평등성pay parity 검토를 실시해 비슷한 성과를 거둔 같은 레벨의 동등한 직무 유형의 사람들이 공정한 보상을 받고 있는지 확인한다.

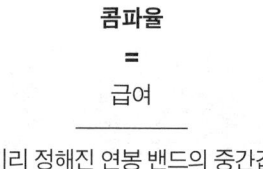

$$\text{콤파율} = \frac{\text{급여}}{\text{미리 정해진 연봉 밴드의 중간값}}$$

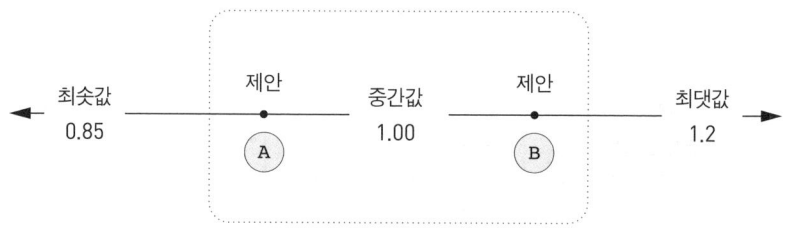

그림 13. 콤파율

보상 전략은 책 한 권을 쓸 수 있을 정도로 방대하고 복잡한 주제다. 나 역시 오랜 시간 보상 수준과 그에 따른 부작용을 고민해온 끝에, 모든 직무는 고정 급여를 가져야 한다는 생각을 확신하게 되었다. 그리고 보상의 동기 요인은 보너스나 주식(지분) 형태로 제공되는 것이 바람직하다는 믿음이 생겼다. 역할별 고정 급여는 시장 상황 변화에 따라 조정될 수 있다. 하지만 이런 경우가 아니면 역할 변경이나 승진을 통해서만 급여 상승을 기대할 수 있다. 이러한 시스템의 장점 중 하나는 내부 이동이 간편하다는 것이다. 만약 새로운 직무의 고정 급여가 다를 경우, 이는 단순히 시장 가치를 반영하는 것이므로 이동 결정 시 개인의 실적이나 기업 내 가치 평가와 같은 주관적인 요소가 개입하지 않아 더욱 합리적인 판단이 가능해진다(저자의 생각은 각 직무별 연봉이 시장에서 형성된 경우를 전제로 함-옮긴이).

보상은 회사의 가장 큰 지출 중 하나이므로 연간 계획에서 중요한 부분이다(계획에 대한 더 많은 내용은 2장 참조). 매년 특정 부서의 채용 인원을 결

스케일링 피플

정하고 직무 수준을 예측해 보상 비용을 계산해야 한다. 성숙기의 기업은 특정 연도에 채용할 직급을 명확히 정해두는 반면, 신생 기업이나 성장기의 기업은 레벨 2 또는 레벨 3과 같이 다양한 경력으로 채우는 경향이 있다.

연초에는 채용할 역할의 수와 구체적인 직급을 정할지, 아니면 예산에 맞출지도 결정해야 한다. 예산 중심 접근법을 채택하면, 필요한 직급에 따라 채용 규모를 조정할 수 있다. 예를 들어 더 많은 레벨 2 직원을 채용하고 레벨 4는 채용을 줄이는 방식을 선택할 수 있다. 나는 이러한 유연성이 일반적으로 더 효과적인 접근 방식이라고 생각한다. 하지만 이를 실행하려면 각 본부에 대한 정확한 예산을 확보해야 하므로 각 팀에 전사 차원의 비용과 수익을 정확하게 할당해야 하는데, 이는 쉬운 일이 아니다. 일부 회사에서는 이를 위해 본부별 인원수에 따라 비용을 할당하는 등의 기본적인 시스템을 구축하기도 하는데, 이에 대해 살펴볼 가치가 있다. "몇 명의 인원을 확보했는가?"보다는 수익과 비용에 초점을 맞추는 것이 더 효과적이다. 성공의 기준은 다른 팀보다 더 많은 자원을 받았느냐가 아니라, 주어진 자원으로 얼마나 많은 성과를 낼 수 있느냐에 있다.

후보자 검토와 선정

스트라이프에서는 후보자 선정과 레벨 부여를 위해 그림 14와 같이 두 가지 핵심 접근 방식을 적용한다.

초기에는 채용 위원회가 모든 후보자에 대해 논의했다. 시간이 지나면서 이 프로세스를 더욱 효율적으로 개선해 이제는 후보자에 대한 의견 차이가 있거나, 해당 직무가 신규이거나 고유성이 있는 경우에만 채용 위원회 토론을 진행한다. 모든 고위급 직책은 일반적으로 면접관이 여러 후보자를 만난 후 실시간 채용 위원회 토론을 진행한다. 접근 방식 1에서는 리

접근 방식 1

    └▶ 면접관이 지원자 추적 시스템ATS에 피드백을 제출

        └▶ 필요한 경우 면접 위원회 논의

            └▶ 채용 추천(채용하지 않을 경우 후보자 거절)

                └▶ 직급 결정 및 조건 제안

                    └▶ 해당 조직의 리더가 후보자, 직급, 오퍼 조건을 최종 검토하고 승인

접근 방식 2

    └▶ 면접관이 ATS에 피드백을 제출

        └▶ 필요한 경우 면접 위원회 논의

            └▶ 후보자 최종 심의를 통해 채용/채용 불가 결정, 직급, 연봉 밴드 내에서 제안 연봉 결정

그림 14. 후보자 선발 및 직급 부여에 대한 스트라이프의 접근 방식

크루터가 피드백을 요약하고 토론을 진행한다. 규모가 작은 직무의 경우 현장 부서장이 위원회와 상의해 피드백을 검토한다. 이후 해당 후보자를 채용하지 않기로 결정하거나, 추천인을 찾아보고 그 결과를 기다리는 동안 채용을 제안하는 것으로 토론을 마무리한다.

중요한 참고사항은, 스트라이프의 리크루터는 채용한 인원수로 평가받지만, 이는 성공의 주요 척도가 아니라는 점이다. 가장 중요한 척도는 채용 과정의 각 단계에서 후보자가 얼마나 효과적으로 다음 단계로 넘어가는지, 즉 채용 유입 경로의 효율성이다. 채용 유입 경로는 면접 단계별로 얼마나 많은 후보자가 통과하는지를 의미한다. 무엇보다도 우리가 가장 중요하게 여기는 것은 채용한 인재의 적합성이며, 이는 매니저 설문조사와 성과 평가를 통해 측정 중이다. 나는 채용 담당자들에게 스트라이프

에서 가장 성공할 최고의 후보자를 채용하는 것이 그들의 임무라고 여러 번 강조해왔다. 면접관의 피드백이나 후보자에 대한 우려사항이 있다면 이를 먼저 공유해줄 것을 기대한다. 또한 채용팀과 현장 부서장이 조직의 큰 그림을 보고 적절한 유인 요소와 방향성을 갖추고 있는지도 확인해야 한다.

일부 회사가 채용을 전적으로 현장 부서장에게 맡기는 것과 달리, 스트라이프는 현장 부서장이 최종 검토에 대한 채용 추천 결정권을 가지되, 다른 면접관들과 협의해 결정을 내리는 협의형 프로세스를 운영하고 있다. 또한 채용 위원회의 누구라도 채용에 대해 거부권을 행사할 수 있는 규범이 존재한다. 극히 드문 일이지만, 지원자의 답변이 면접관을 개인적으로 불편하게 한 경우가 단 한 차례 있었다. 하지만 면접관이 강한 확신을 가지고 있을 경우 채용 결정을 막을 권리가 있다는 것은 스트라이프의 전반적인 조직 문화 차원에서 중요한 메시지를 전달한다. 이는 면접자가 후보자에 대해 충분히 신뢰하지 못할 경우, 그 의견을 존중하고 채용 결정을 다시 고려해야 한다는 의미다.

후보자 최종 심의 방식을 취하든, 현장 부서장이 리크루터와 협력해 프로세스를 안내하는 방식을 취하든, 채용 프로세스를 관리하는 사람들의 목표는 다음과 같다.

- **후보자의 경험 관리:** 모든 면접 과정은 후보자에게 회사에 대한 인상을 남긴다. 후보자에게 채용을 제안하지 않더라도 긍정적인 인상을 남겨야 한다(자세한 내용은 뒤에 나오는 '채용 과정 마무리하기' 참조). 만약 후보자를 채용하게 되면, 채용 과정은 지원자를 평가하는 역할을 할 뿐만 아니라 회사에 대한 긍정적인 이미지를 심어주는 중요한 기회가 될 수 있다. 경험이 많은 후보자에게는 채용 과정이

대화와 상호 학습 경험처럼 느껴져야 한다.

- **면접관의 의견 경청:** 면접관은 채용 후 후보자와 가장 밀접하게 일하며, 후보자의 업무를 가장 잘 아는 사람들이다.

- **조직 전체가 함께 나아가게 하라:** 조직의 모든 구성원이 채용 결정을 신뢰하고 신입 사원을 적극적으로 지원할 수 있을 만큼 프로세스를 이해해야 한다.

- **개별 팀이 아닌 회사 전체의 관점에서 결정하라:** 팀이나 개인이 아닌, 회사의 이익을 최우선으로 고려해 결정해야 한다. 팀에서 절실하게 인력을 필요로 하더라도 채용 기준을 타협할 이유가 되지 않는다. 특히 지원자가 풍부한 경험을 가지고 있거나 회사 내 누군가의 추천을 받은 경우에는 더욱 그렇다. 채용 위원회에서 우려를 표할 경우, 리크루터와 현장 부서장은 후보자나 추천자보다 회사를 위해 피드백을 파악하고 올바른 결정을 내려야 한다.

후보자 최종 심의

스트라이프의 엔지니어링 부서에서는 대규모 채용을 진행할 때, 채용 프로세스가 끝날 때까지는 엔지니어를 특정 팀에 배정하지 않는 경우가 많다. 채용팀과 엔지니어링 경영진은 이를 염두에 두고 후보자 최종 심의 프로세스를 설계했다.

후보자 최종 심의는 매우 중요한 과정이며, 스트라이프는 이를 철저히 실행한다. 이 프로세스는 탁월한 성과를 거두었고, 스트라이프 내 다른 부서에서도 이를 본받으려고 노력했다. 성공의 핵심 요인은 두 가지다. 첫째, 참여자들이 일관된 접근 방식을 유지하는 것이다. 둘째, 참여자들의 풍부한 경험이다. 이들은 많은 지원자를 검토하고 다양한 면접 평가를 접해왔기에, 면접 패턴을 인식하고 그에 맞는 결정을 내릴 수 있다. 또한 편견에 치우치지 않도록 주의를 기울인다.

후보자 최종 심의란?

후보자 최종 심의Candidate review(이하 CR)는 대부분의 엔지니어링 직무에 지원한 후보자를 대상으로 면접 평가 의견, 채용 여부 추천, 직급 결정을 검토하는 프로세스다. 각 CR 위원회는 CR 책임자, CR 검토위원, CR 운영자로 구성된다. 이들은 일주일에 여러 차례 모여 평가 의견을 검토하고, 면접 단계까지 진행된 모든 후보자에 대한 채용 여부와 직급 결정을 승인하거나 반려한다.

후보자를 검토하는 목적

CR의 목적은 편견 없이 투명하고 일관된 효율적인 의사결정 프레임워크를 구축하여, 스트라이프의 모든 엔지니어링 직무에 뛰어난 인재를 영입하는 것이다. 이를 실현하기 위해 다음과 같은 방법을 적용한다.

- **탁월한 역량의 후보자 채용**: 각 직급에서 요구하는 역량과 경험을 평가할 수 있도록 표준화된 면접 프로세스를 운영한다. 그리고 각 면접 평가 의견에 일관된 의사결정 프레임워크를 적용해 면접 프로세스의 결과를 검증한다.
- **일관성과 효율성 유지**: 스트라이프는 모든 엔지니어링 직무 후보자에게 일관된 CR 의사결정 프레임워크를 적용한다. 면접, 면접 평가 기준, CR 프로세스를 일관되게 유지함으로써 면접 결과가 향후 직원의 실제 성과와 어떻게 연결되는지 명확히 파악할 수 있도록 한다. 이렇게 하면 모든 면접을 공정하고 일관되게 평가하며, 효율적인 채용 결정을 내릴 수 있다.
- **투명성 확보**: CR 위원회와의 상호 피드백을 권장한다. CR 책임자는 필요시 면접관과 현장 부서장에게 이메일로 피드백을 제공한다. 피드백에는 평가

기준, 즉 루브릭과 무관한 의견, 성차별적 표현, 성별·인종·연령 등과 관련된 명백한 편향 사례, 스트라이프 전체에 대한 적합도보다 특정 직무 적합성에 지나치게 초점을 맞춘 평가 등이 포함된다. 이러한 긴밀하고 투명한 피드백 시스템은 면접관과 CR 검토위원의 지속적인 개선을 촉진하고, CR 프로세스가 불투명하게 느껴지지 않도록 한다.

- **편향(편견) 통제:** 편향은 누구에게나 존재하지만, 면접과 CR 프로세스를 일관되게 적용하고 결과를 측정·분석함으로써 이를 통제할 수 있다. 모든 CR 결과를 각 면접 기준별 점수와 함께 기록해 CR 데이터를 종합적으로 분석할 수 있게 한다. CR 책임자, 현장 부서장, 기술 인사 담당자는 정기적으로 모여 CR 결과를 검토하고, 채용 결정의 정확성을 검증하며, 면접과 평가 기준이 회사의 직급 기대치에 부합하는지 점검한다.

스트라이프에서는 현장 면접을 마친 모든 엔지니어링 후보자가 CR 대상이 되며, 면접 평가 의견은 의사결정 프레임워크에 따라 검토된다.

의사결정 프레임워크

의사결정 프레임워크는 채용 검토자와 리크루터가 적합한 인재('승인된 직급에 대한 평가 기준에 따라 첫 성과 평가에서 최소한의 기대치를 충족할 것으로 예상되는 후보자')를 선발하도록 돕는 프로세스를 제공한다. 이 과정은 모든 후보자에게 자신의 역량을 입증할 기회를 제공하는 방식으로 진행된다. CR은 모든 후보자에 대해 아래와 같은 동일한 절차를 따른다.

CR 검토 후 내릴 수 있는 결정으로는 다음의 여섯 가지가 있다.

- 제안된 직급으로 채용
- 상위 직급으로 채용

- 하위 직급으로 채용
- 채용 거절: 채용 위원회 결과 번복
- 채용 거절: 채용 위원회 결과 확정
- 보류: 추가 정보 요청

CR에서 면접 평가 결과를 검토할 때 다음 단계를 순차적으로 따른다. CR 의사결정 프레임워크에 대한 자세한 내용은 이 장 뒤의 부록 '후보자 최종 심의: 의사결정 체계'에서 확인할 수 있다.

1. 후보자 서류 접수
2. 채용 위원회 평가표와 채용 관리자의 평가 근거 검토
3. 평가표 확인
4. 논의, 채용 결정, 이력서 검토
5. CR 결과가 포함된 CR 평가표 제출

후보자 최종 심의의 역할과 책임

CR 책임자: 매월 CR 패널 중 한 명이 의사결정 프레임워크를 일관되게 적용하고 각 지원자에 대한 검토 논의를 주도한다. 또한 CR 책임자는 의사결정 결과, 현장 부서장이나 리크루터에게 전달할 근거, 리크루터나 면접관에게 보낼 피드백을 최종 확인한다. CR 책임자들은 정기적으로 모여 집계된 CR 결과를 검토한다. 이 회의의 목표는 후보자 최종 심의가 일관되게 운영되는지, 결과가 정확한지, 편향을 최대한 통제하고 있는지 점검하는 것이다. 여기서 편향 통제란 편향성이 통계적으로 유의미한 차이가 발생하지 않도록 관리하는 것을 의미한다.

CR 검토위원: 면접 평가 의견을 검토하고, 채용 여부 및 직급 결정에 대해 논의하며, 면접 기준을 준수하고 면접 평가 의견이 기준에 부합하는지 확인한다. CR

검토위원은 직급과 기대사항, 면접 과정, 면접 질문, 평가 기준에 대해 잘 이해하고 있어야 한다. CR 회의에서는 다음 질문을 염두에 두고 모든 평가 의견을 신중하게 검토한다.

- 최종 채용 여부 및 직급 추천이 올바른가?
- 평가표가 기준을 반영하고 있는가, 아니면 주관적인 평가 의견인가?
- 평가표 결과가 기준에 맞게 작성되었는가?
- 올바른 면접 절차를 따랐는가?

CR 검토위원은 CR 책임자와 이러한 질문들에 대해 논의한다. CR 검토위원에는 채용 팀원 한 명이 포함된다.

CR 운영자: CR을 원활하고 효율적으로 운영하는 데 필요한 모든 프로세스를 관리한다. 여기에는 CR 검토위원과 책임자의 선발과 교육 과정 관리, 문서의 정확성 확인 등이 포함된다. CR에서 관리자는 검토할 서류를 준비하고, 지원자를 소개하며, CR 결과와 평가 의견을 기록하는 등 전체 프로세스를 관리한다.

평판 조회로 인재를 가려내는 법

후보자를 채용하기로 결정했다면, 곧바로 채용을 제안하고 싶을 것이다. 오랜 시간과 노력을 들여 적임자를 찾은 만큼, 이제 채용 계약을 체결하고 싶은 마음이 들 수밖에 없다. 하지만 면접은 단 30~45분에 불과하며, 이제 지원자에 대한 추가 정보를 얻을 수 있는 기회가 생겼다. 평판 조회checking reference(레퍼런스 체크)를 건너뛰는 것은 실수하는 것이다.

팀 심사와 마찬가지로, 리크루터와 현장 부서장은 평판 조회 업무를 분담할 수 있다. 신입 직원을 채용하는 경우, 인턴십이나 아르바이트 경력 등 간단한 확인만으로 충분하다. 이 경우 리크루터가 직접 진행하는 것이 가장 적합하다. 그러나 경력이 많고 중요한 직책일수록 더욱 철저하게 평판 조회를 해야 한다. 특히 현장 부서장이 후보자의 현재 상사에게 최소한 번은 직접 연락하여 확인하는 것이 중요하다.

이때 후보자가 제공한 평판 제공자들은 당연히 긍정적인 평가를 해줄 것이라고 생각할 수 있다. 하지만 평판 제공자의 반응이 미온적이라면 그것 자체로 중요한 신호다. 평판 제공자의 반응이 미온적인 후보자는 채용하지 말아야 한다.

나는 평판 조회를 할 때 반드시 이런 질문을 하라고 강조한다. 통화가 끝나갈 무렵, 평판 제공자가 편안해졌을 때 묻는 것이 가장 효과적이다. "이 지원자가 함께 일한 사람들 중 상위 50%에 속한다고 생각하시나요?" 만약 '그렇다'고 대답하면 상위 20%인지, 10%인지, 5%인지 추가로 질문한다. 평판 제공자는 통화에서 긍정적으로 말하기 쉬우나, 구체적인 수치를 물으면 99% 정직하고 정확한 답변을 한다. 평판 제공자가 후보자를 상위 20%로 평가하는 데 그친다면, 그리 강력한 추천이라고 보기 어렵다.

"함께 일하기에 어떤 사람인가요?" "강점과 약점은 무엇인가요?" "어떤 점을 개선해야 할까요?" "관리하면서 어떤 어려움이 있었나요?" 같은 일반적인 질문은 피상적인 답변을 유도하기 쉽고, 평판 제공자가 부정적인 평가를 피하도록 만드는 경향이 있다. 다음은 평판 제공자에게 후보자의 행동을 중심으로 구체적인 질문을 하는 예시다.

- **3년 후 이 사람의 모습을 어떻게 그리시나요?** 보통 5년 후를 묻지만 너무 길다. 3년이 더 현실적이다. 3년이면 평판 제공자가 후보자의 단기적 성과를 생각하게 된다. 후보자가 얼마나 성장할지 알아볼 수 있는 정보를 얻는 데 집중하자.
- **가장 최근에 의견 충돌이 있었던 때는 언제인가요?** 이 질문은 후보

자가 갈등을 어떻게 처리하는지 보여주는 구체적인 사례를 이끌어
낼 것이다.

- **다른 사람을 도운 사례가 있다면 알려주시겠어요?** 후보자의 협업 능
  력과 관계 형성 능력을 파악할 수 있다. 평판 제공자가 이에 대해 하
  는 말이 많지 않다면 협업 문제가 있는지 더 깊이 파고들 수 있다.
  팀워크를 중시하는 회사 운영 원칙이 있다면 이를 강조할 기회이기
  도 하다.

- **그를 코칭했던 경험을 말씀해주세요** 이를 통해 개선이 필요한 부분
  을 알 수 있다. 더 중요한 점은 후보자가 피드백에 어떻게 반응하는
  지 알 수 있다는 점이다.

- **후보자를 1~10점 사이로 평가한다면 몇 점을 주시겠습니까?** 상위
  몇 퍼센트에 속하는지 묻는 또 다른 방식이다. 평판 제공자들은 보
  통 평균 이상인 6점이나 매우 좋음~우수함을 나타내는 8점 이상으
  로 답하는데, 이는 많은 것을 말해준다.

- **후보자가 향상시킨 기술은 무엇인가요?** 후보자가 무엇을 개선해야
  했는지, 어떻게 배우는지, 얼마나 자기 주도적인지 파악할 수 있다.

- **후보자가 이 직무에서 성공할 수 있도록 관리자인 제게 어떤 조언을
  해주시겠습니까?** 나는 항상 이 질문을 한다. 후보자의 개선 영역에
  대한 마지막 통찰을 얻을 수 있고, 내부 채용인 경우 관리자 인수인
  계 대화의 시작점이 될 수 있다(뒤에 나오는 '내부 채용에서 마찰을 줄
  이려면'에서 자세히 다룬다).

오퍼를 제안할 때 논의사항

평판 제공자가 긍정적인 평가를 내렸다면, 이제 공식적으로 합격을 통

보하고 오퍼Offer 레터를 작성할 때다. 오퍼 레터는 중요한 문서이며, 특히 주식 옵션 계획이 포함된 경우 법적 효력을 가지는 계약으로 간주된다. 따라서 이를 신중하게 관리해야 하며, 회사 초기부터 올바른 문서를 자동으로 생성하고 발송하는 시스템을 구축하는 것이 중요하다. 오퍼 레터에 잘못된 급여나 주식 수량이 포함된다면, 신뢰를 잃을 수 있고 더 큰 문제가 발생할 수 있다. 실제로 연봉과 4년 치 주식 수량이 실수로 뒤바뀐 사례가 있었다. 후보자는 이를 그대로 수락한 후 1년 치 주식이 확정되자마자 회사를 떠났다(어찌 됐든 간에 금전적 이익만을 보고 온 사람이었다). 리크루터나 현장 부서장이 구두로 제안한 후에 서면 오퍼 레터를 작성하는 것이 바람직하다. 만약 오퍼 레터에 예상치 못한 내용이 포함되어 있다면, 채용 과정에 문제가 있었다는 뜻이다.

채용 과정은 회사(보통 리크루터나 현장 부서장)와 후보자 간의 긴 대화와 같다. 초반에는 후보자의 동기를 이해하고, 해당 직무가 후보자의 커리어 목표와 경험에 부합하는지 확인하는 것이 중요하다. 또한 급여 기대치에 대해 이야기하고, 채용될 경우 받게 될 보상에 대한 대략적인 정보를 제공할 수 있다. 아울러 직급 체계와 직무에 대해 설명하는 것이 좋다. 대외 직함이 내부 직급과 일치하지 않을 수도 있으므로 후보자가 어느 직급에 해당하며 그 직급이 커리어와 어떻게 연관되는지 논의하자. 스트라이프처럼 공식 직함이 없는 경우라면 그 점을 분명히 해야 하며, 구인 공고에도 명시할 필요가 있다. 이 단계에서 후보자에게 갑작스럽게 느껴질 만한 내용이 없어야 한다. 이를 위해 채용 과정 전반에 걸쳐 서로 피드백을 주고받으며 관심도를 계속 확인하고, 채용을 희망한다면 후보자의 관심을 점진적으로 키워나가는 것이 중요하다.

이 모든 과정을 원활히 진행했다면, 회사와 후보자 모두 오퍼 레터 작성에 긍정적인 반응을 보일 것이며 최종 절차도 복잡하지 않을 것이다. 보통 오퍼는 즉시 수락으로 이어지는 경우가 많다. 하지만 후보자에게 궁금한 점이 남아 있다면, 신속하게 답변해 채용 과정의 흐름을 유지하는 것이 최선이다. 한 영업 리더가 말했듯이 "시간이 지나면 모든 거래가 무산된다." 채용도 마찬가지다. 후보자의 질문에 빠르게 응답하고, 필요에 따라 직무와 관련된 주요 인물이나 심지어 임원과의 대화를 제안하는 것도 고려해보자. 이는 해당 직책의 중요도나 후보자에게 기대하는 바에 따라 다르다. 특히 빠르게 성장하는 기업에서는 경영진이 15분 정도의 짧은 전화 통화라도 시간을 내어 해당 직무와 후보자에 대한 기대치를 공유하는 것이 좋다. 이런 시간을 내는 것만으로도 회사가 후보자를 중요하게 생각한다는 메시지를 전달할 수 있다.

후보자들은 경영진과의 대화에서 주로 다음과 같은 내용을 알고 싶어 한다.

- 리더는 후보자가 맡을 역할과 그 중요성을 어떻게 생각하고 있는가?
- 회사의 중장기 전망은 어떤가?
- 리더는 회사의 미래에 대해 어떤 점에 흥미를 느끼는가?
- 어떤 도전 과제가 있을 수 있는가?

무엇보다 후보자는 대화를 통해 영감을 얻고, 회사에서 실제로 일하는 환경이 어떤지 알고 싶어 한다. 또한 채용 과정에서 들은 내용, 특히 잠재적 역할에 대한 설명이 리더의 답변과 일치하는지 확인하고 싶어 한다. 이것이 직무 설명과 평가 기준을 명확히 해야 하는 중요한 이유다. 이는 최고의 인재를 확보하는 동시에 조직 내 일관성을 유지하는 데도 도움이 된다.

임원급 리더 채용 과정에 필요한 두 가지 요소

회사의 성장 단계나 규모를 막론하고, 임원급 리더 채용은 채용 피라미드에서 가장 맞춤형 접근이 필요한 과정이다. 이는 여러 요인에서 비롯된다. 회사가 해당 역할에 대해 얼마나 명확한 기대를 갖고 있는지, 평가기준이 얼마나 정교한지, 내부적으로 또는 지원자를 위해 어느 정도의 기밀 유지가 필요한지 등이 중요한 영향을 미친다. 이 장에서 주로 다룬 핵심 채용 과정의 많은 부분과 동일하겠지만, 리더 채용 과정에서는 '투명성'과 '의사결정 방식'이라는 두 가지 요소가 특히 중요하다.

투명성

임원급 리더를 채용할 계획이라면, 이를 내부에 알리는 것이 바람직하다. 현재 그 역할을 맡은 사람이 없거나, 그 역할을 맡게 될 거라고 예상되는 사람이 없는 경우, 예를 들어 첫 CFO를 뽑는 상황이라면 이를 알리는데 큰 어려움은 없을 것이다. 하지만 CFO를 채용하는 경우에도 이미 회사의 재무 업무를 담당하고 있는 직원들이 있을 것이므로, 새로운 상사가 합류한다는 사실을 미리 알리고 준비할 시간을 줘야 한다. 새로운 상사가 합류하는 만큼, CFO 채용 계획을 모든 직원에게 알리기에 앞서 해당 팀 구성원들에게 먼저 설명하고 준비할 시간을 줄 필요가 있다. 누군가에게 자기 위에 새로운 리더가 온다는 사실을 알리는 것은 쉽지 않다. 기존 직무를 맡은 이를 교체하는 것은 그보다 훨씬 더 어렵다. 이런 상황에서는 투명성을 기본으로 하되, 언제 계획을 공개할지 매우 신중히 결정해야 한다.

새로운 채용으로 인해 조직 내 계층화가 이루어지는 상황에서는, 그 영향을 가장 많이 받을 구성원들에게 그들의 영향력과 경험 수준에 대해 설명하며 충분한 기반을 마련하자(이에 대한 자세한 내용은 5장 참조). 그들의 기여를 인정하고 격려하되, 현재 부서가 충족시키지 못하는 회사의 요구사항을 언급하고, 더 경험 많은 인재가 필요하다는 점을 수용할 수 있도록 한다. 새로운 리더를 너무 일찍 발표하지 않도록 주의하자. 리더 채용에 약 6개월가량 소요될 수 있는 만큼, 이름도 모르는 새 관리자를 마냥 기다려야 한다면 불안감을 느낄 수 있다. 따라서 가능하다면, 공식적인 발표 전에 해당 직무에서 필요한 요건을 파악하고 초기 후보군을 선정하는 등 채용 준비 작업을 먼저 진행하는 것이 좋다. 이렇게 하면 관련 구성원들과 처음 소통할 때도 사전 준비 없이 논의를 시작하는 것이 아니라, 몇 달 전부터 준비된 상태에서 더욱 원활한 대화를 이어갈 수 있다.

예를 들어 새로운 법무 총괄을 채용해야 하지만 이미 그 역할을 맡은 사람이 있는 경우, 이를 공개하는 과정이 더욱 중요하다. 필요 요건을 명확히 하고 업계의 유능한 법무 총괄들과 접촉하는 초기 작업은 가능하지만, 현재 자리를 비워야 할 담당자와 대화하기 전까지는 잠재적 후보자들과 대화를 시작해서는 안 된다. 이는 기밀 대화라 하더라도 마찬가지다. 이상적인 접근 방식은 현재 담당자와 솔직하게 논의하여 퇴사에 대한 동의를 얻은 후, 함께 인수인계를 관리하는 것이다(이에 대한 자세한 내용은 5장 참조). 인수인계 기간 동안 당신과 몇몇 관계자가 조용히 지원자들과 접촉할 수는 있지만, 현재 담당자의 퇴사를 내부에 공지하기 전까지는 누구도 면접에 본격적으로 참여시켜서는 안 된다. 다시 말하지만, 결국 관건은 과정이다. 신중한 대화와 일정 관리를 통해 투명하게 정보를 공유하여 신뢰를 유지하고 쌓아야 한다.

지원자 입장에서 보면, 다른 회사에서 고위직을 맡고 있으면서 채용 과정에 참여하고 있다면, 이 사실이 외부에 알려지는 것을 우려할 것이다. 따라서 당신과 채용팀 또는 헤드헌팅 회사는 신중히 행동해야 한다. 내부 직원들이 고위직 면접자에 대한 정보를 알고 싶어 할 수 있지만, 기밀을 유지하고 일정을 비공개로 진행해야 한다. "우리가 존경하는 유수 기업 출신의 훌륭한 후보 3명이 있으며, 최종 선발이 완료되고 채용을 수락하면 알려드리겠습니다"와 같은 수준의 업데이트만 제공하자. 평판 조회 과정에서 이러한 기밀 유지가 다소 까다로울 수 있지만, 신중한 접근 방식으로 충분히 관리할 수 있다.

의사결정 방식

집단의 지혜도 중요하지만, 임원급 리더 채용은 채용 위원회가 아니라 CEO나 최고 경영진이 결정해야 한다. 그 이유를 한마디로 요약하자면, 바로 '더 빠른 말faster horses' 현상(사용자 요구에만 의존할 경우 진정한 혁신이 나오기 어렵다는 뜻으로, 자동차 개념이 없던 시대에 헨리 포드가 사람들은 단지 더 빠른 말을 원할 뿐이라고 한 말에서 유래함-옮긴이) 때문이다. 임원급 리더 채용에서 다른 직급에 있는 사람들은 어떤 리더가 필요한지 모를 때가 많다. 또한 새 리더로 인한 변화를 두려워할 수 있다. 그뿐만 아니라 이러한 채용은 비즈니스와 조직 문화에 큰 영향을 미칠 수 있으므로, 이들을 채용하는 CEO나 최고 경영진이 그 영향에 대해 책임을 져야 한다. 고위 경영진이라면 다른 업무 못지않게 누구를 얼마나 잘 채용하는지로 평가받아야 한다. 최종 결정권자라도 협의 과정을 거치지 않고 결정을 내리면 큰 실수를 저지를 수 있다.

임원급 리더 채용 과정 관리

채용 일정과 정보 공개 수준을 조율할 때, 리더 채용이 구성원 입장에서는 권한 구조가 뒤흔들리는 '쿠데타'처럼 받아들여질 수 있음을 염두에 두자. 따라서 리더 채용 과정을 조직 내 수용성을 형성하는 변화 관리 과정으로 접근하는 것이 좋다. 어떤 면에서는 채용을 확정하기도 전에 온보딩을 시작하는 형태라고 볼 수 있다.

최근 성공적인 물류 스타트업 창업자와 대화를 나눴다. 그녀는 새로운 COO를 채용하려 했고 적합한 인물을 염두에 두고 있었다. 하지만 현재 리더 중 한 명이 새 COO 밑에서 일하게 될 텐데, 그가 이 변화에 저항할 것으로 예상했다. 그는 팀원들에게 인기가 있어서, 이 채용을 반대하면 팀 내에서 상당한 영향을 미칠 가능성이 있었다. 이 창업자는 새로운 COO의 성공을 위해 무엇을 할 수 있을까?

이는 생각보다 흔한 문제다. 조직에 새 리더를 영입하는 과정은 몸에 이물질을 주입하는 것과 같아서, 기업들이 새 리더에 대한 '장기 거부 반응'을 우려해 피하려 하는 것은 당연한 일이다(내부 채용에 대해서는 뒤에 나오는 '내부 채용에서 마찰을 줄이려면'에서 다룰 것이다). 모든 직원과 마찬가지로 새 리더의 성공도 결국 그 역할에 맞는 채용 과정에서 시작된다.

리더 채용 과정의 목표는 기본적인 채용 프로세스의 목적과 본질적으로 동일하다. 다만, 조직의 동의를 이끌어내기 위한 더 폭넓은 커뮤니케이션이 수반된다는 점에서 차이가 있다. 해당 역할과 채용에 대한 피드백을 받을 수 있도록 열린 자세를 유지하고, 적절한 수준의 투명성과 소통을 기반으로 조직을 이끌어가는 것이 중요하다. 예상보다 많은 변화 관리가 필요할 수도 있지만, 어떤 상황에서도 회사의 핵심 필요를 최우선으로 고려하자.

직원들이 수용할 수 있는 성공적인 리더 채용 가능성을 높이기 위해 리더 채용 과정을 구축할 때 권장하는 단계는 다음과 같다.

최소 2명의 핵심 인사가 후보자에게 확신을 갖도록 검증하라

리더 채용은 상당한 시간과 조직의 에너지를 요구하는 과정이다. 따라서 다른 구성원들을 채용 과정에 참여시키기 전에, 후보자가 충분한 열의가 있는지 확인해야 한다. 여기에는 다른 임원, 핵심 팀원, 이사회 멤버 등 몇몇 핵심 인사들이 사전에 후보자를 직접 만나 대화하는 기회를 갖고, 후보자가 해당 역할을 성공적으로 수행할 수 있다는 신뢰를 쌓는 과정을 포함한다.

리더 채용에 영향을 받는 주요 이해관계자를 파악하라

새 리더와 함께 일하며 영향을 받을 주요 인물들의 목록을 작성하자. 여기에는 새 리더 밑에서 직접 일하게 될 사람들뿐 아니라, 리더 채용에 큰 영향을 받고 밀접하게 협력할 팀도 포함된다. 예를 들어 중요한 파트너 팀이나 채용으로 인해 업무 범위가 변경될 팀 등이 해당될 수 있다. 그 팀의 관리자도 어떤 식으로든 채용 과정에 참여해야 한다.

채용 과정에서 반발할 가능성이 있는 사람들을 배제하고 싶은 유혹이 들 수 있다. 새로운 리더의 채용이 자신에게 미칠 영향을 우려해 편향된 의견을 낼 위험이 있기 때문이다. 그러나 이 단계에서 꼭 기억할 점은 두 가지다. 첫째, 현장 부서장인 당신(역할에 따라 '당신'은 CEO나 다른 고위 리더일 수 있다)이 최종 결정을 내릴 것이다. 둘째, 이들은 향후 회사에서 해당 리더의 성공에 큰 영향을 미칠 수 있는 구성원들이므로, 채용 과정에 포함시키는 것이 더욱 중요하다. 하지만 단순히 그들의 의견만을 기준으로 삼아서는 안 된다. 채용 위원회는 일반적으로 다른 임원 한두 명, 주요 이해관계자와 직속 부하 대표 두세 명, 한두 명의 유관부서 파트너로 구성될 가능성이 높다. 특히 중요한 역할이라면, 이사회 멤버가 후보자를 직접 만나거나 역할을 권유하는 과정을 거칠 수도 있다.

주요 동료와 이해관계자 대표를 포함한 면접 과정을 진행한다

면접을 시작하기 전에, 모든 면접관에게 이메일을 보내 해당 직책이 공석인 이유와 채용이 필요한 배경, 직무 설명서, 찾고 있는 핵심 역량을 공유한다. 후보자의 기본 정보, 이미 만난 관계자와 간단한 피드백을 포함하되, 불필요한 편견을 유발하지 않도록 너무 자세히 쓰지는 말자. 모든 면접관이 해당 면접의 핵심 초점(예: 전문 지식, 팀 관리, 전략적 사고 등)과 후보자의 답변을 평가할 기준을 명확히 이해하고 있는지 확인하자.

채용 회의는 최종 결정이 아니라 면접 평가 의견을 모으는 자리로 삼는다

우선 후보자를 면접한 관계자들을 채용 검토 회의에 소집하자. 회의를 시작하면 현장 부서장은 일반적인 채용 위원회 과정과 달리, 이 회의가 협의적 의사결정 방식임을 분명히 해야 한다. 즉 채용 위원회는 현장 부서장에게 의견을 제공하지만, 최종 결정은 평판 조회를 완료한 후 현장 부서장이 내린다.

채용 위원회 회의에서 현장 부서장은 다음과 같은 역할을 수행한다.

- 역할, 회사가 필요로 하는 사항, 채용에서 중점적으로 고려하는 조건을 요약한다.
- 후보자들의 정보를 개괄적으로 설명한다.
- 면접 평가 의견을 수집하는 자리로, 이를 최종 결정에 활용할 것임을 강조한다.
- 리크루터가 제출된 평가 의견을 요약하도록 한다.
- 참석자들에게 질문을 던져 각자의 평가 의견을 듣고, 이를 채용 결

정에 반영한다.

- 회의를 마무리하면서 들은 내용을 요약하고, 후보자나 추천인에게 추가 확인이 필요한 우려사항을 강조한다.
- 채용 결정 예상 일정을 제시하고, 결정이 내려지면 참석자들에게 반드시 보고하며 그 이유를 설명한다.

모든 것이 성공적으로 마무리되었다면, 마지막 단계는 내부에 채용 소식을 알리는 것이다. 공지에서는 채용 과정을 상기시키고, 채용된 사람을 축하하며, 그들이 회사와 역할에 왜 적합한지 설명하자.

내부 채용에서 마찰을 줄이려면

그림 12의 의사결정 트리를 거쳐 내부 채용을 결정했다면, 팀을 참여시키고 신중한 프로세스를 거치는 방식은 동일하지만 훨씬 더 간소화된 방식으로 진행할 수 있다. 첫 단계는 내부 후보가 한 명인지, 아니면 일부 후보자가 해당 역할에 부족하더라도 여러 명이 지원할 수 있는지 판단하는 것이다. 역할에 맞는 후보가 한 명뿐이라면, 내부 공고를 낸 후라도 형식적인 절차를 밟지 않아도 된다. 그 대신 '승진 소식!'을 먼저 직접적인 영향을 받는 사람들에게 알린 후, 전체 조직에 공지하는 방식으로 신중하게 커뮤니케이션을 진행하는 것이 바람직하다. 내부 인재의 승진을 축하하고, 해당 직무에 자연스럽게 적응할 수 있도록 지원하는 것이 중요하다. 또한 그가 겪을 수 있는 일부 구성원들의 반발 정도를 파악하자. 특별한 마찰이 없다면 당신의 선택이 옳았음이 증명될 것이다. 내부에서 적임자를 뽑았다는 가장 확실한 신호는 회의에서 긍정적인 반응을 얻거나, 구성원들로부터 직접 축하 메시지를 받을 때다.

마찰을 완전히 피하기는 어렵지만, 최소화할 수 있는 방법은 공식 발표 전에 관련된 몇몇 구성원들에게 소식을 공유하는 것이다. 예를 들어 해당 역할과 긴밀히 협력할 팀의 주요 인사들과 대화하며 A를 유력한 후보로 강력히 고려 중이라고 언급하고 그들의 반응을 살펴볼 수 있다. 또는 A의 새 직속 부하들에게 그가 새 관리자가 될 예정임을 알리고, 이에 대한 반응을 관찰하는 것도 중요하다(자신들이 승진하지 못한 것에 실망할 수 있음을 감안하자). 매우 강한 반발이 있다면, 잘못된 결정을 내렸다는 신호일 수 있다. 반대로 옳은 결정을 내렸다는 확신이 들면, A의 성공적인 역할 수행을 돕기 위해 변화 관리에 더욱 신경 써야 한다는 신호로 받아들이자.

내부 채용 과정에서 마찰을 줄이는 또 다른 방법은 외부 후보자들도 만나보고 나서 내부 채용을 했음을 분명히 밝히는 것이다. 순수 외부 채용처럼 외부 채용에 많은 노력을 기울일 필요는 없지만, 외부 후보자들과 면접을 진행하는 과정이 내부 채용 결정을 검증하는 데 도움이 될 수 있다. 이 접근법은 두 가지 중요한 효과가 있다. 가능한 모든 방법을 통해서 최고의 후보자를 선택했다는 강력한 신호를 보내고, 회사가 새로운 기회에 대해 개방적이고 포용적인 과정을 거친다는 신뢰를 구축한다.

외부 후보자를 고려하지 않더라도, 내부에 잠재적 후보자가 2명 이상 있다면 내부 선발 과정을 거치는 것이 좋다. 이 과정은 전형적인 외부 면접 과정보다 간소화될 수 있지만, 회사 내 신뢰를 구축하는 중요한 절차다. 또한 회사가 의사결정을 엄격하게 관리하며, 포괄적인 절차를 중요하게 여긴다는 신호를 보낼 수 있다. 간소화된 내부 선발 과정에서는 현장 부서장과 한두 명의 다른 리더가 각 후보자를 면접하고 채용 위원회와 논의하여 최종 결정을 내린다. 선발 과정에 참여했는데 선택되지 않은 사람들은 실망할 수 있지만, 기회를 가진 것에 감사할 것이다. 그들이 향후 유사한 역할을 맡을 기회를 얻기 위해 어떤 점을 개발해야 하는지 이해할 수 있도록 피드백 루프를 제공하자(피드백 제공에 관한 자세한 내용은 5장 참조).

내부에서 후보를 찾는 과정을 진행한다면, 후보자들의 신원을 철저히 비밀로 유지하는 것이 중요하다. 지원했다가 선택되지 않을 경우를 대비해서, 공개적으로 알려지는 것을 원하지 않을 수 있기 때문이다.

마지막으로, 내부 채용 결과는 신중히 발표해야 한다. 어떤 자질을 중시했는지, 어떤 과정을 거쳤는지, 그리고 최종 선택된 사람이 왜 적임자인지 분명히 설명하자. 특히 관리자 승진의 경우, 새로운 역할에 잘 적응할 수 있도록 해당 인물이 선택된 이유와 기대되는 역할을 공개적으로 설명하는 것이 좋다.

면접 시 경험의 함정을 주의하라

후보자 명단을 작성할 때 경험의 함정에 빠질 수 있다. 마찬가지로 면접 과정에서도 경험의 함정에 빠질 수 있다. 많은 면접을 경험한 리더들은 면접에 매우 능숙하다. 이에 휘둘리지 말고, 충분한 시간을 가지고 지식의 깊이를 알아보는 추가 질문을 하자. 먼저, 호기심과 배움에 대한 욕구를 테스트하자. 가상의 상황을 제시했을 때, 단순히 과거의 경험만을 이야기하고 맥락을 이해하기 위한 질문을 하지 않는다면 주의해야 한다. 세부 사항을 파악하라. "그 프로젝트에서 구체적으로 어떤 역할을 했습니까?"와 같은 질문을 하자. 프로젝트가 성공적이었는지도 묻는다. 너무 추상적이거나 결과를 모호하게 말하는 사람들은 주의하자. 면접 후 '정말 저 사람은 자신의 일을 완벽하게 알고 있구나!'라는 생각이 들 정도로 지원자를 파악해야 한다.

채용에 대한 의견 불일치가 있을 때

CEO, 창업자 또는 고위 경영진이 새로운 임원을 채용하려 할 때 조직 구성원 대다수가 반대하는 상황이 발생할 수 있다. 이런 경우 어떻게 대처하는 것이 좋을까?

이때는 후보자에 대해 철저한 조사를 해야 한다. 평판 조회 전화를 걸고, 이사회 멤버나 외부 고문이 후보자와 직접 만날 수 있도록 주선하자. 모든 피드백을 모아 우려하는 사람들에게 요약해서 전달하자. 만약 그를 알고 있는 내부 구성원들이 모두 채용에 반대한다면, 그 이유를 철저히 파악할 필요가 있다. 그들의 판단이 맞을 수도 있다. 그러나 철저한 조사 끝에 후보자가 적합하다는 확신이 든다면, 때로는 팀이나 회사를 위해 어려운 결정을 내려야 한다. '직감을 따르라'는 말이 막연해서 답답하게 느껴질 수 있지만, 우리는 모두 직관을 가지고 있다. 직관을 최대한 구체화하려는 노력이 필요하다. 그 사람이 회사와 회사의 니즈를 정말로 이해하는 것 같다고 느끼는가? 대화할 때마다 그에게서 배우는 게 있는가? 왜 그렇게 판단했는지 명확히 설명하고, 새롭게 합류하는 사람이 빠르게 자리 잡을 수 있도록 다 함께 힘을 보태달라고 분명히 요청해야 한다.

반대로 채용 참가자들이 적합한 후보자를 찾았다고 확신했지만, 고위급 리더가 이를 받아들이지 않는 경우도 있다. 채용 참가자들의 의견이 옳았던 경우에는, CEO 직속 부하 3명이 후보자가 회사에 필요한 인물이라고 CEO를 설득했다. 그들은 모든 최종 후보자를 직접 만나고, 사전에 루브릭을 명확히 설정했기 때문에 신뢰성과 설득력을 높일 수 있었다. 이는 프로세스가 잘 작동하고 있으며, 건강한 리더십팀과 CEO가 있다는 신호다. 채용 위원회가 후보자에 대해 잘못된 판단을 내린 경우를 보면, 대체로 위원 중 상당수가 자신들의 역할이나 채용하려는 업무 유형에 대한 경험이 부족한 경우였다.

프로세스가 잘 갖춰져 있고, 면접관들이 해당 업무에 대한 경험이 많을수록, 현장 부서장은 중요한 결정을 내릴 때 그들의 의견을 더욱 신뢰할 수 있다.

평판 조회와 오퍼 제안 과정

리더에게 오퍼를 제안하는 과정은 기본적인 채용 프로세스와 유사하지만, 그 중요성이 훨씬 높으며 더 많은 시간이 소요된다. 평판 조회는 특히 까다로울 수 있다. 후보자는 현재 함께 일하는 사람에게 연락하는 것을 원치 않을 것이고, 앞서 언급한 비밀 유지 때문에 이를 강요해서도 안 된다. 그 대신 후보자가 제공한 이전 회사의 추천인들과 깊이 있는 대화를 나누고, 현재 회사에서 신뢰할 수 있는 사람이 있는지 물어보는 것이 좋다. 예를 들어 과거에 긴밀하게 협업했던 동료 중 현재 그의 업무에 대해 이야기해 줄 수 있는 사람이 적합하다.

비공식적으로 평판 조회를 하고 싶겠지만, 잘못하면 기밀성을 훼손할 위험이 있다. 그 대신 후보자에게 "과거에 함께 일했던 몇몇 사람들에게 조용히 연락해도 괜찮겠습니까? 신뢰할 수 있는 분들하고만 이야기하겠습니다"라고 말하면 된다. 후보자는 보통 이에 동의하며, 누구를 염두에 두고 있는지 물어볼 수 있다. 평판 조회의 목적이 부정적인 정보를 찾는 것이 아니라, 후보자를 깊이 이해하고자 하는 것임을 분명히 알리는 것이 중요하다.

이러한 과정을 잘 거쳤다면 오퍼를 제안할 때 역할의 직함과 범위는 명확할 것이다. 그러나 보상 협상은 여전히 중요한 단계로 남아 있을 가능성이 크다. 이러한 협상은 CEO나 해당 조직장이 진행하기보다, 경험 있는 리크루터, 서치펌, CFO, 또는 보상 담당자가 보상 체계를 설명하고 오퍼를 전달하는 것이 바람직하다. 이유는 단순하다. 새로운 관리자로서 후보자에게 부정적인 첫인상을 주지 않기 위해서이고, 더 중요한 이유는 후보자가 보상 체계를 무시하고 CEO가 자신의 요구를 들어줄 수 있다고 오해할 가능성이 있기 때문이다. 실제로 그렇지 않더라도 CEO가 채용 과정에 직접 나서는 것은 바람직하지 않다. 보상 담당자가 명확한 보상 체계를 제시함으로써 기준을 확립하고, 합리적인 협상 범위를 설정할 수 있다.

오퍼가 수락되면 채용 프로세스가 끝났다고 생각하기 쉽지만, 사실 다음 단계의 시작일 뿐이다. 특히 리더의 경우, 입사 후 첫 몇 주 동안 회사에 원활하게 적응하도록 돕는 것은 채용 결정만큼이나 중요하다.

신입 직원을 성장시키는 온보딩 프로세스

첫 등교나 여름 캠프 첫날처럼 모든 게 중요하게 느껴지고 낯선 환경에 익숙해지느라 정신없었던 순간을 떠올려보자. 신입 직원들도 마찬가지다. 단순히 출근해서 노트북을 세팅하고 곧바로 업무를 시작하라고 하는 회사는 큰 기회를 놓치는 셈이다.

회사는 비즈니스에 맞는 신입 사원 온보딩 프로세스를 설계해야 한다. 이를 위해 다음 요소가 포함되어야 한다.

- **'Why'**: 회사의 미션과 배경 스토리
- **'What'**: 현재 우선순위와 목표
- **'How'**: 협업 방식과 운영 원칙

우리 업계에서는 신입 직원을 바로 업무에 투입하는 경우가 많다. 이는 잘못된 방식이다.

교육은 매우 중요하며, 회사의 모든 계층을 깊이 이해하는 것이 필수적이다. 요리사로 채용됐다고 해서 주방 일만 알면 되는 게 아니다. 회사가 어떻게 운영되는지, 농장에서 어떤 과정을 거치는지, 홀에서는 어떻게 고객을 맞이하는지, 운영 이사가 어떤 수치를 보는지 등을 이해해야 한다. 회사 전반에 대한 종합적인 이해가 필요하며, 체계적인 교육이 필수적이다.

또한 회사에 대해 계속해서 새롭게 접근하며 이해해야 한다. 한 번 교육받았다고 끝나는 것이 아니라, 계속해서 배워야 한다. 교육은 지속적인 과정이다.

— 도미니크 크렌, 미쉐린 3스타 레스토랑 '아틀리에 크렌' 오너 겸 셰프

리더들은 반드시 온보딩에 참여해야 한다. 매달 한 번씩 리더들이 회사 가치와 운영 원칙에 대해 이야기하고, 실천 사례를 공유하는 세션을 가지는 것이 좋다. 단순한 요점 전달보다는 스토리를 활용하여 훨씬 더 강력한 메시지를 전달하자. 물론 전체 커리큘럼은 신입 직원들이 최대한 빨리 자리 잡아 성장할 수 있도록 신중하게 설계되어야 한다.

스트라이프에서는 모든 신입 직원을 대상으로 1주간 핵심 온보딩 커리큘럼을 운영한다. 이와 함께 엔지니어링이나 영업 등 각 팀에서도 첫 주부터 시작해 2주 차까지 이어지는 프로그램을 진행한다. 관리자는 회사와 본부 차원의 온보딩 내용을 파악하고, 첫 몇 주 동안 추가로 전달할 내용을 고민해야 한다. 첫 원온원 미팅에서 설명하거나, 1~2시간짜리 특별 세션을 열어 팀의 역할, 현재 진행 중인 업무, 우선순위 등을 설명할 수 있다. 회사 운영 체계를 팀 차원에서 연결해 설명하면 신입 직원은 자신의 업무가 전체 계획과 어떻게 연결되는지 바로 이해할 수 있다.

회사에 제대로 된 온보딩 프로그램이 있다면 서류, 장비 등 셋업을 포함한 모든 준비는 프로그램 시작 전에 완료되어야 한다. 온보딩을 마친 신입 직원들은 다음과 같은 성과를 얻을 수 있다.

- 다른 신입 직원들과의 네트워크: 직급에 상관없이 서로에게 좋은 비공식 네트워크가 될 수 있다.
- 경영진의 회사 비전과 가치, 운영 원칙에 대한 이해
- 업계와 주요 제품, 사업에 대한 깊은 이해
- 사용자 관점 및 피드백에 대한 통찰
- 회사 운영 구조와 최근 목표, 우선순위에 대한 이해
- 전체적인 회사 조직 구조 파악
- 컴플라이언스compliance(준법 감시) 절차나 언론 접촉 시 대응 방법 등 회사 주요 절차에 대한 이해
- 자신의 팀이 회사 내에서 차지하는 위치와 담당하는 역할에 대한 이해
- 자가 학습을 효과적으로 수행하고 도움을 받을 수 있는 내부 리소스를 파악하는 능력

내부 이동 직원 온보딩

내부 이동을 한 직원들은 종종 온보딩 과정에서 간과된다. 내부 이동은 회사가 건강하다는 신호일 수 있지만, 특정 관리자나 부서에 대한 경고 신호일 수도 있다. 내 경험상 사람들이 직무를 바꾸는 이유는 크게 세 가지다. 더 나은 기회를 찾아 나아가거나, 원치 않는 상황을 피하려 하거나, 최악의 경우 저성과자라서 밀려나는 경우다. 첫 번째가 당연히 가장 바람직한 경우이므로, 내부 이동과 관련된 데이터를 가능한 한 일찍부터 수집하는 것이 좋다. 예를 들어 누군가 팀을 옮길 때마다 당사자와 현 관리자, 새 관리자, 가능하다면 인사팀 관계자에게 설문을 진행하는 프로세스를 만들자. 다음과 같은 질문을 할 수 있다.

- 내부 이동은 직원이 먼저 결정했는가, 회사가 먼저 결정했는가?
- 이동은 현재 커리어 경로의 발전을 위한 것인가, 아니면 커리어 방향 전환을 위해서인가?
- 이전 관리자와 새 관리자는 이동 결정 전에 충분한 논의를 거쳤는가?
- 이동 전 팀과 관리자에 대한 해당 직원과 다른 직원들의 만족도는 어떤가?(1~5점 척도)
- 이 이동을 통해 직원이 더 큰 영향력을 발휘할 수 있을 것으로 예상되는가?

시간이 흐르면 이 데이터가 특정 팀이나 관리자에 대한 중요한 신호를 제공할 수 있다. 특히 직원 몰입도 설문 결과와 함께 보면 더 좋다. 한두 명이 특정 팀이나 관리자에게 불만이 있다고 해서 과대해석하지 말자. 특히 팀이 큰 변화를 겪고 있는 상황이라면 더욱 그렇다. 하지만 데이터가 지속적으로 높은 자발적 이직률을 보여준다면, 반드시 근본 원인을 파악하자.

빠르게 성장하는 환경에서는 팀을 옮기지 않더라도 짧은 기간에 불가피하게 여러 관리자를 거치는 경우가 많다. 구글과 스트라이프에서 1년 동안 6명 이상의 관리자를 겪은 직원들을 만난 적이 있다. 이로 인한 불안정을 완화하려면 관리자 간 인수인계 모범 사례를 공유해야 한다. 잘 계획된 인수인계는 직원의 혼란과 불안을 최소화하고, 직원의 업무를 효과적으로 지원하는 필요한 정보를 제공하며, 긍정적인 업무 관계의 출발점이 된다(이 장 뒤의 부록에 '내부 이동 직원을 위한 관리자 가이드'를 실었다). 시간이 많이 들지 않으면서도 신뢰와 효율성 측면에서 노력한 만큼 보상을 받을 수 있다.

신입 사원 온보딩

내부 이동이든 외부 채용이든, 모든 신입 사원에게 도움이 되는 방법이 하나 더 있다. 몇 년 전 일라드 길Elad Gil이 『하이 그로스 핸드북』을 위해 나를 인터뷰했을 때 '클레어와 함께 일하기' 문서에 대해 언급한 적이 있다.[38] 그가 내 인터뷰와 함께 그 문서를 책에 싣고 싶다고 했을 때 나는 좀 과하다고 생각했다. 그는 "이런 세부사항이 창업자들에게 굉장히 매력적이라는 걸 모르시는 것 같다"고 말했다.

그의 말이 맞았다. '클레어와 함께 일하기'를 읽고 비슷한 가이드를 만들었다고 연락해오는 사람들, 특히 창업자들의 수는 셀 수 없을 정도다. 어떤 회사나 팀에서 모든 구성원이 이런 가이드를 갖고 있다는 이야기를 들으면 더욱 기쁘다. 이 가이드는 단순한 관리자 도구가 아니다. 관계를 빠르게 발전시키고 자기 인식을 높이는 방법이다('클레어와 함께 일하기'는 이 장 뒤의 부록에 수록되어 있다. 자신만의 가이드를 작성할 수 있는 '나와 함께 일하기' 템플릿도 있다).

'나와 함께 일하기' 템플릿은 새 부하직원과의 첫 미팅에서 유용하게 활용할 수 있다. 이 미팅에서는 어떻게 함께 일할지 상호 기대치를 설정해야 한다. 다음 내용을 다루자.

- **온보딩:** 팀 관련 추가적인 맥락과 정보를 공유한다.
- **운영 방식:** 함께 일하는 방식, 미팅 일정, 논의할 주요 사항을 검토한다.
- **관리 스타일:** 자신이 어떤 관리자인지, 부하의 업무와 커리어에 어떻게 관여할지 논의한다. '나와 일하기' 가이드를 공유하고, 원한다면 그들도 작성해보라고 권한다.
- **선호하는 소통 방식:** 각자 선호하는 소통 방식과 기대하는 응답 시간을 이야기한다. 원온원 미팅 시간을 어떻게 활용할지도 합의한다.
- **초기 우선순위:** 팀 업무와 개인 역할에 대한 각자의 우선순위를 논의한다.
- **향후 커리어 논의:** 몇 달간 함께 일한 후 직원의 경험, 커리어 방향, 특히 미래에 대한 포부를 알아보기 위해 심층 미팅을 잡을 것이라고 설명한다(자세한 내용은 4장의 '커리어 대화를 나누자' 참조).

첫 원온원 미팅에서 모든 신입 사원이 자신의 업무 선호도를 이야기할 준비가 되어 있지는 않을 것이다. 자신의 업무 스타일을 잘 모를 수도 있고, 업무 스타일 진단을 받아본 적이 없을 수도 있다. 충분히 생각할 시간을 주고, 그동안 자신만의 '나와 함께 일하기' 문서를 작성해보라고 제안하자. 가장 중요한 것은 자신의 경험과 취향을 나누고, 상대방도 편하게 공유하도록 이끌어줌으로써 서로 마음을 열고 신뢰를 쌓도록 분위기를 조성하는 것이다. 관리자에게 정말로 기대하거나 필요로 하는 것이 무엇인지 꼭 물어보자. 제대로 평판 조회를 했다면 이전 관리자에게 해당 직원이 발전을 위해 어떤 지원을 필요로 하는지 이미 물어봤을 것이다. 이러한 잠재적 니즈에 대해 가볍게 언급하고 그의 성장에 도움이 될 방법이 있는지 확인하자. 예를 들어 더 자주 코칭을 하거나, 발표 또는 프로젝트 리딩 때마다 피드백을 주는 방식을 고려할 수 있다.

신임 리더 온보딩

일반 채용과 리더십 채용이 유사한 핵심 접근 방식을 따르되 특별한 경우에만 조정이 이루어지듯이, 온보딩 프로세스도 표준화할 필요가 있다. 특히 리더십 채용의 경우 표준 프로세스에 몇 가지 요소를 추가하는 것이 좋다. 온보딩은 모든 신입 구성원에게 조직 문화를 체험할 수 있도록 돕는 중요한 집단적 경험이다. 그러나 리더십 채용과 온보딩의 경우 조기에 떠나는 상황 발생에 따른 리스크가 더 크고, 새 리더의 영향력이 즉각적으로(긍정적이든 부정적이든) 조직 전체에 체감되므로, 새 리더가 원활하게 적응하고 성공할 수 있도록 체계적인 지원 시스템을 구축하는 데 더 많은 노력을 기울여야 한다.

스트라이프에서는 '신임 리더 경험New Leader Experience, NLE'이라는 프로그램을 만들었다. 이 프로그램에는 환영 이메일, 미리 계획된 일련의 회의, 회사와 주요 내부 문서 자료, 리더십 진단(호건Hogan 성격 검사),³⁹ 코치 지원 등이 포함된다. 첫 달 동안 수행할 업무도 추천 중인데, 부서 구성원들에게 보내는 정기 이메일과 90일간의 360도 피드백 과정 등이 있다. 이를 통해 초기에 구성원들은 리더의 강점과 개선 영역을 파악할 수 있다.

프로그램의 성공을 좌우하는 가장 중요한 요소는 모든 참가자의 헌신이다. 여기에는 리더 본인뿐만 아니라 리더의 상사, 온보딩을 지원하는 팀원(스트라이프에서는 '스핀업 버디'라고 부른다), 회사의 운영 방식과 그 이유 등의 질문에 답해줄 수 있는 동료 멘토인 '스트라이프 가이드', HR 파트너, 새 부하직원들까지 모두 포함된다.

신임 리더 경험NLE

신임 리더 온보딩은 일반 신입 사원 온보딩과 같은 목표를 달성하면서도, 다음(표 5)을 추가 목표로 삼아야 한다.

✳ ✳ ✳

표 5. 신임 리더 경험 목표와 전술

목표	전술
본부 전체가 신규 리더에 대해 기대감을 갖고 받아들이게 한다.	이 장에서 설명한 온보딩 프로세스를 참고한다. **NLE:** 새 리더의 상사가 보내는 환영 이메일을 통해 팀에 리더를 소개하고, 왜 리더 영입을 환영하는지, 새 리더가 무엇을 하게 될지 설명한다. 개인 사진(가족이나 반려동물 포함)과 개인 정보(이전 직장이나 취미 등)도 포함한다.
신임 리더가 최대한 빨리 사업과 회사 상황을 파악하게 한다.	핵심 회사 온보딩. **NLE:** 공개된 배경 자료를 입사일 전에 공유하고, 첫날에는 내부 자료를 제공한다. 첫 몇 주 동안 사업, 제품, 조직 전반을 설명해줄 수 있는 핵심 인물들과의 원온원 미팅을 제안한다.
신임 리더를 상사, 주요 동료, 이해관계자, 특히 다른 임원들과 즉시 연결한다.	핵심적인 회사 온보딩 프로세스와 함께 리더는 첫 몇 주 동안 가장 중요한 원온원 미팅들을 잡아놓는다.
신임 리더가 경청과 학습, 초기 결정과 행동 사이에서 균형을 잡도록 돕는다.	리더는 첫 몇 달 동안 일상적인 조언자 역할을 할 스핀업 버디와 가이드를 제공한다.

목표	전술
신임 리더의 강점이 회사 운영 원칙과 자연스럽게 일치하도록 강화한다.	**NLE:** 호건 검사와 코칭, HR 파트너와의 추가적인 논의를 통해 리더가 팀을 어떻게 인식하고 있는지 의견을 검토하며, 이후 주간 회의를 진행한다(아직 HR 파트너가 없다면 채용 관리자나 동료가 이 역할을 할 수 있다). **90일 피드백 프로세스:** 주요 이해관계자와 직속 부하들을 대상으로 설문조사나 면담을 실시하고, 그 피드백을 종합해 새 리더에게 전달한다.
마찰이 생기거나 새 리더의 행동이 부정적 피드백을 받을 경우, 신속하게 방향을 수정하거나 추가 지원을 제공한다.	위와 동일. 호건 검사는 자기 인식과 단점에 대한 이해를 돕고, HR 파트너는 코치 역할을 한다. 피드백 프로세스는 방향 수정이 필요한지에 대한 추가 정보를 제공한다. 새 리더가 받은 피드백을 팀과 공유하고, 성장이 필요한 영역에 대한 지원을 요청하도록 격려한다.

＊ ＊ ＊

신임 리더 경험 프로그램에 대한 자세한 내용과 리더가 첫 3개월 동안 취해야 할 행동 목록은 이 장 뒤의 부록 '신입 리더 경험 가이드'를 참조하라.

최고 경영진(C레벨)과 같은 중요한 리더 역할을 맡은 신임 리더를 돕기 위한 추가 조치로, 그들의 상사와 매일 또는 격일로 애자일 방식의 짧은 스탠드업 미팅을 갖는 것이 효과적이다. 15분 정도의 짧은 시간이라도 좋다. 이 시간은 질문에 빠르게 답하고, 새 리더의 인상을 포착하며, 부서와 회사의 미래 니즈(새로운 우선순위, 구조 조정, 추가 자원 등)에 대해 의견을 조율하는 기회가 될 수 있다. 특히 초기 몇 달 동안 새 리더가 언제 적극적으로 경청하고, 언제 결정을 내리며 실행해야 할지를 구분하는 통찰력을 기르는 데 도움이 된다. 리더 온보딩의 핵심은 새 리더가 정보를 수집하는 단계에서 실행으로 전환할 적절한 시점을 인식하는 안목을 갖추게 하는 것이다. 새 리더가 너무 빨리 실행하면 지속적인 피해를 주는 잘못된 결정을 내릴 위험이 있다. 반대로 너무 늦게 실행하면 부서를 마비시키거나 문제를 악화시킬 수 있다. 균형 잡힌 리더십을 형성하는 과정은 쉽지 않으므로, 초기 몇 달 동안은 새 리더의 상사가 중요한 조언자 역할을 할 수 있다.

또한 리더의 직속 부하들이 새로운 상사와 충분히 협업할 시간을 갖는 것도 중요하다. 이들은 자신의 일부 책임을 새 리더에게 넘겨주고 변화를 수용해야 할 것이다. 다음은 직속 부하의 관점에서 본 신규 리더 온보딩에 대한 통찰을 제공해준다.

신규 리더 온보딩: 직속 부하의 관점

이 글은 스트라이프의 오랜 직원이었던 호르헤 오르티스Jorge Ortiz가 작성했다. 그는 스트라이프에서 수많은 리더의 온보딩을 담당했다. 우리는 수년에 걸쳐 리더 온보딩 과정과 자신의 상사, 상사의 상사, 중요한 책임을 지닌 동료를 영입하는 것이 어떤 의미를 가지는지에 대해 여러 차례 깊이 있는 대화를 나눴다. 다음은 그가 온보딩 과정에서 얻은 교훈을 요약 정리한 것이다.

* * *

리더의 성공에 전념하라

새 리더 온보딩에 깊이 관여한다는 것은, 당신의 역할과 책임, 일하는 방식에 큰 변화가 일어난다는 뜻이다.

당신은 새 리더 채용 결정에 동의했을 수도, 반대했을 수도 있다. 새 리더의 부임을 열정적으로 기다릴 수도 있고, 불안과 의구심으로 가득 차 있을 수도 있으며,

기대와 실망 사이를 오가는 롤러코스터를 경험할 수도 있다. 어떤 상황이든 새 리더의 성공을 진심으로 도와야 한다.

새 리더가 실패하면 모두가 피해를 본다. 리더들은 회사에서 중요한 책임을 맡고 있으므로, 그들의 실패는 곧 당신 조직의 실패를 의미한다. 사용자, 목표, 직원들, 회사의 전반적인 방향성에까지 타격을 입을 것이다. 파급 효과, 잠재적 피해, 손실된 시간, 기회비용 면에서 새 리더의 실패는 엄청난 대가를 초래한다.

신속하게 정보를 제공하라

새 리더는 방대한 양의 정보를 매우 빠르게 습득해야 한다. 작은 조직이라도 엄청난 양의 맥락과 복잡성이 존재한다. 하물며 새 리더는 그보다 훨씬 넓은 범위에 대한 책임을 맡게 된다.

가장 효과적인 리더 본인의 학습 스타일을 물어보거나 파악해보자. 사람마다 학습 방식이 다르며, 문서를 읽거나, 프레젠테이션을 하거나, 화이트보드 세션을 진행하거나, 원온원 대화를 나누거나, 질문을 많이 하는 것 등이 포함될 수 있다. 새 리더가 신속하게 업무에 적응할 수 있도록 정보를 빠르게 제공하되, 동시에 이를 충분히 이해하고 효과적으로 활용할 수 있도록 속도를 조절해야 한다.

새 리더는 자신이 모르는 것이 무엇인지조차 모른다는 점을 기억하자. 새 리더가 무엇을 배워야 하는지 우선순위를 정하고, 지금 알아야 할 것과 한 달 후에 알아야 할 것, 3개월 후에 알아야 할 것을 분류하는 것이 당신의 역할이다. 이는 단거리 경주가 아니라 마라톤이다.

사실부터 전달하라

새 리더에게 판단이 아니라 객관적인 자료를 제공하자. 회사가 그를 채용했다는 것은 그의 판단력을 신뢰한다는 뜻이다. 현재 회사가 처한 어려움을 해결하고 새로운 통찰을 얻을 수 있다고 믿는 것이므로 미리 결론을 내리지 말자. 원래 데이터를 그대로 제공하여, 새 리더가 스스로 판단할 수 있도록 지원하자.

좋은 피드백을 주는 것과 마찬가지로, 판단을 배제하고 근거 있는 사실을 기반으로 충실하게 정보를 구성하려면 신중한 노력이 필요하다. 새로운 리더가 질문을 충분히 하고 제공된 자료를 잘 이해했다면, 당신의 의견이나 결론을 함께 이야기하자.

결정의 순간, 현명한 선택을 위한 준비

새 리더가 맡게 되는 책임에는 이전에 당신이 담당하던 책임이 포함될 수도 있다(인수인계나 새 관리자가 부임하는 상황에서 흔한 일이다). 이런 경우 다음과 같이 하는 것이 효과적이다. 새 리더와 합의하에 앞으로 몇 주 동안은 당신이 기존대로 그 책임을 수행하고 새 리더가 관찰하게 하자. 그다음 몇 주 동안은 새 리더가 그 책임을 맡고 당신이 관찰자가 되어 잘하는지 지켜보는 것이다.

또한 당신이 결정을 내리고 새 리더가 관찰하게 하거나(예시 제시), 당신이 결정을 제안하고 새 리더가 승인하게 하거나(능동적 위임), 당신이 결정을 제안하고 새 리더가 실행하도록 (코칭)할 수 있다. 매일 또는 격일로 원온원 미팅을 가져 추가적인 상황을 알려주고, 이유를 설명하거나 피드백을 주자.

회사의 가치를 행동으로 보여라

새 리더가 겪는 가장 큰 변화 중 하나는 회사 문화를 이해하는 것이다. 특히 회사 문화의 비공식적인 부분을 이해하는 데 어려움을 겪을 수 있다.

새 리더들은 종종 자신이 회사 문화에 적응하지 못하고 있다는 사실을 모른다. 그들이 마주하는 또 하나의 장벽은, 그것을 솔직히 알려주는 사람이 거의 없다는 것이다. 당신이 행동으로 보여주고, 새 리더가 자연스럽게 습득할 수 있도록 도울 수 있다. 회사의 가치와 새 리더의 성향이 일치하는지 주의를 기울여야 하며, 무 엇보다 솔선수범해야 한다.

빠르게, 자주 피드백을 주자

새 리더는 아마도 인상적인 커리어, 검증된 리더십, 해당 분야에 대한 깊은 전 문성, 상당한 자신감을 가졌을 것이다. 그렇다 하더라도 당신이 새 리더보다 회사 에서 더 많은 경험과 전문성을 가지고 있다는 점을 기억하라. 새 리더가 들어야 할 말이 있다면, 빠르게 자주 피드백을 해주는 것이 당신의 책임이다.

모든 피드백은 공감을 바탕으로 이루어져야 한다. 특히 새 리더에게는 시기적 절한 피드백이 중요하다. 광범위한 책임을 지는 위치에서는 겉보기에는 작은 피 드백처럼 보여도 나중에 더 크고 심각한 문제를 막을 수 있다. 작은 방향 수정이 나중에 큰 문제를 예방할 수 있다.

새 리더가 당신의 상사라면, 신뢰 관계를 막 쌓기 시작한 단계에서 어려운 피드 백을 전달하기가 쉽지 않을 수 있다. 이럴 때는 상사의 상사가 피드백을 대신 전 달하는 것이 적절할 수 있다. 새 리더가 당신의 상사의 상사라면, 당신의 직속 상 사가 피드백을 전달하는 것이 자연스러울 것이다. 직속 상사와 상사의 상사가 모 두 새 리더라면(그런 일도 있다), 당신이 신뢰하는 그들의 동료를 통해 피드백이 전 달되도록 하자.

잘 적응하도록 격려하라

새 리더의 성공에 가장 큰 영향을 미치는 요소 중 하나는 새로운 환경에 얼마나 잘 적응하느냐다. 새 리더는 종종 이전의 성공과 경험을 기반으로 채용된다. 회사 는 그들이 과거에 효과적으로 사용했던 전문성과 검증된 운영 방식을 가져오길 기대한다. 그러나 이러한 전략은 종종 이전 환경의 조건에 달려 있으므로, 조건이 달라지면 전략도 수정하거나 새로운 환경에 맞게 조정해야 한다. 새로운 환경에서 어떤 조건이 달라질 수 있는지 미리 알려주어 새 리더가 빠르게 적응하도록 돕자.

조직 구조를 파악하도록 돕자

새 리더가 공식 조직과 비공식 조직을 모두 파악하도록 돕자. 화이트보드에 공식 조직도를 그리고, 각 부서의 범위, 부서 간 커뮤니케이션, 현재 겪고 있는 어려운 문제를 설명하자. 비공식 조직도는 공식 조직도를 넘어선 맥락까지 담아야 한다. 여기에는 주요 의사결정자, 분야 전문가, 인센티브 구조, 어려운 문제, 고성과자, 저성과자 등이 포함된다. 회의, 운영 구조, 운영 주기, 프로세스도 꼭 다루자.

회사 내 사회적 자본을 빌려주자

새로운 리더는 막중한 책임을 안고 업무를 시작하지만, 회사 내에서 사회적 자본은 거의 없거나 전무한 상태나 마찬가지다. 긍정적인 성과를 내려면 어느 정도의 사회적 자본이 필요하다.

기존 리더인 당신은 이미 회사에서 신뢰, 평판, 인맥 등 자신의 사회적 자본을 쌓아왔을 것이다. 이러한 사회적 자본을 새 리더에게 '빌려주는 것'이 그에게 큰 도움이 될 수 있다. 예를 들어 그가 함께 일하게 될 주요 인물들을 직접 소개하거나, 새 리더를 크고 작은 다양한 자리에서 칭찬해주자("새 리더는 A에 대한 경험이 풍부해서 우리 조직에 큰 도움이 됩니다", "B 업무를 신속하게 처리하셔서 놀랐어요"). 다른 사람들에게 새 리더의 행동이나 결정이 성공할 것을 확신한다고 말해주자. 나아가, 초반에 성과를 낼 수 있도록 지원해주는 것 역시 새 리더가 사회적 자본을 빠르게 축적하는 데 큰 도움이 된다.

당신의 사회적 자본을 양도하라

때로는 새 리더의 성공이 당신의 사회적 자본을 얼마나 양도하는지에 달려 있을 때가 있다.

당신의 팀에 뛰어난 성과를 내는 인재들이 있을 것이다. 당신은 그들을 채용하고, 성장시키며, 성공하도록 이끌어왔을 것이다. 그들과 함께한 시간은 당신 커리어의 큰 즐거움이자 가장 빛나는 순간일 수 있다. 그런 인재들과 쌓아온 신뢰와 유대는 어떤 임무든, 세상 어디든 당신을 따를 만큼 강력할 것이다. 새 리더의 성공에 헌신한다는 것은 단순히 공식적인 보고 체계만 넘기는 것이 아니라, 이런 인재들과의 특별한 관계와 자산도 그에게 이전해준다는 뜻이다.

조직의 이야기와 역사를 공유하라

다양한 제품, 기술 스택, 여러 부서가 존재하는 회사일수록 현재 상황을 한 번에 설명하거나 이해하기가 매우 어려울 수 있다. 그 이유는 현재의 모습이 수많은 과거의 선택이 누적되어 형성된 결과이기 때문이다.

회사가 현재에 이르게 된 과정을 가장 효과적이고 압축적으로 이해하는 방법은, 회사의 시작과 그동안의 역사를 되짚어보는 것이다. 새 리더에게 과거의 제품, 기술, 부서에 얽힌 이야기와 역사를 들려주는 것은 회사의 현재 구조와 문화가 어떻게 형성되었는지 배경을 파악하는 데 큰 도움이 된다.

채용 과정에서 일어나는 실수들

대부분의 채용 실수는 입사 후 몇 달이 지나서야 문제가 있다는 사실을 인식하게 된다. 이럴 때 문제는 결국 성과 이슈로 귀결된다(성과와 관련한 대응 방법은 5장에서 자세히 다룬다). 가끔은 입사 직후 혹은 입사일 직전에 채용 결정이 잘못되었다는 사실을 알게 되는 경우도 있다.

채용 실수에 대한 모든 잠재적 신호를 포착하기는 어렵지만, 채용 결정을 뒤집을 만한 후보자나 신입 사원의 행동에 대한 예시는 다음과 같다.

- 회사의 기밀 정보를 소셜미디어에 올리는 행위
- 경력이나 경험을 허위로 기재
- 입사일 전이나 온보딩 중에 사람들을 함부로 대하는 행위
- 입사 첫 주에 새 팀원들에게 오만하고 잘못된 행동을 보이는 행위

기본적으로 취업 규칙을 위반하는 행위, 극도로 판단력이 부족한 행동 등이 채용 실수에 해당된다. 회의에 계속 지각하는 것처럼 사소하지만 피드백이 필요한 문제라면, 신속하고 강력한 피드백을 주자. 별다른 문제가 없다면 자연스럽게 개선될 것이다. 그러나 이후에도 문제가 계속되면 퇴사가 답일 수 있다.

채용을 잘못했다는 사실을 알게 되면 어떻게 해야 할까? 중요한 점은 조치를 취하는 것이다. 그들의 입사일과 채용한 국가에 따라, 최선의 조치는 근로 계약을 철회하거나 신속한 해고 절차를 진행하는 것이다. 회사 내부에 이에 대해 과도하게 설명할 필요는 없다. 그 사람이 더는 해당 역할을 맡지 않을 것이라고 짧게 알리는 것으로 충분하다. 신속한 조치가 쉽지 않은 지역이라면 퇴사를 협상하는 방법을 찾아보자. 비용이 들 수 있지만, 팀에 부정적인 영향을 오래 끌고 가는 것보다는 나을 수 있다.

채용 과정 마무리와 회고

채용에서 진짜 인재를 놓친 경우false negative는 이후 추적이 거의 불가

능하다. 하지만 잘못 채용한 경우false positive는 추적이 가능하다. 채용 실수가 있었다면, 현장 부서장은 즉시 채용 과정 전체를 되돌아봐야 한다. 채용 과정에서 미리 포착할 수 있었던 신호는 없었는가? 해당 역할에 필요한 역량을 잘못 정의한 것은 아닌가? 인터뷰 피드백이나 평판 조회 과정에서 경고 신호를 간과한 부분은 없었는가? 면접관과 평판 조회 담당자는 누구였는가? 온보딩은 철저하고 체계적으로 이루어졌는가? 자신의 역할을 되돌아보고, 어떤 점을 개선할 수 있을지 고민해보자. 리크루터를 만나 배운 점을 공유하고, 유사한 실수를 피하기 위해 지원을 요청해야 한다.

이와 같은 개인적 학습도 유용하지만, 진정한 효과는 회사 전체적으로 데이터에 기반한 평가와 방법론을 실행해 채용 접근법을 개선하는 것이다. GE의 CEO였던 잭 웰치Jack Welch는 누가 최고의 면접관인지 판단하는 데 도움이 되는 데이터를 추적했다. 그러고 나서 그들이 다른 면접관을 훈련시키거나 직접 지원자 면접을 진행하도록 했다.

다행히 기본적인 지원자 추적 시스템만으로도 다음과 같은 데이터를 수집해 채용 과정을 개선할 수 있다.

- **프로세스 소요 시간**: 어떤 역할이나 팀이 채용에 더 오래 걸리는가? 이유는 무엇인가?
- **채용 단계별 전환 성과**: 영업 지표처럼 리크루터의 성과를 평가하는 지표다. 어떤 팀이 회사 기준에 비해 지나치게 적거나 과도하게 많은 인원을 채용하고 있는가?
- **면접관 데이터**: 누가 가장 많은 면접을 보고 있는가? 면접관들의 재직 기간과 경험 수준은 어느 정도인가? 이들이 평가하는 지원자들과의 매칭은 적절한가? 면접관들이 자신 있게 채용 여부를 결정하

는가? 애매한 경우에는 대체로 '채용하자'라고 결정하는 것은 아닌가? 안목이 있는가?

지원자 추적 시스템 외에도 직원 몰입도 조사에 채용 과정에 관한 문항을 포함시키는 방안을 고려해보자. 빠르게 성장하는 조직이라면 간단한 펄스 서베이pulse survey를 실시해, 채용 절차와 신규 입사자들이 형성하는 조직 문화가 회사의 원칙과 가치, 그리고 인재 확보 의지와 일치하는지 주기적으로 점검해야 한다.

연례 또는 반기 직원 설문조사에서는 다음과 같은 문항에 대해 1점(전혀 그렇지 않다)부터 5점(매우 그렇다)까지의 척도로 응답하자.

- 우리 팀원들은 회사의 원칙을 잘 따르고 있다(각 원칙을 구체적으로 나열할 수도 있다).
- 나는 우리 회사를 일하기 좋은 곳으로 추천할 것이다.
- 우리는 지속적으로 우수한 인재를 채용하고 있다.
- 누군가 맡은 역할을 제대로 수행하지 못하고 있을 때, 조치를 취한다.

채용이 빠르게 진행되고 변화가 많은 시기에는 매월 펄스 서베이를 실시하여 다음과 같은 문항에 대해 평가하도록 할 수 있다.

- 우리 팀 신입 직원들은 빠르고 효과적으로 적응하고 있다.
- 지난 6개월간 우리 팀에 채용된 사람들은 기존 팀원들의 수준에 부합하거나 그 이상이다.
- 함께 일하는 사람들은 야심 차고 열심히 일한다.
- 함께 일하는 사람들은 친절하고 이타적이다. 그들은 자신보다 회사와 팀 전체를 위해 일한다.

- 우리 팀에서 핵심 역할을 맡은 사람들은 그 일에 적합한 사람들이다.

지원자 추적 시스템이나 사내 설문조사 데이터는 유용한 출발점이지만, 세부 통찰을 제공하지는 않는다. 진정한 통찰은 채용 과정에서 수집된 데이터와 입사 후 성과 데이터를 결합할 때 비로소 얻을 수 있다. 이는 다소 번거로운 작업일 수 있다. 지원자 추적 시스템과 워크데이Workday 같은 HR 정보 시스템, 공식적인 성과 평가 방식(5장 참조)에서 나온 데이터를 자동으로 통합할 수 있다면, 특히 회사가 성장하는 시점에서는 다음과 같은 매우 귀중한 통찰을 얻을 수 있다.

- **입사 후 12개월 동안의 신입 사원 성과 데이터와 채용 과정에서의 성과 비교.** 간단한 방법은 6주, 12주, 6개월 등 특정 시점에 관리자에게 간단한 성과 설문조사를 보내는 것이다. 이보다 까다롭지만 유용한 방법은 감성 분석 툴과 같은 도구를 활용해 면접 피드백 내용을 샘플링(선별)하는 것이다. 예를 들어 면접에서 '회복탄력성이 있다'는 긍정적 표현이 자주 언급된 후보자들이 실제로 높은 성과를 냈는지 분석해, '성과가 높다' 또는 '상관이 없다'와 같은 결론을 도출함으로써 면접 기준을 더 정교하게 다듬을 수 있다(이러한 분석 방법은 한국에서는 많이 활용되고 있지 않으나, 면접 평가 기준의 객관성과 신뢰도를 높이는 효과적인 방법 중 하나임-옮긴이).
- 면접관의 채용 여부 추천과 연계된 **장기 성과 데이터**의 비교 분석(시간이 흐름에 따라 축적된 성과 데이터를, 인터뷰 당시의 채용 또는 비채용 판단 여부와 연결하여 분석한 것-옮긴이).

'false negative', 즉 채용에서 합격시켰으면 좋았을 인재를 탈락시킨 경우에 대해 한 가지 덧붙이자면, 다소 낯설게 느껴질 수 있지만 탈락한 지원자들을 대상으로 설문조사를 실시하는 것도 고려해볼 만하다. 초기 서류 심사가 아닌, 최소 1차 면접 이상을 거친 지원자들을 대상으로 하는 것이 좋다. 물론 이들의 피드백이 긍정적이지 않을 수도 있지만, 채용 프로세스를 전반적으로 개선하는 데 도움이 된다.

스트라이프에서는 조정된 '순고객 추천지수net promoter score, NPS' 설문 조사를 주요 도구로 활용한다. 이는 탈락자들에게 "그래도 다른 사람에게 이 회사를 추천할 의향이 있는지"를 1~10점 척도로 평가하게 한 후, 9~10점(추천자) 응답 비율에서 0~6점(비추천자)의 비율을 차감하여 산출한다. 또한 리크루터, 면접 경험, 전반적인 과정에 대한 피드백도 구한다. 탈락자 중 약 20~30%가 응답하며, 평균 조정 NPS는 약 +7점을 기록한다. 이러한 상호작용이 회사에 대한 지속적인 인상을 형성하는 데 중요한 영향을 미칠 수 있음을 기억하자. 채용하지 않은 지원자라 하더라도, 이들의 피드백을 다른 고객의 피드백처럼 중요하게 여기고 귀 기울이자.

이 책을 쓰면서 가끔 이런 생각이 들었다. '빠르게 성장하는 회사의 직원들은 이 책을 읽고 내가 미쳤다고 생각할 거야. 내가 제안하는 조언을 모두 실천하기엔 너무 많은 시간이 걸린다고 생각할 테니까.' 하지만 투자한 시간 대비 기대 이상의 성과를 얻을 수 있는 부분이 있다면, 바로 이 장이다. 채용에는 비용뿐만 아니라 많은 시간과 노력이 들지만, 인재야말로 회사의 가장 중요한 자산이다. 채용을 회사의 기반이 되는 중요한 경험으로 생각하자. 기초가 튼튼해야 단단한 집을 지을 수 있듯이, 경영진을 올바로 채용하는 일도 그만큼 중요하다. 일단 집을 짓고 나면, 그 안에서 팀들이 제대로 작동하도록 집중할 수 있다.

면접 프레임워크와 평가 기준(루브릭): 레벨 2단계 이상의 리크루터 채용 사례

평가 역량:

- 협업
- 성실성
- 피드백 수용 자세
- 내적 동기 부여
- 구조화된 사고
- 회복탄력성
- 책임감

면접 프로세스:

- 리크루터 면접
- 팀 면접(서면 과제와 함께 실행)
- 현장 인터뷰
  - 협업과 성실성: 45분
  - 피드백 수용 자세와 내적 동기 부여: 45분
  - 구조화된 사고(현장 부서장 역할극): 45분
- 회복탄력성 및 책임감: 45분

리크루터 사전 면접

평가 역량:

- 직무 전문성
- 성실성
- 내적 동기 부여

면접 가능자(대체 인력 포함):

- 리크루터

면접 시간: 30분

배경

예시 대화 흐름:

"채용 업무 경험에 대해 좀 더 자세히 들어보고 싶습니다. 중간에 몇 가지 질문을 할 수 있지만, 우선 그 부분부터 시작하겠습니다."

- 채용 과정의 어떤 부분들을 담당해봤습니까?
- 지금까지 다뤄온 채용 규모는 어느 정도였습니까? 채용 외에 어떤 업무를 맡았습니까?(우선순위를 어떻게 정합니까?)
- 사업부와는 어떻게 협력하고 있습니까? 채용 책임자인 현장 부서장과의 관계는 어떻게 구축하고 있습니까?(사업부와의 파트너십은 어느 정도 정립되어 있습니까? 프로세스가 체계적으로 운영되고 있습니까? 프로세스가 혼란스러워서 체계를 잡아야 했습니까?)
- 현재 맡고 계신 역할에서 성공이란 뭐라고 생각하십니까? 해당 역할에 대해 어떤 기준으로 평가받고 있습니까?
- 선택 질문: 직무에 필요한 기술 외에, 지원자가 그 역할에 적합한지 어떻게 평가합니까?
- 선택 질문: 현재 채용 과정에서 한 가지 바꾸고 싶은 게 있다면 무엇입니까? 그 변

화를 어떻게 실행할 계획입니까?

추가 질문(시간 여유가 있다면):

- 최근에 주도한 프로젝트나 프로세스 개선 중 가장 자랑스러운 것은 무엇입니까?
- 회사에서 겪은 어려운 도전은 무엇이었고, 어떻게 극복했습니까?

구분	미흡	양호	우수
채용 전 과정 경험	최근 3년 이상 인하우스 클로징 경험이 없으며, 소싱을 역할의 일부로 하고자 하는 의지가 없음.	최소한 전체 채용 과정에 대한 이해가 있고, 클로징과 소싱 모두 경험한 경력이 있음.	좋은 답변을 제공하며, 최근(1년 이내) 전체 채용 과정을 담당한 경험이 있음.
채용 규모	대규모 채용을 자랑스럽게 여기며, 해당 방식으로 계속 일하고자 함.	현재 규모를 설명할 수 있으며, 수치에 기반한 설명과 함께 대규모보다 품질을 중시하는 성향을 보임.	평균적으로 분기당 4~6건의 고유한 서치 및 7명 내외 채용 등 우리 기준에 부합함.
비즈니스 파트너십	비즈니스에 대한 오너십이나 협업 의지가 부족하고, 관계를 거래로만 인식함.	높은 오너십을 보이는 컨설팅적 접근, 단순 거래 관계가 아닌 파트너십으로 인식함.	비즈니스 파트너십에서 구체적인 사례를 제시하며, 관계 구축과 활용의 중요성을 인식함.
성과 인식	성과 지표 언급을 회피하거나 측정되기를 원하지 않음, 혹은 결과나 수치만 강조하고 '어떻게' 했는지는 언급하지 않음.	데이터 노출 경험이 있고, 자신만의 성과 측정 기준을 구축했거나 더 깊이 있는 데이터 탐색 의지를 보임.	데이터와 증거 기반으로 비즈니스에 영향을 준 구체적인 사례를 설명함.
개선 의지	현재 방식에 안주하며, 변화에 대한 필요나 열의를 드러내지 않음.	자신이 주도하거나 영향력을 행사한 프로세스 개선 또는 구축 사례를 제시함.	우리가 겪는 도전(스케일, 일관성 등)과 유사한 상황에서의 해결 경험을 제시함.
의사소통	비구조적이고 지나치게 장황하며, 면접관의 반응을 제대로 인식하지 못함.	명확하고 간결하며, 적절한 질문을 통해 맥락을 파악함.	명확한 구조와 핵심을 유지하면서도 적극적이며 가치 있는 의견을 제시함.

팀 실무 면접(서면 과제와 병행)

평가 역량:

- 책임감
- 구조화된 사고

면접 가능자(대체 인력 포함):

- 관련 팀원 또는 담당자

면접 시간: 45분

- 면접관 질문 35~45분
- 피면접자 질문 5~10분
- 만족스러운 답변을 얻지 못할 경우 추가 질문이나 심층 질문을 한다. 추가 질문 후 더 깊이 있는 답변을 한다면 해당 질문을 통과한 것으로 간주한다.

질문 1:

모든 역할과 후보자가 각각 다르다는 점을 고려하여, 후보자에게 최종 오퍼를 제시할 때, 우리 회사를 경쟁사와 비교해 어떻게 어필하시겠습니까?

후속 질문:

- 후보자가 문화적 측면에만 집중한다면: 연봉과 같은 재무적 측면은 어떻게 설명하시겠습니까?
- 대기업, 중소기업 등 다른 기업과의 경쟁 상황에서 회사의 장점을 어떻게 강조하시겠습니까? 그 이유는 무엇입니까?

평가 기준(루브릭)			
미흡	부족	양호	우수
회사 가치 제안에 대해 전혀 언급하지 않음.	자사 산업 영역 내 기회나 포지션을 설명하지 못함.	회사의 성장 가능성과 기회에 대해 잘 알고 있으며(산업 이해는 부족함), 경쟁사 대비 설명 가능함.	자사의 가치 제안을 깊이 이해하고 있으며, 경쟁사와 비교해 효과적으로 전달 가능함.
후보자 클로징을 하지 못하고, 스크립트나 매니저에 전적으로 의존함.	장점만 강조하며, 단점이나 개선 중인 영역에 대해 인정하지 않으려 하거나 언급을 피함.	긍정적인 면만 이야기하며, 후보자가 회사 성장에 어떤 영향을 줄 수 있을지에 대해 설명하지 않음.	회사의 강점과 약점을 모두 정직하게 설명할 수 있으며, 리스크와 기회에 대해 솔직하게 이야기하고 후보자의 역할을 회사의 성공과 연결시킬 수 있음.
(후보자의 요청이 비현실적인지 판단하지 못하거나, 대안 제시가 불가능함-옮긴이)	비현실적인 요구를 구분하지 못하며, 다른 접근을 제시할 수 없음.	(비현실적인 요구에 단호하게 대응할 수 있으며, 각 회사의 가치 제안이 다름을 이해하고 후보자가 단순 비교에 빠지지 않도록 유도할 수 있음-옮긴이)	비현실적인 요구에 대해 명확히 반응하고, 회사마다 가치 제안이 다름을 인식하며, 후보자가 단순 비교(동일 조건 비교)에 빠지지 않도록 방향을 제시함.

질문 2:

최근에 진행했던 채용 중 가장 어려웠던 사례는 무엇이었습니까? 그 사례가 특히 도전적이었던 이유는 무엇입니까? 진행 과정에서 어떤 전략을 전환하거나 상황에 적응했는지 말씀해주시기 바랍니다.

후속 질문:

- 그 채용에서 무엇을 배웠습니까?
- 이 채용을 위해 현장 부서장들과 어떻게 협력했습니까? 당신이 맡은 부분은 무엇이었고, 그들이 맡은 부분은 무엇이었습니까?
- 그때 배운 점을 이후 상황에 어떻게 적용했습니까?
- 지원자가 구체적으로 답변하지 않거나 추상적으로 말한다면: 전략을 수정해야 했던 경험이 있었습니까? 어떤 전술을 변경하셨고, 결과는 어땠습니까?
- 그 채용이 다른 채용보다 특히 어려웠던 이유는 무엇입니까? 문제 해결을 위해 동의를 얻어야 했던 이해관계자가 있었습니까? 있었다면 어떻게 동의를 이끌어냈는지 말씀해주시기 바랍니다.

평가 기준			
미흡	부족	양호	우수
어려웠던 채용 사례나 도전 과제를 제시하지 못함.	왜 어려웠는지 불분명하며, 조정이나 개선 없이 비효율적인 방식을 그대로 고수함.	왜 어려웠는지 명확히 설명하고, 문제 해결을 위해 접근 방식을 어떻게 조정했는지 설명함.	정교하고 구조화된 채용 과정을 보여주며, 창의적으로 의사결정권자에게 영향력을 행사함. 성공적인 채용과 같은 성과를 내는 접근 방식을 독립적으로 주도함.
새로운 해결책을 설계할 창의성이 부족하고, 변화는 스스로가 아닌 관리자나 이해관계자의 결정에 따라 이루어짐.	과거 또는 미래의 문제 해결을 위한 제안이나 도전에 대해 성찰하지 못함.	과거의 문제상황과 변화의 필요성에 대해 성찰하고, 다른 팀원들과 협업해 전략적으로 전환하거나 문제를 해결함.	세부사항까지 깊이 있게 파악하고 있으며(즉 현장 부서장이나 상사에게 바로 넘기지 않고 스스로 문제를 해결하려 노력함), 전 과정에 걸쳐 비판적으로 사고함. 또한 프로세스 변경 시 다른 팀원, 현장 부서장, 상사, 이해관계자 등과 전략적으로 협의하고, 그 변경 내용을 효과적으로 소통함.

질문 3:

후보자 풀에서 다양한 인재가 균형 있게 포함되도록 어떤 노력을 기울입니까?

후속 질문:

- 후보자 풀을 확장하기 위해 사용하는 도구나 전략이 있습니까?
- 가장 효과적이었던 방식은 무엇이고, 반대로 효과가 크지 않았던 방식은 무엇이었습니까?
- 채용 관련 파트너들과 다양성·형평성·포용성$_{DEI}$에 관해 보통 언제, 어떤 방식으로 이야기합니까?

평가 기준			
미흡	부족	양호	우수
다양한 후보자 구성을 위한 명확한 접근 방식이 없거나, 조직 내 다른 사람에게 의존함.	인재 브랜딩과 소싱의 중요성은 이해하지만, 구체적인 방법이나 극복할 과제를 설명하지 못함.	다양한 후보자 풀을 만들기 위해 사용한 여러 소싱과 브랜딩 전술을 설명하고, 각각의 장단점이나 어려움을 이야기할 수 있음.	'다양성'이 팀 또는 회사 수준에서 무엇을 의미하는지 정의하고 명확히 설명할 수 있음.
후보자 풀 내 다양성 확보를 위한 전술이나 접근 방식을 설명하지 못함.	상위 단계의 다양성 확보를 위한 일부 전술은 언급하나, 접근 방식이나 그 중요성에 대해 확장해서 설명하지 못함.	다양한 접근 방식에 대해 조사하고 적용하려는 의지를 보이며, 성찰적인 태도를 가지고 있음.	시장 정보나 매핑 데이터를 기반으로 다양한 접근 방식, 도구, 데이터를 설명할 수 있음.
채용 파트너나 동료들과 DEI 주제를 다루는 데 전혀 주도성이 없음.	DEI를 주제로 하거나 파이프라인 다양화를 위해 채용 파트너와 협업하는 경우가 드물며, 필요시 관리자에게 크게 의존함.	조직 내 다양한 이해관계자와 함께 DEI 주제에 대해 인식하고, 필요시 채용 파트너와 협업해 행동함.	채용팀과 파트너들을 교육하고, 그 사례를 구체적으로 제시할 수 있음.
			포용적인 채용 공고와 인터뷰 평가 기준을 설계함.

서면 과제(팀 면접과 병행)

평가 역량:

- 문서 작성 능력

서면 과제 평가자:

- 채용 담당자 및/또는 채용 관리자, 현장 면접 전에 평가

과제 기한:

- 후보자에게 보통 2~3일의 제출 기한을 줌

배경:

두 가지 문서 작성 샘플을 요청한다(내부 커뮤니케이션용 1개, 외부 커뮤니케이션용 1개). 가능하면 기존에 작성한 문서를 제출하게 한다. 현재 직장에 다니지 않아 회사 이메일에 접근할 수 없는 경우, 새로 작성해도 된다.

- **내부 커뮤니케이션:** 현장 부서장에게 보내는 주간 또는 월간 업데이트, 이해관계자에게 보내는 프로젝트 업데이트, 또는 발송된 이메일일 수 있다. 이름과 데이터 같은 기밀 정보를 반드시 삭제해야 한다.
- **외부 커뮤니케이션:** 일반적으로 후보자에게 보내는 메시지다. 면접 준비 자료가 가장 좋다. 행사 초대장, 지원자 연락 이메일 등도 괜찮다. 팀에서 사용하는 형식적인 템플릿(예: 불합격 통보 이메일이나 면접 가능 시간 요청 이메일)은 받지 않는다.

과제 안내문(지원자 추적 시스템을 통해 전송)

[지원자 이름]님 안녕하세요,

앞서 [팀 면접관]과 대화를 나눠주셔서 감사합니다! [팀 면접관]은 대화가 즐거웠다고 하며, 저희는 [직무명] 채용 과정의 다음 단계에도 귀하와 함께할 수 있게 되어 기쁩니다. 다음 단계에는 서면 과제가 포함됩니다.

리크루터로서 우리가 하는 일의 상당 부분이 문서 작업과 관련되어 있으므로, 다음 두 가지 범주의 샘플을 보내주시기 바랍니다.

- 지원자에게 보내는 외부 커뮤니케이션: 면접 준비 자료가 가장 좋습니다. 하지만 행사 초대장, 지원자 연락 이메일, 또는 기타 연락 형식도 괜찮습니다. 팀에서 사용하는 형식적인 이메일(예: 불합격 통보 이메일이나 면접 가능 시간 요청 이메일)이 아닌, 개별적이고 상세하며 유익한 이메일을 보고 싶습니다.

- 현장 부서장, 채용팀, 또는 이해관계자에게 보내는 내부 커뮤니케이션: 이 이메일에는 채용 킥오프 미팅, 지원자 적합성 평가, 프로젝트 업데이트(모집 회의, 이벤트, 또는 기타 계획 등), 또는 발송된 이메일이 포함될 수 있습니다. 이름, 연락처, 데이터 등 기밀 정보는 반드시 삭제해주세요.

이 과제는 영업일 기준 3일 이내에 완료해주시기 바랍니다. 추가 시간이 필요하면 알려주세요. 질문이 있으시면 언제든 답변 드리겠습니다. 완성된 과제는 아래 링크로 제출해주세요.

감사합니다.

[자신의 이름]

평가 기준			
영역	1단계	2단계	3단계
구조	간결하지 않고 혼란스러우며, 실행 요청이나 명확한 목표·성과가 없음. 협업, 전략, 파트너십에 대한 언급이 거의 없고 흐름이 비논리적임.	간결하면서도 어느 정도 구체적임. 하나 이상의 목표 또는 실행 요청이 있으며, 파트너십 또는 성과 중심. 읽기 쉽고 흐름이 논리적임.	간결하면서도 상세함. 명확한 실행 요청과 성공적인 결과를 강조하며, 우선순위에 맞게 구성됨. 협업, 확장성, 측정 가능한 성과를 강조하며 읽기 쉽고 논리적으로 흐름이 이어짐.
문법과 구문	문법, 맞춤법, 구문, 구두점 오류가 많아 리더나 후보자에게 공유 전 재작성 필요.	사소한 문법, 맞춤법, 구문, 구두점 오류가 있음. 약간의 수정을 거치면 리더나 후보자에게 공유 가능.	문법, 맞춤법, 구문, 구두점 오류가 거의 없음. 수정 없이 바로 공유할 수 있는 수준임.
톤	개인적인 톤이 부족하거나 대상 청중과 연결되지 않으며, 개성이 없거나 전문적이지 않음.	적절한 톤을 시도하긴 하나 여전히 청중 참여에 미흡하고 개성이나 톤이 부족함. 다만 전문성은 유지됨.	조직이 선호하는 톤을 잘 반영하며 대상 청중과 잘 연결됨. 친근하면서도 전문적인 표현을 사용함.

채점

서면 과제를 세 가지 범주에 대해 평가하고 점수를 합산해 다음 단계를 결정한다.

7~9점	합격
5~6점	2차 검토 필요(리크루터 또는 현장 부서장)
3~4점	불합격

회사 방문 면접 1: 협업 및 성실성

평가 역량:

- 협업
- 성실성

면접 가능자(대체 인력 포함):

- 채용 담당자, 관리자, 팀원

면접 시간: 45분

질문 1:

상황을 가정해봅시다. 다른 팀과 협업 중인데, 그 팀의 어떤 프로세스가 개선되거나 체계화될 필요가 있겠다고 느낀 적이 있습니까? 그렇다면, 당시 어떻게 대응하셨습니까? 아직 그런 경험이 없다면, 그런 상황에서 어떻게 행동하실 것 같습니까?

후속 질문:

상황:

- 그 팀에게 문제를 알렸습니까? 변화를 실행하는 데 도움을 주었습니까?
- 개선이 필요하다고 느꼈을 경우, 이에 대해 그 팀과 어떻게 커뮤니케이션했습니까?
- 만약 그 팀이 제안에 동의하지 않았다면, 어떻게 대응했겠습니까?

행동:

- 그 상황에서 당신이 가장 먼저 취했을 행동은 무엇입니까?
- 이와 같은 상황을 어떤 방식으로 접근하고 해결하겠습니까?
- 상황을 정확히 파악하기 위해 어떤 정보나 데이터를 수집해야 한다고 생각합니까?
- 팀과 협업하여 변화를 실행하려면 어떤 방식으로 파트너십을 구축하시겠습니까?

결과:

- 이 경험이 향후 다른 변화에 어떤 영향을 줄 수 있다고 생각합니까?
- 이 상황을 통해 얻을 수 있는 핵심적인 교훈은 무엇입니까?
- 이 경험이 다른 팀과의 협업 관계에 어떤 영향을 줄 것이라고 생각합니까?

평가 기준		
미흡	양호	우수
프로세스가 다른 팀에 어떤 영향을 줄 수 있는지와 무관하게 아무 말도 하지 않거나 행동하지 않음. 문제를 인식하고 관리자에게 전달할 수는 있지만, 다른 팀과 협력해 문제를 해결하거나 프로세스를 개선하려는 주도성은 보이지 않음.	다른 팀과 협력하여 문제를 해결하려고 노력하고, 협업을 통해 어느 정도 해소하려는 모습은 보이지만, 변화가 조직 전체에 미치는 영향이나 장기적인 관점은 설명하지 못함.	다른 팀과의 협업에서 효율성을 보이며, 제안된 변화를 조직의 더 큰 목표와 연계하여 우선순위를 정하고 실행함. 변화가 국지적인 문제인지, 조직 전체의 조정이 필요한 사안인지를 구분할 수 있음.
결정을 어떻게 내렸는지에 대한 설명이 없으며, 데이터 기반 접근이 부족함.	데이터를 활용해 결정을 내려야 한다는 인식이 있으며, 변화의 성과를 측정하기 위해 1~2개의 지표를 공유함.	변화의 성과를 측정하기 위한 지표를 구체적으로 제시하며, 해당 데이터를 기반으로 향후 개선 방향까지 제안함.
		핵심 업무 범위를 넘어서더라도 다른 사람을 돕고자 하는 의지를 보임.

질문 2:

여러 가지 책임, 프로젝트, 작업 등을 어떻게 관리하고 있습니까?

후속 질문:

상황:

- 지금 어떤 업무들을 동시에 진행하고 있으며, 그중 무엇에 우선순위를 두고 있습니까?

행동:

- 무엇을 기준으로 우선순위를 정합니까?
- 이해관계자들에게 업무의 우선순위에 대해 어떤 방식으로 소통합니까?

결과:

- 여러 업무를 동시에 처리하는 과정에서, 우선순위 설정에 대해 배운 점이 있다면 무엇입니까?
- 현재의 우선순위를 설정하는 방식을 어떻게 더 개선할 수 있다고 생각합니까?

평가 기준		
미흡	양호	우수
타 부서와의 협업을 고려하지 않으며, 체계적인 계획 수립이나 우선순위 설정 방식이 없음. 일이 생기는 대로 처리하며, 정리 및 추적 능력이 부족함.	업무를 정리하는 철학은 있으나, 우선순위 설정 방식을 개선할 방법은 제시하지 못함. 다양한 이해관계자를 고려하며, 프로젝트 계획을 스스로 실행할 수 있음.	조직 및 회사의 우선순위에 맞춰 일을 정렬하고, 결과물을 체계적으로 추적·보고하는 도구와 방법을 갖추고 있음. 개선 가능성도 인식하고 있으며, 협업을 통한 문제 해결 능력이 뛰어남. 업무 흐름을 정의하고 담당자를 지정할 수 있으며, 진행 상황 추적 및 문제 해결 방식도 설명 가능함.
문제를 체계적으로 사고할 수 있는 방식이 없음.	우선순위 설정에 구조적인 접근은 할 수 있으나, 전체적인 관점을 가지고 판단하지는 못함.	전체적인 조직의 우선순위에 부합하도록 사고하며, 철저하고 구조적인 방식으로 우선순위를 정함.

보너스 질문(시간이 된다면):

새로운 역할을 맡거나 새 회사에 입사할 때, 성공적으로 적응하기 위해 어떤 준비나 행동을 하십니까?

후속 질문:

상황:

- 현재 맡은 직책을 수행하기 시작할 때 무엇을 했습니까?

행동:

- 온보딩 시 학습 과정에서 가장 유용했던 자원은 무엇이었습니까?

결과:

- 이전 회사에 입사했을 때 아쉬웠던 점은 무엇이었습니까? 향후 새로운 역할을 맡았을 때 어떤 요소가 갖춰져 있으면 더 잘할 수 있을 것 같습니까?

평가 기준		
미흡	양호	우수
방법에서 자율성이나 자기 주도성이 거의 없으며, 타인에게 의존함.	기존에 제공된 지원 구조를 활용하되, 스스로 시작하고 문제를 해결하려는 능력을 보임.	높은 자율성과 문제 해결력, 자기 주도성을 기반으로 한 접근 방식을 보임.
훈련이 부족했던 사례를 말할 때, 타인이나 시스템 탓을 함.	지원이나 피드백, 질문을 위해 적극적으로 접근함.	제공된 자료 외의 추가 리소스를 적극적으로 찾고, 단순히 '무엇'이 아니라 '왜'에 대해서도 이해하려 함.
훈련 프로세스를 어떻게 개선할 수 있을지에 대한 피드백이나 예시를 제시하지 못함.	긍정적이고 성찰적인 피드백을 제공하지만, 다소 창의성이 부족하거나 실행 가능성이 낮음.	훈련 경험을 개선하기 위한 명확하고 성찰적인 피드백을 제공하며, 제안은 기존 프로세스의 문제점을 명확하게 짚고 있음.

현장 면접 2: 피드백 수용 자세와 내적 동기

평가 역량:

- 실수를 인정하고 피드백을 수용
- 내적 동기

면접 가능자(대체 인력 포함):

- 관련 팀 관리자와 팀원

면접 시간: 45분

질문 1:

당신이 주도했거나 참여했던 프로젝트에서, 사용자·타 부서 팀원·외부 전문가 등으로부터 받은 피드백을 바탕으로 설계나 솔루션을 결정했던 경험에 대해 이야기해주십시오.

후속 질문:

상황:

- 누가 피드백을 제공했습니까?
- 무엇을 설계하거나 해결하고 있었습니까?

행동:

- 그 피드백은 어떻게 수집했습니까?
- 그 피드백을 어떻게 구현하거나 고려했습니까?
- 그 피드백이 설계나 솔루션에 반영되어야 한다고 판단한 기준은 무엇이었습니까?

결과:

- 그 경험에서 무엇을 배웠습니까?
- 배운 점을 다른 상황이나 프로젝트에 적용해본 적 있습니까?

평가 기준		
미흡	양호	우수
타인의 아이디어를 존중하지 않음.	피드백을 수용하긴 하지만, 어떤 피드백을 우선 적용해야 하는지 판단하는 기준이나 논리적 구조가 부족함.	최적의 영향력과 성공 가능성을 기준으로 피드백의 우선순위를 정하고 적용하는 명확한 사고 과정을 보여줌.
새로운 정보를 고려하더라도 기존 계획을 전혀 조정하려 하지 않음.	새로운 정보나 피드백을 반영해 계획을 조정할 의지는 있지만, 피드백의 질을 판단하거나 우선순위를 고려하지 않고 단순 반영함(예: "현장 부서장이 A를 해야 한다고 해서 A를 했다").	피드백과 새로운 정보를 명확하게 해석하고, 필요한 조정사항으로 전환하는 능력을 보임. 다양한 관점을 반영하기 위해 이해관계자를 파악하고 솔루션을 제시함.
(그 상황에서 배운 점을 전혀 공유하지 못함-옮긴이)	그 상황에서 얻은 교훈이나 배움을 명확히 공유하고, 그것을 다음 상황에 어떻게 적용했는지도 설명함.	학습한 내용을 공유하고, 이를 이후의 상황에 어떻게 적용했는지도 공유함.

질문 2:

당신에게 '성공적인 커리어'란 어떤 모습입니까?

후속 질문:

상황:

- 당신의 커리어 성장 동기는 무엇입니까?
- 이러한 동기는 당신이 찾는 커리어 기회나 성장 방향에 어떤 영향을 줍니까?

행동:

- 이러한 방향으로 커리어를 발전시키기 위해 어떤 실질적인 행동을 해왔습니까?
- 어떻게 자신의 목표를 설정합니까?
- 자기 성장을 위해 어떤 방식으로 책임감을 가지고 실행합니까?

결과:

- 현재 또는 과거의 역할에서 어떤 배움을 얻었으며, 그 경험이 당신의 커리어 비전에 어떤 영향을 주었습니까?

평가 기준		
미흡	양호	우수
커리어 목표가 피상적이며, 직함이나 연봉 등 단순한 요소에만 집중됨.	명확한 커리어 목표를 설정하긴 했지만, 그 목표에 대한 이유나 배경 설명은 부족함.	직함 외의 커리어 요소들을 균형 있게 설명함.
새로운 정보를 받아도 초기 계획을 조정하려 하지 않음.	멘토의 조언을 통해 본인의 경험을 돌아보고 커리어 계획을 조정함.	과거 경험을 기반으로 커리어 목표에 어떤 영향을 미쳤는지 명확히 설명함.
목표와 그것을 달성하기 위한 학습이나 노력 사이의 연관성을 보여주지 못함.	업무를 통해 성장하고 목표를 이루기 위해 새로운 역량을 개발하려는 의지를 보임.	커리어 목표에 더 가까이 다가가기 위해 구체적인 행동을 해왔음.
커리어 성장을 스스로 책임지지 않고, 외부 요인 탓을 자주 함.	대체로 자신의 커리어 개발에 책임을 지지만, 때때로 외부에서 주어진 기회에만 의존함.	자기 계발에 대해 높은 책임감을 느끼고 있으며, 기회 제공을 타인에게만 의존하지 않음.

현장 면접 3: 구조화된 사고(역할극)

평가 역량:

- 구조화된 사고

면접 가능자(대체 인력 포함):

- 관련 현장 부서장과 리더

면접 시간: 45분

면접 형식: 역할극 / 요구사항 수집 미팅

평가 가이드:

- 지원자의 논리적인 문제 해결 접근법과 다양한 답이 나올 수 있는 상황(개방형 시나리오)에서 해결책을 이끌어내고 성공을 측정할 수 있는 능력을 평가한다.
- 효과적인 소통과 신뢰 구축을 통해 채용할 팀들과 강력한 관계를 형성할 수 있을지 평가한다.

상황:

팀에 새로 채용할 자리가 하나 생겼다(기존 역할을 사용할 수 있음). 새 현장 부서장과의 첫 미팅이다.

- 지원자에게 이 과정을 다음 세 부분으로 나눠 다룰 것이라고 말한다.
    1. 상황 또는 역할 정의
    2. 솔루션 수립
    3. 성공 측정
- 기본 정보를 제공한다: 팀에 대한 간단한 설명(기능, 역할, 조직도 등)과 공석(직급, 위치, 기타 관련 정보)

- 지원자가 이 대화를 주도해야 하지만, 필요하다면 아래 질문들을 사용해 더 자세한 내용을 물어볼 수 있다. 이는 양방향 대화이므로 지원자는 적극적으로 질문하고, 가정에 이의를 제기하며, 피드백을 요청하면서 면접관에게서 지침을 얻도록 한다.

과제:

채용 과정을 설명해보라.

섹션 1:

상황 이해 및 정의. 다음은 질문 예시다:

- 이 역할은 어떤 공백을 채우게 됩니까?
- 이 역할은 어떤 팀들과 협업하게 됩니까?
- 팀의 현재 상태는 어떠하며, 미래에는 어떤 모습이어야 합니까?
- 과거에 어떤 채용 전략이 효과적이었습니까?(추천, 소싱, 이벤트 등)
- 단발성 채용입니까, 아니면 여러 자리 중 하나입니까?
- 이 역할에 반드시 필요한 요건은 무엇이고, 있으면 좋은 요건은 무엇입니까?
- 성별, 인종 등 다양성 측면에서 지원자 풀 구성에 대해 무엇을 알고 있습니까?
- 회사가 채용 속도에 대해 어떤 생각을 하고 있습니까? 채용 속도에 대해 회사가 기대하는 전제나 가정은 무엇입니까?
- 후보자에게 회사를 어떻게 소개하고 설득합니까?

팁: 후보자가 증거, 데이터, 대안을 들어 당신의 생각에 이의를 제기한다면 좋은 신호임.

섹션 2:

소싱 전략부터 채용까지 해결책 수립. 다음은 질문 예시다:

- 지원자 풀 전략: 섹션 1에서 얻은 정보를 활용해 적합한 지원자를 어떻게 찾습니까?
- 채용 공고의 직무 기술서: 필수 요건을 어떻게 명시하고, 해당 직무와 회사의 장점을 어떻게 부각시킬 수 있습니까?

- 광고 및 홍보 채널
- 면접 기준: 섹션 1에서 파악한 직무 요구사항을 어떻게 반영할 계획입니까?
- 팀 차원의 참여도: 팀원들이 채용 과정에 얼마나 적극적으로 참여합니까?(예: 후보자 소싱, 네트워크 추천 등)

섹션 3:

성공 측정. 다음은 질문 예시다:

- 목표 달성 여부를 추적하기 위해 어떤 데이터나 지표를 사용할 계획입니까?
- 진행 상황과 문제점 소통에 대해 어떤 기대를 하고 있습니까?
- 채용 담당자에게 기대하는 바는 무엇입니까? 협력 관계는 어떤 모습이어야 합니까?
- 성공은 어떤 모습입니까?
- 접근 방식을 어떻게 조정합니까?(예: 3주 안에 X명의 현장 면접을 못 보면 방향을 바꿔야 합니까?)
- 기준을 어떻게 벤치마킹합니까?
- 실패를 어떻게 관리합니까?
- 이 채용 과제의 성공 또는 실패가 향후 전략에 어떤 영향을 미칠 것으로 보십니까?

평가 기준		
미흡	양호	우수
피드백이나 유도질문에 반응하지 않음.	현장 부서장의 피드백을 잘 수용하지만, 대화의 일부를 주도하는 데는 의존적임.	대화를 주도하고 채용 관리자의 지식 기반을 효과적으로 활용하며, 상황에 맞게 누구에게 정보를 공유할지 알고 있음.
사고가 분산되어 있으며, 해결 방안을 구조적으로 설명하지 못함.	문제 해결에 대한 초기 접근 방식은 적절하나, 새로운 정보나 복잡한 요소가 주어졌을 때 유연하게 접근하지 못함.	구조적 사고와 체계적인 문제 해결 접근 방식을 보이며, 현장 부서장이 새로운 정보나 복잡한 요소를 제공했을 때도 효과적으로 문제에 접근함.
역할극 내내 쌍방향 소통을 유도하지 않음(예: 질문 목록만 쭉 나열하고, 상대방의 의견을 확인하거나 피드백을 수집하지 않은 채 해결 방안을 제시함).	기본적인 직무 관련 질문은 하지만, 이전 채용 사례의 성공 여부, 해당 역할의 맥락과 책임을 더 잘 이해하려는 심층 질문은 부족함.	상황을 파악하기 위한 좋은 질문들을 던지며, 준비된 질문 리스트의 대부분을 커버함(리스트에 없는 창의적인 질문을 하면 보너스). 질문이 전술적 역할 요건(예: 핵심 역량 세 가지, 있으면 좋은 요소 등)을 넘어서, 역할을 어떻게 정의해야 하는지까지 폭넓게 사고하는 능력을 보여줌.
솔루션 제안이나 성공 여부 측정 시, 데이터나 리서치를 언급하지 않음.	정성적, 정량적 데이터를 활용해 성공을 측정해야 하는 중요성은 언급하지만, 구체적으로 어떤 데이터와 인사이트가 영향을 줄지는 설명하지 못함.	정성적·정량적 데이터를 모두 활용하여 프로세스, 전략, 방향성을 정의함. 어떤 지표를 활용할 것인지와 그 이유를 명확히 설명할 수 있음.
자신이 제시한 계획을 고집스럽게 고수함.	계획을 조정할 의지는 있지만, 구체적인 조정 방법이나 기준은 제시하지 못함.	진행 과정 중 반복하거나 성공 여부를 평가할 의도를 분명히 함(예: '인터뷰를 몇 번 진행한 뒤, 다시 확인해서 방향을 조정하자'와 같이 표현함).

현장 면접 4: 회복탄력성과 책임감

평가 역량:

- 회복탄력성
- 책임감

면접 가능자(대체 인력 포함):

- 관련 채용 리더

면접 시간: 45분

질문 1:

일을 완수하기 위해서는 장애물이나 방해 요소가 있더라도, 비범한 끈기와 결과 중심의 태도가 필요할 때가 있습니다. 목표 달성을 위해 매우 끈기 있게 행동한 경험에 관해 이야기해보십시오.

후속 질문:

상황:

- 당시 당신의 목표는 무엇이었습니까?
- 어떤 장애물에 직면했습니까? 그 장애물은 무엇 때문에 생겨난 겁니까?

행동:

- 당신이 보여준 끈기나 집요함의 구체적인 사례를 든다면 무엇이 있을까요?
- 그 목표를 달성하기 위해 누구와 협업했습니까?

결과:

- 결국 그 목표를 달성했습니까?
- 그 경험을 통해 무엇을 배웠고, 이후 어떻게 적용했습니까?

평가 기준		
미흡	**양호**	**우수**
동기나 추진력을 잃고 타인의 지원에 의존함.	목표를 달성하기 위해 꾸준히 노력하며, 필요시 관리자의 도움을 받아 장애물을 극복함.	장애물의 크기나 난이도와 관계없이 흔들림 없는 목표 집념을 보여줌.
목표 달성을 위한 끈기를 보여주지 못하며, 협업의 기회가 있어도 팀원을 활용하지 않음.	목표를 위해 취한 행동을 설명할 수 있으며, 팀원과 협업 여부에 대한 이유도 명확히 설명함.	실행한 행동과 그 결과를 명확히 설명하며, 같은 상황이 다시 주어질 경우의 판단까지 성찰함. 협업 여부에 대한 판단 또한 합리적임.
경험을 돌아보고 교훈을 얻지 못하며, 목표도 명확하지 않고 측정 가능하지 않음.	명확한 목표는 있으나 장애물 앞에서 일정 조정이 어렵고, 성공 요소도 명확히 정의하지 못하며, 정성적인 피드백에만 의존함. 경험에서 얻은 교훈은 인식하나, 같은 상황에서 어떻게 피할지는 설명하지 못함.	초기부터 명확한 목표와 마일스톤을 설정하고, 장애물에 따라 유연하게 조정함. 데이터 기반으로 성공을 측정하고, 경험에서 배운 교훈을 바탕으로 향후 유사 장애를 피할 방안을 제시함. 과정을 통해 배우고 성장하는 데 헌신적인 태도를 보임.

질문 2:

팀의 우선순위나 전략과 관련해 어려운 결정을 내려야 했던 경험에 대해 이야기해주시겠습니까?

후속 질문:

상황:

- 무엇에 대한 결정이었습니까?
- 당시 고려했던 선택지들은 무엇이었고, 그것들을 어떻게 비교하고 평가했습니까?
- 결정을 내리는 데 있어 다른 사람들과 어떻게 상의했습니까?
- 데이터나 외부 관점을 어떻게 수집하고 활용했습니까?
- 의사결정 과정에서 회사의 어떤 가치를 고려했습니까?

행동:

- 당신이 내린 결정을 어떻게 팀에 전달했습니까?
- 그 결정에 대해 회의적이거나 반대하는 의견에는 어떻게 대응했습니까?
- 당신의 결정을 어떻게 설득하고 방어했습니까?

결과:

- 내린 결정의 최종 결과는 무엇이었습니까?
- 그 결정을 더 잘 내릴 수 있도록, 어떤 데이터가 더 있었으면 좋았을 것 같습니까?

평가 기준		
미흡	양호	우수
충분한 근거 없이 성급하거나 정보가 부족한 상태에서 결정을 내림.	의사결정을 위한 신중한 접근은 했으나, 더욱 탄탄한 데이터 소스를 활용했으면 더 나았을 상황.	다양한 선택지를 평가할 때 데이터를 기반으로 한 균형 잡힌 접근을 보이며, 결정에 데이터를 어떻게 활용했는지 구체적 예시를 듦.
고집스럽거나 독단적으로 행동하며 타인의 의견을 거의 듣지 않고 일방적으로 결정함.	타인의 의견을 받아들이긴 하나, 최종 결정 과정에서는 기존에 관계가 있던 일부 사람들과만 상의한 후 무시함.	의사결정에 대한 회의나 의문이 제기될 때 책임감을 갖고 대응하며, 다양한 의견을 가진 사람들—특히 결정에 영향을 받는 사람들—과 폭넓게 소통하며 피드백을 구함.
결정 과정에서 고려한 회사의 가치를 식별하지 못하거나, 그 가치를 무시함.	회사의 가치를 인정하거나 존중한다고 말하지만, 그것이 의사결정에 어떻게 구체적으로 반영되었는지는 설명하지 못함.	자신의 결정이 회사의 가치 및 우선순위와 어떻게 일치하는지를 명확히 설명함(자기 관점에만 근거하지 않음).
최종 결정에 대한 명확한 설명을 하지 못하며, 상황이 모호하게 남아 있음. 의사결정에 도움이 될 수 있었던 누락된 데이터도 식별하지 못함.	최종 결정에 대해 간결하게 설명하고, 데이터의 부족한 부분을 인식하지만 그 데이터를 어떻게 확보할 수 있는지는 설명하지 못함.	자신의 의사결정 결과에 대해 성찰적으로 되돌아보며, 그 결정이 모든 이해관계자에게 가져온 이점과 한계를 모두 설명함. 또한 결정 당시에 있었으면 좋았을 데이터가 무엇인지, 충분한 리소스가 주어졌다면 어떻게 그 데이터를 확보할 수 있었을지를 설명함. 그리고 비슷한 상황에서 그 데이터를 어떻게 활용했을지, 그 데이터가 의사결정에 어떤 영향을 주었을지를 명확히 설명함.

면접 질문 예시

온라인에는 면접 예상 질문이 많이 올라와 있다. 중요한 것은 질문하는 내용에 일관성을 유지하고, 상황에 관한 질문("이 상황을 어떻게 다룰 것인가?"), 행동에 관한 질문("극복한 도전에 대해 말해보라"), 역량에 관한 질문("마지막으로 만든 엑셀 모델과 방법을 설명해보라")을 골고루 하는 것이다.

다음은 스트라이프 CTO인 데이비드 싱글턴에게서 받은 질문 예시다. 일반적인 면접에서 자주 묻는 질문들은 아니지만 유익한 답변을 얻을 수 있다. 질문에 대한 답변에서 찾을 수 있는 요소들(질문의 의도)도 소개한다.

1. 다른 사람들과의 협업

팀이나 회사의 성공을 위해 꼭 필요하지만 즐겁지 않은 일을 했던 경험에 대해 이야기해주십시오.

후속 질문: 어떻게 그 일을 맡게 됐습니까? 무엇을 성취했습니까? 다시 기회가 주어진다면 무엇을 다르게 하겠습니까?

요구사항: 지원자가 일에 대한 개인적인 감정과 상관없이 열정적인 태도로 빠르게 습득하고 실행할 수 있는 능력이 있는가? 적극적으로 자원해서 일을 맡겠다고 하면 더욱 좋다.

당신이 속했던 팀 중 사기가 가장 낮았던 팀에 대해 이야기해주십시오.

요구사항: 지원자가 팀에 활기를 불어넣었는가? 상황을 개선하려 노력했는가? 아니면 도망쳤는가?

동료들과 유대감을 가장 강하게 느꼈던 순간은 언제였습니까? 유대감을 느끼기 어려웠을 때 어떻게 적응했는지 이야기해주십시오.

요구사항: 지원자가 어려운 상황에서 다른 이들과 함께 일할 때 유머 감각 있고 긍정적이며 생산적인 태도를 보여주었는가? 어려운 상황에서 다른 이들에게 힘이 되어주고

협력적인 태도를 보였는가? 팀의 성과와 동료로부터 배우는 것을 가치 있게 여기는가?

2. 업무 수행

가장 자랑스러웠던 프로젝트는 무엇입니까? 그 프로젝트에서 어떤 기여를 했습니까?

    요구사항: 도전적인 일을 찾는가? 익숙하지 않은 경험을 헤쳐나가는 것을 가치 있게 여기는가? 이 프로젝트가 조직에 큰 영향을 미쳤는가?

프로젝트를 완수하기 위해 노력을 기울였던 경험에 대해 이야기해주십시오.

    요구사항: 극복해야 했던 장애물의 구체적인 내용은? 다른 사람들이 뛰어난 업무를 수행하도록 어떻게 영향을 미쳤는지 이야기할 수 있는가?

주도했던 프로젝트 중 실패한 경험에 대해 이야기해주십시오. 실패한 프로젝트에서 어떤 역할을 했습니까? 무엇을 배웠습니까? 다시 동일한 기회가 주어진다면 무엇을 다르게 하겠습니까?

    요구사항: 답변이 책임감, 성장 마인드, 자기 성찰 및 자기 비판 능력, 회복력, 실수로부터의 학습을 보여주는가? 다른 사람이나 상황을 탓하지 않는가?

3. 개인적 동기 부여

일이 어려울 수 있고, 삶의 유일한 관심사가 아닐 수 있습니다. 여러 요구사항 사이에서 균형을 잡는 접근 방식은 무엇인가요?

    요구사항: 회복력이 있는가? 집중력을 유지하기 위해 필요한 일을 할 수 있는가? 상황을 구분하고 집중력을 유지하는 방법(예: 운동, 치료, 유연한 근무 일정)에 대한 자기 인식이 있는가? 일에서 의미를 찾는 방법은 무엇인가? 필요할 때 상황이 정말 힘들어지면 사람들과 협력하여 대책을 세우는가?

    가점사항: 주변 사람들도 같은 일을 할 수 있도록 돕는가? 다른 사람들을 돕는 방식에서 자기 일의 목적을 찾는가?

    감점사항: 어려운 상황에서 주로 동료들에게 의존하는가? '나는 아무 문제 없다'고 생

각하는 자기 인식이 부족한 사람인가?

현재 맡은 일 중에서 가장 마음에 들지 않는 부분이 있습니까? 대표적인 사례를 설명해주십시오.

후속 질문: 어떻게 해결했습니까? 또는 해결을 시도했습니까?

요구사항: 문제에 대해 불평하기보다는 해결하는 데 집중하는 태도를 보이는가?

팁: 예시를 설명하게 한 다음, 중요한 의미가 있고 실질적인 것인지 평가하라.

요즘 가장 몰입하고 있고, 열정을 느끼는 것이 있다면 무엇인가요?

요구사항: 열정적으로 하고 있는 것이 있는가? 에너지 넘치고, 낙관적인가? 열정을 전달할 수 있는가?

4. 리더십

당신이 함께 일해본 리더 중에서 가장 훌륭하다고 생각하는 리더에 대해 이야기해주십시오.

요구사항: 리더가 이타적이고, 결과 지향적이며, 친절했는가? 효과적인 지표를 제시하거나 피드백을 주었는가? 어떤 종류의 피드백을 주었는가?

후속 질문: 그가 최고의 리더라고 생각하는 이유는 무엇입니까?

팁: 답변 이면의 이유를 깊이 파고들어라. 그 리더가 지원자에게 최고의 리더였던 이유를 명확하게 설명할 수 있다면, 그 사람이 누구인지는 중요하지 않다.

후속 질문: 그 리더의 단점은 무엇인가?

팁: 지원자가 리더에게서 중요하게 여기는 것이 무엇인지 알 수 있는 있는 질문이다. 예를 들어 지원자가 외적인 영향력을 중요하게 여기는지, 아니면 실수나 실패에 대해 두려움 없이 일할 수 있는 분위기를 조성하는 것을 중요하게 여기는지 파악할 수 있다.

정해진 시간이 매우 촉박한 상황에서 중요한 일을 마무리하기 위해 온전히 몰입했던 경험이 있다면 이야기해주세요.

후속 질문(엔지니어링 관련): 처리했던 최악의 사건과 그에 대한 접근 방식에 대해 말씀해주세요.

요구사항: 필요한 경우 모든 수단을 동원하고 밤을 새워 일할 준비가 되어 있는가? 비상 연락을 받고 업무를 수행할 의지가 있는가? 압박받는 상황에서 침착한가? 문제가 발생했을 때 해결책을 제시할 수 있는 리더인가?

당신이 지금까지 채용한 사람 중에서 최고의 인재는 누구였나요? 왜 그렇게 생각하나요?

팁: 특정 개인이어야 한다. 채용한 지원자의 역할과 채용 과정에 대해 자세히 물어보라.

후속 질문: 왜 그 사람을 채용했습니까? 역할에 적합했던 이유는 무엇입니까? 그의 단점은 무엇이었습니까? 단점에도 불구하고 뛰어난 성과를 낼 것이라고 어떻게 확신했나요? 실제로 그 역할에서 어떤 성과를 냈습니까? 그 이유는 무엇이었나요? 예상과 다른 점은 무엇이었나요?

요구사항: 인재 유치와 결정을 막힘 없이 능숙히 하는가? 채용과 팀 구축을 효과적으로 하는가? 좋은 채용 과정을 개발하고 실수로부터 배울 수 있는가?

서면 과제 예시

지원자에게 적절하고 잘 구성된 서면 과제를 완성하도록 요청하는 것은(명확한 지침 제공 필수) 조직 문화가 시간 엄수와 성실성을 중요하게 여긴다는 것을 알릴 기회다. 서면 과제를 제시간에 고품질로 제출하는 지원자는 이러한 자질을 중요하게 여긴다.

제품 관리자 서면 과제

이 과제는 완성하는 데 약 3시간이 걸리며, 몇 페이지를 넘지 않아야 한다. 회의 전에 보낼 사전 자료로 생각하자. 이 답변을 통해 서면 의사소통, 제품 감각, 데이터 분석, 기술적 추론 및 범위 설정, 비판적 사고, 전략적 사고, 문제 해결 능력을 평가할 것이다.

과제를 수행하면서 합리적인 가정을 하자. 이 과제의 목적상 모든 데이터 분석은 엑셀이나 구글 스프레드시트에서 수행할 수 있으며, 모든 데이터 정의가 제공된다.

과제:

사용자들은 우리 제품을 좋아하지만, 때때로 이탈하기도 한다. 우리는 이를 매우 심각하게 받아들인다. 이탈 데이터[데이터 링크](실제 수행 시 데이터 파일 혹은 링크 제공 예정)를 분석하라. 이탈 원인은 무엇인가? 데이터에서 가장 중요한 시사점은 무엇인가?

고객 유지율 개선을 위한 로드맵을 구상 중이라고 가정하라: 이탈을 줄이기 위해 어떤 프로젝트와 제품 변경을 우선순위로 둘 것인가? 제품 감각과 기술적 사고를 보여줄 수 있을 만큼 구체적인 답변을 제시하라.

서면 과제 채점

요구 역량 및 특성:

- 문서 커뮤니케이션
- 데이터 분석 및 데이터 기반 실행 능력
- 고객 중심 사고
- 제품 감각

평가 기준

각 지원자를 총 12점 만점으로 평가한다: 문서 커뮤니케이션, 데이터 분석, 고객 중심 사고, 제품 감각 각각 3점씩. 총점에 따라 다음과 같이 면접 결정이 내려진다.

결정 기준	
점수(12점 만점)	결정
11~12	매우 찬성
8~10	찬성
7	보류/판단 필요
6 이하	반대

평가 기준			
기술	미흡(1점)	양호(2점)	탁월(3점)
문서 커뮤니케이션	이해하기 어렵고, 장황하거나 지저분함.	결과물이 이해하기 쉽고 핵심 내용을 잘 전달함. 구조적이며 간결하고 명확함.	사전 공유 자료로 보내도 될 만큼 완성도가 높고, 논리적이며 잘 구성되어 있음.
데이터 분석 및 데이터 기반 실행 능력	기초적인 요약만 제공하거나, 어떤 데이터 조각이 중요한지 구분하지 못하고 피벗 테이블만 나열함(예: 어떤 데이터가 가장 영향력이 큰지에 대한 명확한 접근 없이, 모든 데이터를 피벗 테이블로 단순 나열함). 분석 결과가 제안된 행동과 거의 연결되지 않거나, 서로 모순됨. 명백한 오류 존재.	데이터에서 도출된 결론이 명확하고 정확함. 어떤 데이터가 중요한지, 왜 실행 가치가 있는지 설명하고, 인사이트를 실행 가능한 '그래서 어떻다고?$_{so-what}$'로 해석함.	소수의 중요한 지표를 선택해 다음 단계 실행을 안내하고, 그것이 비즈니스에 미치는 영향을 설명함. 데이터로 드러난 문제를 해결하기 위한 명확한 실행 방향을 제시함.
고객 중심 사고	고객 세그먼트와 니즈를 구분하지 못하고, 세그먼트별로 차별화된 제안을 하지 못함. 특정 고객군을 '대응 불가능'하다고 간주하며 배제함(예: 피인수 기업은 고려 대상에서 제외 등).	고객 니즈를 이해하고, 고객 세그먼트에 따라 구체적인 제안을 제공함.	고객 인사이트와 니즈를 연습 전반에 걸쳐 반영함(한 부분에만 제한되지 않음).

평가 기준			
기술	**미흡(1점)**	**양호(2점)**	**탁월(3점)**
제품 감각	제품 아이디어가 불명확하거나, 사용자 혹은 비즈니스 임팩트와 연결되지 못함(예: '이유를 조사하라'는 단계만 반복하고 구체적인 제품 솔루션은 없음).	해결이 필요한 제품 격차를 설명함. 왜 이 투자 아이디어가 가치 있는지 균형 잡힌 논리를 제시하지만, 우선순위가 모호할 수 있음.	창의적이고 구체적인 제품 아이디어를 제시하며, 사용자 또는 전략적 영향 측면을 강조하고, 무엇이 가장 중요한지에 대한 명확한 우선순위를 제시함. 자신의 아이디어에 독창적인 요소가 있음을 설명함(예: 해당 시장 진입Go-to-Market 전략이 모든 세그먼트에 일반적으로 적용되는 것이 아니라 특정 세그먼트에 특화되어 있음, 추진 시 예상되는 기술적 복잡성이나 기타 리스크를 명확히 언급함 등). 또한 산업 전반의 맥락 속에서 제안하며, 장기적인 비즈니스 성공에 미치는 영향까지 함께 논의함.

후보자 최종 심의CR: 의사결정 체계

우리는 엔지니어를 채용한 뒤에 팀에 배치하는 방식을 자주 사용하므로, CR은 현장 부서장 역할과 공정성 확보 역할을 동시에 하는 과정이라고 볼 수 있다. 위원회는 각 후보자에 대한 면접 평가, 채용 여부 추천, 직급 결정을 검토하고 최종 채용을 승인한다.

1단계: 후보자 서류 접수

CR은 리크루터로부터 다음과 같은 후보자 관련 정보를 받는다.

- 이력서
- 작성된 면접 평가표와 채용 위원회 평가표
- 채용 여부 추천:
  - 회사에는 적합하나 우리 팀에는 부적합(이 결과는 매우 드물며 명확한 근거 필요)
  - 회사 채용
  - 팀 채용
  - 불채용
- 직급 결정

이 후보자 관련 정보는 각 CR 검토자와 공유된다.

2단계: 채용 위원회 평가표와 채용 관리자의 평가 근거 검토

채용 위원회 평가표 검토:

- 평가표는 지원자가 보여준 능력, 기술, 자질을 쉽게 파악할 수 있게 해주며, 각 면접에 대한 점수(매우 반대, 반대, 중립, 찬성, 매우 찬성)를 기호로 표시한다.
- 각 점수는 면접 평가 기준에 따라 지원자의 평가 결과에 대해 합리적으로 객관적인 개요를 제공한다.
- CR은 이 피드백을 가장 먼저 검토하며, 가장 표준화된 평가 기준을 바탕으로 판단을 내린다. 평가표가 완성되지 않은 면접 서류들은 검토하지 않는다.

현장 부서장 판단 근거 검토:

- 이 검토 섹션에는 면접과 채용 위원회 논의 중에 나온 주관적인 관찰 내용도 포함될 수 있다. 특히 논의 결과가 객관적 평가표 결과와 다를 경우, 위원회가 어떻게 결정에 도달했는지 명확히 해야 한다.
- 주의: 불일치가 나쁜 건 아니지만, CR에서는 위원회 논의가 평가표 결과와 다른 경우를 알고 있어야 한다. 평가표에서는 이를 '채용 관리자 판단 근거' 또는 '해결된 우려사항(FUD: 두려움(F), 불확실성(U), 의심(D))' 항목에 미리 언급해야 한다. 이렇게 하면 CR이 추가 정보를 요청하는 횟수를 줄일 수 있다.
- 판단이 명확한 경우, 현장 부서장은 '채용 불가' 또는 '채용 확정'으로 간단히 적을 수 있다.
- 판단이 명확하지 않거나 객관적인 평가표 결과와 다를 경우, 현장 부서장이 어떤 논리로 최종 결론에 도달했는지 설명할 기회다.

3단계: 평가표 확인

채용 위원회 평가표 검토 후, CR 참가자들은 개별 면접 평가표를 읽고 다음을 확인한다.

- 평가 기준 항목과 일치하며 관련이 있는지
- 주관적 기준에 근거하지 않았는지(주관적 관찰은 별도의 평가 메모에 기록하고 논의할 수 있지만, 평가표 결과는 해당 면접의 평가 기준 항목에만 기반해야 함)
- 평가가 너무 관대하거나 엄격하지 않은지
- 평가 기준을 정확히 반영하고 있는지

4단계: 논의, 채용 결정, 이력서 검토

이 단계에서 심의 참가자들은 다음을 파악해야 한다.

- 채용 위원회 평가표의 객관적 면접 결과와 개별 평가표의 평가 항목을 바탕으로 한 예상 심의 결과
- 개별 평가표와 채용 관리자 평가 근거에서 얻은 주관적 정보

CR 리더는 우려사항이나 의견 불일치를 명확히 하고 채용 위원회에 제공할 평가 의견을 파악하기 위한 논의를 시작한다.

마지막으로, CR 위원회는 후보자의 이력서를 검토하여 결과가 타당한지 확인하고 해당 직무 레벨 체계에 명시된 커리어 기준과 대략 일치하는지 확인한다.

패널이 동의하면 CR 리더는 다음 결과 중 하나를 선택한다.

- 제안한 직급으로 채용
- 더 높은 직급으로 채용
- 더 낮은 직급으로 채용
- 불채용: 채용 위원회 결과 번복
- 불채용: 채용 위원회 결과 확정
- 미정: 추가 정보 요청

5단계: CR 결과가 포함된 CR 평가표 제출

CR 관리자는 CR 면접에 대한 평가표를 제출하고 면접관, 리크루터, 현장 부서장에게 검토 의견을 이메일로 보낸다.

면접관, 리크루터, 현장 부서장은 평가 의견 양식을 통해 CR에 평가 의견을 제공하여 피드백 루프를 완성하고, 지속적으로 개선한다.

내부 이동 직원을 위한 관리자 가이드

회사 내 다른 팀으로 직원이 이동할 때(사내 인사이동), 그들의 기존 관리자가 해야 할 일에 대한 3단계 가이드다.

1. 현재 관리자가 직원과 만나 이동을 예고한다.
- 직원에게 이동에 대해 알리고 인사 시스템에서 공식 이동 날짜(새 관리자가 직원 정보와 성과 평가에 접근할 수 있는 시점)를 확인한다.
- 현재 역할, 프로젝트, 강점, 개발 계획을 논의하기 위해 직원, 새 관리자와 함께 이동 미팅을 잡을 것임을 알린다.
- 직원의 질문에 답하거나 인지했음을 확인해준다.

2. 현재 관리자가 이동 미팅을 주최한다.
해당 직원과 새 관리자를 미팅에 초대한다. 모든 관련 주제를 다루고 질문을 받을 충분한 시간을 확보한다. 미팅 예약 시 사용할 수 있는 템플릿과 안건은 다음과 같다.

받는 사람: [직원 이름]
보내는 사람: 현재 관리자
참조: 새 관리자

제목: 관리자 이동 미팅

[날짜]에 있을 이동 미팅을 기대하고 있습니다. 미팅의 주요 목표는 [새 관리자]에게 현재 업무 범위, 진행 중인 업무, 과거 성과와 개발 대화에 대한 정보를 저와 [직원]님이 잘 전달하는 것입니다. 다음 내용을 다룰 예정입니다.

- [직원]님이 현재 업무 책임과 프로젝트 또는 목표를 공유합니다. 제가 [새 관

리자]에게 도움이 될 만한 추가 정보를 보완할 예정입니다.

- [직원]님이 본인의 강점과 개발 영역에 대한 생각을 공유합니다. 이에 대해 우리가 논의하고 함께 노력한 부분을 제가 보충 설명합니다.
- [직원]님의 성장 목표와 개발 영역을 지원하는 방법에 대해 3명이 토론합니다.
- [직원]님이 선호하는 업무 방식에 대해 [새 관리자]에게 공유하고, 제가 이로부터 배울 점이 있다면 보강합니다. 또한 [새 관리자]가 들어두면 좋을 저에 대한 피드백도 제공합니다.
- 논의에서 나온 구체적인 다음 단계들을 모두 요약 정리합니다.

질문이 있으면 알려주세요. 미팅을 기대합니다.

3. 새 관리자가 후속 조치를 한다.

이동 미팅이 끝나면, 앞으로 해당 직원을 관리하게 될 새 관리자가 모든 후속 과제를 이행해야 한다. 이는 새 관리자가 향후 직원과의 관계를 책임지게 되기 때문이다.

클레어와 함께 일하기

나는 2010년에 이 문서의 첫 번째 버전을 작성했다. 당시 나는 구글에서 글로벌 온라인 영업 및 운영팀을 관리하고 있었다. 당시 비서였던 아일랜드 출신의 꼼꼼한 메이브에게 초안을 공유했다. 그녀가 나와 일하는 것에 대해 예리한 관찰을 해줄 것이라 생각했다. 그녀는 읽고 나서 인상을 찌푸렸다. "가장 중요한 걸 빼먹으셨어요!" 그녀가 말했다. "뭐? 중요한 회의를 빠뜨렸나?" "아니요, 재미있게 노는 걸 좋아한다는 것을 언급하지 않으셨어요!"

그녀 말이 맞았다. 나는 깨어 있는 시간의 대부분을 직장에서 보내며, 그 시간이 즐거워야 한다고 생각한다. 그 이후로 '클레어와 함께 일하기' 문서의 모든 버전 끝에 이 내용을 넣었다. 이 내용은 정말로 내 업무 관계의 분위기를 정한다. 개인적인 동기와 업무 방식의 공유가 얼마나 중요한지 깨닫게 해준 계기였다.

이 문서를 작성하는 것은 자기 인식을 위한 좋은 연습이다. 비슷한 구조를 사용하거나 자신만의 방식으로 만들어보길 바란다.

클레어와 함께 일하기: 비공식 가이드

먼저, 여러분 한 사람 한 사람, 그리고 여러분의 팀들과 함께 일하게 되어 정말 기쁩니다.

운영 방식

주간 또는 격주 원온원 미팅

- 일정을 계획할 수 있도록 시간을 일관되게 유지하려 합니다. 저는 공동으로 사용하는 원온원 문서를 사용해 아젠다, 행동 계획, 목표, 업데이트를 추적하는 것을 선호합니다.

주간 팀 미팅(필요시)

- 주간 팀 미팅은 업데이트와 의사결정, 업무 검토 회의 역할을 합니다. 화상 회의와 시차 관리가 필요하더라도 여러분의 준비와 참여를 기대합니다.

분기별 계획 세션

- 사전 준비를 철저히 하고 팀과 파트너들(내부 또는 외부)과 함께 좋은 후속 조처를 할 수 있기를 바랍니다.
- 별도의 QBR이 있을 수 있으며, 업무 계획 회의와 균형을 잘 맞추어 업무량을 관리할 수 있도록 노력할 것입니다.
- 원온원 미팅: 첫 몇 달 동안 커리어 세션을 가질 것입니다. 과거의 경험, 선택의 이유, 미래에 대한 포부 등을 논의할 것입니다. 이를 통해 여러분이 개발하고 싶은 분야와 장기 계획에 대한 포부를 파악할 수 있습니다.
- 개인 목표: 분기마다 여러분 개인의 목표를 3~5개 정도 함께 검토하는 것이 좋다고 생각합니다. 이 목표들은 팀 계획이 아닌, 개인적으로 시간을 투자하는 것들입니다. 분기마다 논의하고, 목표 달성에 필요한 시간, 공간, 지원을 확보할 계획을 세웁니다. 저 또한 3~6개월마다 이를 실행하고 모두와 공유할 것입니다.

팀 관련 사항

- 팀과 일상 업무를 이해하는 데 도움이 될 만한 이메일이나 문서에 저를 포함해주세요. 진행 중인 작업이나 팀원이 훌륭한 성과를 낸 경우, 원온원 문서에 전달하거나 링크를 달아주세요. 저는 진행 중인 작업을 보는 것을 좋아하며, 좋은 성과를 낸 직원들과 직접 만나 설명을 듣고 싶습니다.

앞으로 몇 달 동안 팀원 모두를 직접 만나보고 싶습니다. 그럴 수 있도록 노력하겠습니다.

관리 스타일

협력적

- 저는 매우 협력적이어서 의사결정과 선택지를 함께 논의하고 중요한 사안을 모두가 있는 자리에서 화이트보드에 정리하는 것을 좋아합니다. 한 가지 입장이나 의견을 고수하는 일은 거의 없지만, 단점은 빠른 판단을 내리기 어렵다는 것입니다. 저는 아이디어, 데이터, 선택지를 고려하고 논의해야 합니다. 이러한 성향 때문에 결정이 느릴 수 있으니, 빠른 결정이 필요하면 꼭 알려주세요.

자율 존중

- 저는 세세히 관리하지 않으며, 문제가 없다고 판단되면 세부사항에 개입하지 않습니다. 문제가 있다고 생각되면 우려사항을 말하고 함께 해결 방안을 찾을 것입니다. 다만, 새로운 프로젝트나 팀에 합류할 때는 좋은 리더가 되기 위해 초기에 업무에 깊이 관여할 수 있습니다.
- 대부분의 결정을 제가 판단하는 게 아니라 여러분이 내릴 것으로 기대합니다. 결정을 위해 찾아오면 대개 "어떻게 하고 싶으세요?"라고 물으며 결정을 도울 것입니다. 중요한 결정이 있다면 미리 알려주시기 바랍니다.

책임감 있고 체계적인

- 저는 해야 할 일들을 매우 중요하게 생각합니다. 각자 맡은 일을 정확히 알고 언제까지 완료해야 하는지 파악한 후, 반드시 기한 내에 끝내야 합니다. 독촉하는 것을 싫어하지만 일이 미뤄지는 것은 금방 눈치챕니다. 논의해서 기한을 재조정하는 것은 괜찮지만, 기한이 지난 후에 기한 재조정을 요청하면 곤란합니다.
- 예상 가능한 업무를 마지막 순간에 급하게 처리하는 것을 싫어합니다. 큰 프로젝트나 작업이 예상되면 미리 대비할 수 있도록 알려주고 참여해주세요. 자원이 제한된 상황에서는 우선순위를 철저히 정해야 합니다. 우리 모두의 정신 건강을 위해 그래야 합니다.

데이터 기반

- 데이터와 대시보드를 통해 객관적으로 진행 상황과 결과를 측정하는 것을 좋아합니다. 하지만 데이터에 매몰되거나 숫자를 과도하게 분석하는 것은 피합니다. 정말 중요한 정보를 일관되게 검토하세요. 목표는 데이터를 사용하여 인사이트를 얻는 것입니다. 무슨 일이 일어나는지 알고 있다고 착각하거나 감(느낌)에 따라 답을 찾으려고 해서는 안 됩니다.
- 팀 전체가 공통된 업무 방식을 정하고 따르는 것을 선호합니다. 이후 변경이나 예외를 함께 결정하는 것을 선호합니다. 각자 다른 프로세스와 체계를 만들기보다는 이렇게 통일된 방식을 사용하는 것이 효율적입니다.
- 어떤 주제를 논의할 때 유용한 데이터가 있다면 주저하지 말고 언급해주세요(때때로 저는 분석을 먼저 해야 할 때 직관에 의존하는 경향이 있습니다).

직관적

- 데이터를 중시하지만 사람, 제품, 결정에 대해 직관적이기도 합니다. 사실이나 데이터가 부족한 상황에서도 상황을 처리하는 것을 좋아합니다. 제가 '결론을 서둘러 내겠구나'라고 생각하실 수도 있지만, 성급한 결론을 내리지 않으려 노력합니다. 제 직관이 괜찮은 편이라고 생각하지만, 여기에 얽매이지는 않습니다. 여러분의 역할은 제 의견을 파악하고 함께 논의하여 더 나은 결과를 도출하는 것입니다. 저는 더 나은 결과를 위한 논쟁을 좋아합니다.
- 저는 인재 관리에 직관을 많이 활용하며, 사람을 잘 파악한다는 평가를 받습니다. 성급한 판단을 하지 않으려 노력하지만, 팀원들에 대한 직관적인 제 생각을 제시할 것입니다. 여러분의 역할은 제가 구성원들을 제대로 알 수 있도록 도와주는 것입니다.
- 전체 상황을 파악하기 위해 항상 여러분의 개인적인 일들도 알고 싶어 합니다. 우리는 '일하는 자아'와 '집에 있을 때의 자아'가 분리된 것이 아니라 하나의 온전한 자아라고 믿습니다. 팀원에게 어려운 일이 있다면 지원할 수 있도록 저에게 알려주세요.

전략적

- 일의 최종 결과와 결과에 도달하는 가장 직접적인 방법을 생각하려 노력합니다. 그 과정은 꽤 유연합니다. 혼란스러운 상황이 오면 '핵심은 뭐지? 우리가 해결하려는 문제는 뭐지? 왜 해결해야 하고, 언제까지 해결해야 하지? 어떤 정보가 필요하고, 언제 얻을 수 있지?'라고 생각합니다. 여러분도 이런 방식으로 생각하길 바랍니다. 매일 '내가 할 수 있는 가장 중요한 일은 뭐지?'라고 자문하고, 무엇보다 그 일을 먼저 하려고 합니다. 하지만 때로는 이메일에 파묻혀 그러지 못할 때도 있습니다.
- 저는 팀원들의 요청이나 회의에 너무 자주 응하고 시간을 너무 많이 할애할 때가 많습니다. 이런 모습을 보면 지적해주세요. 사람들과 만나는 것을 좋아해서, 때로는 전략적인 일에 충분한 시간을 쓰지 못할 수 있습니다. 솔직하게 지적해주길 바랍니다.

사용자 중심

- 개별 고객 업무보다는 더 큰 범위에서 많은 고객에게 영향을 미칠 수 있는 일에 더 중점을 두지만, 판매 현황, 고객 문제, 고객 사례, 사용자와의 미팅에 항상 관심이 있습니다. 특히 출장 중에는 더욱 그렇습니다.

의사소통

원온원 미팅

- 구두로 논의하는 것이 좋은 내용이거나 주간 회의까지 기다릴 수 있는 주제일 때 원온원 미팅을 활용합시다. 이메일은 시간이 많이 걸리므로 원온원 미팅을 효율적으로 사용해주세요.
- 원온원 미팅이 한동안 없으면 이메일이나 다른 방법으로 연락해도 좋습니다.

이메일

- 이메일을 빨리 읽는 편이지만 왼팔에 약간의 손목터널 증후군이 있습니다. 지나치게 긴 이메일을 쓰는 것을 좋아하지 않으며, 생산적이지 않다고 생각합니다. 하지만

때때로 이 규칙을 깰 수도 있습니다.

- 모든 이메일을 읽지만 항상 답장하지는 않습니다. 읽었다고 생각해주세요. 직접적인 질문이 있을 때만 답장합니다. 18시간 이내에 읽었다고 생각해주세요. 답장이 필요하다고 생각하면 다시 보내거나 물어봐 주세요. 기분 나빠하지 않을 겁니다.

- 단순 참조 이메일(FYI emails, For Your Information의 줄임말로 단순 정보 공유를 위한 이메일을 의미함-옮긴이)을 좋아합니다. 본 것, 고객의 일화, 기사, 데이터, 팀원의 업적 등을 참조로 보내주세요. 제목이나 전달 내용에 "참조FYI"라고 쓰면 정보용이며 답장이나 긴급한 읽기가 필요 없다는 것을 제가 알게 됩니다. 저도 그렇게 할 것입니다. '참조' = '답장 불필요'.

- 팀 이메일에 저를 추가해서 제가 놓친 것을 축하하는 경우, 저 또한 축하해야 할 신호로 알겠습니다. 이런 일에 저를 포함해주시는 건 감사하지만, 자주 반복되면 의미가 퇴색될 수 있다는 점은 유의해주세요.

채팅

- 중요하거나 긴급한 내용, 또는 간단한 내용이라면 제 상태가 '자리 비움'으로 설정되어 있어도 언제든 연락해도 좋습니다.

- 간단한 질문은 채팅으로 해도 좋지만, 회의가 많아 응답 시간이 일정하지 않을 수 있습니다.

- 내용이 길거나 긴급하지 않은 주제라면 원온원 미팅 때까지 기다리는 게 좋습니다.

전반적으로 저는 소통이 많을수록 좋다고 생각하며, 여러분 개인과 여러분 팀의 상황을 알고 싶습니다. 그러면 제가 여러분을 위해 일을 더 잘할 수 있습니다. 이를 마이크로 매니지먼트라고 생각하지 않지만, 제가 너무 세세한 부분에 관여한다고 느낀다면 알려주세요.

마지막으로, 저는 이메일을 많이 보내는 스타일이 아닙니다. 긴 이메일 교환보다는 간단히 직접 만나서 문제를 해결하는 것을 선호합니다. 그러니 주저 없이 여러분이 먼저 대화를 제안해주세요.

또한 문서화된 계획을 좋아합니다. 슬라이드, 문서, 스프레드시트 등 형식은 상관없지만,

필요할 때 세부적인 작업이 완료됐기를 기대합니다. 진행 중인 작업이 있다면 초기에, 그리고 자주 저를 포함해주셨으면 합니다. 다만, 제가 초안 접근 권한이 있더라도, 보통은 여러분의 요청을 받거나 최종 검토를 할 때만 의견을 제시할 것입니다.

저와 함께 일할 때 알아두면 좋은 점

피드백

- 피드백을 주고받는 것을 좋아합니다. 특히 건설적인 피드백일 때 더욱 그렇습니다. 우리는 함께 성장하기 위해 이 일을 하고 있습니다. 분기마다 공식적인 평가 회의를 갖겠지만, 여러분이 알아야 할 중요한 사항이 있으면 즉시 알릴 것입니다. 여러분도 제게 그렇게 해주길 바랍니다. 여러분의 팀이 어떤 생각과 감정을 품고 있는지 알고 싶습니다. 스킵 레벨skip-level 미팅(부하직원이 직속 상사보다 한 단계 더 높은 상사와 가지는 미팅-옮긴이), 오피스 아워office hour(관리자나 리더가 정해진 시간대에 열어두는 오픈 미팅으로, 구성원이 자유롭게 찾아와서 질문하고 대화를 나누는 시간-옮긴이) 등을 진행할 것입니다. 제가 듣거나 본 것에 대해 여러분을 지지할 것이며, 우려사항이 있으면 말할 것입니다. 여러분에 대해 불만을 토로하는 사람이 있으면 직접 여러분에게 말할 수 있도록 도울 것입니다.

관리와 사람

- 여러분과 여러분의 팀원들 모두의 성장에 많은 관심을 가지고 있습니다. 여러분의 팀과 계속 소통하고, 개인과 팀으로서 우리의 기술을 지속적으로 발전시켜 나갈 것입니다. 뛰어난 인재나 도전 과제가 있을 때 제게 알려주시면 함께 구성원들을 도울 수 있습니다.

성과

- 좋은 성과를 내고, 그것이 우리가 해낸 일이라는 점을 확실히 합시다. 측정하고, 또 측정하고, 계속 측정합시다.

유머

- 마지막으로, 저는 함께 일하는 사람들과 웃고 즐기는 것을 좋아합니다.

이 자료가 도움이 되었기를 바라며, 다시 한번 함께 일하게 되어 기쁩니다. 이 자료에 추가하거나 좀 더 '공식화'하고 싶은 것이 있다면 언제든 환영합니다!

'나와 함께 일하기' 템플릿

나의 역할

- 나의 역할과 목표에 대해 설명한다.

나에 대해

- 나의 성격, 소통 선호도, 그리고 지켜야 할 선에 대해 설명한다.

운영 방식

- 일하는 방식, 일상적인 업무 주기(원온원 미팅, 정기 직원 회의, 운영 주기 등), 무엇을 보고해야 하는지, 장기적인 전략과 계획 주기, 팀의 상황을 파악하고 만나는 방법을 설명한다.

관리 스타일

- 팀원을 관리하는 방식에 대해 요약해서 설명한다(협력적인지, 직접 관여하는 스타일인지, 혹은 간섭하지 않는 스타일인지 등). 의사결정 방식, 피드백을 주고받는 방법, 얻고 싶은 맥락, 참고 중인 원칙이나 추구하는 목적을 설명한다.

나와 내 팀 지원하기

- 팀원의 커리어, 발전, 목표를 어떻게 함께 논의하고 진행 과정을 확인할 것인지, 팀의 업무, 자료, 회의에 어떻게 참여하고 싶은지 설명한다.

신입 리더 경험 가이드

신입 리더 경험NLE이란 무엇인가?

NLE는 스트라이프에 온 새로운 리더들을 환영하고 온보딩하기 위해 설계된 프로그램이다. 이 프로그램은 환영 이메일, 사전 예약된 일련의 미팅과 사전 읽기 자료, 리더십 진단(예: 호건 성격 검사 등), 6개월 동안의 코치 지원으로 구성된다. 또한 첫 달 행동 계획을 제안하고, 첫 90일 후에 360도 피드백 과정을 통해 리더가 즉각적인 피드백을 받을 수 있도록 한다.

성공적인 NLE의 요소는?

신입 리더의 적응을 돕기 위한 팀의 참여와 지속적인 지원이 무엇보다 중요하다. 이 문서는 신입 리더가 합류하는 조직과 상황에 맞게 온보딩 경험을 맞춤화할 수 있도록 관계자들을 위한 단계별 가이드를 제공한다. 채용 관리자, 인사 담당자, 스핀업 버디(일상적인 질문에 대한 답변을 돕는 관리자나 팀원. 글로벌 조직들의 리더십 온보딩 프로그램을 스핀업spin-up이라고 부르며, 이 리더를 돕는 팀원들을 스핀업 버디라고 부름-옮긴이), 외부 가이드(팀 외부의 전문가로 질문하거나 관찰한 것을 논의할 수 있는 심리적 안전지대를 제공하는 역할), 그리고 신입 리더가 업무 중 만나게 되는 모든 동료가 이 온보딩 지원을 효과적으로 만드는 요소들이다.

다음 표는 스트라이프 리더 온보딩 일정 예시다.

담당자	업무
신입 리더가 입사 제안을 수락했을 때	
리크루터	리더십 채용 환영/온보딩 이메일 발송. • 온보딩 101 FAQ 문서. • 예정된 휴가 일정 공유.
~입사 2주 전	
온보딩 담당자	• 리더십 채용 담당자와 신입 리더의 특별한 요구사항 확인. • 신입 리더에게 온보딩 지원팀을 소개하는 환영 이메일 발송.
현장 부서장 + 인사 담당자	신입 리더의 온보딩을 지원할 담당자 지정(예: 행정 지원 등).
온보딩 담당자	신입 리더 체크리스트 작성 및 온보딩 지원팀 간 협업 조율(온보딩 버디, 사내 가이드, 채용 관리자 포함. 슬랙이나 미팅을 통한 비동기적 진행 가능).
온보딩 담당자 + 신입 리더	입사 후 미팅 일정 계획 수립: • **1주 차:** 관리자, 온보딩 버디, 사내 가이드, 인사 담당자 (4주간 주간 미팅). • **2~4주 차:** 팀 심층 미팅, 직속 부하직원, 차하위(2단계 하위) 부하직원, 재무 담당자 및 채용 담당자 미팅. 팀 전체 미팅에 추가. • **4주 차:** 직속 부하직원 및 이전 관리자와의 인수인계 미팅 (호건 평가 및 결과 검토 포함 가능). • **5~8주 차:** 주요 파트너, 타 부서 리더들, 인사 담당자와 조직 적응 세션. 전사 리더십 및 관리자 회의 참여, 리더십 채용 담당자와 미팅, 첫인상과 그동안의 회고를 기록하도록 알림. • **9주 차 이후:** 개인 개발 계획 및 '나와 함께 일하기' 문서 작성, 90일 회고를 공유하도록 알림.
~입사 약 1주일 전	
현장 부서장	회사 전체에 신입 리더를 소개하는 환영 이메일 발송.

담당자	업무
첫 주(회사 전체 온보딩 세션spin-up에 참여)	
인사 담당자 또는 온보딩 담당자	신입 리더에게 환영 문서 전달. 온보딩 지원팀, 체크리스트, 중요 원온원 미팅, 팀 심층 미팅, 추천 읽기 자료(회사 및 부서 차원), 소통 채널 추천(슬랙 및 이메일 그룹) 등 포함.
3개월 후	
인사 담당자	• 360도 피드백 실시, 주요 인사이트 통합 및 코칭 목표 도출.
조직개발팀	• 코치 매칭 프로세스 완료.
코치	• 첫 코칭 세션 일정 잡기.

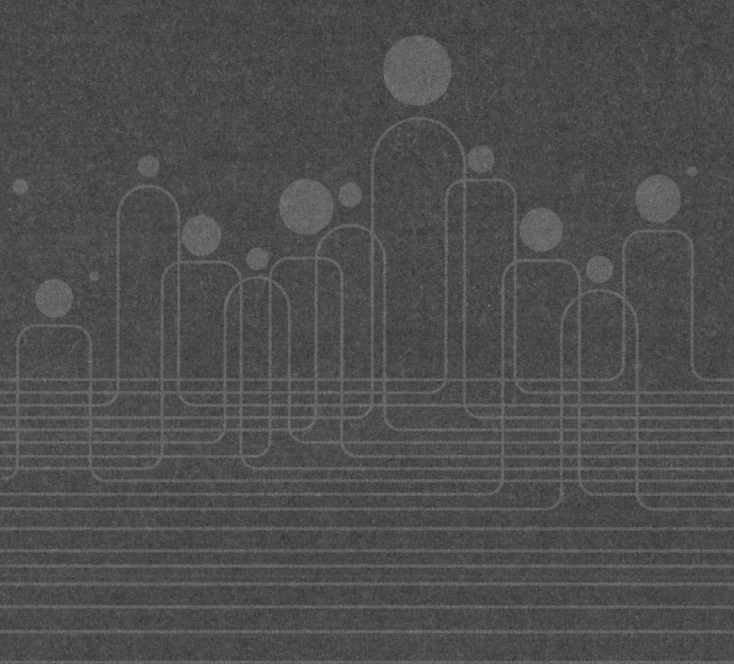

4장

코어 프레임워크 3

건강하고 강력한 팀 구축

CORE FRAMEWORK 3

오늘날 대부분의 비즈니스 환경, 특히 고성장 기업에서 변화는 불가피하다. 유능한 리더와 관리자를 채용하고 육성하는 것도 중요하지만, 변화에 효과적으로 대처하는 가장 좋은 방법은 강력한 팀을 구축하는 데 투자하는 것이다. 그러나 대부분의 경우 '팀'이라고 부르는 것은 사실 각자 일만 하는 개인들의 모임에 불과하다. 이런 집단도 많은 일을 해내겠지만, 진정한 팀은 개별 구성원이 혼자 일할 때보다 전체 구성원이 하나가 되어 서로 협력했을 때 더 큰 성과를 창출한다.

당신이 관리하는 사람들이 개별적으로 일하는 것이 아니라 하나의 통합된 팀으로 협력하게 되는 순간은 조직에 있어 중요한 전환점이다. 이 장의 목표는 높은 성과를 내는 팀의 기반을 다져, 중요한 전환점에 도달하도록 돕는 것이다.

최근 모더나의 최고인사책임자CPO인 트레이시 프랭클린Tracey Franklin과 건강한 조직 문화를 구축하기 위한 구조에 관해 대화를 나눴다. 그녀는 팀 중심의 성과 평가가 부족한 현실에 아쉬움을 드러냈다. "오늘날 너무 많은 것이 개인에 집중되어 있어요. 그런데 실제로 성과를 내는 건 팀이잖아요."

나도 전적으로 동감한다. 물론 복잡한 성과 평가에 대해 논의할 수도 있겠지만, 그보다 훌륭한 팀을 구축하는 데 실질적인 도움이 되는 구체적인 행동들을 공유하고자 한다. 중요한 점은, 팀에 대한 투자는 한 번으로 끝나는 일이 아니라는 것이다. 팀 개발은 관리자와 팀원들이 시간의 흐름과 함께 키워가는 일련의 습관과 같기 때문이다.

다른 리더들과 팀 개발에 대해 이야기할 때 가장 먼저 듣는 우려 중 하나는 신입 구성원이 계속 유입되므로 팀 프로세스를 끊임없이 개선해야 한다는 점이다. 하지만 나는 그 의견에 동의하지 않는 편이다. 우선, 성과가 뛰어난 팀에 새로 합류한 사람들은 그 문화를 흡수할 수 있다. 그들이 팀의 규범과 구성원 간의 관계를 이해하도록 도와주기만 하면 된다. 게다가 모든 팀은 새 구성원의 합류와 상관없이 지속적인 변화를 겪는다. 이러한 변화를 받아들이고 적응하는 능력 자체가 팀 개발의 일부라고 생각한다. 한번은 누군가가 자신의 팀에 '변화 관리 전문가'를 채용하고 싶다고 제안한 적이 있었다. 나는 속으로 생각했다. '우리 모두가 변화 관리를 가르치고 촉진하는 방법을 익히지 않는다면, 그것이야말로 문제다'(그 팀은 대규모 변화가 필요한 전사적 프로그램을 시행하려고 많은 노력을 기울였지만, 나는 여전히 그 접근 방식에 강한 회의감을 느끼고 있다).

그렇다면 어떻게 건강한 팀 문화를 조성하고, 변화를 지속적으로 관리할 수 있을까?

만약 당신의 역할이나 팀이 새롭게 시작되는 시점이라면, 우선 당신이 책임지는 사업의 목표를 달성하기 위해 어떤 유형의 조직이 필요한지 명확히 정의하는 것이 첫걸음이다. 그다음, 팀과 개별 구성원의 현재 상태를 진단하고, 그들의 커리어 이력과 목표를 이해하는 시간을 가져야 한다. 이 과정을 통해 누구에게 어떤 업무를 맡기고, 조직 구조를 어떻게 재편할지에 대한 통찰을 얻을 수 있다. 이를 바탕으로, 팀이 당신의 기대치를 충족하는 수준을 넘어 그 이상을 달성할 수 있도록 뒷받침하는 환경과 일관된 운영 방식을 구축해가야 한다.

가장 먼저 할 일은 서로에 대한 이해, 지향하는 팀의 유형, 그리고 달성하고자 하는 목표에 대한 공통된 인식을 팀 내에 구축하는 것이다. 이 초기 단계에는 회의 진행 방식이나 의사결정 방식 등이 포함된다. 글로벌팀, 또는 원격과 대면이 혼합된 팀을 구축하는 것은 복잡한 측면이 있는데, 이에 대해서는 이 장의 뒷부분에서 다룰 것이다. 또한 팀 간 협업, 다양성과 포용성, 팀 내 커뮤니케이션 등 팀의 성공을 좌우하는 중요한 요소들도 포함되어야 한다.

훌륭한 팀을 육성하려면 일관되고 헌신적인 노력이 요구된다. 하지만 이에 대한 보상은 그 이상이다. 내가 처음 관리했던 성과 높은 팀이 아직도 선명히 기억난다. 지금도 그 팀의 모든 구성원과 연락을 이어가고 있는 것은 결코 우연이 아니다. 훌륭한 팀은 평생 함께할 동료를 남긴다.

팀 구조 설계는 전략이 출발점이다

조직 구조란 목표를 달성하기 위해 가장 효과적으로 자원을 결합하는 방법이다. 팀 구조를 설계할 때는 항상 전략을 출발점으로 삼아야 한다. 계획과 우선순위를 검토하면서(계획에 대해서는 2장 참조) 단기 목표와 장기적인 전략 방향을 모두 달성하기 위해 팀을 어떻게 구성하는 것이 효과적인지 함께 고민해야 한다.

완벽한 조직 구조는 존재하지 않는다. 곧 소개할 다양한 팀 구조에서 무엇에 중점을 두느냐에 따라 당신의 전략과 맞을 수도, 그렇지 않을 수도 있다. 예를 들어 특정 제품군이나 지역이 회사의 성장에 중요하고 그 부문에 강력한 리더가 있다면, 실행력을 높이기 위해 그 리더에게 일정 수준의 권한이나 영향력을 부여할 수 있는지(지원 본부에 대해서도) 고려해야 한다.

팀 구조는 전략과 일치해야 하지만, 생각보다 훨씬 유연성이 크다는 점을 기억해야 한다. 향후 몇 달 또는 몇 년 안에 상황이 변화하거나 전략이 발전함에 따라 구조를 재조정해야 할 수 있으므로, 변화의 여지를 남겨두는 것이 좋다. 현재의 방식을 명확히 하되, 팀 구조는 언제든 바뀔 수 있고 테드 라소Ted Lasso(영국 축구 클럽의 감독이자 드라마 속 주인공 – 옮긴이)가 선수들의 라커룸 벽에 붙인 문구 "믿어라Believe"가 어떤 것을 참조한 것인지, 락커룸에 흔히 적힌 것인지는 모르겠다. 내가 처음 벽에 붙은 동기 부여 문구를 본 것은 2006년 『뉴욕타임스 매거진』에 실린 빌 파셀스Bill Parcells 감독에 관한 기사에서였다. 파셀스는 NFL 미식 축구팀인 댈러스 카우보이스의 락커룸을 좌우명 문구들로 장식했다. "누구도 탓하지 말고, 무엇도 기대하지 말며, 오직 행동하라." "패배자들은 작은 무리를 지어 코치와 시스템, 다른 선수들을 헐뜯지만, 승리자들은 하나의 팀으로 뭉친다." "패배는 당신의 신뢰를 조금 갉아먹지만, 포기는 그 신뢰를 완전히 무너뜨린다." "루틴을 헌신과 착각하지 마라." [40] 이 좌우명들은 놀랍게도 자주 내 머릿속에 떠오른다.

전략 변화에 따라 팀원들의 업무 영역도 달라질 수 있음을 미리 알릴 필요가 있다. 빠르게 변화하는 환경에서는 최소한 연 1회, 본부와 팀 구조를 재검토해야 한다. 물론 너무 자주 하면 조직이 불안정해질 수 있지만, 적절한 시기를 놓치면 현재의 구조가 비즈니스 요구나 인재의 성장과 어긋날 수 있다.

팀의 목표는 최고의 성과를 내는 것이며, 리더인 당신의 역할은 그 목표를 실현할 수 있도록 팀(들)을 효과적으로 조직하는 것이다. 먼저, 팀이 무엇인지 정의해보자.

팀, 워킹 그룹, 프로젝트의 차이는?

어떤 경우에는 지속적인 미션과 목표를 수행하는 상시 팀을 구성해야 하고, 또 어떤 경우에는 특정 과업을 수행하기 위해 프로젝트팀이나 과제 완료 후 해산하는 일시적 조직인 워킹 그룹이 더 적절할 수 있다. 프로젝트팀과 워킹 그룹의 주요 차이점은 상시 팀이 지속적인 업무를 수행하는 반면, 과제 중심의 프로젝트팀이나 워킹 그룹은 명확히 정의된 단기 목표나 과업을 수행하기 위해 구성된 임시 조직이라는 것이다.

'팀', '프로젝트팀', '워킹 그룹'이라는 용어가 자주 혼용되면서 생산성 저해를 초래할 수 있다. 팀이 필요한 상황임에도 워킹 그룹을 구성해 적절한 자원을 투자하지 않았을 수도 있다. 반대로 장기적 책임이 필요한 공식 하위 팀을 구성해야 할 때 몇몇 사람에게만 프로젝트를 맡겼을 수도 있다.

어떤 조직 구조를 도입하기에 앞서, 다음과 같은 질문들을 스스로에게 던지자.

- 이 조직의 목표는 무엇인가?
- 어떤 역량과 기술이 필요한가?
- 이 조직은 얼마나 오래 지속되어야 하는가?

이 질문들에 대한 답변은 어떤 조직 구조를 채택해야 할지, 그 조직에 자원을 얼마나 투자해야 할지 결정하는 데 도움이 된다. 표 6은 헌신 수준과 조직의 지속 기간에 대한 기대치를 설정하는 데 도움이 될 뿐 아니라, 조직과 업무에 투입되는 시간과 자원을 전략적으로 투자하기 위한 구조를 설계하는 데 실질적인 가이드를 제공한다.

때로는 작업 소요 기간이나 성격을 잘못 판단할 수 있다. 그럴 때는 실수를 인정하고 조직 구조를 변경하자. 예를 들어 프로젝트나 워킹 그룹의 업무를 상시 팀으로 옮길 수 있다. 워킹 그룹이 몇 달 이상 지속된다면 구조적 판단에 오류가 있었음을 시사하며, 그 그룹을 독립적인 팀으로 재편

표 6. 팀, 프로젝트팀, 워킹 그룹

유형	구조	기간	고려사항 및 투자	과제 / 임무
팀	장기적인 공동의 목표를 가진 그룹.	최소 1년 이상.	팀은 업무 수행에 있어 의존성이 적을 때 가장 잘 작동한다. 팀은 오랫동안 존재할 것이므로 지속 가능한 구조, 규범, 문화에 투자해야 한다.	팀의 임무는 끝나는 일이 아니다. 팀은 시간의 흐름에 따라 적응하며 성장해가야 한다.
프로젝트팀	더 짧은 기간의 목표를 가진 하위 그룹이지만, 매개 장기적인 공동 미션을 공유함(예: 같은 팀 구성원들이 함께 프로젝트를 할 수있음).	몇 주 또는 몇 달.	프로젝트팀은 팀의 하위 그룹이다. 명확한 목표가 있으며 성장에 많은 시간이 필요하지 않다. 때로는 유관 부서 또는 임과 협업이 필요하지만, 주로 디자이너와 제품 같은 파트너 팀으로 제한된다.	과제가 완료되면 프로젝트는 종료되어야 한다. 종료되지 않는다면 그 그룹이 미션을 가진 팀 또는 하위 팀인지 자문해본다.
워킹 그룹	단기 미션을 가진 그룹으로, 주로 여러 팀과 부서의 더 구성원들로 이루어짐.	3개월 미만.	워킹 그룹은 여러 팀, 부서 간 조율이 필요한 업무에 더 적합하다. 이들은 딤이 아닌 개인들의 집합이다. 워킹 그룹은 목표를 정의하기 위한 초기 투자가 필요하다. 영구적인 책임자가 없으므로 명확한 거버넌스 구조도 필요하다. 직접 책임자DRI를 지정하고, 그룹의 범위를 정의하며, 임무가 완수되거나 필요가 충족되면 그룹을 해체하는 과정을 개략적으로 설명하는 것이 좋다.	주로 미션 지향적이다. 종종 워킹 그룹의 임무는 문제나 필요를 연구하고 정의하기 위해 다양한 분야의 사람들을 모으는 것이다. 이들의 임무는 향후 해결 방안을 제시하는 것이므로 과업에 참여하는 것이며, 워킹 그룹으로 배정된다.

성해야 할 수도 있다. 프로젝트와 워킹 그룹의 일정이 명확하다면, 업무가 완료되었는지 아니면 조직 구조 재검토가 필요한 시점인지도 함께 검토해야 한다.

임시 구조를 장기간 유지하는 것은 바람직하지 않다. 이는 두 가지 문제를 초래할 수 있다. 첫째, 임시 조직 성공에 필요한 적절한 수준의 투자가 이루어지지 않았을 가능성이 높다. 둘째, 임시 구조가 계속 유지되면, 지속적인 업무를 맡은 정규 팀들에게 혼란을 줄 수 있다.

코드 옐로

스트라이프에는 일회성 위협에 대응하기 위해 '코드 옐로Code Yellow'라는 운영 체계가 있다. 코드 옐로는 드물게 발동되며, 사업에 큰 위험이 발생했을 때 여러 본부와 팀을 아우르는 워킹 그룹을 신속히 꾸려 해결하는 방식이다. 다음은 스트라이프 CTO인 데이비드 싱글턴이 작성한 코드 옐로 프로세스에 대한 요약본이다.

＊　＊　＊

코드 옐로란?

스트라이프에서 코드 옐로는 특정 프로젝트의 실행 속도를 높이고 실행 과정에서의 리스크를 최소화하기 위한 특별 대응 모드를 말한다. 이론적으로는 어떤 목적에도 적용할 수 있지만, 실제로는 주로 사업에 중대한 위험이 발생했을 때 신속한 해결을 위해 주로 활용된다. 코드 옐로가 발동되면 하나의 전담 그룹이 구성되며, 이 그룹에는 목표 달성을 위한 특별한 권한과 자율성이 부여된다.

코드 옐로는 어떻게 운영되는가?

코드 옐로 팀은 다음과 같이 운영된다.

- 조직 내 기존 업무로부터 보호받는다. 이는 해당 팀원이 참여 중인 다른 프로젝트는 물론 면접이나 온보딩 같은 업무에서도 배제된다는 뜻이다.
- 신속하고 적극적으로 자원을 제공받는다. 일반적으로 여러 부서, 팀에 걸쳐Cross-functional 인력이 배치되며, 종종 다른 프로젝트와의 고통스러운 우선순위 절충이 필요하다.
- 매일 스탠드업 미팅을 열고, 진행 상황과 우선순위를 담은 보고서를 작성한다(보통 매일).
- 물리적인 전용 공간을 갖는다(필수는 아니지만 권장됨).
- 의사결정 요청을 위한 리더십팀 소집 권한을 갖는다. 이에 대해 24시간 이내 응답(SLA: 서비스 수준 협약)을 받을 수 있다.
- 평균적인 팀보다 근무 시간이 길어질 수 있으며, 상황에 따라 주말에도 연장 근무를 할 수 있다.
- 모든 전사 미팅All-hands에서 진행 중인 코드 옐로 상황을 업데이트한다.

코드 옐로는 얼마나 오래 지속되어야 하는가?

코드 옐로는 목표 달성에 필요한 기간 동안만 지속된다. 번아웃을 방지하기 위해 보통 10주 이내로 제한한다. 대부분은 이보다 훨씬 짧은 경우가 많다.

코드 옐로를 어떻게 발동할 수 있는가?

코드 옐로가 과도하게 사용되는 것을 막기 위해, 코드 옐로를 발동하려면 리더십팀의 승인이 필요하다. 코드 옐로를 적용할 만큼 중요한 상황이라고 판단된다면, 자신의 관리자와 상의하거나 리더십팀의 누군가에게 직접 연락해야 한다.

팀 구조화

거시적 관점에서 조직은 일반적으로 기능 중심 또는 제품/사업 부문 중심으로 조직된다. 그 안에 속한 팀들은 다시 수평적(기능 간 협업 중심) 또는 수직적(계층 간 관리 통제 중심)으로 구성된다.

초기 단계의 회사들은 제품, 엔지니어링, 고객 지원, 영업 등 기능 중심으로 팀을 구성한다. 이는 대개 하나의 제품으로 시작하므로 자연스러운 구조다. 기능 중심 구조는 급성장 시기에도 효과적이다. 이 시기에는 팀원들이 각 기능의 작동 방식을 이해하는 데 집중해야 하고, 끊임없이 변화하는 프로세스와 운영 방식 속에서 신규 인력을 신속하게 온보딩해야 하기 때문이다.

기능 중심 구조는 주로 수직적이다. 이러한 수직 구조는 본부 수준까지 확장될 수 있고, 각 본부 내에서도 수직적인 팀 안에 수평적인 팀이 내재될 수 있다(그림 16 참조).

수직적 구조의 예로는 아시아 태평양APAC 지역에 집중하는 영업팀이나 결제 방법에 집중하는 제품팀을 들 수 있다. 이들은 특정 지역이나 제

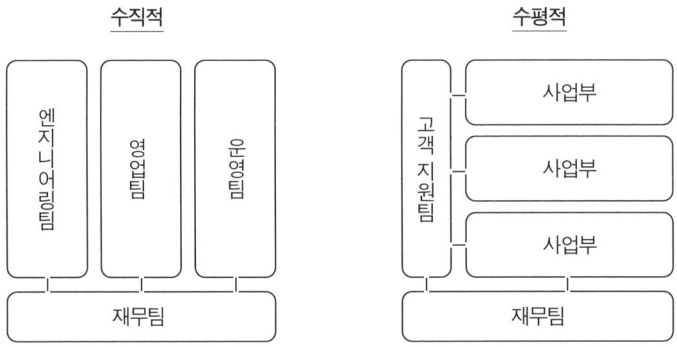

그림 15. 수평적 및 수직적 팀 구조의 예시

품, 사업 분야에 전념하는 팀들이다. 수평적 팀은 모든 수직적 팀을 지원하는 역할을 하며, 영업 운영팀이나 중앙 분석 및 데이터사이언스팀이 이에 해당한다. 스트라이프의 고객 지원팀은 특정 사용자 세그먼트에 집중하는 수직적 팀들과 함께 모든 사용자 세그먼트팀을 지원하는 세 가지 수평적 팀(운영 플랫폼, 중앙 운영, 분석 및 인사이트)을 갖추고 있다.

창업자들은 회사가 여러 제품을 보유하게 되었을 때 사업부를 구성하는 방법에 대해 종종 질문한다. 가장 기본적인 형태의 사업부는 특정 고객군(예: 중소기업 또는 대기업)을 대상으로 고유한 제품을 제공하고, 별도로 가격을 책정하며 판매하는 독립적인 조직 단위다. 이러한 사업부는 재무와 인사 같은 중앙 관리 부서를 제외하고는 독자적으로 운영될 수 있다. 하지만 현실적으로 명확하게 구분되는 경우가 드물다. 동일한 고객군이 여러 제품을 함께 구매하는 일이 흔하다. 이는 사업부 외부에 통합된 고객 접점을 통해 여러 제품을 제공할 수 있는 구조가 필요함을 의미한다. 또한 고객들은 일관된 지원 경험을 기대하므로 각 제품이 모회사와 독립적으로 브랜딩되고 판매되지 않는 한, 제품마다 별도의 지원팀을 두는 것

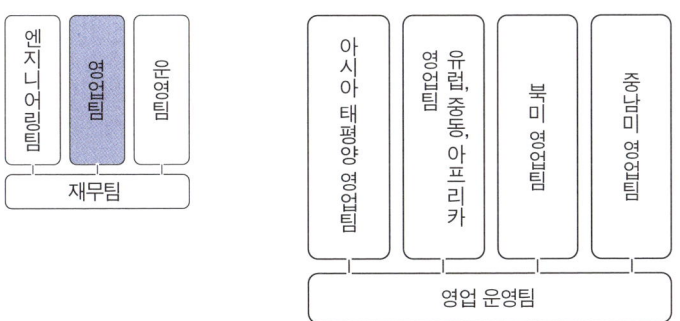

그림 16. 수직적 팀 구조 내에서 수평적 팀의 지원을 받는 팀의 예시

은 피해야 한다. 여러 제품을 보유한 기업이 각 제품의 성과에 대한 책임은 개별 리더에게 부여하면서도 제품의 배포와 지원은 중앙에서 통합적으로 운영하고자 할 때, 하이브리드 조직 구조를 채택하는 경우가 종종 있다. 이 경우, 책임 체계를 신중히 설계하고 '힌지hinge(제품 단위와 중앙 기능 양쪽 방향의 전략과 실행을 충돌 없이 정렬하는 조직/회의체/리더 역할/제도 등을 의미함-옮긴이)'라고 불리는 핵심 연결 지점을 어디에 둘지 고민해야 한다(그림 17 참조).

예를 들어 제품 또는 비즈니스 리더가 제품 손익에 책임을 지며 제품팀, 기술팀, 제품에 특화된 기능 조직들까지 직접 이끄는 하이브리드 구조를 구성할 수 있다. 그 외 고객 지원과 같은 기능은 해당 제품 조직 내에 담당자(예: 제품 운영)를 파견하는 방식으로 협업할 수 있다. 데이터사이언스 같은 경우는 점선 보고 구조dotted-line reports(직원이 둘 이상의 관리자에게 보고하는 경우, 주 관리자가 아닌 보조 관리자에게 보고하는 유형-옮긴이)로 직원이 제품 리더와 연결될 수 있다. 이 경우 '힌지'는 제품에서 고객으로 초점을 전환하는 중요한 역할을 한다.

가장 흔한 힌지는 각 제품에 전담 제품 마케터를 두는 제품 마케팅팀이다. 이 제품 마케터들은 고객 니즈와 사용자 세그먼트를 대변하고 영업팀과 제품팀 사이의 가교 역할을 한다. 또한 이 제품 마케터들은 서로 협업하여 복수의 제품을 통합해 마케팅하거나, 특정 고객군을 대상으로 한 솔루션 중심 캠페인을 설계하기도 한다.

회사가 단일 제품에서 여러 제품이나 사업 분야로 확장할 경우, 원하는 결과를 달성하기 위해 팀 구조를 지속적으로 재검토할 준비를 하라. 이는 종종 힌지를 옮기고 권한과 책임을 특정 제품이나 고객 세그먼트 쪽으로 이동시키는 것을 의미한다. 조직 구조는 그에 따라 유연하게 바뀌어야 한다.

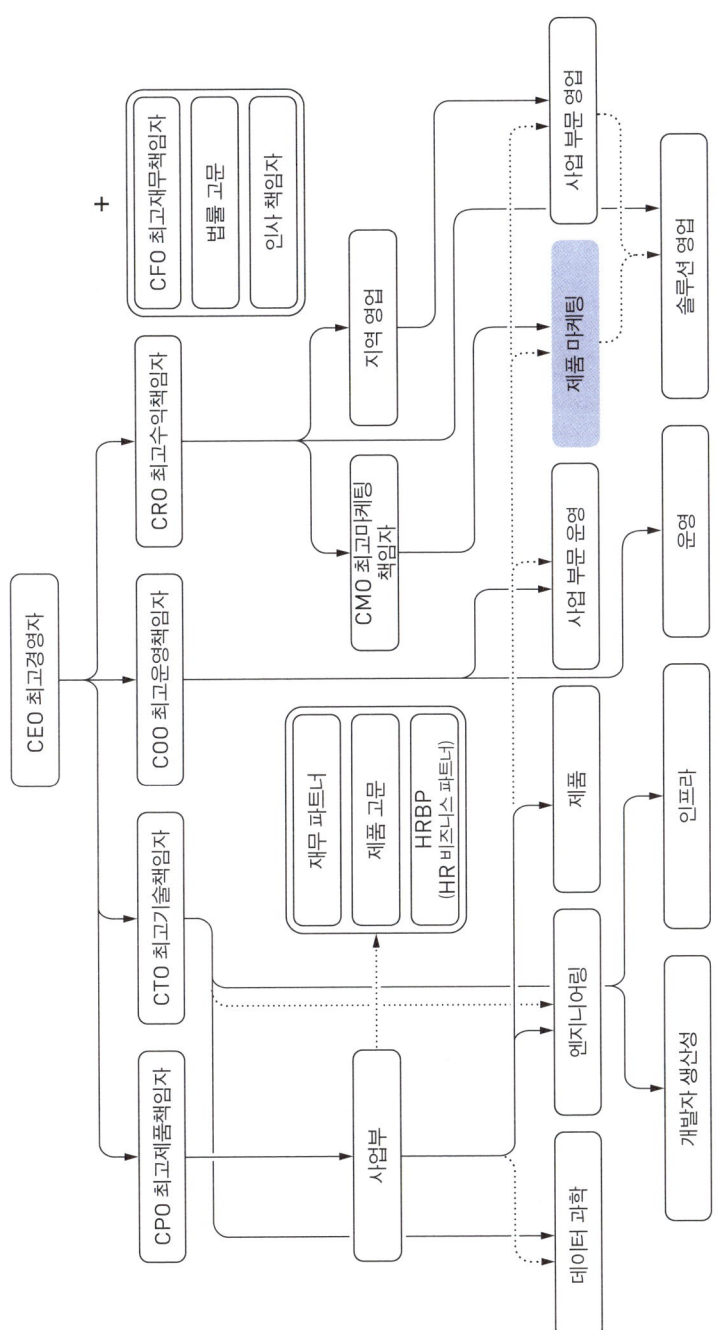

그림 17. 하이브리드 구조의 예시. 사업부와 한지 역할을 하는 제품 마케팅팀이 포함된 구조

비즈니스 리드

스트라이프에서는 사업부 리더를 비즈니스 리드Business Lead 또는 줄여서 BL이라고 부른다. BL은 특정 사업 영역에 책임을 지는데, 보통 단일 제품 또는 결제payments처럼 특정 영역에 속한 제품군인 경우가 많다. BL이 이끄는 조직은 하이브리드 구조로 운영된다. 이 문서는 스트라이프에서 이러한 기능이 어떻게 운영되는지 간략히 소개한다.

＊　＊　＊

소개

우리는 실행력과 의사결정 능력을 극대화하기 위해 BL 역할을 운영한다. BL은 특정 사업에 대한 명확한 직접 책임자DRI이자 리더다. 이 역할은 제품 개발 직군의 여러 직무 보고를 직접 받을 수 있으며, 다른 조직의 구성원이 사업에 기여하는 경우, 그들로부터 점선 보고를 받는다.

자격 요건

사업이 명확히 정의되어 있고, 주요 지표(예: 제품 라인 매출, 기여 마진, 월간 활성 사용자 수 등)가 대체로 외부 지표다. 팀의 직접 통제하에 관리되는 경우, 해당 팀은 다기능 통합 관리자multidisciplinary manager가 있는 구조로 편성될 수 있다.

이 구조로 전환하려면 명확한 승인 절차를 거쳐야 한다. 대부분은 신규 성장 사업이 성숙 단계로 접어들면서 이 구조로 전환된다. 현재의 조직 구조로 인해 진전이 크게 지연된다고 판단되는 다른 팀도 독립적인 사업 단위로 운영하는 것이 합리적이라고 판단되면 해당 구조로의 전환을 요청할 수 있다.

보고 체계

제품 개발 직군(엔지니어, 엔지니어링 관리자, 제품 관리자)은 조직의 규모에 따라 BL에게 직접 보고하거나 BL을 통해 보고해야 한다.

특히 시장에 진출하는 고투마켓Go-To-Market 팀처럼 다양한 역할을 수행하는 조직은 이중 보고dual reporting 구조를 따르는 경우가 많다. 이중 보고란 구성원 개인이 주 관리자(실선)와 부 관리자(점선)를 동시에 갖는 구조로, 이 중 한 명은 BL 조직에, 다른 한 명은 기능 리더funtional lead에 속한다는 의미다. 이 이중 보고 구조는 인사 시스템에 공식적으로 기록된다. 즉 관리자들이 목표와 성과 평가를 공동으로 수행하며, 구성원은 각 관리자와 별도로 원온원 미팅을 갖는다. 이중 보고는 대개 사업 개발, 데이터사이언스, 디자인, 제품 마케팅, 기술 프로그램 관리자 등에서 활용되며, 일반적으로 기능 조직 리더에게는 실선 보고를, BL에게는 점선 보고를 하는 형태로 이루어진다.

비즈니스 운영과 제품 운영 직군에서는 점선 보고 구조가 일반적인 방식과 반대로 설정되기도 한다. 이럴 때는 담당자가 BL에 속한 실선의 직속 관리자에게 보고하면서, 특정 기능에서는 점선으로 보조 관리자에게 보고하는 형태를 띤다. 이처럼 비즈니스 운영과 제품 운영 역할을 맡은 담당자가 BL에게 실선으로 보고하는 경우가 있다.

HR, 재무, 법무, 채용 등 일부 부서는 감독 역할을 수행하고, 항상 중앙 부서에 직접 보고하며(점선 보고 없음), 해당 사업이나 지역을 지원하는 역할을 맡는다.

사업부에 점선 보고하는 모든 역할은 해당 기능 리더와 사전에 합의되어야 하며, 기능 리더들은 비현실적인 경우가 아니라면 이를 지원해야 한다. 각 영역 QBR 문서의 인력 섹션에는 조직 구조, 인원수, 누가 어느 방향으로 점선 보고를 하는지 등 해당 사업에서 일하는 모든 사람에 대한 보고가 포함되어야 한다.

인원 관련 예산 관리

BL은 매년 사업에 대한 예산(및 수익)을 설정한다. 우리는 이 사업에 대한 투자가 QBR에서 제시될 것으로 예상한다. 연간 및 반기 계획 주기에는 해당 예산을 더 구체적으로 검토 및 보고한다. 이 계획들을 회사의 나머지 인원 예산 및 계획 프로세스와 통합하기 위해, 재무 파트너들은 각 QBR에 대한 데이터를 만들어 BL들이 사업에 대한 인원 관련 비용을 파악할 수 있도록 지원한다.

BL의 직속 조직이 아닌 외부 조직 소속이면서 특정 사업을 위해 배정된(즉 점선 보고 관계의 역할) 직원은 원칙적으로 해당 사업에만 전념해야 한다. 이는 해당 인력을 사업 외의 다른 용도로 전용할 수 없음을 의미한다. 단, 기능 리더와 사전 합의한 경우는 예외다. BL들과 재무 담당자들은 이러한 인력 배정을 지속해서 관리하고, 앞서 언급한 대로 QBR에서 이를 보고해야 한다.

포럼

BL은 실선 또는 점선 보고 여부와 관계없이, 해당 사업을 위해 일하는 모든 구성원이 생산적으로 협업할 수 있도록 다양한 포럼_{Forum}(우리나라의 회의와 비슷하나, 원서 내 meeting과의 구분을 위해 그대로 사용 – 옮긴이)과 프로세스를 운영해야 한다. BL들은 자신의 조직 내에 전사적 회의를 반영하거나, 사업의 진전을 최적화하기 위해 적절한 협업 구조를 선택할 수 있다. 일반적으로, 사업 특성에 맞는 가장 단순하고 효율적인 최소 구조를 구성하는 것이 바람직하다.

목표 수립

사업, 하위 팀, 개인의 목표는 앞서 언급한 포럼을 통해 수립되어야 한다. 사업부는 QBR에서 해당 목표의 진행 상황과 다음 분기의 계획 목표를 보고한다. 점선 보고 관계에 있는 직원들도 같은 방식으로 목표를 수립해야 한다(즉 점선 보고 직원의 목표 대부분은 BL 조직의 사업을 어떻게 발전시킬지에 관한 것이어야 한다).

일부 직군, 특히 영업직은 특정 목표 실행과 연결된 보상 체계를 분기 단위로 갖는다. 이러한 직군이 BL 조직에 점선 보고를 할 때는 특별한 주의가 필요하다. 필요한 경우 BL(또는 재무 파트너)은 이러한 목표를 설정할 때 관련 기능 리더나 전문가(예: 영업 운영)와 협력하여 해당 보상 체계를 설정한다.

성과 관리

BL은 자신의 조직 구성원에 대한 평가를 책임지며, 그 평가 기준이 회사 전체의 기준과 일관되게 해야 한다. 인사 조직은 여러 사업부의 평가자들이 참여하는 캘리브레이션 세션을 통해 이를 지원한다.

BL 본인의 성과는 주로 사업 결과와 해당 사업에 참여하는 직원들의 참여도를 기준으로 평가받는다. BL들은 자신의 직속 관리 그룹 외에도 리더십팀에 의해 평가받는다.

현재 BL을 위한 별도의 승진 체계는 없다. BL은 채용된 직군을 유지하거나, 채용 또는 조직 이동 시 가장 적합한 주요 승진 체계에 배치된다(예: 제품팀). BL은 어떤 직군에 속하든, 소속 팀이 회사와 사용자들에게 제공하는 사업 성과로 평가받는다. 이는 대개 팀 헌장에 명시되어 있다. 또한 BL은 우수한 인사 관리자여야 한다. 모든 관리자에게 기대되는 책임을 다하지 못하면 '기대에 미치지 못함'으로 평가받게 된다.

스트라이프는 사용자들에게 일관된 제품 경험을 제공하는 것을 목표로 한다. 따라서 BL들은 회사 전반에 걸쳐 협력하여 제품이 사용자 니즈를 선제적으로 반영하도록 해야 하며, 기본적으로는 중앙 인프라 시스템을 활용하는 것을 전제로 운영해야 한다. 해당 인프라가 모든 니즈를 충족하지 못한다면, 인프라 개발팀에 요구사항을 명확히 전달하는 역할도 수행해야 한다.

엔지니어링과의 통합

BL은 고위 리더들에게 보고하므로, 그 산하의 엔지니어링팀은 기존의 중앙 엔지니어링 조직(예: 인프라, 보안)과 분리될 수 있다. BL 모델이 성공하려면 BL 엔지니어링팀과 전체 엔지니어링 조직 간의 긴밀한 협력을 유지하는 것이 매우 중요하다.

모든 엔지니어링팀 간의 긴밀한 협업을 기반으로, 우리는 다음을 보장하고자 한다.

- 엔지니어링 전반에 걸친 공유된 문화와 가치
- 공유된 인재 기준, 채용 및 인재 개발 프로세스
- 공유된 기술과 모범 사례

현실적으로 BL 산하 팀이 공유 기술을 활용해야 하는 상황에서 중앙 인프라 팀의 지원을 받지 못하는 일이 종종 발생한다. 이에 대한 해결책은 BL 팀이 스스로 문제를 해결할 수 있도록 자율성을 높이되, 공용 기술 스택 안에서 작업하고, 중앙 인프라팀의 로드맵과 기술적 판단 기준에 부합하는 방식으로 움직여야 한다.

관리자는 자신의 팀을 위해 미시적 결정을 내리므로, 거시적인 회사 구조가 어떻게 변화하는지 파악하는 것이 중요하다. 예를 들어 디자인과 같은 기능 조직이 하이브리드 구조와 어떻게 상호작용하는지는 주요 의사결정이 어디서 이루어지는지, 누가 궁극적으로 제품과 사업 성과에 책임을 지는지에 따라 달라질 수 있다. 프로젝트별로 하이브리드 구조와 협력할 수도 있고, 아니면 몇몇 팀원을 하이브리드 조직에 파견하여 공식적인 점선 보고 관계를 수립할 수도 있다. 이 구조가 고객과 사업 요구에 맞취 진화할 것이며, 이러한 진화가 자연스럽고 예측 가능한 흐름임을 팀원들에게 상기시켜야 한다.

보고 체계 최적화

고성장 환경에서는 보고 체계에도 많은 변화가 요구된다. 직접 보고받는 대상의 수를 신중히 고려하자. 모든 수직·수평적인 팀 리더가 당신에게 직접 보고하도록 할 수도 있고, 모든 수평적인 팀을 이끌 뛰어난 인재를 채용하거나 승진시켜 리더로 세울 수도 있다. 진행 방식은 당신이 책임지고 있는 나머지 조직 구조와, 단기적으로 추가적인 리더 확보가 필요한지 여부에 따라 달라질 수 있다.

한 리더가 단 한두 명의 직접 보고자만 두는 구조는 바람직하지 않지만, 반대로 직접 보고자가 너무 많아서 예상치 못한 업무에 전략적으로 대처할 수 없는 상황 또한 최적의 상태는 아니다. 자신의 역할과 책임 범위, 복잡성, 그리고 회사와 부서의 성장 속도를 지속적으로 평가하여, 수평적 구조 속에서 새로 영입된 리더들이 충분히 역량을 발휘할 수 있도록 조직 내 여유와 공간을 확보한 구조를 설계해야 한다.

목표 달성을 위한 팀 계층화

직속 보고자가 과도하게 많은 것은 리더들이 흔히 겪는 도전 과제다. 내부 승진이든 외부 채용이든, 새로운 권한 계층을 두는 일은 쉽지 않다. 하지만 고성장 환경에서는 피할 수 없는 변화다.

도입해야 할 역할(들)을 이해하기 위해, 먼저 전략으로 돌아가 팀의 목표를 달성하는 데 가장 적합한 팀 구조를 구상해야 한다. 나는 종종 종이나 화이트보드에 원하는 팀 구조를 스케치하는 것부터 시작한다. 각 역할의 권한에 대한 세부사항을 작성하되, 특정 인물 이름은 기입하지 않는다. 그런 다음, 새로운 구조가 어떻게 전략적 필요를 해결하고 중간 계층 도입이 왜 필요한지에 대한 설명이나 요점을 적는다. 제품을 출시하기 전에 보도자료를 먼저 써보는 것과 같은 이치다. 이 단계에서 커뮤니케이션 계획을 세워 사고의 누락 지점을 파악하고, 구성원들이 제기할 수 있는 잠재적 반대 의견을 미리 발견할 수 있다.

변화에 대한 타당한 설명이 준비되면 팀에서 누가 역량을 확장하고 있는지, 즉 누가 더 많은 책임을 맡을 능력을 보여주었는지 평가해야 한다. 그리고 다음 임무가 어떻게 그들의 발전을 지원할 수 있는지 고려하자. 새 리더와 호흡을 맞출 수 있는 인물과 팀, 부서의 조합을 고민해야 한다. 이는 개인의 성장뿐 아니라 사업의 성과를 위해서다. 인사 파트너와 동료 한두 명, 특히 당신의 리더십팀을 아는 사람들로부터 새로운 조직 구조에 대한 피드백을 받는 것도 도움이 된다.

조직 변화를 전달할 준비가 되면, 그로 인한 영향을 받는 각 구성원에게 보낼 메시지를 고려해야 한다. 직접 보고 라인에서 벗어나 아쉬움을 느낄 이들에게는, 새 구조가 주는 이점을 분명히 강조해야 한다. 새로운 구조가 어떻게 팀의 전략을 가장 잘 지원하는지, 새로 도입된 계층이 어떤 역할을 수행하는지 설명하고, 당신이 팀원들의 장기적 성장과 기회 측면에 대해 고려하고 있음을 강조하자. 팀의 전략적 목표 달성 여부를 확인하기 위해 새로운 조직 구조의 변화를 어떻게 모니터링할 계획인지 알려주고, 조직은 계속 진화할 수 있음을 상기시키자. 다음 단계에 대해서도 안내가 필요한데, 더 큰 조직에 대한 커뮤니케이션을 언제 마무리할 계획인지, 질문이나 피드백은 언제까지 받고 싶은지(이상적으로는 하루나 이틀 이내) 알려주는 것이 좋다.

이러한 변화가 처음에는 일부 팀원들에게 불편하게 느껴질 수 있다. 하지만 새로운 계층 구조를 도입할 때 전략적으로 접근하고, 소통 과정에서 투명성과 공감을 유지한다면 팀원들이 더 빠르게 적응할 수 있다. 궁극적으로는 더 효과적인 구조가 가져다주는 혜택을 모두가 체감하게 될 것이다(내부 및 외부 리더십 채용에 대한 자세한 내용은 3장에서, 팀 구조 개편과 변화 관리에 대한 내용은 뒤에 나오는 '팀 구조를 변화시키려면'에서 다룬다).

실선 보고 라인 Solid line(직접 보고)**과 점선 보고 라인**Dotted line(간접 보고)

실선과 점선, 즉 누군가가 특정 관리자에게 직접 보고하는지, 혹은 간접적으로 보고하는지에 대한 좋은 일화가 있다. 구글에서 꽤 큰 사내 리더십 회의에 참석했을 때의 일이다. 당시 구글 영국 사업부 책임자였던 한 리더가 당시 성공적으로 비즈니스를 성장시킨 자신의 경험과 전략, 자신이 구성한 팀에 대해 발표를 시작했다. 직속 부하와 재무, 인사, 파트너십 같은 주요 협력 기능들을 포함해 팀에 대한 설명을 하며 그가 말했다. "저는 대학 시절에는 조정 선수로, 졸업 후에는 영국 대표로 활동했습니다. 한 배에 누가 타고 있고 어떻게 협력하느냐가 승리의 열쇠입니다. 저는 계획을 세울 때 누가 내 배에 타야 할지 생각합니다. 그가 누구에게 보고하든 상관없이, 내 배에 타야 할 사람이라 여기고 그렇게 대합니다."

그 말이 내게 깊은 인상을 남겼다. 관리자들은 너무 자주 공식적인 보고 체계에 얽매여 있다. 그보다는 승리를 도울 팀이 어떤 모습이어야 하는지 고민하고, 공식적인 보고 체계와 상관없이 팀을 꾸리는 데 집중해야 한다. 진정한 리더십은 보고 체계와 무관하게, 사람들이 자발적으로 당신의 배에 타고 싶게 만든다.

팀 상태는 어떻게 진단하는가

지속 가능한 팀에 투자해야 할 시점이라고 판단했다면, 현재 상황을 점검해보자. 필요한 팀 구성이 갖춰져 있는가? 그렇지 않다면 3장을 참고해 인재 채용에 착수하자. 필요한 팀을 이미 보유하고 있거나 어느 정도 갖춘 상태라면, 자신에게 물어보자. '팀은 지금 어떻게 하고 있는가?' 이 질문에 언제든 답할 수 있어야 하지만, 특히 새로운 팀을 이끌게 되었을 때 의미가 있다. 팀이 뛰어난 성과를 내는 데 필요한 구조, 계획, 인력을 갖추고 있는지 평가해야 할 때, 이 질문은 더욱 중요하다.

운영 원칙 4 '전사 공통의 운영 시스템을 구축하라'를 기억하자. 팀의 운영 시스템에 개선이 필요한지 점검하고(2장 참조), 미션과 목표를 명확히 하는 등 필요한 부분은 개선해야 한다. 이러한 목표를 달성하려면 사람들과의 상호작용, 즉 팀의 역학dynamics을 이해해야 한다. 적임자가 적절한 업무를 수행하고 있는가? 팀원들은 현재 맡은 일에 얼마나 만족하며, 동기 부여를 받고 있고, 성취감을 느끼는가? 서로 원활히 협업하고 있는가? 마감 기한을 지키고 있는가? 주요 지표는 좋게 나오고 있는가? "업무를 잘 수행하고 있으며 각 팀원과 팀 전체가 긍정적인 영향을 미치고 있는가?"라는 질문에 자신 있게 "그렇다!"라고 대답할 수 없다면, 그 이유를 철저히 파악하라.

팀의 상태를 진단하기 위해 먼저 설문조사를 하는 것이 좋다. 팀장, 인사 담당자, 또는 외부 진행자가 회의나 워크숍 전에 팀에게 설문을 보내 고성과 팀에 필요한 핵심 요소와 역기능의 징후에 특히 주의를 기울여야 한다.

패트릭 렌시오니Patrick Lencioni는 그의 저서 『팀워크의 부활』에서 팀이 직면할 수 있는 다섯 가지 주요 역기능으로 신뢰 부족, 갈등에 대한 두려움, 몰입 부족, 책임 회피, 결과에 대한 무관심을 제시했다.[41] 이 중 하나 이상의 역기능이 존재하는 설문 결과가 나온다면, 팀과 논의해 자기 이해를 서로 높이고 문제 해결 방안을 모색해야 한다. 이러한 방식은 워크숍 세션에 적합하다(워크숍에 대해서는 뒤에 나오는 '유대를 강화하는 팀 분위기 조성' 참조). 진단 결과를 바탕으로 팀이 변화에 대한 의지를 다졌다면, 당신의 역할은 새로운 행동을 솔선수범하고 팀이 역기능에서 기능적으로, 나아가 고기능적으로 변화할 수 있는 계획을 책임지고 이끄는 것이다.

팀이 개개인의 합 이상의 성과를 내는 고기능 상태에 도달하려면, 먼저 팀 전체가 그런 성과를 낼 수 있는 역량이 있는지 평가해야 한다. 그렇지 않다면 각 구성원에게 집중하여 어떤 변화가 필요한지 파악해야 한다. 이런 평가를 위해 나는 오랜 경력의 임원 코치인 맥스 랜즈버그Max Landsberg가 만든 '역량-의지 매트릭스skill-will matrix'를 활용해 개인이 특정 과제를 수행할 수 있는지를 평가한다.[42]

'역량'은 과제를 수행할 수 있는 능력을, '의지'는 과제를 달성하려는 동기를 뜻한다. 팀과 개인이 두 요소 중 어느 부분에서 부족하거나 과도한지 파악하면 팀이 기대한 방향으로 나아가지 못할 때 무엇을 조정해야 할지 알 수 있다.

역량-의지 매트릭스의 각 사분면을 해석하는 방법은 다음과 같다.

역량 매트릭스
너무 적을 때
- 팀이 요구되는 수준의 업무를 제대로 수행하지 못한다.
- **해결책:** 기존 팀원을 멘토링하거나 교육한다. 그것으로 충분하지

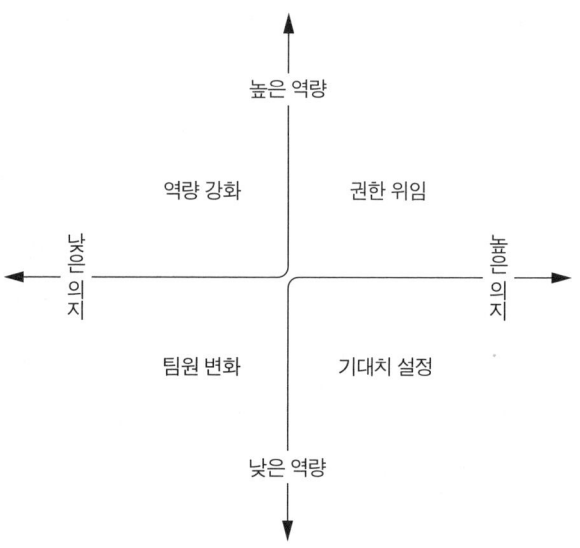

높은 역량

역량 강화　　　　　권한 위임

낮은 의지　　　　　　　　　　높은 의지

팀원 변화　　　　　기대치 설정

낮은 역량

그림 18. 역량-의지 매트릭스

않거나 효과가 없다면 능력 있는 새 팀원을 영입한다.

너무 많을 때

- 팀의 동기가 떨어진다.
- **해결책:** 팀의 미션과 목표를 재정립해 더 많거나 나은 결과물을 요구한다.

의지 매트릭스
너무 적을 때

- 팀의 생산성이 떨어진다.
- **해결책:** 대담한 임무로 팀에게 영감을 주는 방법을 찾는다. 예를 들

어 팀의 범위를 '회사를 위한 교육 플랫폼 구축'에서 '우리 회사와 사용자를 위한 교육 플랫폼 구축'으로 확대해 새로운 책임에 부응하는지 지켜본다. 워크숍 형식의 세션을 통해 평소에 말하기 어려웠던 것을 언급하고 팀이 한두 가지 중요한 역기능을 겪고 있다고 생각한다는 점을 지적한다. 마지막으로 팀 전체의 의지를 떨어뜨리는 개인이 있는지 고려하고 그들과 대화를 나누거나 팀 구성을 변경한다.

너무 많을 때

- 팀이 과도하게 약속하고 이행하지 못한다.
- **해결책:** 팀과 업무를 의뢰한 이들의 기대치를 정의하며, 업무의 우선순위를 정하고 범위를 정하는 데 도움을 준다. 현재 인재가 팀의 목표에 부합하는지 고려하고, 그렇지 않다면 팀의 역량과 인력을 보강한다.

사업 유형에 따라 일부 역할은 능력도 낮고 의지도 낮은 왼쪽 하단 사분면에 속할 수 있다. 대부분의 고성장 기업은 이 영역에 속한 직원을 둘 여유가 없고 원하지도 않는다. 오른쪽 하단 사분면인 역량은 낮지만 의지가 높은 경우는 경력 초기 직원이나 새로운 직무로 이동한 사람들에게 흔히 나타난다. 이런 사람들에게 투자할 가치가 충분하며, 팀 구성원들이 함께 노력하여 이들의 성장을 지원하는 것이 바람직하다. 능력이 의지에 부합하는지 확인하기 위한 몇 가지 체크포인트를 마련하자.

오른쪽 상단 사분면인 높은 역량-높은 의지는 관리자의 꿈이라 할 수 있다. 관리자의 목표는 팀의 모든 구성원을 이 위치로 끌어올려 충분히 위임하고 권한을 부여해 내가 가장 좋아하는 개인적 목표 중 하나인 '스스로 일하기'를 달성하게 하는 것이다. 반면 왼쪽 상단 사분면인 높은 역량-낮은 의지는 가장 다루기 어려운 경우 중 하나다. 이 경우에는 동기 부족이나 상실의 원인을 파악해야 한다. 원인이 새롭게 생긴 것인지, 일시적인 것인지, 지속적인 것인지 파악해야 한다. 개인적인 삶에서 겪는 문제 때문인지, 새로운 역할이나 팀이 필요한 상태인지 확인하자(이 시나리오에 대해서는 5장에 나오는 '피드백 전달하기'에서 다룬다).

팀 구조를 변화시키려면

팀 진단은 첫 단계에 불과하다. 대부분의 도전 과제가 그렇듯, 계획을 세우는 데는 10%의 노력이 들고, 나머지 90%는 실행하고 어려운 결정을 내리는 데 쓰인다. 만약 현재 팀에 적합한 인재가 없거나, 역량 또는 의지 측면에서 인재 문제를 겪고 있다면, 앞으로 해야 할 일이 많을 것이다.

우선, 어떤 일을 먼저 해야 할지 현명하게 판단해야 한다. 새로운 리더를 영입하고 일부 인재를 교체해야 하는가, 아니면 비전과 동기 부여를 해야 하는가? 때로는 둘 다 필요할 수 있으며, 이 경우 어떤 순서로 진행하는 것이 가장 큰 영향을 미칠지 고려해야 한다. 이때 노력-영향력 매트릭스_{ef-}fort-impact matrix 같은 도구를 활용해 다음 단계를 설계해보는 것이 좋다.

실행 계획과 진행 순서를 결정했다면, 팀 재구성에 대한 이해관계자들의 기대를 관리하면서 재구성해야 한다.

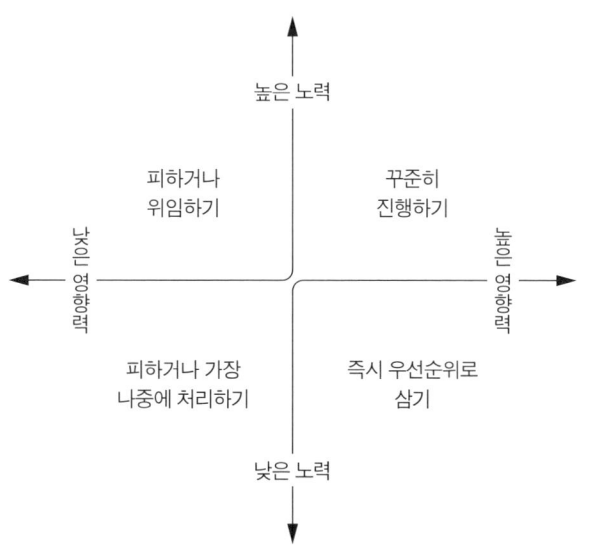

그림 19. 노력-영향력 매트릭스

조직 개편은 전략적 전환의 신호다

조직 개편이나 구조조정을 곧바로 '문제 발생'의 신호로만 보는 사람들도 있다. 이러한 변화는 특히 관리자 변경을 겪는 직원들에게 혼란을 줄 수 있다. 하지만 조직 구조의 변화는 고성장이나 전략적 전환의 신호일 수도 있다. 고성장 중인 조직이라면 내부적으로 기대치를 설정하고 조직 구조가 지속적으로 변화할 수 있다는 점을 분명히 밝히는 것이 중요하다.

물론 조직 개편이 지나치게 자주 이루어지는 것은 바람직하지 않다. 이 섹션에서는 부정적 영향을 최소화하는 성공적인 팀 구조 변화의 원칙과 단계를 다룬다. 이를 통해 조직을 언제 개편해야 하는지, 어떻게 변화를 실행해야 하는지 파악할 수 있다. 변화를 주도하는 관리자이든 그 영향을 받는 구성원이든, 혼란을 최소화하면서 가장 성공적인 결과를 이끌어낼 수 있는 원칙과 단계에 대해 생각해보는 것이 중요하다.

왜 팀을 개편해야 하는가?

당신이 팀 구조에 변화를 줄 필요가 있는지를 고민 중이라면, 주의 깊게 살펴봐야 할 두 가지 중요한 계기Trigger가 있다.

- **팀 구조가 전략과 맞지 않는다.** 새로운 제품을 출시했거나, 사용자 기반을 새롭게 세분화하여 내년에 집중할 두 가지 우선순위 세그먼트를 설정했을 수 있다. 그렇다면 새 제품을 위한 팀을 만들거나 새로운 세그먼트에 맞춰 조직을 개편하는 것이 합리적이다. 이러한 계기는 주로 연말이나 연초, 회계연도 전환 시점에 발생한다. 회사와 팀이 새로운 우선순위를 설정하고 그에 맞춰 구조를 조정할 필요가 있기 때문이다.

- **인재 이슈가 있다.** 리더가 해고되었거나 회사를 떠났거나 역할이 바뀌었을 수 있다. 이러한 상황에서는 다른 관리자가 팀을 이끌어야 한다. 단순히 다른 팀과 합치는 대신 팀의 전반적인 전략을 재정립해야 할 수 있으며, 이는 다른 팀에도 영향을 미칠 수 있다. 관리자 변경은 대개 일정 수준의 팀 구조 변화로 이어지며, 관리자의 직급이 높을수록 그 영향은 더 커진다.

자주 오용되는 세 번째 계기는 팀의 성과가 저조하거나 협업이 원활하지 않은 경우다. 팀의 성과가 저조한 이유가 전략과 제대로 맞물리지 않아서 발생하는 문제라면, 첫 번째 계기로 돌아간다. 하지만 리더들은 때때로 다른 실패를 감추기 위한 변명으로 재구성을 이용한다. 팀이 전략을 실행할 구조가 갖춰지지 않아서인지, 아니면 실제로 인재 문제가 있는지 자문해보자. 인재 문제라면 재구성을 타깃으로 삼기보다는 더 깊이 파고들어야 한다. 새로운 리더를 영입하거나, 팀의 업무 방식을 바꾸거나, 공유된 비전을 중심으로 결집하기 위해 더 큰 노력을 기울여야 할 수 있다(이에 대해서는 뒤에 나오는 '성과가 저조한 팀에 대한 대처법'에서 더 자세히 다룬다. 리더십 성과 문제에 대해서는 5장을 참조하라). 때에 따라 일부 인재를 교체하거나 자신의 리더십 방식에 대한 성찰과 개선이 필요할 수도 있다. 팀 재구성을 모든 문제의 만능 해결책처럼 남용하지 않도록 경계해야 한다.

언제 조직을 개편해야 하는가?

조직 개편을 실행하기 위한 단계별 전략으로 넘어가기 전에 명심해야 할 몇 가지 기본 사항이 있다.

냉동실에서 꺼낸 아이스크림을 너무 오래 두지 마라

경영대학원 교수 중 한 명인 시갈 바르세이드Sigal Barsade는 조직 변화를 이렇게 설명했다. "냉동실에서 꺼낸 아이스크림을 잠시 두면 녹기 시작하고, 다시 얼려도 결코 처음 같지 않잖아요? 조직 변화를 불확실한 상태로 오래 두면 그렇게 됩니다."

조직 개편이 필요한지, 어떤 모습이어야 할지 충분히 고민하라. 하지만 다른 사람들을 이 과정에 개입시킬 때는 주의해야 한다. 그 순간부터는 아이스크림이 이미 냉동실에서 나온 것이나 다름없다. 인사 담당자나 직속 상사 이외의 사람들을 포함시키기 시작하면 세부사항을 파악하는 동안 잘못된 정보가 퍼질 위험이 있으므로 빠르게 움직여야 한다. 잘못된 정보는 불안정을 초래해, 정상적인 운영으로 돌아가기 어려울 수 있다.

조직 구조 vs 조직 안정

조직 개편은 언제 해도 늘 시기적으로는 어긋난 것처럼 느껴지기 마련이다. 누군가 막 퇴사했거나, 고객이 이탈할 위험이 있거나, 회사에서 제품 출시를 앞두고 있을 수 있다. 상황이 어떻든, 조직 개편을 하기로 했다면 단기적 안정을 희생하더라도 장기적 효과를 위해 과감히 밀어붙여야한다. 핵심은 사람들이 변화를 인지한 후에는 빠르게 조직 개편을 실행해새로운 상황에 적응할 수 있도록 하는 것이다.

그렇지만 조직 개편을 미루는 것이 합리적인 경우도 있다. 회사가 많이 성장하고 팀이 자주 개편을 겪었다면, 직원들의 업무에 또 다른 혼란을주는 것보다 안정을 우선시해 조직 개편을 미루는 편이 나을 수 있다. 일반적으로는 필요한 변화를 감수하고 더 안정적인 상태로 나아가는 것이좋지만, 상황과 긴급성을 고려하자. 조직 개편을 고려 중이지만 아직 안정적인 상태가 아니라고 느낄 수 있다. 예를 들어 영입해야 할 리더가 아직없어서 곧 다시 개편해야 할 수도 있다면 기다리는 것이 나을 수 있다. 이미 너무 많은 변화를 시도했거나 더 많은 변화가 예상될 때 속도를 늦추는것이 현명할 수 있다.

이 사람 때문에 조직 구조를 바꿀 만한가?

나도 이런 실수를 한 적이 있다. 특정 팀원에게 반해서 그 사람이 모든문제를 해결해줄 거라고 믿거나, 최악의 경우 중요한 인물이 더 많은 책임을 맡지 않으면 떠나겠다고 위협할 때가 있다. 그래서 그 사람을 중심으로팀을 재구성한다. 생각해보면 터무니없는 일이다. 조직 전체가 아닌 한 사람을 위해 판을 짜고 있다는 신호를 주면, 다른 팀원들의 신뢰는 금세 무너진다. 그리고 구조가 전반적인 전략과 맞지 않으면 새로 책임을 맡은 그 사람도 실패할 조건에 놓이게 된다.

이상적으로는 절대 한 사람을 위해 구조를 바꾸지 말아야 하지만 예외는 있다. 때로는 새로운 조직에 5명의 리더가 필요한데 2명밖에 없을 때가 있다. 그럴 때는 이상적이지는 않지만 미래 상태를 위한 과도기적 구조를 유지할 수밖에 없다. 이런 경우에는 팀원들에게 이것은 임시 상태라는 점과 나아가고자 하는 방향에 대해 투명하게 설명해야 한다.

때로는 매우 뛰어난 성과를 내는 인물이 있어서 그 사람이 없는 팀이나 회사를 상상할 수 없다면, 그에게 여러 팀을 맡길 수밖에 없을 때가 있다. 그가 매우 뛰어나기 때문에 조직 구조가 그리 좋지 않더라도 맡긴 팀들을 잘 운영할 거라고 생각한다. 대부분의 경우, 이는 좋지 않은 절충이다. 특히 선택의 여지를 미리 만들어두면, 조직 구조를 해치지 않으면서도 고성과자에게 적합한 자리를 제공할 수 있는 방법은 언제나 존재한다. 수평적 기회와 수직적 기회를 모두 열어두는 것이 바람직하다. 그러나 고성과자를 위해 예외를 고려한다면 스스로에게 이렇게 물어보자. 정말로 이 한 사람 때문에 조직 구조를 흔들어야 하는가? 그렇다면 그 이유를 끝까지 설명할 수 있어야 한다(고성과자 관리에 대해서는 5장에서 더 자세히 다룬다).

조직 개편의 세 단계

조직 개편은 다음 세 단계로 이루어진다.

0단계 조직 개편이 필요한지 결정하고 새 구조를 정한다.

1단계 변화에 핵심적으로 관여할 사람들의 동의를 얻는다.

2단계 커뮤니케이션 계획 수립 후 모든 이해관계자에게 알린다.

0단계(1개월): 조직 개편이 필요한지 결정하고 새 구조를 정한다

이 단계에는 극소수만 참여해야 한다. 직속 상사, 인사팀, 영향을 받을 수 있어 최종 구조에 의견을 내야 할 동료들 몇 명 정도다. 조직 개편의 계기가 전략 변화인지 인재 변화인지를 검토하고, 이를 염두에 두어 새 구조를 신중하게 설계해야 한다(4장 앞에 나온 '팀 구조 설계는 전략이 출발점이다' 참조).

직속 부하들은 아직 이 과정에 포함시키지 말아야 한다. 이 단계가 끝날 무렵에는 설계안이 완성되어 있어야 한다. 새로운 구조에 대한 설계안이 완성되어 있고, 새 구조에서 각 팀원의 역할이 정리되며, 당신과 상사, 동료들이 이 변화에 동의해야 한다.

1단계(1~2주): 변화에 핵심적으로 관여할 사람들의 동의를 얻는다

이제 아이스크림을 식탁에 올려놓은 셈이다. 이 단계에서는 변화를 실제로 작동시킬 사람들과 대화를 시작해야 한다. 이들은 주로 관리자들로, 역할이 바뀌거나, 책임 범위가 늘어나거나, 줄어들거나, 새로운 팀원들을 관리하게 될 소수의 사람들이다.

첫 단계는 각 당사자에게 조직 개편 계획을 공유하고 비전과 전략을 이해시키는 것이다. 가장 중요한 것은 '왜 조직 개편을 하는가'다. 이들이 변화에 동의하고 다른 이들에게 설명할 수 있어야 하기 때문이다. 때로는 한 번의 대화로 충분할 수 있다. 계획을 듣고 바로 좋아할 수도 있다. 보통은 두세 번의 대화를 거치며 시간을 줘야 한다. 이들이 큰 변화를 수용하는 데 시간이 필요하기 때문이다.

새로운 구조에서 이득을 보는 사람과의 대화는 상대적으로 쉽다. 반면, 그렇지 않은 사람들과는 여러 번 대화를 나누어야 할 수도 있다. 변화의 이유에 집중하고, 그들이 왜 그 역할에 가장 적합한지 설명하자. 그동안 그들과 개발 및 커리어 목표에 대해 나눈 대화를 바탕으로 설명하는 것이 이상적이다(뒤에서 더 자세히 다룬다). 그들의 우려에는 공감하되, 사업을 위한 결정이라는 점을 단호히 전달해야 한다. 아직 결정되지 않은 일부 측면은 수정할 수 있지만, 누군가가 처음에 과잉 반응한다고 해서 계획을 완전히 재고하지는 말아야 한다. 이런 대화를 나눌 시간을 가지고, 주요 당사자들의 동의를 얻으면서 함께 커뮤니케이션 계획을 수립해야 한다.

2단계(1~2일): 커뮤니케이션 계획 수립 후 모든 이해관계자에게 알린다

가장 큰 영향을 받는 팀과 사람들(보통 새로운 관리자를 맞게 될 사람들)에게 먼저 알려야 한다. 충분히 질문할 기회를 주되, 하루 이내에 더 넓은 구성원들에게 공지하는 것이 이상적이다. 널리 알린 후에는 새로운 관리자 체제로의 전환과 운영 구조 재정비를 빠르게 진행해야 한다. 아이스크림을 다시 냉동실에 넣는 단계다.

다시 말하지만, 조직 개편이 반드시 나쁜 것은 아니다. 조직 개편이 필요하다는 것은 조직이 빠르게 성장·변화하고 있다는 긍정적인 신호다. 조직 개편이 고통과 연관되는 이유는 대개 실행과 설명이 부실하기 때문이다. 조직 개편을 제대로 실행하면 더 역동적인 조직이 될 수 있다.

조직 개편은 비용이 아니라 기회다. 리더와 팀원 모두가 새로운 구조에서 더 큰 책임을 맡고 성장할 수 있는 계기다. 변화에 대한 당신의 마음가짐과 태도가 주변 사람들에게 퍼질 것이다. 변화를 긍정적으로 받아들이자.

팀원을 성장시키는 대화와 위임

새 팀을 고용했든, 기존 팀을 맡았든, 조직 개편으로 새 팀을 구성했든 팀의 근간은 팀원들이다. 팀원들의 능력과 의지를 진단하고, 각자의 기여와 잠재력, 의지를 이해해야 한다. 이를 위해, 그리고 팀의 재능을 어떻게 가장 잘 활용할지 파악하기 위해 각 팀원을 깊이 이해하는 시간을 갖자.

커리어 대화를 나누자

팀원들을 잘 이해하는 유용한 방법 중 하나는 그들과 커리어에 대한 대화를 나누는 것이다. 나는 각 팀원의 커리어 목표를 더 잘 알기 위해 커리어 대화를 한다. 나는 이 대화를 통해 매번 그들의 동기와 포부가 팀 미션과 잘 맞는지 이해하는 데 중요한 통찰력을 얻는다.

커리어 대화는 서로를 충분히 이해하고 동기와 포부에 대해 편하게 이야기할 수 있는 시점, 즉 함께 일한 지 몇 달 지났으면서도 공식적인 성과 평가가 있기 전에 이뤄져야 한다. 이를 통해 서로를 이해하고 신뢰를 쌓으며, 그가 커리어 목표를 달성하기 위해 무엇에 집중해야 할지 더 나은 결정을 내릴 수 있다.

이 시간은 면접이 아니며, "5년 후 계획이 뭔가요?"라고 물으며 팀원의 입을 닫게 만드는 시간도 아니다. 그 대신, 커리어 대화를 통해 그동안의 커리어 선택과 그 이유를 생각하게 하라. 이는 앞으로의 상호작용에 중요한 가치와 동기를 발견하게 해줄 것이다(필수 운영 원칙 1 '상호 이해의 기반은 자기 인식이다'를 기억하자). 이러한 통찰을 바탕으로 그 사람의 커리어 목표와 그 목표를 달성하기 위한 결정에 대해 논의하자.

커리어 대화는 다음의 세 가지 목적을 위해 사용된다.

- 당신이 그 사람과 그의 커리어에 관심이 있다는 것을 보여준다.
- 그 사람의 이야기, 즉 커리어의 흐름과 맥락을 이해하라. 현재 회사나 직무, 역할을 넘어서 동기, 과거의 선택, 성장에 대한 열망을 더 넓은 맥락에서 파악한다.
- 장기적인 커리어 방향에 대해 개략적인 그림을 그리기 시작한다. 이러한 방향은 조직 개편이나 성과 평가 시점 때처럼, 누군가가 도전 과제가 부족하거나 과도하다고 느끼는 순간, 혹은 새로운 역할이나 과제를 고려할 때 참고할 수 있다.

나는 커리어 대화를 팀 역학Team Dynamics(팀 내에서 사람들이 어떻게 상호작용하고 협업하는지를 의미하는 말-옮긴이)을 파악하는 데 유용하게 활용한다. 특히 성과에 대한 대화를 나눌 때 우리가 여전히 동일한 장기 목표를 향해 나아가고 있는지 확인하는 데 도움이 된다(이 장 뒤의 부록 '커리어 대화'에 대화 예시를 포함했다). 또한 어떤 업무를 위임할지 결정하는 데 이 대화를 참고한다.

업무 위임의 기술

업무를 위임하는 것은 어려운 기술이지만, 꼭 익혀야 할 가치 있는 기술이다. 이는 자신의 업무를 처리하고 팀원들의 성장과 팀의 영향력을 높이는 데 핵심적이다.

위임에는 두 가지 형태가 있다. 첫째는 일반적인 업무 할당이다. 팀원은 자신의 업무와 그 핵심 기능을 이해해야 한다. 팀원은 일상적인 책임, 목표, 평가 방법을 이해하고 있는가? 이는 원온원 미팅에서 다뤄야 할 사항이다. 둘째는 일상 업무에 포함되지 않지만 당신이나 팀원이 맡아야 하는 일회성 과제다.

위임을 잘 하지 않는 관리자는 개인적으로는 일을 잘 해낼 수 있을지 몰라도, 팀을 성장시키는 데는 한계가 있다. 이런 관리자들은 중요한 업무를 다른 사람에게 맡기는 습관이 형성되지 않았기 때문에 지속 가능한 팀을 만들기 어렵다. 반면, 업무를 과도하게 떠넘기는 관리자는 업무에 대해 충분히 알지 못하기 때문에, 팀이 감당할 수 없는 일을 맡겨 중대한 실패를 초래할 위험이 있다. 성공적인 업무 위임은 당신과 팀의 영향력을 높이고, 팀원들의 역량을 개발하며, 신뢰를 구축하고, 협업을 촉진하며, 우수한 인재를 유지하는 데 기여한다. 과도하거나 부족한 위임의 징후를 인식하는 방법을 배우면 업무가 궤도를 벗어났을 때 바로잡는 데 도움이 된다.

업무 위임을 잘 하지 않는 관리자는 흔히 마이크로 매니저microman-ager(세세한 일까지 간섭하는 관리자-옮긴이)라고 불리는 사람들이기도 하다. 모든 업무에 과도하게 관여하고, 팀의 거의 모든 과제에 본인이 포함되기를 원하거나, 해당 작업을 조직 외부에 보이기 전에 반드시 자신의 검토를 받을 것을 요구한다.

다음과 같다면, 리더로서 당신은 업무 위임을 충분히 실천하지 못하고 있는 것이다.

- 직원들은 해결책이 아니라 문제만 가지고 온다.
- 대부분의 결정을 당신 없이는 내릴 수 없어 병목 현상이 생긴다.
- 당신이 아프거나, 출장 중이거나, 다른 이유로 팀을 떠나 있으면 상황이 악화된다.
- 업무량에 압도되고 일상적인 요구사항을 해결하느라 전략적인 일에 시간을 쓰지 못한다.

스케일링 피플

변화를 처음부터 논리적으로 설명하면 사람들은 이를 받아들이고 적응할 수 있다. 새로운 회사에 부임한 첫날 나는 이렇게 말한다. "그동안 익숙했던 것들과는 많이 달라질 것입니다. 속도도 다르고, 보상 체계도 다르고, 모든 게 달라질 겁니다."

그리고 뉴욕 지하철에 비유해서 설명한다. "이 열차는 더 이상 브롱크스로 가는 열차가 아닙니다. 지금부터는 브루클린으로 가는 열차입니다. 브루클린 방향으로 가시려면 계속해서 열차 내에 승차해주시기 바랍니다."

하차할 수 있도록 잠시 문을 열어두겠지만, 우리는 지금 방향을 바꾸고 있다. 이 방향이 당신과 맞지 않으면 하차해도 괜찮다. 하지만 나와 같은 길을 가고 싶다면 함께 가자. 더 많은 책임을 지고, 더 투명해지며, 더 빠르게 움직일 것이다. 내리지 않는 사람들은 더욱 열심히 일할 것이다.

모든 구성원에게 변화가 일어나고 있다는 것과 그 이유를 분명히 알리는 것만으로도 충분하다.

– 찰스 필립스, 레커그나이즈 매니징 파트너, 전 인포 CEO

DRI(직접 책임자)

하드웨어 생산과 관련된 복잡성과 촉박한 마감일 때문에 압박을 느낀 애플은 목표나 출시일을 맞추는 데 책임을 지는 사람을 가리키는 'DRIDirectly Responsible Individual'라는 용어를 만들었다. DRI는 대개 팀 리더나 임원이지만 팀원인 경우도 많다. 그들의 주요 임무는 프로젝트에 필요한 자원이 있는지 확인하고 빠른 실행을 위해 결정을 내리는 것이다.

스트라이프에서의 많은 업무는 전 세계적인 자금 이동, 규제, 보유와 관련된 복잡한 생태계와 금융 인프라에 기반하고 있으며, 여러 부서와 팀 간의 긴밀한 협력이 요구된다. 우리는 DRI라는 용어가 계층 구조보다는 책임에 초점을 맞추므로 매우 유용하다고 생각한다. 신속한 결정이 필요할 때, DRI는 자신이 최종 결정권자가 아니더라도 결정이 내려지도록 책임지는 역할임을 알고 있다.

운영 구조와 마찬가지로, DRI의 역할은 서로 연결된 프로젝트 구조를 만들기 위해 복수로 적용될 수 있다. 어떤 DRI는 관련은 있지만 별개의 프로젝트를 맡은 또 다른 DRI에게 의존할 수 있다. 코드 옐로(앞의 '코드 옐로' 사례 참고)와 마찬가지로, 이 용어의 가장 유용한 측면은 모든 사람이 그 의미를 알고 있어서 DRI에게 목표를 달성하는 데 필요한 권한을 부여한다는 것이다. 특정 회사 방식이나 역할에 특화된 용어는 모두에게 잘 이해되고(온보딩 과정에 포함) 일관되게 사용된다면 유용할 수 있다.

과도하게 업무를 위임하는 관리자는 직원들이 권한을 부여받고 신뢰받는다고 느끼게 하는 데 능숙하지만, 업무와 너무 동떨어져 직원이 감당하기 어려운 상황에 처했을 때 알아차리지 못한다. 또한 직원들에게 준비되지 않은 일을 줄 수 있고, 부하들에게 높은 수준의 업무 처리를 요구하지 않는다. 나는 포용하고 신뢰하는 것을 중요하게 여기는 사람 중심의 관

스케일링 피플

리자들이 과도하게 업무를 위임할 위험이 있다는 것을 발견했다.

다음과 같다면, 당신은 업무를 과도하게 위임하고 있는 것이다.

- 당신의 팀이 지속적으로 낮은 품질의 결과물을 만들어낸다.
- 프로젝트가 궤도를 벗어난 것을 너무 늦게 알아차린다.
- 팀원들이 자신들의 업무에 부담을 느낀다고 자주 말한다.
- 팀이 최근에 완료한 중요한 일, 진행 중인 일, 다음 우선순위가 무엇인지 즉시 말할 수 없다.
- 상사나 동료, 팀 업무와 팀이 직면한 어려움에 대해 상세한 대화를 나눌 수 없다. 단, 예외적인 경우는 당신이 임원이고 동료와의 대화에 참여한 부하 리더가 있을 때뿐이다.

위임은 처음에는 매우 비효율적이지만 결과적으로 매우 효율적이다. 직원들이 높은 수준으로 업무를 처리할 수 있도록 초기에 능력을 개발하는 데 더 많은 노력을 기울여야 한다. 이 과정은 특히 과제 지향적인 성격의 사람들이 좌절감을 느낄 수 있으므로, 위임의 장기적인 성과와 그것이 팀 전체에 주는 이점을 상기시켜야 한다.

언제 위임해야 하는가

내가 위임에 사용하는 프레임워크는 제프 베이조스의 타입 1 또는 타입 2 결정과 비슷하다(그림 20 참조).[43] 이 프레임워크에는 두 가지 축이 있다.

- **높은 영향력 또는 낮은 영향력:** 누가 또는 무엇이 이 일의 영향을 받을 수 있는가? 어떤 팀에 영향을 미치는가? 사용자에게 영향을 미치는가? 몇 명에게? 얼마나 즉각적으로 사업에 영향을 미치는가? 중요한 회사 목표나 지표를 바꿀 것인가?

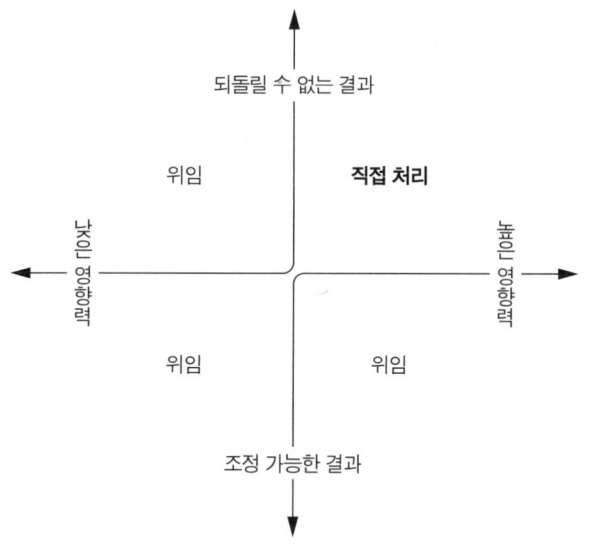

그림 20. 위임 프레임워크

- **되돌릴 수 없는 결과 또는 조정 가능한 결과:** 해당 업무가 내가 '(쉽 게) 되돌릴 수 없는' 결과로 이어질 것인가, 아니면 업무를 조정하 고, 반복하고, 변경할 수 있을 것인가?

다음은 프레임워크를 실제로 적용한 몇 가지 예시다.

- **높은 영향력-되돌릴 수 없는 결과:** 수백만 달러 규모의 사무실 10년 임대 계약 체결 또는 단일 공급업체와의 독점적 다년 계약.
- **높은 영향력-조정 가능한 결과:** 주요 출시 제품을 알리는 웹사이트 의 마케팅 문구.
- **낮은 영향력-조정 가능한 결과:** 제품을 설명하거나 팀 외부 워크숍 일정을 소개하는 회사 내부 자료.

- **낮은 영향력-되돌릴 수 없는 결과:** 신제품의 마케팅 메시지를 테스트하기 위해 50명의 잠재 고객에게 보내는 이메일.

만약 당신이 관리하는 업무가 '높은 영향력 – 되돌릴 수 없는 결과'에 해당하지 않는다면, 거의 항상 위임하는 것이 좋다. 물론 예외는 있다. 예를 들어 팀원의 성장을 위해 중요하면서도 위험한 결정을 위임할 때도 있다. 이럴 때는 신뢰할 만한 고성과자에게 맡기되, 주요 결정이나 마일스톤에 대해 당신이 전달받고 깊이 관여하길 바란다고 분명히 말하자. 당신이 조정 가능하거나 영향력이 적은 일을 직접 맡아야 할 때도 있다. 이렇게 하는 데는 세 가지 이유가 있다.

- **본보기 제시(모델링):** '잘하는 모습'이 어떤 것인지 보여주려 할 때다. 모델링은 유용한 직원 개발 기법이지만, 부하직원이 직접 실습할 기회도 함께 줘야 한다. 의대 교육 방식에서 흔히 사용하는 '한번 보고, 시도해보고, 다른 사람에게 가르치기'처럼 부하에게 과제를 시범 보이고, 다음 단계에서 직접 수행하게 한 뒤, 마지막으로 다른 사람에게 위임해서 감독하게 하는 방식이 효과가 있다.
- **긴급한 업무:** 때로는 일을 빨리 처리해야 하는데 위임이나 교육이 충분하지 않아 다른 사람에게 맡길 수 없을 때가 있다. 이를 교훈으로 삼아 다시는 이런 상황이 반복되지 않도록 해야 한다.
- **자원 부족:** 가끔은 위임할 인력이 부족해 모두가 발 벗고 나서야 할 때가 있다. 이런 일이 생기면 당신 자신이나 팀을 제대로 키우지 못하고 있다는 뜻임을 명심하라.

어떻게, 누구에게 위임할 것인가

나는 위임이 필요할 때 앞(그림 18)에서 소개한 역량-의지 매트릭스를 활용하는 것을 좋아한다. '역량'은 과제를 완수할 능력을, '의지'는 과제를 수행하려는 욕구를 뜻한다. 매트릭스의 오른쪽 상단, 즉 역량과 의지가 모두 높은 사람에게 더 많이 위임하고, 의지는 높지만 역량이 낮은 사람은 선별적으로 위임해 필요한 기술을 배우게 하자. 위임하기 어려운 팀원이 있다면, 그 사람이 왜 팀에 있는지 돌아보고 적절한 피드백과 성과 관리를 해야 한다(5장 참조).

위임이 필요한 업무를 정하고 누구에게 맡길지 결정했다면, 마지막 단계는 그 사람의 동의를 얻고 업무 시작을 돕는 것이다. 다음은 효과적인 위임 대화를 위한 단계들이다. 이 과정을 서로의 이해를 확인하는 문서로 남길 수도 있다. 특히 경력 초기인 사람에게 매우 유용하다.

- **과제의 핵심을 요약한다.** 전반적인 맥락과 이 과제가 왜 중요한지 설명한다. 기대치를 설정하고 업무의 목표를 설명한다.
- **왜 이 업무가 그 사람에게 적합한지 설명한다.** 프로젝트를 개인의 기술이나 발전 목표에 맞춘다. 커리어 대화나 분기별 목표를 언급한다. "당신이 X를 잘하니까 이 일을 맡겼으면 한다"거나 "Y에 대한 새로운 경험을 쌓게 하려고 이 일을 맡기고 싶다"라고 말할 수 있다.
- **명확한 결과물을 정한다.** 완성된 프로젝트가 어떤 모습이길 바라는지 말한다. 스프레드시트, 서면 보고서, 상세 분석, 슬라이드의 시각자료 등 과제에 맞는 것이면 무엇이든 좋다. 상대방의 연차에 맞춰, 어떤 결과물을 구상하는지 묻거나 함께 브레인스토밍할 수 있다.
- **일정을 논의한다.** 프로젝트를 언제까지 완료해야 하는지, 다른 책임들을 고려할 때 그것이 합리적인지 확인한다.

- **동의를 얻는다.** 이 프로젝트가 그 사람이 하고 싶은 일인지 물어볼 시간을 가진다. 과제가 상당한 업무나 책임을 요구한다면, 이를 조율하는 데 몇 차례 대화가 필요할 것이다.
- **다음 단계를 정한다.** 프로젝트 시작을 돕기 위해 첫 단계를 논의한다.
- **진행 상황을 추적한다.** 진행 상황을 어떻게 알려줄 것인지, 언제 다시 확인할 것인지 합의한다.

개별 팀원에 대한 이해를 쌓고 효과적인 위임을 통해 성과를 내기 시작했다면, 이제는 개개인의 성과를 합친 것보다 더 큰 집단적 시너지를 창출하는 팀을 구축할 때다.

유대를 강화하는 팀 분위기 조성

팀 내 관계 형성에는 의식적인 노력과 공통된 관행이 중요한 역할을 한다. 이러한 요소들은 팀원 간의 유대를 강화하고, 팀원들이 창의적이고 협력적인 분위기에서 효과적으로 함께 일할 수 있도록 돕는다.

팀 워크숍을 활용하라

나는 외부 워크숍Offsites(일상적인 업무 환경을 벗어나 외부에서 진행하는 워크숍을 의미함-옮긴이)이 진정한 팀이 되도록 이끌어 문제를 해결하고, 결정을 내리며, 목표와 전략을 실행하는 데 큰 도움이 된다고 확신한다. 워크숍은 기초를 다지고, 공통의 용어를 정립하고, 업무 스타일을 공유하며, 어떤 팀이 되고 싶은지 결정하는 자리다.

스트라이프에 합류했을 때, 리더십팀이 워크숍을 정기적으로 진행하고 있다는 사실이 반가웠다. 그들은 2~3일 동안 함께 시간을 보내며 사업을 평가하고 회사와 전략을 발전시킬 결정을 함께 내렸다.

내가 처음으로 워크숍에 참석하기 전부터 전해 들은 이야기들은 꽤 흥미로웠다. 계획된 의제가 없었다는 점, 팀이 '업무 현장을 벗어난 워크숍'을 위해 많은 노력을 기울였다는 점도 인상 깊었다. 창업주인 콜리슨 형제가 미국 운전면허가 없어서 스트라이프의 첫 경력직 채용자였던 빌리가 그들을 위해 카풀 기사 역할을 했다는 이야기도 재미있었다. 나는 첫 워크숍에서 '올빼미 클레어'라는 별명까지 얻었다. 원래 일찍 자는 편인데, 팀원들이 밤늦게까지 나를 잠 못 들게 하며 터무니없는 전략 아이디어와 별의별 이야기를 끌어내는 것을 즐겼기 때문이다. 덕분에 우리 팀은 업무적으로나 인간적으로 더 끈끈해질 수 있었다.

왜 워크숍을 하는가?

워크숍에는 세 가지 목적이 있다.

- 단순한 업무 그룹을 팀으로 발전시킨다.
- 지금까지의 진행 상황과 성과를 평가하고 단기 우선순위와 목표를 정한다.
- 장기적인 전략적 사고를 이끌어낸다.

워크숍 대부분은 이 세 가지가 혼합되어 있다. 내 경험상 임직원이 일상에서 벗어나면 집중력이 높아지고 평소와는 다른 방식으로 사고하는 효과가 있다. 이는 단순히 아이스브레이킹 때문만은 아니다. 팀이 지리적으로 흩어져 있다면, 한 공간에 모여 함께 계획을 세우는 것은 분산된 환

스케일링 피플

나는 언제나 일을 위임하는 것을 거리낌없이 생각해왔다. 어떤 직급에 있든 리더십을 발휘하는 최고의 방법은 나보다 더 잘할 수 있는 사람들로 주변을 채우는 것이다. 나에게 가장 최악의 순간은 신뢰하지 않는 사람들과 일할 때다. 그런 상황에서는 더 늦기 전에 변화를 줘야 한다. 누군가에게 일을 위임할 만큼 신뢰가 없다면 그 사람을 교체해야지, 그 대신 내가 일하는 것은 진정한 해결책이 아니다.

— **댄 바이스**Dan Weiss, 메트로폴리탄 미술관 관장 겸 CEO

경에서도 협업할 수 있는 기반을 다지는 데 효과적이다. 스트라이프에 입사하기 전, 나는 모든 유형의 팀에 적용 가능한 워크숍 설계와 진행 방식을 개발했다.

하지만 워크숍이 아무리 유용하다 해도 항상 정답은 아니다. 워크숍은 인재 문제를 해결(3장에 나오는 '팀 구조를 변화시키려면' 참조)하기 위한 수단이 아니라, 이미 협업이 잘 이뤄지고 있는 팀 내에서 더욱 강한 유대감을 형성하기 위한 것이다. 워크숍을 계획하기 전에 팀의 현재 상태를 평가하고, 팀의 시간을 현명하게 쓸 수 있다는 확신이 들 때, 올바른 전략과 팀 구성을 짰는지 판단하는 데 필수적이라고 판단될 때만 진행해야 한다.

어떤 방식의 워크숍이 가장 적절한가?

단순히 목표나 과제를 위해 모였다고 해서 진정한 팀이 되는 것은 아니다. 팀을 구축하는 것은 의식적이고, 능동적이며, 지속적인 작업이다. 이는 팀의 발전 단계를 이해하고 회사 전략 내에서 팀의 위치를 고려해 적절한 수준의 투자를 하는 데서 출발한다. 고위 팀일수록 워크숍을 더 자주 진행하길 권한다. 고위 팀이라면 일 년에 최소 두세 번은 워크숍을 하고, 매번 새로운 멤버를 추가하는 것이 바람직하다. 더 낮은 직급의 팀도 최소 연 1회 이상은 워크숍을 진행해야 한다.

팀은 현재 어떤 발전 단계에 있는가?

팀은 어느 정도 예측 가능한 발전 단계를 거친다. 이 분야의 선구자 중 한 명인 브루스 턱맨Bruce Tuckman은 팀 발전의 네 단계를 형성기, 격동기, 규범기, 성과기로 설명했다[44](각 단계의 지속 기간에 대한 표준은 없다는 점에 유의하자). 팀의 발전 단계를 알면 워크숍 안건을 어떻게 구성해야 팀이 앞으로 나아갈 수 있을지에 대한 통찰을 얻을 수 있다.

구글이 아리스토텔레스 프로젝트project Aristotle에서 발견한 것처럼 심리적 안전감, 즉 부정적인 결과에 대한 두려움 없이 질문하거나 반대 의견을 제시하거나, 실패를 논의하거나, 취약점을 표현하는 등의 대인 관계 리스크를 감수할 수 있는 능력은 팀이 다음 단계로 나아가는 데 핵심 요건이다.[45] 팀 발전의 각 단계에서 심리적 안전감을 적극적으로 강화하고 확보하는 노력을 기울여야 한다.

예를 들어 팀이 막 조직되어 형성기에 있다면 팀의 목표, 역할, 프로세스를 명확히 정립하는 데 집중할 수 있다. 형성기는 1장에서 언급한 업무 스타일과 성격 선호도 조사를 진행하는 데도 적합하다. 반면, 팀이 격동의

표 7. 팀의 발전 단계, 특징, 리더 가이드

단계	특징	리더 가이드
형성기	• 목표, 역할, 프로세스가 불분명함. • 관리자의 지시에 의존함. • 심리적 안전감이 낮아 위험 감수나 대립이 거의 없음. • 과도한 공손함이나 형식적인 동의.	• 더욱 지시적인 리더십이 필요함. • 질문에 대한 침묵을 예상하고 대응해야 함. • 추가적인 지원, 방향 제시, 모델링을 제공해야 함. • 협력적이고 지원을 해주는 팀 규범을 만들어 심리적 안전감을 적극적으로 구축해야 함.
격동기	• 목표, 역할, 프로세스의 경계가 여전히 불분명하고 충돌 발생 가능. • 심리적 안전감이 높아지고 갈등이 드러남.	• 목표, 역할, 프로세스를 정리하는 데 집중해야 함. • 갈등을 건강한 단계로 받아들이고 이를 억누르지 말 것. • 갈등은 팀의 성장 과정 중 일부임을 구성원들이 이해하도록 돕기.
규범기	• 목표, 역할, 프로세스가 더욱 명확해짐. • 관리자가 점차 협의적 태도를 보임. • 헌신과 협업 수준이 증가함. • 의사결정이 명확해짐.	• 격동기를 지나온 것을 축하함. • 팀의 업무 수행 방식을 계속 개선해야 함. • 팀이 제 궤도에 접어들고 있지만 긴장감을 유지하고 목표에 집중해야 함.
성과기	• 팀의 흐름이 원활함. • 건강한 토론과 의사결정이 이루어짐. • 갈등 해결이 원활함.	• 규범을 계속 다듬어야 함. • 도전의 수준을 계속 높여야 함. • 이 단계가 영구적이지 않다는 점을 알고, 언제든 변화가 일어날 수 있음을 인지해야 함.

시기를 겪고 있다면, 관계 구축과 공통된 팀 정체성 형성에 더 많은 시간을 투자하는 것이 중요하다.

워크숍 안건을 계획할 때는 과제의 필요와 팀의 필요 사이에서 균형

표 8. 과제 중심 활동과 팀 중심 활동의 예

과제 중심	팀 중심
지표 설정 또는 검토.	서로의 업무 스타일을 알아가기, 팀 빌딩.
계획 수립, 목표 설정, 담당자DRI 지정.	팀과 아침, 점심, 저녁 식사.
완료된 작업 결과물에 대한 회고.	팀 규범 정의.
장기 전략 논의.	팀 역할과 주요 지표에 대한 책임 논의.

을 맞춰야 한다. 과제에만 너무 집중하면 팀이 어려움을 겪고, 팀에만 너무 집중하면 과제 진행에 차질이 생긴다. 어느 한쪽에 치우쳐서는 팀의 지속 가능성이 떨어진다. 간단한 원칙으로, 팀이 성숙한 단계에 이를수록 팀 자체보다 과제에 더 많은 비중을 둘 수 있다(표 8은 과제 중심 활동과 팀 중심 활동의 예를 보여준다).

워크숍 계획 및 진행

어떤 사람들은 회의나 워크숍을 다른 사람들보다 선호한다. 공유된 워크숍 계획서는 팀원 모두로부터 최고의 인사이트를 이끌어내는 데 유용한 도구다.[46] 이는 다음과 같은 여러 이점도 제공한다.

- **포용성:** 워크숍 계획서는 현장에서 토론해야 한다는 부담 없이 아이디어를 전달할 수 있는 안전한 공간을 제공한다.
- **앵커링 효과**Anchoring effect: 조직으로서 핵심 목표를 작성하고 공유 문서로 제시하면 공동의 목표와 기대에 기반하여 대화를 이끌 수 있다.
- **사전 작업:** 문서를 작성하는 분명한 이유 중 하나는 공통된 사고의

출발점을 갖도록 돕는 것이다. 워크숍 전에 팀이 동일한 맥락에서 사고할 수 있는 기반을 마련하는 역할을 한다.

이 장 뒤의 부록 '워크숍 계획 및 진행'에 워크숍 진행을 위한 계획 체크리스트와 몇 가지 템플릿을 수록했다. 워크숍에 다음 몇 가지를 포함할 것을 제안한다.

체크인

체크인Check-ins은 하루의 감정적 리듬을 설정하고, 좋은 결과를 얻는 데 유용하다. 모든 참가자에게 워크숍에 대한 느낌, 오늘 세션에 대한 생각, 그날의 목표를 공유하게 하자. 이상적인 체크인을 직접 시범 보이거나, 당신이 원하는 분위기를 이해하는 사람에게 요청해도 된다. 중요한 것은 간결하면서도 개인적이고 솔직한 표현이다. 예를 들면 다음과 같다. "지난주 어머니께서 수술을 받으셔서 힘든 한 주였습니다. 지금은 괜찮으시지만 회복이 어려워 일과 병원 방문을 병행하고 있어 집중력이 떨어질 수 있습니다. 오늘 제 목표는 최우선 과제를 파악하는 것입니다. 지금 너무 많은 프로젝트에 '예스'하고 있어서, 여러분이 우선순위를 정하고 경계를 설정하는 데 도움을 주셨으면 합니다." 내가 체크인 시범을 보이는 것을 깜빡한 적이 있었는데, 첫 참가자가 워크숍 가는 비행기에서 겪은 약간 부적절하고 민망한 이야기를 공유한 일이 아직도 잊히지 않는다.

아이스브레이킹

아이스브레이킹은 업무보다는 개인에 초점을 맞추는 것이 좋다. 사람들이 자신을 드러내고, 하루의 분위기를 이끌 수 있는 즐거운 활동이어야 한다. 다음은 내가 좋아하는 몇 가지 아이스브레이킹 사례들이다.

- 중요한 의미가 있거나 자신의 중요한 성격을 나타내는 개인 사진 공유.
- 좋아하는 책이나 영화, 또는 처음 간 콘서트 공유(왜 그런지 설명하고 이야기를 나눌 시간을 반드시 주자).
- 내 첫 화상 워크숍 중 하나는 기억에 남는 아이스브레이킹으로 시작했다. 각 참가자가 노트북을 들고 집에 있는 특별한 물건이나 사진을 보여주며 그것이 왜 중요한지 설명했다. TV에서 보듯이 연예인의 집 안 구석구석을 보여주는 방식을 불편해하는 사람들은 카메라로 찍은 물건을 보여주기만 해도 됐지만, 대부분은 전자의 방식을 선택했다. 함께 집에 있는 것 같은 즐거운 반전이었다.

아젠다 구성

아젠다의 각 섹션에 대해 전체 팀이 참조할 수 있는 곳에 다음 항목을 반드시 문서화하자.

- 목적
- 아젠다
- 시간 제한(각 항목에 할당된 시간)
- 논의 내용과 후속 조치(워크숍 중 작성되어야 할 내용)

세션별로 기록자를 지정할 수도 있다.

체크아웃

나는 워크숍이 끝날 때 모두가 다시 성찰적인 분위기로 돌아가는 것을 좋아한다. 이는 간단한 한두 마디 체크아웃Check-outs이나 "아직도 생각나는 주제는 무엇이고 이유는 무엇인가요? 30초 이내로 답해주세요!" "우리가 내린 가장 중요한 결정은 무엇이라고 생각하나요?" "워크숍을 마치고 나서의 기분을 한두 마디로 설명해주세요." 같은 탐색적 질문으로 진행할 수 있다.

워크숍은 공유된 경험을 통해 서로를 이해하고, 업무에 대한 집단의 이해를 각인시켜 기억으로 남기는 과정이다. 특히 독특한 곳에서 워크숍을 하면 더욱 그렇다. 사람들은 "난방이 좋지 않았던 그 이상한 창고 같은 곳에 갔던 때"를 언급하며 즉시 그 순간을 떠올릴 수 있을 것이다.

회의

팀 회의meeting는 보통 독특한 장소에서 열리지는 않지만 자주 진행되는 중요한 팀 활동 중 하나다. 팀을 생각하면 회의를 떠올리기 쉽다.

회의에는 다음과 같은 여러 목적이 있다.

- 의사결정
- 정보 공유
- 실시간 검토(우선순위, 로드맵, 지표 등)
- 의견을 한 방향으로 모음(정렬)
- 문제 해결

훌륭한 회의에서 일어나는 일을 설명하는 것은 쉬워도, 실제로 그런 회의를 조직하고 운영하는 일은 훨씬 어렵다. 회의는 사람들 대부분이 생각하는 것보다 훨씬 많은 노력이 든다. 회의는 실행, 팀 빌딩, 관리를 위한 중요한 도구지만, 제대로 다루지 않으면 에너지가 크게 소모된다. 당신과 회사, 팀의 주요 구성원들이 회의에 얼마나 많은 시간을 할애하는지 계산해보는 것도 좋은 방법이다. 회의 비용은 만만치 않다! 나 역시 회의를 통해 업무를 처리하려고 시도해본 적이 있지만, 회의를 실제 업무가 이뤄지는 시간으로 보기는 어렵다.

2018년, 나는 코슬라 벤처스 행사에서 효과적인 직원 회의 운영 방법에 대해 강연했는데,[47] 그 강연을 언급하는 사람들이 많다. 심지어 "모든 팀원에게 그 영상을 보라고 한다"고 말하는 이들도 있다. 이처럼 관리자들은 회의를 더 효과적으로 진행하고 싶어 하지만 어디서부터 시작해야 할지 모르는 경우가 많다.

효과적인 회의를 운영하려면 사전 준비와 탄탄한 운영이 필수적이다. 좋지 않은 회의는 팀 내 불안정한 역학 관계를 드러내거나, 심지어 그런 문제를 야기하기도 한다. 회의 내내 노트북만 보는 사람, 아무 말도 하지 않는 사람, 늘 데이터가 있어야만 결정을 내리는 사람, 대화를 독점하는 사람, 쉽게 위축되는 사람 등이 그렇다. 반면 훌륭한 회의는 팀이 최고의 상태일 때 드러나는 모습이다. 브루스 턱맨은 "역할이 유연하고, 기능이 원활히 작동하며, 집단의 에너지가 과업에 집중될 때" 그 팀을 훌륭하다고 했다.[48] 훌륭한 회의는 생산적이고, 역동적이며, 도전적이고, 개인주의적이면서도 협력적이며, 내가 가장 좋아하는 특징인 결단력이 있는 회의다!

훌륭한 회의는 사전 준비와 진행 방식, 두 가지에 달려 있다.

사전 준비하기

관리자들은 회의에 관해 매우 중요한 사실 하나를 종종 잊는다. 회의의 성공은 참여자들의 관계에 달려 있다는 점이다. 이런 유대감은 주간 30분 회의에서 형성될 수 없다. 특정 그룹과 정기 회의를 할 계획이라면,

먼저 공통된 이해를 형성하고 회의 규범을 세우는 데 투자해야 한다. 워크숍이 어렵다면, 최소한 워크숍 역할을 대신할 확장된 킥오프 미팅이라도 해야 한다.

회의에 대한 공통의 이해 형성하기

팀원은 누구이고, 각자의 역할은 무엇이며, 어떤 방식으로 일하는 것을 선호하는지 등 기본적인 사항을 정하자(1장의 '선호하는 업무 스타일을 파악하라: 업무 유형 4' 참조). 새롭게 구성된 팀이라면, 2장의 '미션'과 '팀 헌장'에서 설명한 대로 팀의 목적에 대해 합의하고, 서로의 업무에 대한 의견 요청에 적시에 응답하며, 주의를 산만하게 하는 일이 생기면 회의에서 빠지는 등의 팀 규범에 동의하게 하자. 이 작업은 워크숍, 특히 외부 워크숍에서 진행하는 것이 바람직하다.

이 세션의 목표는 각 팀원이 일하는 방식에 대한 이해를 바탕으로 팀 차원의 규범에 대한 상호 합의를 이끌어내는 것이다. 스트레스 상황이나 몰입 상태에서 각자의 선호가 어떻게 나타나는지 이해하는 데도 초점을 둔다.

회의 내 역할을 정하자

기초 작업을 시작한 후에는 회의 내 각자의 역할을 검토하는 것이 좋다. 회의 주최자가 모든 역할을 맡을 필요는 없다. 다음 역할을 누가 맡을지 모두가 명확히 알고 있어야 한다.

- **DRI:** 회의의 성공을 책임지는 사람(직접 책임자)이다. 회의 주최자일 수도 있고, 회의가 지원할 중요 프로젝트의 리더일 수도 있다(앞에 나오는 DRI에 대한 설명 참조).

- **진행자:** 주로 직접 책임자나 회의 주최자가 맡지만, 꼭 그럴 필요는 없다. 때로는 주최자가 더 자세히 듣고 관찰하고 싶은 경우, 다른 사람이 진행을 맡을 수 있다. 일부 회의는 돌아가면서 진행자를 맡는다. 진행자의 목표는 회의 시간을 지키고, 목표와 의제를 처리하며, 기록자와 협력하여 주요 결정사항과 조치사항을 포착하는 것이다.
- **기록자:** 진행과 기록을 동시에 하기 어려우므로, 다른 누군가가 주요 논의사항, 결정사항, 조치사항을 기록하는 것이 좋다.

나는 회의록 작성의 중요성을 믿는다. 회의록은 심리적 안전감을 형성하고 회의에 참석 못 한 사람에게 효율적인 맥락 정보를 제공하며, 책임감 있는 후속 조치를 기록하는 유용한 방법이다. 나중에 의견 불일치가 발생하더라도 회의록을 참조해 어떤 결정이 내려졌는지 확인할 수 있다. 또한 조직이 투명한 문화를 지향한다면, 단순한 상황 파악을 위해 불필요하게 많은 인원이 회의에 참석하는 비효율을 줄이려면 회의록을 더욱 널리 공유하는 것이 바람직하다.

그러나 회의록이 단순한 녹취록이 되어서는 안 된다. 가장 좋은 회의록은 회의 후 발송되며 상위 수준의 논의 주제, 내려진 결정, 회의에서 나온 후속 조치나 실행 항목을 포함한다. 각 후속 조치에는 담당자와 완료 예정일이 지정되어 있어야 한다. 또한 회의에서 다루지 못한 미해결 질문이나 우려사항을 문서화해 다음 회의에서 논의하거나 그 전에 해결해야 한다고 명시하는 것이 바람직하다.

공동의 책임의식 갖기

모든 참가자는 회의가 원활히 진행되도록 노력해야 한다. 때때로 주최자가 준비한 발표를 수동적으로 지켜보는 '관객'처럼 회의에 참여하는 경우를 보곤 한다. 그러나 참가자들은 왜 이 자리에 있는지, 참가자로서 무엇이 기대되는지 알아야 한다. 그래야만 회의의 성공을 공동으로 책임지는 태도를 보일 수 있다. 회의 참가자들이 주인의식을 가지고 행동한다면 다음과 같은 모습을 보일 것이다.

- 참가자들이 좋은 회의 규범을 유지하고, 모니터링하며, 이를 위반했을 경우 바로잡는다.
- 참여가 폭넓고 고르게 분포되어 있다.
- 참가자들이 회의마다 서로 다른 역할을 맡는다.

다음은 회의에 대한 주인의식을 높이는 몇 가지 방법이다.

- 모든 정기 회의에는 팀원 간 상호 합의된 회의 규범이 있어야 한다(다음 페이지의 '회의 규범을 설정하라'에서 더 자세히 다룬다). 규범을 위반하면 다시 상기시킨다.
- 진행자와 기록자 역할을 명확히 지정하거나 돌아가며 맡는 식으로 운영한다.
- 모범을 보여야 한다. 시간을 지키고, 회의 일정을 변경하지 않도록 노력하며, 시간과 결과를 중요하게 여긴다는 것을 행동으로 보여야 한다.

효과적인 회의 진행에 관심이 있다면 교육학에서 배울 점이 많다. 나역시 두 교육자의 자녀로 자라며, 무의식 중에 많은 관리 기술을 우리 집 저녁 식사 시간에 배웠다. 논의에 충분히 기여해야만 식탁에서 일어날 수 있었기 때문이다.

회의 목적과 구조를 명확히 하라

사전 준비의 다음 단계는 회의의 목적을 하나로 모으는 것이다. 회의를 여는 이유는 많지만, 한 번에 너무 많은 목표를 달성하려 하면 회의의 효과가 떨어진다. 회의는 한두 가지 목적에만 집중해야 한다. 예를 들어 '업데이트와 우선순위 조율' 또는 '정렬과 의사결정'처럼 명확한 방향이 필요하다. 참가자들과 함께 회의 목적을 설정하고, 목적에 부합하는 구체적인 회의 아젠다를 명확히 할 필요가 있다. PAL을 가이드로 사용하자.

- **목적:** 목적이 정렬과 의사결정이라면, 모든 회의가 그 목적을 수행해야 한다. 예를 들어 다음 스프린트에서 구축할 기능을 결정하는 것이다.
- **아젠다:** 아젠다는 목적을 수행하기 위해 다룰 주제를 나열한다.
- **시간 제한:** 회의와 의제 항목에 얼마나 할애할지 시간을 설정하자. 회의에서 흔히 하는 실수는 짧은 시간에 과도하게 많은 주제를 다루려는 것이다. 이는 대화를 피상적으로 만들거나 해결책 없이 실망스럽게 중단되는 결과를 낳을 수 있다.

회의 규범을 설정하라

회의 규범은 회의 진행 방식과 참가자들의 태도에 대한 집단적 합의다. 사전에 회의 규범과 기대치를 설정해두면, 회의가 본래의 방향에서 벗어났을 때 이를 근거로 다시 정상 궤도로 돌릴 수 있다. '좋은 회의란 무엇인가'에 대한 공감대가 형성되어 있지 않다면, 회의 도중 방향을 수정하기가 훨씬 어렵다. 팀과 함께 어떤 회의 규범이 가장 적합한지 논의해 결정하는 것이 중요한데, 다음의 모범 사례를 추천한다.

세부사항을 조율한다

세부사항 조율 항목은 다음과 같다.

- **회의 시간:** 최적의 회의 시간을 정하고 참가자들이 정시에 참석하기로 합의한다. 나는 여러 시간대를 아우르는 글로벌 팀을 자주 이끌기 때문에, 회의 시간에 합의하는 과정 자체가 참가자들 간의 공감대를 형성하고 참여를 유도하는 중요한 단계라고 생각한다. 유럽과 아시아 시간대의 참가자가 있는 경우 많은 팀이 회의 시간을 돌아가며 바꾸고, 특정 주에 참석이 어려운 참가자들을 위해 회의록을 구체적으로 작성한다.
- **대리 참석:** 사무실을 비우거나 회의에 참석할 수 없을 때 대리인을 보낼 수 있는지 결정한다.
- **사전 자료:** 회의 전에 자료를 읽어야 하는지, 아니면 회의 시작 시 10분간 자료 읽는 시간을 할애할지 합의한다. 사전 자료 읽기를 통해 회의에서 무엇이 기대되는지 명확히 하고, 사전 과제를 할당했다면 회의 시작 시 모두가 완료했는지 확인함으로써 참가자들의 책임을 묻는다.
- **조치사항:** 조치사항의 진행 상황을 회의 중에 바로 업데이트할지, 또는 각 회의가 시작될 때마다 상태를 점검하고 업데이트할지 정해야 한다.
- **전자기기 사용:** 대면 회의의 경우, 발표자나 기록자를 제외한 참가자들이 노트북을 사용할 수 있는지 여부를 결정한다. 화상 회의라면 화상 연결 외의 용도로 노트북 사용을 허용할지 결정한다. 휴대폰 사용은 짧아야 하며, 아예 사용하지 않는 것이 이상적이다. 급한 일이 있으면 잠시 자리를 비우고, 가능할 때 다시 참여하면 된다.

논의할 수 없는 주제는 없다

벤저민 프랭클린Benjamin Franklin은 "손님과 생선은 3일이 지나면 냄새가 난다"고 말했다. 나는 이를 회의 규칙으로 삼았다. 우리는 이런 '썩은 생선'을 과감히 꺼내놓기로 했다. 즉 불편하더라도 표면 아래 감춰진 문제를 테이블 위에 올려놓는 것이다. 어차피 결국은 냄새가 날 테니 말이다. 운영 원칙 2 '말하기 어려운 이야기는 솔직하되 건설적으로 하라'와 같은 개념이다.

포용적으로 발언 기회를 준다

좋은 회의에서는 모든 참석자가 적극적으로 참여하고 서로의 의견을 존중한다. 다른 사람의 말을 가로채지 않고 그의 발언을 참고한다. 내가 가장 싫어하는 회의 진행 방식은 방금 나온 아이디어를 마치 자기 생각인 듯 되풀이하는 것이다. 진행자는 참여도를 살피고 발언 기회를 골고루 줘야 한다. 누군가 의견을 공유하지 않았을 때 부드럽게 지적하거나 "제니퍼가 발언을 많이 했는데, 아직 의견을 말하지 않은 다른 분이 계신가요?"라고 제안하자.

이견은 있어도 결정 후에는 헌신한다

'이견을 내되 결정에 따르라'는 원칙은 앤디 그로브가 주창한 개념으로, 아마존에서도 활용되고 있다. 결정 과정에서는 이견을 제시할 수 있지만, 일단 결정되면 모두가 성공을 위해 노력한다는 뜻이다.

아이디어 보류함을 운영한다

즉시 논의할 필요가 없는 아이디어나 질문은 나중에 다루기로 하고 일

스케일링 피플

단 보류한다. 진행자는 회의 말미 또는 다음 회의 초반에 이 사항들을 다뤄야 한다. 그렇지 않으면 보류함이 금세 쓰레기통이 된다.

조치사항을 존중한다

회의가 끝나기 전에 할 일, 담당자, 기한을 명확히 한다. 진행 상황을 어떻게 점검할지 합의하고, 서로 책임지고 완료 여부를 확인하도록 한다.

3~6개월마다 회의를 점검한다

회의는 3~6개월마다 점검한다. 회의가 유용한지, 적절한 사람들이 참여하고 있는지, 회의의 목적이 달성되고 있는지, 회의 시간이 정말 가치 있는지 따져본다. 참석자들의 의견을 물어보거나 중립적인 제3자에게 평가를 맡기자. 결과에 따라 다음과 같은 조치를 취할 수 있다.

- 회의 규칙을 새로 설정하여 회의를 새롭게 한다.
- 다른 사람과 새로운 주제들을 포함하도록 회의를 발전시킨다.
- 새로운 비즈니스나 회사의 필요에 맞춰 회의를 새롭게 시작한다.

운영자 모드와 창작자 모드

회의에서는 운영자 모드와 창작자 모드를 구분해야 한다. 대체로 사람은 운영자형과 창작자형으로 나뉜다. 회의 역시 이 두 유형의 사람들과 업무 성격에 맞춰 균형 있게 설계해야 한다. 지금까지는 주로 '운영자 모드' 회의를 다뤘다. 이는 명확한 안건을 중심으로 의사결정, 업데이트, 우선순위 설정, 팀 사이의 합의를 위한 회의였다.[49]

하지만 '창작자 모드' 회의도 필요하다. 이는 브레인스토밍을 위한 회의로, 구조가 덜 엄격하고 당장 결정이나 결과물 없이 향후 검토할 아이디어를 도출하는 데 중점을 둔다. 스트라이프 초기 리더십팀의 워크숍은 4~6주마다 몇 시간씩 열리는 '창작자' 회의였다. 처음에는 과하게 일정을 짜고 후속 조치까지 냈다. 하지만 피드백을 받고 보니 운영자 시간과 창작자 시간 간의 균형이 필요했다.

가장 기억에 남는 순간 중 하나는 운영자 모드에서 창작자 모드로 전환되었을 때다. 재무제표의 주요 지표에 관해 묻다가 갑자기 5년 후 재무제표를 그려보게 됐다. 우리는 그 결과를 얻으려면 무엇이 필요할지 아이디어를 내기 시작했다. 이는 스트라이프의 미래를 키우는 중요한 씨앗이 된 즉흥적인 장기 전략 브레인스토밍이었다.

최근에 당시 설정했던 예측 수치를 다시 검토해보니 예측이 대부분 실현되었다. 우리가 비전을 실현하기 위해 자유롭게 대화한 덕분이다. 이러한 창의적 상호작용은 일상의 루틴을 벗어날 때 더 쉽게 일어나므로, 주로 팀 워크숍 시간에 포함시키는 것이 중요하다(리더십팀 회의에 대한 자세한 내용은 이 장 뒤에 나오는 '리더십팀 회의의 운영 주기'에 공유한다).

회의를 운영할 때 고려할 요소

회의를 진행할 때는 참석자뿐 아니라 여러 요소를 함께 고려해야 한다. 회의를 어떻게 구성해 참여를 유도하고, 목적을 달성하며, 규범을 지킬지 생각하자. 다음은 몇 가지 팁이다.

회의 구조화하기

다음 사항을 가급적 회의 전에 공유하자.

- **목적:** 왜 모이는가?
- **아젠다:** 어떤 주제를 왜 논의하는가?

- **시간 제한:** 회의는 얼마나 진행할 것이며, 각 주제에 얼마나 시간을 할당할 것인가?
- **결정 사항(해당할 경우):** 어떤 결정을 내릴 것인가? 누가 결정하는가, 아니면 모두가 결정하는가?

대부분 사람들은 회의의 목적이나 목표를 제대로 이해하지 못한 채 참석한다. 결정이 필요한 회의라면, 어떤 방식으로 결정을 내릴지 명확히 하는 것이 좋다. 그래야 참석자들이 실제로 결정이 내려질지, 누가 최종 결정권자인지 혼란스러워하지 않는다.

몰입감 만들기

모든 참석자가 자유롭게 참여할 수 있는 환경을 조성하는 것이 중요하다. 이를 위해 포용력 있는 회의 운영의 모범 사례를 따르자. 여기에는 명확한 회의 규범과 적극적인 진행이 포함된다. 특히 참여도를 체크하고, 모든 참석자의 참여를 유도하며, 한 사람이 논의를 독점하거나 한 주제에 매몰될 때 회의를 진행할 권한이 있는 진행자가 있으면 좋다. 좋은 회의 분위기를 조성하는 한 가지 방법은 체크인과 체크아웃을 활용하는 것이다.

체크인과 체크아웃 활용하기

체크인과 체크아웃은 매우 간단하지만 과소평가된 회의 도구다. 참석자들 모두가 서로를 잘 아는 것이 불필요해 보일 수 있지만, 참석자 간 유대를 깊게 하고 시간도 많이 걸리지 않는다.

체크인

회의 시작 시 체크인을 하면 참석자들의 주의를 회의로 집중시킬 수 있다. 모두의 적극적인 참여로 회의를 시작하고, 상호 이해를 높이며, 각자의 상태를 공유할 수 있다.

체크인에는 업무 체크인과 개인 체크인 두 가지가 있다.

업무 체크인은 회의에서 얻고 싶은 것, 주제에 대한 생각, 현재의 마음가짐 등을 공식화한다. 진행자가 질문을 던지면 모든 참석자가 30초에서 1분 정도로 답한다. 예시 질문은 다음과 같다.

- 이 회의에서 얻고 싶은 한 가지는 무엇인가?
- 오늘 우리가 내리는 주요 결정에 대해 어떤 마음을 가지고 있는가?
- 현재 가장 중요하게 생각하는 업무 과제, 우선순위, 도전은 무엇인가?

개인 체크인은 참석자들이 자신의 심리 상태를 공유할 기회를 준다. 진행자가 "오늘 가장 중요하게 생각하는 업무 한 가지와 개인적인 일 한 가지는 무엇인가요?"와 같은 질문을 할 수 있다. 개인 체크인을 할 때는 업무 질문과 개인 질문을 적절히 섞는 것이 좋다. 그래야 개인적인 업데이트를 더 편하게 할 수 있다. 작은 질문 하나로도 회의의 분위기를 크게 바꿀 수 있다. 예를 들어 누군가가 갓난아기 때문에 밤새 잠을 못 자서 이번 회의에서는 조용할 것 같다고 말할 수 있다. 개인적인 맥락을 아는 것이 모두에게 도움이 되고, 집단 내 라포와 공감대를 형성한다.

빠르고 효과적인 체크인 방법 중 하나는 각 참석자에게 현재 회의에 얼마나 집중할 수 있는지 1~10점으로 평가하게 하는 것이다. 1은 매우 낮은 집중도, 10은 완전히 집중하는 것을 의미한다. 시간이 허용된다면, 예를 들어 왜 8점이 아닌 6점으로 평가했는지 간단히 설명할 시간을 줄 수도 있다.

체크아웃

체크아웃은 참석자들이 회의에서 얻은 것을 기억하는 데 도움을 준다. 이를 통해 참석자들의 회의 경험을 파악하고, 참석자 그룹의 헌신을 이끌어내거나, 논의에 대한 최종 의견을 들을 수 있다. 체크아웃 질문의 예시는 다음과 같다.

- 이 회의에서 얻은 가장 중요한 한 가지는 무엇인가?
- 이 회의 이후에 전념할 한 가지는 무엇인가?
- 방금 논의한 주제에 대해 각자 소감 한마디씩 이야기하라.

내가 가장 좋아하는 체크아웃 방식은 '한 단어 체크아웃'이다. 이는 회의를 마무리하고 실행 항목을 정리할 시간이 부족할 때 특히 유용하다. 모든 사람에게 회의 후의 느낌이나 생각을 한 단어로 표현하게 한다. 이는 대개 회의가 어떻게 진행됐는지 보여주는 좋은 척도다. 예전에 구글에서 래리 페이지는 회의 후 항상 "불편할 정도로 신납니다"라고 말했는데, 나는 구글 팀원들이 체크아웃 질문에 래리 페이지를 따라서 "불편할 정도로 신납니다!"라고 대답하는 것을 막기 위해 도입하게 되었다. 한 단어로 요청하는 것은 그러한 특정 표현을 피하는 데 꽤나 효과적이었다.

목적을 달성했는지 확인하자

사람들은 인정과 성취에 의해 동기 부여된다. 각 주제를 마무리하거나 회의를 끝낼 때 목적을 달성했는지 확인하는 것만으로도 좋은 회의가 될 수 있다. 2분기에 출시할 세 가지 기능을 결정하는 것이 안건이었다면, 그 부분을 마무리할 때 목표를 '완료'로 표시하고 결정된 세 가지 기능을 나열해본다. 이렇게 하면 다음 안건으로 넘어갈 때 추진력이 생길 것이다. 정보 공유나 합의가 회의의 초점이라면, 세션을 마칠 때 참석자들에게 필요한 정보를 얻었는지, 향후 계획이 한 방향으로 잘 정렬되었다고 느끼는지 확인해보는 것이 좋다.

의사결정 과정을 명확히 하라

많은 회의의 목적은 의사결정을 내리는 것이다. 때로는 거의 결정으로 여겨지지 않는 작은 합의에 다다를 수도 있고, 때로는 다른 회사를 인수할지 여부와 같은 중대한 선택일 수도 있다. 회의에 의사결정이 포함될 때는 누가 결정을 내리고 어떻게 결정할 것인지 명확히 하는 것이 좋다. 의사결정 프레임워크를 사용하는 것도 유용하다.

의사결정 방식에는 몇 가지가 있다.

- **독재형:** 한 명의 의사결정자. 팀과 상의할 수 있지만 어떤 경우든 결정권자는 그 사람이다.
- **합의형:** 모든 구성원이 함께 합의에 도달한다.
- **민주형:** 결정은 참여자 전원의 투표를 통해 다수결로 내려진다.
- **자문형:** 리더가 주 결정권자로, 회의 참가자들과 상의는 하지만 최종 결정은 리더가 내린다.
- **위임형:** 리더와 팀이 대표를 정해 그 사람이 결정을 내리도록 하고 (대표를 정하는 방법은 상관없다), 모두가 그 결정을 지지하기로 동의한다.

이상적인 조직에서는 사람들의 신뢰와 존경을 쌓으면,
결정권자가 빠르게 결정을 내릴 때 팀원들은 그 이유를
안다.

문제에 대한 사려 깊고 명확한 설명과 함께 해결을 위한
도움을 요청하는 것만큼 좋은 방법은 없다. 나는 오랫동
안 팀원들에게 이렇게 말해왔다. "여러분의 의견을 듣
고 도움을 요청하며 정보를 공유하겠습니다. 팀에 참여
하고 싶지 않다면 그건 여러분의 선택이지만, 어떤 경우
든 저는 결정을 내릴 것입니다."

– 댄 와이스, 메트로폴리탄 미술관 관장 겸 CEO

독재형과 자문형 결정 방식에서는 "오늘 결정을 내리겠습니다. 제가
결정권자입니다. 여러분 모두와 상의하고 싶지만, 최종적으로는 제가 결
정할 것입니다"라고 의사결정 과정을 명확히 알려주는 것이 좋다. 민주적
이거나 합의 기반의 결정을 그룹에 제시할 때는 "우리는 결정을 내려야
합니다. 여러분 모두의 의견을 듣고, 공동 결정을 내리겠습니다"라고 말할
수 있다.

의사결정 상황뿐 아니라 회의나 심지어 복도에서의 대화처럼 일상적
인 순간에도, 가장 직급이 높은 사람이 의견을 마지막에 말하는 것이 효과
적인 방식이다. 리더가 먼저 의견을 말하면 다른 의견을 가진 사람들이 부

의사결정과 성격 유형

구글에서 글로벌 온라인 영업 및 운영팀을 이끌던 시절 팀과 함께 진행한 한 실습에서 나는 MBTI 성격검사를 통해 최고의 깨달음을 얻었다. 우리는 서로의 성격 유형을 이해한 뒤, 팀 단위로 결정을 함께 내려보는 시간을 가졌다. 전형적인 의사결정 과정을 바닥에 큰 사각형으로 시각화했다. 의사결정이 필요한 상황 인식, 데이터 수집, 대안 정리, 근거 논의, 방향 선택, 실행까지였다.

의사결정 과정을 논의하면서 각자가 어느 단계에 있는지를 바닥에 그려놓은 사각형 위에 직접 서서 표시하게 했다. 팀원 2명은 두 번째 단계 사각형인 '데이터 수집'에 머물러 있었고, 나머지는 벌써 다섯 번째나 여섯 번째 단계에 있었다! 이는 많은 것을 설명해주었다. 그 후로 우리는 팀 의사결정 과정에서 각자의 위치와 그 이유를 더 잘 인식하게 되었고, 논의가 막힐 때마다 한 발짝 물러서 메타적 관점에서 객관적으로 바라봄으로써 더 효과적으로 소통할 수 있었다.

담스러울 수 있다. 조직 문화가 반대 의견을 의무적으로 제시하도록 군건히 자리 잡혀 있다면 예외다. 하지만 대부분은 리더들이 다른 사람들의 생각을 경청하고 통합한 후에 자신의 견해를 밝히면 리더 자신의 편견과 자아로 인한 왜곡을 견제하는 데 도움이 된다. 때로는 리더가 도발적인 아이디어를 던져 반응을 유도하는 것이 필요할 수도 있다. 결국 리더가 자신의 의견을 나중에 말하면 더 강력한 결정을 내릴 수 있고, 더 건강한 조직 문화를 구축할 수 있다.

의사결정 프레임워크 사용하기

일부 기업과 팀은 공통된 의사결정 프레임워크를 활용한다. 컨설팅 회사 베인앤컴퍼니는 래피드RAPID 프레임워크를 사용하고[50], 내 친구이자 구글과 스퀘어의 전 리더인 고쿨 라자람Gokul Rajaram은 스페이드SPADE 툴킷을 코다Coda에 구축하여 누구나 쉽게 사용할 수 있도록 했다.[51] 내가 앵커의 동핑 자오Dongping Zhao 사장과 인터뷰했을 때 그는 맥킨지의 7단계 문제 해결 과정이 자신의 커리어에서 가장 유용한 프레임워크였다고 말했다.[52] 앵커의 모든 직원이 이 프레임워크를 배우고 있으며 "회사 전체가 체계적이고 합리적으로 문제 해결을 할 수 있도록 돕고, 잘못된 결정을 내릴 위험을 줄여준다"고 덧붙였다.

아무리 뛰어난 의사결정 프레임워크가 있어도, 팀 구성원 개개인의 업무 스타일 조합이 실제 결정 방식에 영향을 미치는 경우가 많다. 의사결정 로그는 효과에 대한 의견이 엇갈리긴 하지만, 팀의 의사결정 패턴을 파악하는 데 도움이 된다. 의사결정 로그는 팀이 내린 모든 결정을 언제, 왜 내렸는지 기록한 스프레드시트다. 이 기록은 의사결정을 명확히 하고, 회의에 참여하지 않은 팀원이나 외부 이해관계자들에게도 필요한 정보를 제공한다. 결정이 변경됐을 때 로그를 수정하고 그 이유를 함께 기록하면 이해관계자들에게 투명성과 충분한 배경 정보를 제공할 수 있다.

성공과 실패가 엇갈리는 이유는, 의사결정 로그가 효과를 발휘하려면 널리 채택되고 최신 상태로 유지되어야 하기 때문이다. 조직 전체의 강력한 의지 없이는 이를 달성하기 어렵다.

회의 규범을 지키자

회의에 대한 공동 책임 의식이 확립됐다면, 참석자들은 규범 준수 여부를 스스로 점검해야 한다. 실행 항목 업데이트가 늦은 사람을 지적하거나, 아무도 '냄새나는 생선(불편한 문제-옮긴이)'을 꺼내지 않는 상황을 지적하는 것 등이 이에 포함된다. 규범을 회의 문화의 중심에 두는 가장 좋은 방법은 이를 주기적으로 상기시키는 것이다. 특히 새 참석자가 있을 때마다 규범을 소개하고, 본인이 직접 모범을 보여야 한다. 회의 리더가 "나는 동의하지 않지만 따르고 헌신하겠다"라고 말하는 것이 효과적이다. 이는 리더가 경청하고, 협력하며, 확신이 없더라도 다른 사람의 의견을 지지할 의지가 있다는 신호다.

부적절한 회의 행동 바로잡기

누군가가 회의에서 부적절한 행동을 한다면? '칭찬은 공개적으로 하고, 비판은 사적으로 한다'는 원칙이 적용되지만, 몇 가지가 수정될 필요가 있다. 첫째, 아이디어 비판과 개인에 대한 비판을 혼동하지 말자. 회의에서는 개념에 대한 건전한 토론과 갈등은 장려되지만, 개인에 대한 공격이 허용되어서는 안 된다. 둘째, 사전에 합의한 회의 규범을 누군가가 위반할 때는 그 사실을 지적해도 된다. 비판적이지 않은 방식으로 언급하자. 예를 들어 "노트북을 사용하고 있군요. 급한 일이 있다면 괜찮지만, 잠시 회의실 밖으로 나가주시겠어요?"라고 말할 수 있다.

행동이나 업무 스타일을 바꾸고자 할 때는 공개적인 방식에 신중해야 한다. 하지만 사전 준비가 잘 되었고, 업무 스타일에 대한 공통 언어와 이해가 형성되었다면 약간의 리스크는 감수할 수 있다. 예를 들어 리더십 회의에서 누군가가 너무 '빨간색(주도자),' 즉 지시적이고 업무와 행동 중심적이며 사람이나 과정에 대한 인식이 부족하다고 언급할 수 있다. 이런 식으로 행동을 고치는 것은 가치 있는 일일 수 있지만, 팀에서 공유한 신뢰와 이해를 구축한 경우에만 가능하다.

그렇지 않다면, 부적절한 회의 행동을 바로잡는 가장 좋은 방법은 회의실 밖에서 피드백을 전달하는 것이다. 회의 직후 대화를 요청하거나 그 날이 끝나기 전에 시간을 내서 빠르게 처리하자. 시간이 오래 걸리지는 않는다. "오늘 예산 결정에 열심히 참여해줘서 고마워요. 하지만 테드가 소극적이었던 걸 눈치챘나요?"라는 간단한 메모로 충분하다. 상대방이 동의하면 이렇게 말해볼 수 있다. "테드가 회의 초반에 의견을 내려는 듯했는데, 중간에 갑자기 말을 멈춘 것 같았어요. 혹시 당신의 열정이 그의 우려를 덮어버린 건 아닐까요?" 회의 규범과 모든 참석자의 균등한 참여가 중요함을 상기시켜주는 것이 좋다. 이상적인 경우라면, 상대방은 앞으로 자신의 행동에 더 주의를 기울이겠다고 동의할 것이다.

리더십팀 회의의 운영 주기

리더십팀 회의의 운영 주기는 필요에 따라 달라진다. 빠르게 성장하는 회사라면 3~6개월마다 회의의 형태가 변화할 가능성이 높다. 리더십팀 회의란, 회사 또는 특정 조직 단위를 운영하는 핵심 인물들이 모이는 스태프 회의의 일종이다. 하지만 일반적인 스태프 회의와는 다르게 논의 주제의 폭이 훨씬 넓고, 결정의 중요도도 훨씬 크다. 또 다른 차이점은 최고의 리더십팀이 회사 전체의 모델을 설정한다는 점이다.

패트릭 렌시오니는 『팀워크의 부활』에서 '제1팀' 개념을 제시한다. 이는 목표 달성을 위해 가장 긴밀히 협력하는 개인들의 그룹을 말한다.[53] 리더들은 자신이 이끄는 '제2팀'보다 리더십팀인 '제1팀'의 성공에 더 전념해야 한다. 리더십팀이 제1팀으로 기능하지 않으면 회사 전체가 기능 장애의 위험에 빠질 수 있다. 제1팀 정신을 구축하려면 리더십팀에 시간을 투자해야 한다.

스트라이프의 리더십 회의 주기와 각 회의의 세부사항은 다음과 같다.

내가 덜 말할수록 좋다. 목적은 피드백을 구하는 것이기 때문이다. 논쟁의 여지가 있는 주제나 사람들이 다소 부담스러워할 주제를 논의할 때는 회의가 끝날 때까지 아무 말도 하지 않으려고 노력한다. 내 말이 즉시 대화의 방향을 바꾸기 때문이다.

— **재니 민턴 베도스**, 『이코노미스트』 편집장

월요일 아침: 3시간

한 주를 시작하면서 모든 리더가 업무 수행과 자신의 팀과 공유할 정보를 갖추는 것이 목적이다. 각자 일요일 저녁까지 문서에 '스니펫'을 작성하여 서로 업데이트하고 가장 중요한 사항을 공유한다. 월요일 아침에는 주요 지표와 제품 일정을 검토하고, 리더십 채용 상황을 점검한다. 또한 스니펫에 등장한 주제나 심층 회의가 필요한 현재 회사의 우선순위에 대해 논의한다(리더십 회의 템플릿은 이 장 뒤의 부록 '리더십팀 주간회의 요약 및 업데이트' 참조).

목요일 오후: 1시간

이 회의는 창의적인 시간으로, 공식적인 의제 없이 더욱 개인적·사회적인 교류를 나누는 자리다. 한 주 동안 떠오른 주제를 점검하고, 한 명 이상의 구성원이 겪고 있는 문제를 함께 해결할 기회를 제공한다. 회의 직전에

고위 리더십팀 확대

고위 리더십팀에 새 인원을 추가하는 빈도에 관해 질문을 받곤 하는데, 우리 팀의 경우 그 빈도는 높지 않다. 하지만 성장하는 기업들은 대개 고위직부터 중간 관리자까지 새 리더들을 많이 영입하고 있으며, 또 그래야 한다. 그런데 이 과정에서 종종 새 리더들이 최고 리더 그룹(임원팀)의 일원이 될 수 있는지 문의하기도 한다. 인재들이 단순히 고위직의 일원이 되는 것을 목적으로 입사해서는 안 되며, 이 점을 그들에게 투명하게 설명하는 것이 중요하다. 우리의 경우, 고위 임원진은 소수이며 자주 바뀌지는 않지만, 시간이 지나면서 바뀔 것이라고 설명한다. 나중에 고위 임원진에 합류하게 될 수도 있지만, 현재 제안받은 직책을 수락한다고 해서 반드시 그렇게 될 거라는 보장은 없다는 뜻이다.

스트라이프에서는 이런 압박을 완화하기 위해 보조 리더십팀을 만들었다. 새로운 고위 리더들은 회사 운영 방식을 배우고, 서로를 알아가며, CEO나 창업자들로부터 직접 이야기를 들을 수 있는 자리가 필요하다. 우리는 최고 경영진 팀인 '스태프팀$_{ST}$' 외에 '리더십팀$_{LT}$'을 추가로 만들었다. 이 확대된 그룹은 2주마다 모여 지표를 검토하고 공동 의제를 논의했다. 그러나 이 회의에서 균형을 맞추기가 까다로웠다. 우리는 기술 부문보다 비기술 부문에 더 많은 리더를 채용했기에, 회의는 기술과 제품 전략보다는 회사 운영 방식에 더 초점이 맞춰졌다.

결국 LT가 그 목적을 충분히 달성했다고 판단해 폐지했다. 이후 우리는 경험 많은 리더들로 구성된 '운영 그룹'을 만들었다. 운영 그룹은 꽤 활발한 슬랙 채널을 가지고 있어 리더들이 정보를 공유하고, 2주마다 회사 지표에 대한 업데이트를 공유받으며, 월례 회의에서 CEO와 CFO의 이야기를 듣고 공통 관심사를 깊이 있게 다룬다.

다른 회사의 리더들도 규모가 커짐에 따라 우리처럼 리더십 그룹과 회의 구조를 반복적으로 조정해왔다는 이야기를 들으면 안도하곤 한다. 그 과정에서 어색한 과도기도 있었지만, 가장 중요한 교훈은 핵심 그룹을 작게 유지하는 것이다. 20~30명이 모여 주요 회사 결정을 논의하는 상황은 피해야 한다.

팀 슬랙 채널에서 주제 목록을 만든다. 회의는 종종 개인적인 체크인으로 시작하며, 월요일까지 기다릴 수 없는 긴급한 주제가 없다면 일찍 끝난다.

분기별 워크숍: 2일 동안

대체로 목요일 오후에 시작해 토요일 정오나 이른 오후까지 합숙 형식으로 진행된다. 이 회의는 사전 준비가 필요하며 회사 재무와 성과를 종합적으로 조망할 수 있다. 가능하면 이사회 회의 직후에 워크숍을 계획한다. 이사회와 고위 경영진이 사업을 검토한 후라 회의가 더 효율적이다. 이 워크숍은 특히 한 걸음 물러서서 더 자유롭게 브레인스토밍할 기회를 제공한다. 방해받지 않고 큰 그림을 논의하는 중요한 시간이다. 초창기에는 워크숍에서 전술적인 문제를 해결하는 경우가 많았고, 서로에 대한 피드백도 자주 오갔다.

스트라이프 리더십팀 구성원들이 더는 같은 장소에 있지 않게 되면서 분기별 워크숍이 더욱 중요해졌다. 실제로 회사가 일정 규모에 도달하면 팀이 같은 장소에 있는 경우가 드물다. 이로 인해 워크숍의 중요성이 더욱 커지지만, 워크숍만으로는 분산된 팀이 지속적으로 성장하는 데 한계가 있다.

팀 운영의 변수, 원격 근무 관리 방법

팀을 관리하는 일은 새로운 변수가 생기면 더 어려워진다. 같은 장소에 있는 작은 팀을 관리하는 것과 여러 지역에 분산된 팀을 관리하는 것은 전혀 다른 문제다. 후자는 추가적인 역량과 더 높은 수준의 접근이 필요하다.

분산된 원격팀 관리

오늘날 조직에서 분산 형태는 자연스러운 현상이 되었다. 많은 고성장 기업이 글로벌화를 지향하고, 이미 글로벌 기업이라면 전 세계 곳곳에 사무실과 직원이 있다. 대기업들도 재택·원격 근무 같은 새로운 유형의 분산 근무 형태를 점차 수용하고 있다. 이는 코로나19 팬데믹을 계기로 더욱 가속화되었다.

스트라이프는 초기부터 원격 근무자가 있었기에, 분산된 팀과 원격 근무를 어떻게 지원하는지에 관한 질문을 자주 받는다. 아직 완벽한 해법을 찾지는 못했지만, 그 과정에서 많은 교훈을 얻었다.

경험상 분산된 팀 관리에는 세 가지 핵심 과제가 있다. 바로 조율, 결속, 참여다.

조율

분산된 원격팀의 가장 명확한 도전 과제는 '조율'이다. 팀원들이 서로 다른 물리적 위치에 있고 시간대도 상이하므로 어떤 정보를 문서화할지, 어떻게 결정을 내릴지, 어디서 논의할지를 더욱 신중하게 설계해야 한다. 이러한 조율 문제로 인해 원격 근무자에게 혼자 수행할 수 있는 독립적인 업무를 할당하고 싶어질 수 있다. 하지만 이는 오히려 팀에서 고립시키고 조율 능력을 약화시킬 수 있다.

따라서 회사 차원에서 도구와 업무 방식을 점검하고, 원격 근무자에게 배정된 업무와 프로젝트를 주기적으로 살펴보면서 다음과 같은 노력을 기울여야 한다.

- 시간대를 넘어 협업할 수 있는 강력한 문서화로 비동기적 협업을 촉진하는 회사 규범과 구조를 마련한다.

- 분산된 팀원들의 업무량을 균형 있게 조절하여 독립적인 '현지' 작업을 하면서도 회사나 부서의 나머지 부분과 연결되도록 한다. 이를 통해 그들이 소외되거나 고립되지 않도록 한다.
- 코드 리뷰, 품질 관리, 리스크 검토 등 프로세스를 명확히 설계하여, 팀원이 동료가 깨어날 때까지 몇 시간을 기다려야만 일을 마칠 수 있는 상황을 피한다(원격팀이 직면한 문제와 해결 방법에 대한 자세한 내용은 표 9 참조).

시차로 인한 협업의 어려움

시차로 인한 협업의 어려움을 간과하기 쉽다. 이를 구체적으로 이해하기 위해 더블린에 근거지를 둔 스트라이프의 엔지니어 데이비드 도란David Doran의 사례를 살펴보자. 그는 미국 시간대의 팀들과 협업하여 제품을 개발하고 있다. 문제가 발생한 것은 그가 발견한 이슈를 해결하기 위해 코드를 변경하려면 LDAPLightweight Directory Access Protocol 그룹에 접근할 수 있어야 한다는 것을 인지했을 때였다.

＊　＊　＊

불행히도 도란이 접근하려는 admin-plans-readers LDAP 그룹은 책임자의 승인이 필요했는데, 책임자는 미국에 있었다. 결국 그는 승인될 때까지 하룻밤을 기다려야 했고, 다음 날 다시 작업에 착수할 수 있었다.

다음 날, 밤사이에 admin-plans-readers 가입 요청이 승인됐다! 이제 판매자의 수동 요금제 플랜manual fee plan을 볼 수 있어서 코드로 재현할 수 있게 됐다.

그런데 알고 보니 그에게 필요했던 것은 요금제가 아니라 요율 카드 페이지였고, 이 페이지의 책임자는 또 다른 팀이었다. 결국 처음부터 다시 요청 과정을 시작해야 했고, 단순한 변경임에도 3일 이상이 지연되었다.

여기서 우리는 개선해야 할 두 가지 교훈을 얻었다.

1. 관련 팀이 직접 관리하지 않는 대부분의 시스템에 접근할 수 있는 셀프 서비스 인터페이스를 제공해야 한다.

2. 보안과 신뢰성을 유지하면서도 다른 시간대에 있는 직원들이 대부분 다른 팀의 명시적 허가나 승인 없이도 업무를 진행할 수 있는 메커니즘을 개발해야 한다.

결속

조직 내에서 원격 근무에 동등한 중요성을 부여하도록 하자. 2019년 5월, 스트라이프는 다섯 번째 엔지니어링 허브로 원격 허브를 론칭했다. 스트라이프 CTO인 데이비드 싱글턴은 블로그에서 이렇게 밝혔다. "원격 허브를 설립함으로써 우리는 고객과 더 가까운 곳에서 제품 개발을 할 수 있게 됐고, 기존 네 개 허브(샌프란시스코, 시애틀, 더블린, 싱가포르) 외 지역에 거주하는 99.74%의 우수한 엔지니어들을 영입할 기회를 얻었다."[54]

이는 원격 근무자들이 중요한 팀원이라는 점을 인정한 의미 있는 발언이었다. 하지만 안타깝게도 눈에 보이지 않으면 잊히기 쉽다. 모두가 같은 장소에서 일하지 않을 경우 팀들은 각자 고립된 업무 패턴에 빠지기 쉽고, 더 나아가 한 공간에 있는 팀원들이 업무를 결정하거나 좋은 업무를 독차지하는 상황이 벌어질 수 있다.

팀이 원격이거나 분산되어 있을 때는 팀원들이 서로의 업무에 관심을 두고 진정한 협업을 이루어 실제 하나의 팀을 형성할 수 있도록 더 많은 노력을 기울여야 한다. 이를 위한 가장 좋은 방법은 명확하고 일관된 의사소

표 9. 원격팀의 유형과 도전 과제

원격팀 유형	주요 도전 과제
대부분이 한곳에 모여 있는 팀에 소수의 원격 근무자가 있는 경우.	참여. 팀 대부분이 원격 근무를 하지 않을 때, 가장 어려운 점은 원격 근무자들을 팀의 동등한 구성원으로 느끼게 만드는 것이다.
전원 원격으로 근무하는 경우.	결속. 이는 실제로 팀이 아닌, 같은 관리자 아래 있는 개인들의 집단인 전형적인 원격팀이다. 가능하다면 특히 초기에 직접 만나 팀 빌딩에 투자하자. 화상 회의로 관계 구축과 업무 스타일 이해에 시간을 할애하며, 단순히 전술적인 항목만 논의하지 말고 모든 팀원의 역할과 책임을 명확히 한다.
두세 개의 다른 사무실과 일부 원격 지역에 분산된 팀, 또는 여러 지역에서 협업해야 하는 두 팀.	조율. 이는 글로벌 오피스 간 협업에서 자주 볼 수 있는 시나리오다. 팀들이 자신들에게 영향을 미치는 결정을 인지하고 그 결정에 관여한다고 느끼도록 하는 데 집중하자.
회사 전체가 원격 근무하는 경우.	참여 문제는 모두가 같은 상황이기 때문에 덜 두드러진다. 여전히 조율과 결속 문제가 있겠지만, 일반적으로 모두가 모범 사례를 따르려는 공통된 인식을 갖고 있다.

통과 모든 구성원에게 동등한 기회를 제공하는 팀 운영 방식을 갖추는 것이다(표 9 참조). 강력한 문화적 관행을 심어주는 것도 중요하다. 비공식적인 대면 대화가 업무 논의나 팀 결정으로 발전하는 순간, 이를 슬랙 채널처럼 모든 관련자가 접근 가능한 플랫폼으로 전환해야 한다.

참여

다른 사무실에서 일하거나 원격으로 근무할 때 회사나 팀의 관행에 완전혀 참여하기 어려운 상황이 무수히 많다. 화상 회의에서 의견을 내기 어렵거나 자신의 시간대로는 자정에 열리는 회의에 참석할 수 없는 경우와 같은 명백한 문제들이 있다. 다행히 이런 문제들은 눈에 띄므로 팀에서 더 잘 대처할 수 있다. 예를 들어 화상 회의에 적극적인 진행자를 지정하거나 다양한 시간대를 고려해 회의 시간을 번갈아 정할 수 있다.

불명확한 소통 방식은 오히려 팀원의 참여를 가로막고 조직 문화에 해를 끼칠 수 있다. 예를 들어 직접 참석하지 않아 회의실의 분위기를 파악하지 못하거나 동료들과의 일상적인 식사 자리를 놓치는 경우다. 이런 것들은 정말 중요하다. 팀 내 관계를 구축하기 위한 의도적 노력 외에도, 배타적 관행을 피하는 팀 및 회의 규범을 설정해야 한다. 여기에는 각 회의에서 일어난 일을 기록하도록 권장하는 문화를 구축하는 것이 포함된다. 이를 통해 다른 시간대의 팀원들이 일일이 물어보지 않고도 회의 내용이나 작업 과제를 파악할 수 있다.

스트라이프에서는 대부분의 '복도 대화'(사무실에서 사람들이 우연히 마주쳐서 자연스럽게 나누는 비공식적인 대화를 뜻함 - 옮긴이)를 대면이 아닌 슬랙 채널로 전환하는 방식이 효과를 거두었다. '#고양이, #강아지, #고양이와_강아지'같이 사교적인 목적으로 활용되는 일부 채널도 있지만, 대부분은 팀 커뮤니케이션에 전념한다. 다만 슬랙의 메시지 보존 규칙을 고려해 장기 보존이 필요한 정보는 다른 곳에 기록해두는 것이 좋다.

이 세 가지 도전 과제(조율, 결속, 참여) 중 어떤 것에 우선순위를 둘지는 원격팀의 유형에 따라 다를 것이다.

이러한 모든 문제에 대한 해결책은 동일하지만, 문제에 따라 일부는 더 강력하게 적용해야 한다.

- **포용적인 회의 운영을 위한 구조와 규범 설정.** 회의에 화상 링크를

제공하고 음향과 음질에 신경 쓰자. 회의를 적극적으로 진행하고 회의록을 작성한다.

- **공평한 경쟁의 장 마련.** 팀 대화를 위한 공유 슬랙 채널을 만들어 '복도 효과'를 피하고 포괄적인 내부 문서화에 투자한다.
- **대면 시간 확보.** 팀의 필요에 따라 적절한 주기로 대면 모임 예산을 책정한다.

포용적인 회의를 위한 구조와 규범 설정하기

대면 상호작용은 적어도 일정 기간 팀의 구조적 약점들을 가려줄 수 있다. 어떤 결정이 제대로 문서화되지 않더라도 그 자리에 관련 인물이 있었다면 큰 문제가 되지 않는다. 그러나 팀원 중 한 명이 다른 시간대에 있고 결정이 문서화되지 않은 경우 정보의 비대칭이 생기고 신뢰가 무너질 것이다. 특히 원격팀의 경우 책임, 운영 주기, 책임 실행체계를 명확히 하고, 필요하다고 생각하는 것보다 더 구체적으로 소통 규범을 문서화해야 한다.

공평한 경쟁의 장 만들기

참여에 대해 우려한다면, 가장 중요한 것은 원격 근무자가 이질감을 느끼게 만드는 관행을 최소화하는 것이다. 원격 근무자와 사무실 근무자의 팀 회의 경험을 비교해보자. 팀원 중 한 명이 회의 초대를 보낸다. 사무실에 있는 여러 사람이 참석하므로 초대장에 회의실 번호는 포함하지만 화상 회의 링크는 깜빡하고 넣지 않는다. 원격 근무자는 주최자에게 연락해 링크나 전화번호를 포함해달라고 요청해야 한다. 회의 전, 사무실 근무자들이 우연히 점심을 함께 먹으면서 회의 안건에 관해 이야기하기 시작한다. 원격 근무자는 이를 전혀 모르고, 회의가 시작되기도 전에 중요한 맥락을 놓치게 된다. 회의가 시작되면 원격 근무자는 자택 사무실 밖에서 나는 공사 소음 때문에 음소거를 해야 한다. 사무실에 있는 참가자들은 토론을 시작한다. 원격 근무자는 듣기가 힘들어 침묵하고, 동료들이 토론하는 것을 지켜보기만 한다.

이처럼 원격 근무자는 중앙집중형 팀과는 매우 다른 경험을 하게 된다. 공평한 경쟁의 장을 만들기 위한 노력은 회사의 철학에 따라 다를 것이다. 완전히 분산된 회사인 오토매틱은 일부 참가자가 같은 공간에 있더라도 모든 사람이 각자 다른 물리적 위치에서 화상 회의에 참여하도록 한다. 이렇게 하면 누구도 '혼자 전화로 참여하는' 소외된 경험을 하지 않게 된다. 또한 적어도 1년에 한 번은 모든 직원이 직접 만나고, 일부 팀은 분기마다 모임을 한다. 스트라이프에서는 모든 원격 근무자가 화상 회의에 제대로 참여할 수 있도록 적절한 하드웨어 설정을 갖추게 한다. 아무리 사소하거나 절차적인 업무 논의라도 반드시 슬랙이나 이메일을 통해 이루어져야 한다는 강력한 규범이 있어, 현장에 없는 사람들도 대화를 따라갈 수 있다. 분산 근무하는 직원들을 위한 개선은 차이가 존재한다는 인식에서 시작되며, 이러한 차이가 대면과 원격 경험 사이의 치명적인 간극으로 확대될 수 있다는 점을 인지하는 것이 중요하다.

대면 시간을 확보하라

나는 오랫동안 대면 시간이 많지 않아도 분산된 팀을 강하게 결속시킬 수 있다고 생각했다. 실제로 전 세계에서 효과적으로 운영되는 많은 글로벌 팀을 보면 이를 확인할 수 있다. 하지만 지금까지 정기적으로 양질의 대면 시간을 대체할 방법은 찾지 못했다. 대면 시간은 다음과 같은 점에서 가치가 있다.

- **자연스러운 사회적 상호작용과 관계 생성.** 인간은 군집 동물이다. 우리는 직업적인 수준을 넘어 연결될 필요가 있다. 물론 원격으로도 업무 외 주제로 연결될 수 있지만, 계획되지 않은 사회적 상호작용을 통해 더 깊은 관계로 발전하는 것도 중요하다. 함께 웃고, 관심사를 나누며, 화상 회의가 아닌 실제 경험을 공유해야 한다.
- **일상적인 업무를 넘어선 다른 사고방식으로 사람들을 이끌기.** 사람들은 일상적인 운영 주기에 꽤 빨리 익숙해지는데, 이는 너무 오래 같은 패턴에 익숙해지면 운영 주기가 금세 진부해지기 때문이다. 때로는 45분이나 60분 회의에서 하기 어려운 수준의 조율과 이해를 달성하기 위해 일상적인 환경에서 벗어날 필요가 있다.

수년 동안 나는 스트라이프가 운영되는 모든 국가의 매출을 주도하는 그룹을 관리했다. 이 그룹은 북미, 유럽, 아시아 국가 및 지역 책임자들로 구성됐다. 그룹을 처음 구성했을 때, 우리는 분기별로 직접 만났다. 보통 책임자들이 샌프란시스코로 와서 이틀 동안 외부 워크숍을 하고 적어도 한 번은 팀 사교 행사를 했다. 샌프란시스코를 방문한 이들은 보통 일주일 동안 머물며 다른 직원들과 팀들도 만났다. 이렇게 함께 보낸 시간은 팀 관계 형성과 스트라이프의 매출 성장 전략 수립에 중요한 역할을 했다.

첫 회의에서는 성공하기 위해 답해야 할 것, 해결해야 할 것, 구축해야 할 것을 모두 나열했는데, 이는 큰 화이트보드 3개를 꽉 채웠다. 그룹에서 마케팅 부서를 만들어야 한다고 열정적으로 논의하던 중 재미있는 상황이 벌어졌다. 나는 "잠깐만요, 지금 들어오는 영업 문의도 감당하지 못하고 있잖아요"라고 지적했다. 그 말을 듣고 모두 웃음을 터뜨렸다. 우리가 얼마나 우선순위를 잘못 설정하고 있는지 깨달았기 때문이다. 동시에 이런 상황이 '기분 좋은 고민거리'라는 점에 대해서도 웃었다. 고객의 관심이 너무 많아서 생기는 문제니까 말이다. 화이트보드의 내용을 해결하는 데는 시간이 걸렸지만, 대면 시간을 통해 효과적으로 추진할 기반을 마련했다.

원격팀은 얼마나 자주 직접 만나야 할까? 원격팀을 처음 구성할 때는 적어도 분기마다 한 번 이상 직접 만나는 계획을 세우는 것이 바람직하다. 몇 차례의 견고한 대면 상호작용을 가진 후에는 간격을 좀 더 늘릴 수 있다. 직접 만나 계획을 세우면 떨어져 있어도 더 오래, 더 효율적으로 일할 수 있다. 나중에는 반년에 한 번 만나는 것으로 조정할 수 있지만, 성장 모드에 있고 팀에 새 구성원이 합류했다면 한동안 분기별 대면 회의를 지속하는 것이 좋다. 글로벌 팬데믹과 같이 직접 모일 수 없는 상황이 발생할 수 있지만, 스트라이프에서 했던 것처럼 화상으로 진행하는 반나절 외부 워크숍을 시도하더라도 이를 목표로 삼는 것이 가장 좋은 방법이다.

글로벌 정체성을 구축하려면

구글에서 첫 글로벌 팀을 이끌게 되었을 때 비로소 글로벌 기업이 된다는 것은 단순히 다른 국가에서 같은 일을 반복하는 것이 아니라는 사실을 온전히 체감하게 되었다. 나는 전 세계 16개 사무실에서 2천 명 이상을 관리했고, 첫해에는 적어도 한 달에 한 번 출장을 갔다. 그제야 각 지역의 문화적 차이와 전략적 현지 요구사항을 진정으로 이해했다. 다른 시간대에 일하는 것과 심한 시차를 겪으며 업무 일정을 처리하는 어려움도 훨씬 많이 실감했다.

직접 출장을 가서 현지에서 비즈니스를 하며 얻는 통찰을 간접 경험으로는 얻기 어렵다. 게르트 홉스테드Geert Hofstede가 국가 문화의 여섯 가지 차원에 관해 연구한 논문을 읽어보길 권한다.[55] 이는 문화적 차이를 이해하고 회사의 운영을 각국의 상황에 맞춰 조정하는 데 유용한 가이드가 될 것이다. 흥미롭게도 나는 사용자 요구사항에는 큰 차이가 없음을 발견했다. 인도네시아에서 구글 광고를 구매하는 마케터나 캐나다의 마케터나 원하는 것은 같다. 하지만 홉스테드가 설명하듯이 비즈니스를 운영하는 방식에는 중요한 차이가 있다. 대규모 개발자 커뮤니티의 존재 여부와 같은 생태계 변수, 현지 경쟁사, 다양한 소비자 기대와 같은 환경 요인도 있다.

회사의 문화적 기대가 현지 규범과 어떻게 다른지를 팀 차원에서 이해해야 한다. 이는 종종 고객이 기대하는 관계 구축 활동과 관련해 영업팀에게 문제가 될 수 있기 때문이다. 자신의 이해를 발전시키는 것 외에도, 비즈니스의 문화적 측면을 검토하고 일상 업무에 미치는 영향을 논의하는 것이 유용한 팀 활동이다. 또한 현지 팀이 현지의 문화적 현실과 회사의 문화 사이의 균형을 맞추는 데 도움이 되는 지침도 필요하다. 내가 처음 일본과 중국을 방문했을 때, 가장 많이 배운 것은 정보 공유와 비즈니스가 늦은 저녁 술자리에서 많이 이루어진다는 점이었다. 팀이 현지 문화의 지배적 행동을 이해하되, 비즈니스에서 이를 모두 따라야 한다는 부담감은 주지 말아야 한다(예를 들어 나는 술을 마시는 것이 영업 기술의 필수 요소라고 생각하지 않는다).

흥미롭게도 스트라이프의 국가 책임자 그룹과 문화 비교 연습을 했을 때, 우리는 스트라이프가 단순히 미국 문화를 반영하는 것이 아니라는 사실을 깨달았다. 그도 그럴 것이 설립자가 아일랜드 출신이기 때문이다. 사실 스트라이프는 몇 가지 문화적 차원의 흥미로운 혼합체다. 이를 깨닫고 나서, 우리는 이것이 글로벌 정체성을 구축할 기회임을 알게 되었다. 또한 모든 문화에서 규범이 아닐지라도 이 정체성을 현지 기대에 맞게 해석할 기회로 삼았다. 예를 들어 일부 문화에서는 업무 외 사교 활동이 비즈니스를 수행하는 장으로 활용되는 것이 일반적이다. 스트라이프에서는 직원들이 이러한 점을 인식하도록 돕지만, 얼마나 참여할지는 개인의 선택이라는 점도 강조한다.

원격 근무자를 영입할 때 고려할 점

글로벌 야망을 품은 회사나 팬데믹으로 인한 변화에 여전히 적응 중인 회사에서 일한다면, 오토매틱[56]이나 깃랩[57]과 같은 완전 원격 회사의 자료를 참고해 원격 근무 모범 사례에 대해 학습하자. 팀에 원격 근무자를 영입할 때 명심해야 할 몇 가지 핵심 요소는 다음과 같다.

운영 시스템의 성숙도

운영 원칙 4 '전사 공통의 운영 시스템을 구축하라'를 기억하자. 강력한 운영 시스템과 주기, 확립된 규범, 체계적인 기록 문화(회의 영상 녹화, 회의록 작성 관행 등)가 있다고 확신하거나 이를 강화하는 데 투자할 의지가 있다면, 원격 근무자를 영입할 수 있는 더 유리한 위치에 있는 것이다.

직무에 따라 팀 단위를 구성하라

조정이 많이 필요한 직무인가? 엔지니어링, 제품, 디자인 직무는 일반적으로 업무 수행을 위해 더 많은 협업이 필요하지만, 법무나 재무 같은 일부 직무는 더 독립적으로 수행할 수 있다. 팀을 효과적으로 관리할 수 있도록 원격 또는 하이브리드 팀 단위를 신중하게 구성하자. 예를 들어 한 팀에 제품, 디자인, 엔지니어링을 담당하는 원격 직원 3명이 있는 경우, 이 중 2명이 한 곳에 있는 팀보다 실제로 조정하기가 더 쉬울 수 있다.

원격팀의 관리자 지원

원격 관리는 그 자체로 별도의 역량이다. 2014~2016년에 스트라이프는 원격 관리자가 원격 근무자를 관리하도록 했다. 원격 관리자가 원격 경험에 대해 더 공감할 수 있고 적절한 조율과 참여뿐 아니라 결속 메커니즘을 더 쉽게 구축할 수 있다고 생각했기 때문이다. 지금은 더 많은 관리자 지원과 교육을 제공하므로 비원격 관리자도 원격 근무자와 팀을 관리하지만, 그 의도 자체는 여전히 가치가 있다. 직접 만나지 않는 팀과 소통하는 기술을 구축하는 데는 시간이 걸리며, 해당 팀원들에게 가장 도움이 되는 팀 시스템을 설계하고 운영하려면 원격 근무 경험에 대한 상당한 공감 능력이 필요하다.

같은 공간에 있지 않은 사람들의 경험에 대한 공감 외에도, 원격팀의 관리자는 원격 근무에서 흔히 발생하는 문제에 대한 관리 방안과 대응 전략을 개발해야 한다. 예를 들어 관리자는 팀 슬랙 채널을 만들고 운영하며, 의미 있는 대화는 문서화하여 팀 이메일 목록으로 보내도록 요구할 수 있다. 또한 관리자는 비대면 채널을 통해 즉각적인 질문에 답할 수 있어야 한다. 그뿐만 아니라 원온원 미팅과 스트라이프의 리더십 회의에서 언급한 스니펫 문서와 같은 기타 정보 공유 방식을 통해 팀과 소통하는 방식을 체계화하고 일관되게 유지해야 한다.

원격 근무 경험 수준

스트라이프에서는 이미 원격 근무 경험이 있는 원격 팀원을 지원하는 것이 더 쉽다는 것을 발견했다. 원격 근무에는 적응 기간이 필요하며, 업무 자체를 새롭게 배우는 신입 사원에게는 특히 어려울 수 있다. 전반적인 경험이 부족한 직원들을 위해 원격 근무 학습 곡선을 강화할 수 있는 프로그램을 마련할 필요가 있다.

이 책의 일관된 주제는 기초를 의도적으로 탄탄히 다져야 한다는 것이다. 이는 분산된 회사를 관리하고 원격 팀원을 새로 영입할 때 특히 중요하다. 모든 사람이 한 사무실에 함께 있을 때 효과가 있었던 방법은 거리와 시간대가 나뉘어 있을 때는 통하지 않을 것이다. 직원들이 업무를 수행하고 팀, 회사와의 관계를 유지하는 데 필요한 문서화, 규범, 관행을 고려해 첫날부터 이를 구축해야 한다. 관리자로서 팀 내 다양한 국가의 문화와 분산·원격 근무 환경의 특수성을 이해할 필요가 있다. 출장도 다니고, 스스로 원격 근무를 일주일 정도 해보면서 팀 관리 관행을 조정하는 것이 좋다. 무엇보다도 회사 참여도 설문조사를 통해 원격 직원들이 얼마나 생산적이고 효과적으로 연결되어 있다고 느끼는지 피드백을 구하고, 이에 따라 개선할 준비가 되어 있어야 한다.

성과가 저조한 팀에 대한 대처법

때로는 원격이든 대면이든 강력한 팀을 구축하기 위해 할 수 있는 모든 것을 다했음에도 팀이 흔들릴 때가 있다. 팀이 목표와 지표를 적절한 주기로 검토하고 있다면, 문제가 커지기 전에 원인을 찾아 해결할 수 있다. 그러나 때로는 팀이 몇 주 동안 지표나 마일스톤을 달성하지 못하는 경우가 있다. 그 이유에 대한 합리적인 설명이 있더라도 왠지 핵심을 피하고 있다는 느낌이 들 때가 있다. 이럴 때는 어떻게 대처하여 바로잡을 수 있을까?

다음의 단계들을 통해 상황을 점검하고 바로잡는 첫걸음을 시작해보자.

근본 원인 조사를 위해 탐색 질문을 하라

아마도 당신은 실행이 부진한 원인에 대해 나름의 가설을 가지고 있을 것이다. 관련 팀원들과의 원온원 미팅에서 가설을 검증해본다. 예를 들어 '데이터 아키텍처 작업에 많은 의존성이 있는 것 같다'고 가설을 세울 수 있다. 팀원들이 그것이 사실이라고 확인하면, 왜 그렇게 많이 의존하는지, 또는 팀에 병목 현상을 방지할 수 있는 능력이나 자원이 부족한지 파고들어야 한다. 이때는 특정 개인을 지적하는 것이 아니라, 계속 일정에 뒤처지거나 차질이 생기는 작업을 먼저 살펴보고 질문하자.

팀 회의에서 이슈에 대해 공개적으로 논의하라

호기심을 가지고 접근하며 비난하지 말아야 한다. 팀에게 다음과 같이 질문하자.

- **우리가 목표에 뒤처진 이유가 무엇이라고 생각하는가?** 목표가 잘못되었을 가능성도 고려하되, 지나친 관대함은 피해야 한다.
- **이러한 이유는 우리가 통제할 수 있는 것인가, 통제할 수 없는 것인가?** 대부분의 이유는 팀의 영향력 내에 있으므로, 이 점을 강조하자.
- **다시 궤도에 오르기 위해 지금 우리가 할 수 있는 일은 무엇인가?** 아이디어를 문서화하고 후속 조치와 방향 전환을 위한 작업에 누가 책임을 질지 명확히 하자.
- **정말 통제가 불가능하다면, 그 이유가 우리 성과에 얼마나 영향을 미칠 것인가? 그러한 외부 요인을 통제하기 위해 우리가 할 수 있는 일은 무엇인가?** 다른 팀의 핵심 업무를 지원하는 역할 등의 측면을 팀이 다 고려하지 못했을 수도 있다.

목표 자체가 잘못된 경우라면, 다음 단계는 비교적 명확해진다.

- 새로운 정보의 결과로 목표를 조정해야 한다는 데 팀의 동의를 얻는다.
- 변경 전 목표와 이유, 과정을 문서화해 팀과 이해관계자들에게 알린다. 이는 신뢰를 유지하는 데 중요하다.
- 목표를 재설정하고 있다는 사실과 그 이유에 대해 내부적으로 투명하게 공개한다. 특히 무엇을 배웠고 앞으로 무엇을 다르게 할 것인지 명확히 해야 한다.

문제가 팀의 역량이나 팀원 간 협업에 있다면, 근본 원인에 대한 가설을 계속 발전시키고, 진짜 원인을 파악했다는 확신을 갖기 위해 관련 데이터를 먼저 수집해야 한다. 문제가 특정 개인과 관련된 경우에는, 5장의 피드백 섹션을 참고해 문제를 해결해야 한다. 2명 이상의 협업 문제라면, 관련된 개인들과 먼저 따로 만난 다음 함께 만나는 시간을 마련해야 한다. 비난 없이 업무 스타일과 프로세스에 대한 피드백을 나눌 수 있도록 대화를 조율하고, 팀을 위해 모든 사람이 협력해야 함을 명확히 하라. 긍정적인 변화가 없으면 해당 인원을 다른 팀으로 이동시키는 것도 고려해야 한다. 관련된 개인 중 한 명이 실제로 협업 능력 부족이라는 성과 문제가 있다고 판단된다면 5장의 피드백과 성과 관리에 대한 내용을 참조하기 바란다.

때로는 문제가 몇몇 개인에게 국한된 것처럼 보일 수 있지만, 실제로는 팀 전체의 관계나 상호작용에서 비롯된 경우가 많다. 이러한 신호를 간과하지 말고, 신속하게 대처하자. HR과 같은 중립적인 제3자에게 팀원들과의 개별 면담과 요약본 작성을 요청한다. 그런 다음 팀 내부의 상호작용 문제를 해결하기 위해 무엇을 할 것인지 논의하는 중요한 세션을 가져야 한다. 팀원들이 개선할 점에 대해 명확한 약속을 하도록 한다. 대부분의 마찰은 상호 자기 인식(운영 원칙 1 참조) 부족에서 온다. 따라서 성격과 업무 스타일 평가로 돌아가 서로를 알고 가치 체계를 이해하는 데 시간을 투자해야 한다. 팀이 협력할 때 사용 가능한 공통의 언어를 제공하고, 팀 내관계와 상호작용이 회사와 당신의 성공에 핵심임을 명확히 인식하자.

내 경험상, 목표 달성에 실패하는 이유는 대개 다른 팀에 대한 의존성 때문이다. 특히 팀의 규모와 회사가 커질수록 이런 현상이 두드러진다. 예를 들어 한 팀이 프로젝트 일부분을 담당하고 있지만, 다른 팀이 작업을 완료해야만 전체 프로젝트가 진행되는 상황이 있을 수 있다. 모든 것을 통제할 수 있다면 일이 훨씬 쉬워지겠지만, 현실은 그렇지 않다. 이는 업무든 인생이든 다르지 않다. 그래서 관리자의 역할은 의존성을 예측하고, 다른 팀과 협상하며, 문제가 발생했을 때 이를 해결하는 것이다. 필요하다면 각 팀의 리더들에게 보고해 해결책을 찾자. 나는 종종 관리자로서의 내 역할을 팀이 나아갈 길을 미리 닦는 것이라고 생각한다. 팀의 속도가 늦어지는 모든 것은 결국 내 책임이다.[58]

다른 팀과의 협업

관리자가 해결하기 가장 어려운 책임 문제 중 하나는 팀이 다른 팀의 작업에 의존하고 있어 업무를 완수하지 못할 때 발생한다. 따라서 이런 의존성을 줄이는 것이 중요하다. 다음은 의존성을 줄이기 위한 간단한 가이드다.

- **계획 수립 단계에서 의존성을 파악한다.** 모든 목표에 대해, 다른 팀에서는 어떤 작업이 언제까지 필요한지 사전에 결정한다. 다른 팀이 계획을 확정하기 전에 이 작업에 대해 논의하면, 90%의 경우 자

연스럽게 합의된다. 의견 차이가 있는 10%의 경우에는 양 팀의 공통 의사결정자에게 보고하여 해결하면 된다. 계획은 의존하는 팀이 작업을 완료하는지, 혹은 해당 목표가 회사의 우선순위에서 밀린다고 판단되는지에 따라 조정될 수 있다.

- **팀과 협력팀의 진행 상황을 계속 업데이트하기 위해 정기적인 체크인을 설정한다.** 체크인은 이메일 형식으로 할 수 있고, 프로젝트가 일정에서 벗어날 경우 회의로 이어질 수 있다.
- **협력팀에 구성원을 파견한다.** 때로는 의존하는 팀의 구성원을 우리 팀 회의에 참석시키거나, 반대로 우리 팀 구성원을 그들의 회의에 참석시키는 것이 유용할 수 있다.
- **워킹 그룹을 구성한다.** 때에 따라 다양한 팀의 구성원들로 임시 워킹 그룹을 만드는 것이 합리적일 수 있다(워킹 그룹과 팀의 차이점은 표 6 참조). 프로젝트 기간에 공동 목표와 지표를 가진 소규모 팀을 만드는 것이다. 워킹 그룹의 진행 상황을 추적하고 그룹의 책임 담당자DRI를 반드시 지정하자.

위험을 최소화하기 위해 모든 시도를 했음에도 여전히 다른 팀과의 협업에서 교착 상태에 빠졌다면, 건설적으로 문제를 위에 보고하는 것이 좋다. 관리자이자 리더로서 겪었던 큰 실수들을 돌아보면서, 자신의 약점을 발견했다. 나는 일을 독립적으로 처리하려는 경향이 있어서, 다른 팀과의 협업보다는 내 팀에 더 의존하는 경향이 있다. 게다가 원래 협력을 중시하고 다른 사람의 상황을 잘 이해하는 편이다. 이런 특성 때문에, 다른 팀과의 중요한 의존 관계에 문제가 생겼을 때 이를 즉시 공론화하지 않고 시간을 지체한 경우가 몇 번 있었다.

도움을 요청하는 것은 실패가 아니다. 사실, 보고 체계는 관리 구조가 존재하는 이유 중 하나다. 사소한 일에도 곧바로 보고하는 사람은 비효율적으로 보일 뿐만 아니라 동료들 사이에서 인기도 떨어질 것이다. 그러나 팀의 진행이 막힌 이유가 보고하지 않았기 때문이라면, 그것 또한 문제다 (의존성 해결에 대한 자세한 내용은 이 장 뒤 부록에 있는 '스트라이프의 언블로킹 프로세스' 참조).

마지막으로, 운영 원칙 3에 따라 관리와 리더십을 구분하는 것이 중요하다. 올바른 전략을 쓰고 있었는지 되돌아보는 것도 좋은 방법이다. 더욱 선제적인 비전을 채택하면, 단순히 의존성을 파악하는 데 그치지 않고 처음부터 의존성이 필요 없는 미래를 설계할 수 있다. 전혀 다른 기술 아키텍처나 새로운 조직 구조를 포함한 전략을 수립하거나, 현재의 방향을 무효화하는 새로운 우선순위를 설정해야 할 수도 있다.

불확실한 시기의 관리

무엇인가가 제대로 작동하지 않을 때는 모든 사람이 그것을 느낄 수 있다. 이럴 때 나는 작가 레베카 솔닛Rebecca Solnit의 이 말을 떠올린다. "진정한 희망은 명확성과 상상력을 필요로 한다."[59] 팀이 불확실하거나 도전적인 시기를 헤쳐나가려면 관리(명확성)와 리더십(영감과 상상력)의 조합이 필요하다.

다음은 불확실한 시기에 팀을 지원하는 방법에 대한 내 생각이다.

필요한 만큼만 투명성을 유지하라

팀이 불확실성을 겪고 있을 때, 관리자가 이를 느끼지 못하는 경우는 드물다. 일부 관리자들은 자신의 걱정을 너무 많이 드러내는 실수를 저지르는데, 이는 팀 내 불안정을 초래할 수 있다. 하지만 내가 더 자주 목격하는 실수는 관리자가 팀이 직면한 과제를 인정하지 않거나 모든 계획이 완벽히 준비된 척하는 것이다. 이는 팀이 관리자를 가장 필요로 할 때 신뢰를 무너뜨릴 뿐이다.

나는 불확실한 시기에 팀과 솔직하게 소통하려고 노력한다. 이는 부정적이고 비관적인 태도를 보여야 한다는 뜻이 아니라, 오히려 그 반대다. 팀의 상태를 잘 파악하고 있으며, 변화가 필요하다는 것을 인지하고 있음을 보여주는 것이 중요하다. "우리가 해야 할 일을 완수하기에 최적의 인력이 구성되어 있지 않다고 생각합니다"라거나 "마감일이 비현실적이라는 것을 알고 있습니다"라고 말하는 것만으로도 충분하다. "아직 세부 계획이 마련되지 않았고 시간이 좀 걸릴 수 있지만, 노력하고 있습니다"라고 투명하게 말할 수도 있다. 중요한 것은 상황을 인정하고 공감을 보이며 제대로 되어 있지 않은 것을 개선하려는 의지를 보이는 것이다.

비전을 거듭 상기시켜라

상상력을 자극하는 것을 잊지 말아야 한다. 당신은 팀을 비전을 향한 여정으로 이끌었고, 그 여정에는 더 밝은 미래에 관한 이야기가 담겨 있다. 시기가 불확실하다고 해서 비전이 잘못되었거나 길을 잃었다는 뜻은 아니다. 우리가 왜 이 일을 하고 있는지, 이 일이 어떻게 더 나은 미래를 열어 갈 것인지에 대한 이야기를 다시 들려주자.

계속 전진하라

본능에 반하더라도, 불확실한 시기에는 행동이 이끄는 대로 따라도 좋다. 일이 잘 풀리지 않을 때 계획을 완벽하게 세우려 하거나 상황을 지나치게 분석하려는 유혹이 크다. 그러나 장담하건대, 그렇게 하다가는 더 큰 혼란을 초래할 수 있다. 이럴 때 가장 좋은 방법은 그냥 시작하는 것이다. 아무리 작은 결정이나 행동이라도, 실천하는 데 큰 의미가 있다. 이 과정에서 배운 점에 대해 팀과 솔직하게 공유하는 것이 좋다.

스트라이프의 코로나19 팬데믹 대응은 좋은 예다. 코로나 감염이 중국을 넘어 확산되기 시작하자 우리는 스트라이프에 미칠 영향에 대해 논의하기 시작했다. CEO는 바이러스를 면밀히 추적하고 있었고 주요 팀, 특히 리더십팀과 스트라이프의 보안 및 안정성을 담당하는 엔지니어링팀에 미칠 영향을 가장 우려했다. 당시 우리는 코로나에 대한 데이터가 많지 않았고 구체적인 계획도 없었지만, 위험을 줄이려는 조처를 취하기로 했다.

2020년 2월, 우리는 리더십팀의 절반과 몇몇 핵심 팀이 즉시 원격 근무를 시작할 것이라고 발표했다. 이 단계에서의 위험은 우리가 회사에서 누구 또는 무엇을 가장 가치 있게 여기는지를 암시할 수 있다는 점이었다. 그러나 이 정보를 공유하지 않으면 회사를 위험에 빠뜨릴 수 있었다. 당시 회사 규모가 작아서 많은 사람이 한꺼번에 아프면 사업 운영이 어려워질 수 있었다. 또한 우리가 상황을 분석하지 않았거나, 알고 있는 내용을 바탕으로 행동하지 않는다는 인상을 줄 수 있었다. 그 후 우리는 체계적으로 각 결정을 전달하고 이메일과 매일 업데이트되는 리소스 페이지를 통해 회사 전체에 정보를 제공했다. 우리의 원칙은 스트라이프가 사용자를 위해 존재하고 직원들의 건강과 안전을 우선시한다는 것이었다. 모두가 우리의 결정과 행동을 이러한 원칙의 맥락에서 이해했다.

리드 호프먼의 위기 관리법

팬데믹 위기에 대해 논하는 것도 중요하지만, 더 '예측 가능한' 위기에 대해서도 생각해보는 것이 유용하다(이렇게 말하는 것이 이상하게 들릴 수도 있겠지만 말이다). 링크드인의 공동 창업자이자 전 회장인 리드 호프먼은 우리 회사와의 대담에서 회사를 큰 경쟁 위협 속에서 어떻게 이끌어갔는지에 대한 훌륭한 사례를 제시했다. 리더십과 경영에 관한 대화 전문은 press.stripe.com/scaling-people/interviews 에서 확인할 수 있다. 다음은 대화를 요약한 내용이다.

＊　＊　＊

2007년 5월, 페이스북은 페이스북 플랫폼을 출시했다. 페이스북 플랫폼은 제 3자 개발자들에게 페이스북 데이터를 사용해 앱을 개발할 수 있게 해주었다. 당시 페이스북은 소셜 네트워킹에, 링크드인은 전문가 네트워킹에 집중하고 있었지만, 개발자들이 페이스북 데이터에 접근할 수 있는 페이스북 플랫폼은 링크드인의 영역까지 침범할 가능성이 있었다. 몇몇 사람들은 링크드인이 끝장났다고 선언하기까지 했다.

나는 확신할 수 없었지만, 그 가능성은 인정했다. "그렇다면," 내가 말했다. "우리가 페이스북 플랫폼에 시험적으로 앱을 구축해서 이 위협이 우리 비즈니스에 얼마나 심각한 영향을 끼칠지 테스트해보죠." 우리는 최소한의 노력으로 경쟁 위협을 평가할 수 있는 최소 기능 제품MVP을 8주 내에 개발해낼 팀을 꾸렸다. 팀의 목표는 다음과 같았다.

- 페이스북 플랫폼에서 링크드인을 위협할 만한 것을 구축할 수 있는지 여부를 파악한다. 가능하다고 판단되면, 다른 경쟁사들보다 먼저 개발하기 위해 속도를 높인다.
- 페이스북 플랫폼이 실제로 어떻게 작동하는지 이해하고, 이를 바탕으로 링

크드인이 자체 개발자 플랫폼을 구축할 때 도움이 되는 인사이트를 얻는다.

우리는 3개 팀을 구성해, 매일 진척 상황을 논의하며 목표를 향해 빠르게 나아갔다. 8주가 지날 때쯤 우리는 3개의 앱을 출시했으나, 그중 어느 것도 일일 활성 사용자DAU 수가 50명을 넘지 못했다. 솔직히 말해, 차라리 전화번호부를 들고 무작위로 전화를 걸었어도 더 많은 사용자를 확보했을 것이다!

다음으로 팀에서 나온 질문은, 어쩌면 우리가 무능한 게 아닐까 하는 의문이었다. 링크드인에만 익숙해져 페이스북 플랫폼에서 성공적인 앱을 만드는 방법을 이해하지 못한 것이 아닐까 하는 생각이 들었다. 페이스북 플랫폼에 대한 우리의 실력을 테스트하기 위해, 세 팀을 한 팀으로 줄이고 내가 직접 이끌었다. 그리고 범퍼 스티커Bumper Stickers라는 앱을 출시했다. 범퍼 스티커는 사용자가 자기 프로필에 스티커를 붙이고 친구들의 프로필에도 올릴 수 있는 앱이었다. 이 앱은 6개월 연속으로 페이스북에서 세 번째로 가장 활발히 사용되었다. 범퍼 스티커는 링크드인과 아무 관련이 없었다. 바로 그 점이 핵심이었다. 우리는 페이스북 플랫폼을 링크드인과 무관하게 잘 활용할 수 있다는 점을 확신했고, 링크드인의 비즈니스에는 심각한 위협이 되지 않는다는 결론에 도달했다.

돌이켜 보면, 페이스북 플랫폼의 출시는 우리가 생각했던 것만큼 큰 위기가 아니었다. 하지만 그런 자신감을 얻기까지는 우리가 모든 답을 알고 있지 않다는 사실을 인정하고, 그 답을 찾아 나가기 위한 계획과 실행이 필요했다.

팀을 성과로 이끄는 다양성과 포용성

관리자는 팀의 다양성, 형평성, 포용성, 소속감을 증진하는 데 중요한 역할을 한다. 이 주제에 대해서는 이미 많은 자료가 있다. 나는 전문가는 아니지만 관리자로서, 더 나은 동료가 되기 위해 끊임없이 노력하는 사람으로서, 여성 리더로서, 다른 사람들이 본보기로 여기는 사람으로서 몇 가지 생각만 덧붙이고자 한다.

먼저, 훌륭한 팀과 회사는 채용을 잘하는 것뿐만 아니라 인재를 육성하고 유지할 수 있는 환경을 구축함으로써 형성된다고 믿는다. 다양성과 포용성을 증진하는 것은 근본적으로 모든 사람에게 더 나은 환경을 조성하는 작업이라고 생각한다. 다양한 팀이 팀 성과에 긍정적인 영향을 미친다는 강력한 연구 결과들이 많이 나와 있다.[60] 매니저로서 팀의 성과에 책임을 지며, 강력하고 다양한 팀을 구축하는 것이 목표 달성에 효과적인 방법 중 하나다. 동질적인 팀은 실행은 신속하게 할 수 있을지 모르지만, 일반적으로 새로운 사고를 촉진하지는 못한다. 다양한 팀은 더 큰 성과를 낼 수 있지만, 이를 구축하는 데는 시간과 투자가 필요하다. 하버드 비즈니스 스쿨 교수이자 연구자인 에이미 에드먼슨Amy Edmondson이 말하는 '심리적 안전감'을 구축해야만 성과를 낼 수 있기 때문이다.[61] 이는 직관적으로 이해할 수 있다. 많은 기업이 해결하고자 하는 문제는 하나의 경험과 관점만으로는 해결하기가 복잡하다. 다양한 배경과 의견을 가진 사람들을 영입하고 팀에서 그러한 관점을 끌어낼 수 있다면 문제에 다각도로 접근할 수 있을 것이다. 하지만 이는 모든 구성원이 자신의 의견과 경험이 존중받는다고 느끼고 편안하게 의견을 제시할 수 있어야만 가능하다.

여기서 주로 인종과 성별의 다양성에 대해 이야기하고 있지만, 다양한 팀에는 눈에 잘 띄지 않는 특성도 있다. 사회경제적 배경, 교육 수준, 성적 지향, 성 정체성, 정치적·종교적 신념, 어떤 환경에서 자랐는지도 다양한 팀의 요소가 될 수 있다. 회사가 성장하면서 팀원들이 자신과 비슷한 사람들만 채용하는 현상이 놀라울 정도로 빠르게 나타난다. 모두가 비슷한 방식으로 생각하고, 비슷한 고등학교와 대학을 다녔으며, 비슷한 취미를 즐긴다. 왜 그럴까? 서로를 회사에 추천했기 때문이다. 일정 부분에서는 훌륭한 인재 추천을 원하므로 이런 현상이 긍정적으로 작용할 수도 있다. 그러나 이것이 유일한 채용 및 확장 방식이 된다면, 그 사이클을 조기에 인지하고 끊어야 한다.

내 팀이 눈에 잘 띄지 않는 다양한 요소를 포함하고 있는지 이해하는 방법 중 하나는 우리가 서로를, 서로의 배경을, 각자의 작업 스타일을 얼마나 잘 알고 있는지 살펴보는 것이다. 이 장의 앞부분에서 소개한 커리어 대화, 팀 재정비 등에서 나는 팀원들이 자신에 대해 더 많이 드러낼 수 있는 환경을 조성하려고 노력한다. 이를 강요해서는 안 되지만, 팀을 얼마나 잘 알고 있는지 자신에게 묻는 것은 중요하다. 관리자로서 다양한 관점과 사고를 팀에 적용하고, 열린 소통을 촉진하며, 각 팀원이 제공하는 관점과 통찰력을 인정하고 존중해야 한다. 회사 제품 사용자들 역시 다양한 배경과 관점을 지닌 사람들이기에, 이러한 작업은 결과적으로 비즈니스에 큰 도움이 될 것이다.

관리자는 특히 세 가지 영역에서 다양성과 포용성에 영향을 미칠 수 있다. 각 영역에서 기회가 내·외부적으로 공평하게 전달되는 것이 중요하다.

- 채용
- 성과 평가, 보상, 인정
- 팀 운영

각 영역에서 다양성을 높이기 위해 관리자가 할 수 있는 역할에 대해 간단히 공유하고자 한다. 그에 앞서, 자신이 속한 국가와 회사에서 역사적으로 소외된 그룹의 경험을 공부하는 것이 좋다. 예를 들어 미국에서 일하는 사람으로서 나는 다양성, 형평성, 포용성 분야에서 연구를 수행하는 비영리 단체 코퀄Coqual에서 발간한 연구 자료인 「미국 기업에서 흑인으로 살아가기Being Black in Corporate America」를 읽고 많은 인사이트를 얻을 수 있었다.[62]

다양한 채용 파이프라인을 구축하라

팀 포트폴리오를 평가해보자. 어떤 배경과 관점이 부족한가? 무엇이 부족한지 모른다면, 다른 관리자의 팀 미팅에 참석해 관찰해본다. 팀 간 상호작용이 어떻게 다른지, 당신의 팀에 무엇이 부족한지 알 수 있다.

다양한 후보군이 포함된 채용 파이프라인을 구축하라. 충분히 강력하고 다양한 후보군이 준비될 때까지 면접을 시작하지 말고 기다려보는 것도 방법이다. 당신과 전혀 다른 배경과 강점을 가진 사람을 면접관으로 추가하면, 당신이 쉽게 이해하지 못할 강점을 인식하고, 후보자를 평가할 수 있을 것이다. 후보자의 강점에 대한 직관을 보완하고, 당신의 가정에 도전하는 면접관을 찾도록 하자.

대부분 기업은 조직 전반의 다양성을 높이기 위해 채용에 의존하지만, 많은 기업이 다양한 리더십팀을 육성하고 유지하는 일에는 상대적으로 소홀하다. 컨설팅 그룹 BCG는 자사가 속한 업계에서 다양성이 부족한 원인을 분석했으며, 그 교훈은 경영 컨설팅을 넘어 다양한 산업에 적용할 수 있다. 이 연구에 따르면 GMAT(미국, 캐나다, 유럽 등의 경영대학원에 입학하려는 학생이 처러야 하는 대학원 시험 - 옮긴이) 점수와 학점이 비슷한 초기 경력 컨설턴트들 중 회사 내 소수 그룹 출신들은 두 가지 이유 때문에 승진이 어려웠다. 소속감이 약하고, 전문적인 환경에 적응하는 데 어려움을 겪기 때문이라는 것이다.[63] 이를 고려하면, 관리자의 역할은 다양한 팀을 구축한 이후에 더욱 중요해짐을 알 수 있다. 핵심은 공정하고 포용적인 방식으로 팀을 운영하는 것이다. 결국, 다양한 팀을 구성하기 위해 아무리 투자해도 공정한 절차와 포용적인 환경이 없다면 팀은 성공할 수 없다. 장기적으로도 다양한 인재들이 그 회사에 매력을 느끼지 못할 것이다.

공정한 성과 평가와 보상을 구축하는 프로세스

공정한 시스템을 구축하는 과정에서 관리자들이 흔히 저지르는 전술적 실수들이 있다. 예를 들어 명확한 선발 기준 없이 단기간에 프로젝트 인력을 선정하거나, 객관적인 데이터 없이 승진을 결정하거나, 단지 익숙하다는 이유로 이전에 함께 일했던 사람을 팀에 합류시키는 등의 결정은 조직에 중대한 영향을 미칠 수 있다. 자신을 점검하고, 기회를 명확히 제시하며 의사결정에 성과 측정을 포함하는 간소하면서도 철저한 프로세스를 운영해야 한다.

빠르게 돌아가는 환경에서는 아는 사람이나 자신과 유사한 역량을 가진 사람을 곧바로 채용하거나 프로젝트에 배정하는 경우가 많다. 이는 효율적으로 보일 수 있지만 현명한 선택은 아니다. 비슷한 업무에서 뛰어난 성과를 낼 수 있는 인재들을 놓칠 수 있다. 새로운 기회를 명확히 공개하고, 팀내에서 프로젝트나 역할에 지원할 수 있는 기회를 제공해야 한다. 지원자가 나서지 않는다면, 그 이유를 파악하고 새로운 기회를 찾도록 독려하자.

중요한 것은 모든 프로세스가 공정하게 설계되어야 한다는 점이다. 승진, 프로젝트 배정, 리더십 개발 기회 추천 시 최적의 후보자를 평가하기 위한 공통되고 합의된 방식을 확립해야 한다. 잠재 후보자들을 평가하기 위한 명확한 기준을 세우고(3장 참조), 성과 평가 과정이나 보상 분석 같은 공정성 점검을 인사 절차에 포함시키자. 이러한 절차는 복잡하거나 무거울 필요가 없다. 의료 분야에서 오류를 방지하기 위해 사용하는 체크리스트처럼 간단하지만 효과적인 방법을 도입하는 것이 핵심이다.

팀 운영을 위한 피드백 수집

회사 절차와 마찬가지로, 팀 운영 방식에서도 구성원들이 자신의 역량을 증명할 동등한 기회가 주어져야 한다. 팀 온보딩 과정부터 시작해 신규 팀원들이 배경과 관계없이 역할을 맡은 지 한 달 후 실제로 기여할 준비가 되었는지 확인하기 위해 피드백을 수집해야 한다. 초기 몇 주가 지나면, 팀 내 상호작용의 거의 모든 순간이 포용성을 실현할 기회가 된다. 예를 들어 회의 안건수집, 워크숍 기획, 회의 진행, 논란이 될 수 있는 주제에 대한 의사결정 방식 등이 모두 포용성을 드러내는 순간이다. 회의 중 발언 기회에 특히 주의를 기울여야 한다. 팀 회의에서 아무 말도 하지 않은 사람이 있다면, 의견을 공유할 기회를 준다. 당신의 관리 방식은 언제든 더 포용적일 수 있다는 점을 늘 염두에 두자. 신뢰하는 동료에게 당신을 관찰한 후 일상적인 관리 방식이 더 포용적일 수 있는 방법을 제안해달라고 요청하는 것도 좋은 방법이다. 프랜시스 프레이Frances Frei와 앤 모리스Anne Morriss의 『언리시드_Unleashed』를 읽어볼 것을 추천한다.[64] 이 책은 팀과 회사 내에 포용성을 구축하기 위한 구체적인 프레임워크와 방법을 제시하는 몇 안 되는 책 중 하나다.

작가 데이비드 포스터 월리스David Foster Wallace가 2005년 케년대학교에서 한 졸업식 연설은 내가 공감과 연민에 대해 읽은 글 중 가장 큰 영향을 주었다.[65] 그는 이렇게 말했다. "진정한 자유는 관심과 인식, 자제력을 포함합니다. 타인에게 진심으로 관심을 갖고 그들을 위해 매일 반복되는 작고 보잘것없는 희생을 감내할 수 있는 능력을 말합니다." 이는 우리의 기본적인 믿음과 가정에 저항하고, 자주 간과되는 현실을 인식하며, 현재에 충실하라는 권고다. 이것이야말로 포용이 요구하는 태도다.

마지막으로, 나는 다양한 팀을 구성하고, 서로의 차이를 이해하며, 특히 역사적으로 소외된 그룹에 속한 사람들의 경험을 이해하고자 노력하는 것의 중요성을 믿는다. 그러나 동시에, 팀이 공통의 목표와 꿈을 중심으로 단결해야 한다고 믿는다. 리더는 다양한 팀원을 영입하며 그들의 관점을 이해하고 존중하는 동시에, 공통된 비전과 우리 모두의 진실된 경험인 인간의 본질, 사랑과 존중에 대한 열망을 공유하며 팀을 단결시켜야 한다. 다소 낙관적으로 들릴 수 있지만, 분열과 차이가 만연한 세상에서 공통의 비전을 세우는 일이야말로 진정한 가치가 있다고 믿는다. 이러한 비전을 키우는 데 집중하기를 바란다.

이러한 원칙들은 사회적, 정서적 다양성과 포용성 교육을 제공하는 미국 작가이자 기업가인 클로에 발더리Chloé Valdary가 제시한 '매혹의 이론theory of enchantment'에서도 발견된다.[66] 그녀의 이론에는 다음과 같은 핵심 원칙이 있다.

- 사람들을 정치적 추상화가 아닌 인간으로 대하라.
- 비판은 파괴가 아니라 항상 격려하고 힘을 실어주는 방향으로 하라.
- 모든 행동의 근본을 사랑과 연민에 둬라.

이 원칙들은 관리자에게도 깊은 의미가 있다. 이런 원칙들을 채택하고 모든 팀원이 소속감을 느낄 수 있는 공통의 비전을 만들며, 목표를 설정하고, 진행 상황을 측정하라. 단순히 팀 구성의 다양성뿐만 아니라 각 관리자가 만드는 팀 환경에 대해서도 자기 자신과 다른 리더들에게 책임을 부여하자. 이는 단순히 형식적으로 하는 것이 아니라 더 끈끈한 조직 문화를 형성하고, 강력한 팀을 구축하며, 더 나은 결과를 얻기 위함이다.

소통하고, 또 소통하라

리더십과 경영에 대해 생각할 때마다 시갈 바르세이드 교수의 말이 떠오른다. 그녀는 변화 관리 강의에서 "소통하고, 소통하고, 또 소통하라"고 강조했다.

팀 운영에 관한 조언의 대부분은 결국 소통으로 귀결된다. 기대치를 잘 설정하고, 모든 이에게 같은 정보를 공유하며, 열린 의견 교환이 가능한 환경을 조성해야 한다. 관리자의 업무 대부분은 원온원이든 팀, 부서, 회사 차원이든 소통과 관련이 있다. 회사의 내부 소통 방식을 이해하고 이를 자신의 방식에 접목하는 것이 중요하다.

2장에서 언급했듯이 내부 소통은 신뢰를 쌓는 수단이다. 팀 회의록과 의사결정 사항을 공유하고 불확실한 상황에서도 계속 소통함으로써 신뢰를 강화할 수 있다. 팀이 성장할수록 정보 공유를 체계화해야 한다. 그렇지 않으면 구성원들이 각기 다른 시기에 정보를 얻게 되어, 인맥과 정치가 일을 처리하는 유일한 방법이라는 인식을 줄 수 있다.

리더는 일반 직원보다 훨씬 많은 정보를 접한다. 관련 정보를 전달하지 않으면 부하직원들은 업무 수행에 필요한 중요한 맥락을 놓치게 된다. 팀 회의에 '전달사항Pass-downs' 안건을 포함해 경영진으로부터 받은 중요한 정보를 공유하라. 맥락 파악에 도움이 되거나 그들의 업무에 직접적인 영향을 미치기 때문이다. 새로운 정보를 공유하거나, 이메일이나 전체 회의에서 전달된 회사 메시지에 대해 추가 설명을 제공할 수 있다.

물론 무엇을 공유할지, 어떻게 전달할지 계속해서 판단력을 발휘해야 한다. 구글에 있을 때 함께 참석한 간부 회의에서 셰릴 샌드버그는 종종 정보를 공유한 뒤 "이에 대해 이렇게 생각하는 것이 좋다"라고 말하며 회사 리더들이 내린 결정이나 조치에 대한 맥락을 설명해주곤 했다. 팀원들은 자신들에게 영향을 미칠 사안에 대한 리더의 견해와 회사 결정에 대해 질문할 기회를 높이 평가한다.

고려할 만한 또 다른 방법은 팀의 모든 구성원이 매주 작성하는 짧은 업무 요약snippets 문서를 운영하는 것이다. 이렇게 하면 회의 시간을 단순 업데이트로 소모하지 않고도 팀의 업무와 진행 상황을 파악할 수 있다. 더 큰 팀이나 부서를 이끌고 있다면 주간 또는 월간 업데이트를 모든 팀원과 공유하는 것이 좋다. 이 시간을 활용해 목표와 우선순위를 재확인하고, 성과를 공유하며, 어려움을 논의하고, 아이디어를 구할 수 있다. 무엇보다 팀원들이 리더와 연결되어 있다고 느끼게 해야 한다. 개인적인 일화나 사진을 공유하는 것을 두려워하지 말자.

마지막으로, 매일 업무를 마치며 팀원들에게 전달할 사항이 무엇인지 생각해보는 습관을 갖기를 당부한다. 스트라이프에서 일한 첫 6년 동안 나는 멘로파크에 살면서 샌프란시스코 사무실로 출퇴근했다. 45~60분 정도 걸리는 귀가 시간은 그날 배운 모든 것을 되돌아보고, 부서 사람들에게 필요한 정보를 전달하기에 완벽한 시간이었다. 운전하지 않을 때는 주로 채팅이나 이메일을 통해 개인이나 팀에게 정보를 공유했다. 자신에게 맞는 소통 방식을 찾아 꾸준히 적용하라.

커리어 대화

소요 시간

60분(막 대학을 졸업한 신입의 경우 30~45분)

접근 방식

대화 전

1. 새로운 팀과 일하게 된다면, 팀 회의에서 앞으로 몇 주 동안 각 팀원과 커리어에 대한 대화를 나눌 계획임을 알리고 대화의 목적과 배경을 공유한다. 한 명의 신입하고만 일하는 경우라면, 이메일이나 초기 원온원 미팅에서 커리어 대화에 대해 언급할 수 있다.

   스크립트:

   "앞으로 몇 주 동안 여러분과 차례로 60분 동안 원온원 미팅을 잡아 여러분의 과거 커리어 선택을 이해하고 앞으로의 성장 목표에 대해 함께 이야기 나누고자 합니다. 저는 이 대화를 '커리어 대화'라고 부르지만, 사실 서로를 더 잘 알아가는 자리입니다. 사전 준비는 필요 없으며, 지금까지 걸어온 인생과 커리어 경로에 대해 편하게 이야기해주시면 됩니다. 필요하다면 이력서를 가져오셔도 좋지만, 꼭 필요한 것은 아닙니다. 이 대화는 제가 특히 소중히 여기는 시간으로, 여러분의 커리어를 이해하는 데 큰 도움이 됩니다. 여러분과 대화할 날을 기대하고 있겠습니다!"

2. 미팅 전날, 대화의 목적을 간단히 다시 안내하는 메일을 보낸다. 너무 일찍 보내면 준비하느라 불필요한 부담을 줄 수 있으므로, 전날 보내는 것이 좋다.

스크립트:

"내일 있을 미팅에서 인생과 커리어에 대해 이야기할 시간을 내주셔서 감사합니다. 여러분을 더 잘 알기 위한 시간을 가질 예정입니다. 특히, 지금까지 어떤 선택을 했는지, 왜 그런 선택을 했는지 더 자세히 알고 싶습니다. 도움이 된다면 자란 환경, 가족, 학교를 선택한 이유에 대해 이야기해도 좋습니다. 주로 학업과 커리어 여정, 그 과정에서의 고민과 결정에 초점을 맞출 것입니다. 이력서를 공유하거나 가져와도 좋습니다.

대화 후반부에는 5년 후 본인의 커리어와 삶을 상상해보는 시간을 갖고자 합니다. 꼭 구체적인 직함이나 역할이 아니라 전반적으로 어떨지, 어떤 일상을 보내고 있을지 자유롭게 그려보면 좋겠습니다. 이는 앞으로의 대화에서 큰 그림을 놓치지 않도록 돕는 기초 작업입니다. 새로운 프로젝트나 역할을 선택할 때도, 여러분이 상상한 커리어 계획을 기준 삼으면 그 선택이 맞는지 확인하는 데 도움이 될 것입니다. 5년 계획에 대한 정답은 없고, 누가 책임을 묻는 것도 아닙니다. 다만 우리가 함께 일하는 과정에서 유용한 참고가 될 것이라 믿습니다."

대화

대화를 지나치게 각본대로 진행하지 않도록 유의하라. 여기서는 가이드라인과 샘플 질문만 공유한다.

'당신의 이야기를 들려달라'는 접근 방식으로 대화한다. 가장 중요한 것은 적극적으로 경청하고, 향후 대화에서 참고할 수 있는 사항을 기록하며, '왜?'라는 질문을 자주 던지는 것이다. 상대방의 동기를 이해하고 왜 그런 선택을 했는지, 자신의 선택에 대해 어떻게 생각하는지, 앞으로 무엇을 탐색하고 싶은지 알아내는 것이 목적이다. 선택을 통해 어떤 생각을 갖게 되었는지, 어떤 경험을 해보지 않았는지, 다시 돌아가고 싶은 순간이 있는지도 물어본다.

"자라온 환경에 대해 들려주세요."

어떤 사람들은 어린 시절 부모, 부모의 직업, 학창 시절에 대해 상당히 자세히 이야기한다. 어떤 사람들은 하나씩 차근차근 공유한다. 나는 가족에 대한 이야기를 캐묻지는 않지만, 사람들이 공유하고 싶어 할 때는 열린 마음으로 귀 기울여 듣는다. 가정 생활과 가족 패턴이 직장 생활에서 드러난다고 믿기에, 이를 이해하는 것이 좋다고 생각한다. 가족 이야기를 나누는 것을 부담스워한다면 출신 지역, 학력, 초기 관심사에 대해 정리하려는 것이라고 강조한다. 대부분 사람은 더 많은 이야기를 나누는 것을 꺼리지 않는다.

"어디에서 공부했는지 말씀해주실 수 있나요?"

학교에서 무엇에 관심이 있었는지, 그 대학과 전공을 선택한 이유는 무엇인지 이야기하게 한다.

"최종 학교를 졸업한 후에 무엇을 했나요? 왜 그런 결정을 내렸나요?"

이 질문은 당신의 부하직원이 졸업 후 왜 그런 선택을 했는지 이해하는 데 도움이 된다. 그들은 자신이 원하는 것을 알고 있었는가? 그렇지 않다면 어떤 생각을 하고 있었는가? 왜 결국 그런 선택을 했는가? 어떤 목표를 원했는가? 실제로 목표를 이루었는가? 목표를 이룬, 또는 이루지 못한 이유는 무엇인가? 졸업 후 어떤 길을 택했는지를 통해 그 사람의 초기 동기를 엿볼 수 있으며, 그것은 이후 그들의 삶에서 종종 드러난다.

"가장 좋았던 직장은 어디였나요? 가장 만족스럽지 않았던 직장은요? 직무를 선택할 때 어떤 기준으로 결정했는지도 설명해주세요."

부하직원이 어떤 직무를 맡아왔는지, 그리고 회사 내에서 어떤 선택을 해왔는지 주목한다. 해당 경력과 그것을 선택한 이유를 파악하려 노력한다. 이전 직장에서 얻은 교훈은 물론, 무엇을 잘하고 즐겼는지, 반대로 어떤 일을 어려워했는지와 그 이유를 이해하고자 한다. 현재까지의 경력을 살펴보며, 흥미로운 지점이 있다면 깊이 탐구하고, 내재된 동기와 반복되는 패턴을 파악하는 데 초점을 둔다.

"앞으로 어떤 일을 하고 싶은가요? 함께 일하고 싶은 사람들은 어떤 분들인가요? 어디에서 살고 싶은가요?"

이는 미래 지향적인 대화로, 앞의 네 가지 질문보다 훨씬 더 탐색적이다. 추상적이더라도 미래에 대한 그 사람의 생각을 깊이 탐구한다.

특정 직함이나 직위보다는 그들이 앞으로 하고 싶어 하는 업무나 역할이 어떤 모습일지에 더 집중한다. 그들이 어떤 유형의 일을 하고 싶어 하는지(관리, 연구, 실행, 리더십, 소통, 분석, 고급 문제 해결, 컨설팅 등) 파악하고 그곳에 도달하기 위해 어떤 경험을 쌓고 싶어 하는지 깊이 파고든다.

결국 이 대화는 커리어 개발 계획에 대한 논의로 이어질 수 있지만, 목표는 그 사람이 그러한 기술이나 기회를 개발하는 데 도움이 될 만한 기회를 함께 찾는 데 있다. 앞의 네 섹션에 나온 주제들, 즉 선택의 기준과 중요하게 여긴 요소들을 바탕으로 대화를 이끌어간다.

이 섹션은 원온원 면담에서 유용하게 참고할 수 있다. 사람들이 장기적인 목표를 떠올릴 때, 종종 더 나은 선택을 내리는 데 도움이 되기 때문이다(예: 어떤 프로젝트를 선택해야 할까? 내 역할의 어떤 부분을 위임해야 할까?).

마무리

대화를 요약하고, 대화 내용을 정리한 메모를 공유하며, 앞으로 함께할 두세 가지 성장 목표를 기록한다.

워크숍 계획 및 진행

계획 체크리스트

워크숍 날짜:

워크숍 1개월 이상 전

- ☐ 목적 및 목표 설정
- ☐ 날짜, 시간, 일정 확정
- ☐ 팀과 함께 안건 구상 시작
- ☐ 장소 예약

1개월 전

- ☐ 음식 및 음료 주문
- ☐ 안건 확정 및 각 부문 담당자 지정
- ☐ 담당자들에게 사전 과제 템플릿 공유

1주일 전

- ☐ 자료 최종 확정
- ☐ 담당자들과 안건 및 내용 검토
- ☐ 팀에게 안건, 사전 읽기 자료 및 사전 과제 안내
- ☐ 모든 식사가 예약되었는지 검토하고 참석 인원 확인
- ☐ 워크숍 장소 및 필요한 물품 확인
- ☐ 장소 입장 방법 확인(예: 출입 코드 필요 여부, 누가 출입을 도와줘야 하는지 등)
- ☐ 계획된 각 세션을 위한 템플릿 복사
- ☐ 아이스브레이킹 템플릿 복사

하루 전

- [ ] 팀에게 환영 이메일 발송: 장소, 오는 방법, 입장 방법 안내, 사전 읽기 자료 및 사전 과제에 대한 리마인드
- [ ] 케이터링 업체, 장비 대여 업체, 외부 강사 등 워크숍 관련 모든 협력 업체와 세부 사항 확인
- [ ] 사무실에서 필요한 물품 준비(예: 펜, 마커, 포스트잇, 화이트보드, 충전기, 영상 장비 등)

워크숍 당일

- [ ] 팀 체크인 후 안건에 따라 진행

워크숍 이후

- [ ] 담당자에게 메모 및 실행 항목 보내기
- [ ] 모든 참가자에게 피드백 양식을 보내고 워크숍 평가 요청
- [ ] 모든 실행 항목이 완료될 때까지 추적

워크숍 당일 운영안

워크숍 구조

1. 워크숍 환영 인사
2. 체크인 활동
3. 아이스 브레이킹
4. 세션 진행
5. 체크아웃 활동

워크숍 환영 이메일

[워크숍 이름]에 오신 것을 환영합니다!

이번 워크숍의 목적과 일정에 대해 간단히 설명하겠습니다. 충분한 휴식 시간과 교류의 기회를 마련해두었으니 부담 가지실 필요 없습니다.

목적
[워크숍의 목적 설명]

진행사항
[워크숍 전에 필요한 자료와 지침을 공유하고, 참가자들이 가져와야 할 물품을 안내한다. 워크숍 당일에는 와이파이 비밀번호, 화장실 위치, 점심 식사 장소 등 정보를 제공한다.]

일정 예시

세션	내용	시간	소요 시간	진행자
체크인	하루 일정에 대한 공유	오전 9:30	30분	이름
세션 1	업무 스타일 평가 논의	오전 10:00	1시간	이름
휴식	스트레칭 시간	오전 11:00	15분	이름
세션 2	지난해 결과 회고	오전 11:15	1시간	이름
점심	식사 시간	오후 12:15	1시간	이름
점심 후 활동	중장기 전략 구상	오후 1:15	30분	이름
세션 3	올해의 전략적 핵심 결정 (참고: 사전 읽기 자료 필요)	오후 1:45	1시간	이름
휴식	이메일 확인	오후 2:45	15분	이름
세션 4	분기별 목표 및 담당자 확정	오후 3:00	1시간	이름
마무리 및 체크아웃	워크숍 총평 및 피드백	오후 4:00	1시간	이름
친목 활동	친목 시간 및 팀워크 향상을 위한 요리 수업	오후 5:00		이름

리더십팀 주간회의 요약(스니펫) 및 업데이트

회의 전 일요일 밤 10시까지 업데이트해주세요.

날짜:

실행 상황: 실행 추적 스프레드시트 링크

실행 항목

- 이름, 실행 내용, 마감일

논의 주제

- 실행 항목(5분)
- 사용자 초청(10분)
- 지표 검토: 요약본(30분)

  참고: 지표 검토는 출시 검토와 격주로 진행. 출시 검토에서는 예정된 출시와 전반적인 로드맵 상황을 검토함

- 리더십 채용 주간 업데이트(10분)
- 내부 감사 분기 업데이트(10분)
- CEO가 제시한 주제(10분)
- 최우선 목표 및 전략적 우선순위 검토(60~120분)

상시 질문

- 지난주 분기 성과 리뷰$_{QBR}$에서 얻은 인사이트는 무엇인가?
- 리더십팀이나 회사 전체에 공유할 내용이 있는가?
- 논의된 주제 중 직원 회의에 전달하는 것을 반대할 내용이 있는가?

- 어떤 결정이 내려졌는가? 리더십팀 전체에 명확히 전달해야 할 사항이 있는가?

고객 이슈

- 주요 고객 이슈, 대응 방안, 담당자에 대한 간단한 요약

고객 성공 사례

- 주요 고객 성공 사례와 기여자에 대한 간단한 요약

요약

임원진 이름:

- 할당된 실행 항목 업데이트-추적 시스템에도 포함시키기
- 일반 업데이트(예: 현재 위치, 출장 계획, 외부 워크숍)
- 논의할 주제와 논의가 필요한 이유
- 주요 회사, 제품 이니셔티브 현황과 교훈 또는 고객 계약 협상 현황과 교훈
- 고객 미팅이나 외부 행사에서 얻은 주요 요점
- 진행 중인 출시, 행사, PR 계획
- 핵심 인재 정보

스트라이프의
언블로킹 프로세스

언블로킹unblocking(의사결정 교착 해소 절차) 프로세스는 스트라이프의 CTO인 데이비드 싱글턴이 고안한 것으로, 개인이나 팀이 이미 협력하며 해결책을 모색했음에도 불구하고 향후 진행 방향에 대한 합의에 이르지 못한 상황에서 돌파구를 마련하기 위해 만들었다.

먼저, 현장에서 해결을 시도하라

스트라이프 직원들은 매일 수천 가지 결정을 내리며, 대부분은 되돌리거나 조정할 수 있다. 이런 결정에 대해서는 속도를 최적화해야 한다. 결정을 내리고 빠르게 반복해야 한다. 첫째, 정말 중요한 결정인지 먼저 자문한다. 시간이 지나서 반복적인 과정으로 최적의 결과에 도달할 수 있다면, 그 결정은 큰 문제가 아닐 수 있다. 둘째, 그 결정이 정말 중요한지 짚어본다. 작업을 수행할 사람들이 선택한 방향에 대해 반대 의견이 있더라도, 결국 모두가 그 방향을 지지하고 따라갈 수 있다면 진행하는 것이 바람직하다.

여러 이해관계자가 관련된 중요한 결정이고, 쉽게 되돌릴 수 없는 경우라면 토론 시간을 가지는 것이 합리적이다. 그래도 빠르게 결정에 이르지 못한다면, 언블로킹 프로세스를 시작하자!

언블로킹 자체는 문제가 아니다. 진짜 문제가 되는 것은 느리고, 불분명하거나 잘못된 결정이다. 특히 중요하고 되돌릴 수 없는 사안일수록, 진전을 방해하거나 방향을 그르치거나 팀과 개인 간의 신뢰를 해치는 것보다는, 양측 책임자들을 조기에 참여시키는 편이 더 낫다.

팀 사이에 동의가 이루어지지 않아 결정이 지연될 경우, 생산성이 떨어지고 팀 만족도가 낮아지는 실제 비용이 발생한다. 따라서 미해결된 결정으로 인해 업무가 정체된 상황이라면, 이 프로세스를 시작하는 것이 당신의 의무다. 일치되지 않는 부분을 확인했다면, 동료(들)와 협력하여 언블로킹 프로세스를 시작한 후 5영업일 이내에 해결하기로 약속한다(데이터가 부족한 경우, 데이터가 확보된 시점부터 5일 이내 해답을 도출하는 것에 동의하기로 약속한다).

언블로킹 방법

1. 함께 의견 불일치를 문서화한다. 문서는 매우 짧아도 좋다. 반 페이지면 충분하다. 문서에 포함할 내용은 다음과 같다.

    ① 해결해야 할 문제(이상적으로는 사용자 관점에서 공동 작업의 목표로 기술)

    ② 고려된 선택지들

    ③ 양측이 선택지들 간의 절충점을 어떻게 보는지, 추가적인 도움이 필요한 절충점을 강조하자.

2. 때로는 이 문서를 작성하는 것만으로도 합의에 이를 수 있지만, 그렇지 않다면 이를 관리자들에게 이메일로 보낸다.

    ① 작성자들이 서로 다른 관리자에게 보고한다면, 문서를 양쪽 관리자 모두에게 보내야 한다.

    ② 관리자들이 회의를 소집할 수도 있다.

    ③ 한 명의 관리자에게 보고한다면, 그 관리자가 결정을 내려야 한다. 여러 관리자에게 보고한다면, 관리자들이 함께 결정할 가능성이 있다. 하지만 합의에 이르지 못한다면, 결정에 도달할 때까지(또는 한계에 다다를 때까지) 각 관리자에게 반복적으로 보고해야 한다(해결 문서에 더 많은 맥락을 추가할 수도 있다).

언블로킹은 양방향이어야 하지만 일방적일 수도 있다

1. 한쪽이 공동 해결을 거부한다면, 다른 쪽은 단독으로 문제를 해결할 것임을 알리고 다시 한번 함께 문제를 해결하자고 요청해야 한다.

2. 만약 상대측이 계속 거부한다면 다른 쪽은 일방적으로 문제를 해결할 수 있으며, 이때 상대방을 참조$_{cc}$로 포함시킨다.

"이것이 언블로킹 요청인가요?"

만약 당신이 관리자에게 어떤 문제를 제기하고, 그 관리자의 피드백을 반대 입장을 가진 개인이나 그룹에게 '결정'이라며 전달한다면, 이는 곧 언블로킹을 요청한 셈이다. 이 경우, 이견이 있는 당사자들도 반드시 논의에 참여해야 한다.

일방적인 언블로킹 요청을 받았을 때의 대응

이 프로세스를 지지하기 위해, 모든 관리자는 다음 질문에 대해 긍정적인 답변을 얻지 않는 한 일방적으로 제기된 어떤 주장도 받아들여서는 안 된다.

1. **당신과 동료가 건설적인 협상을 통해 이 문제를 해결하려고 노력했는가?** 그렇지 않다면, 먼저 그렇게 해봐야 한다.

2. **언블로킹 프로세스를 시도했고, 동료와 함께 언블로킹 문서를 작성했는가?** 그렇지 않다면, 먼저 그 일부터 해야 한다.

3. **2단계를 시도했고, 동료에게 언블로킹 프로세스를 사용하지 않으면 혼자 문제를 제기하겠다고 알렸는가?** 그렇지 않다면, 먼저 그들에게 알려야 한다.

관리자가 세 가지 질문에 모두 "예"라는 답을 얻으면, 해당 동료에게 메시지를 보내 참석을 요청해야 한다. 이는 공동으로 문제를 해결하는 것이 문화적 규범이 되어야 함을 의미한다. 공동으로 문제 해결을 거부하는 것은 용납될 수 없다.

예시

다음은 가상의 예시다.

찰리는 위젯 제품팀에서, 앨리스는 스토리지팀에서 일한다. 찰리와 앨리스는 각각 천과 에이든이라는 다른 관리자를 두고 있다. 천과 에이든은 모두 바라스라는 같은 관리자에게 보고하고 있다.

찰리는 대중 시장 최종 사용자의 개인 식별 정보PII를 저장하는 새로운 기능을 구현 중이며, 제품 법무팀으로부터 이 데이터를 저장할 때 암호화해야 한다는 지침을 받았다. 찰리가 이 PII를 저장하는 방법에 대해 앨리스의 의견을 묻자, 앨리스는 현재의 스토리지 시스템이

저장 시 암호화를 지원하지 않는다고 말한다. 하지만 팀의 로드맵에 있으므로 지원될 때까지 기다려야 한다고 조언한다. 앨리스는 이 기능의 개발을 앞당겨 몇 개월 내에 찰리가 시도해볼 수 있게 하겠다고 제안한다.

그러나 찰리는 위젯팀이 늦어도 두 달 이내에 내부 알파 버전을 출시하고 싶어 하므로 문제가 된다고 말한다. 대신 제품팀이 새로운 스토리지 시스템을 구축하고 자체적으로 저장 시 암호화 지원을 구축할 것을 제안한다. 앨리스는 좋지 않은 생각이라고 하며 장기적으로 이 시스템을 어떻게 지원하고 유지할 것인지에 대한 우려를 표한다. 또한 키 관리 시스템을 구축하고, 스토리지팀이 개인 데이터 삭제 및 규정 준수를 위해 구축한 시스템과 통합하는 데 필요한 작업량이 과소평가되고 있다고 생각한다.

결국 찰리와 앨리스는 최선의 방안에 합의하지 못한다. 찰리는 직속 관리자인 천에게 저장 시 암호화를 지원하는 새로운 스토리지 시스템을 구축해야 한다고 보고하며, 이를 통해 개발 속도가 크게 빨라질 것이라고 말한다. 또한 앨리스가 다른 방안을 추진하고 있었으나 합의에 이르지 못했다고 전한다.

천은 찰리에게 앨리스와의 건설적인 협상을 통해 문제를 해결하려고 시도했는지 묻는다. 찰리가 이미 시도했다고 답하자, 천은 찰리에게 이 문서에 설명한 해결 절차를 따르라고 제안한다.

찰리와 앨리스는 다음과 같은 공동 서명 문서를 작성한다. 문서를 작성하면서 그들은 협력하여 "우리가 정말로 이루고자 하는 것이 무엇인가?"라는 질문을 던지며, 논의를 목표와 결정이 필요한 핵심 사항, 각 방안의 절충점 측면에서 재구성하는 데 성공한다.

가상 예시 문서

스트라이프 정렬 모델

작성자:

앨리스, 스토리지팀

찰리, 위젯팀

날짜: 5월 31일

목표

저장 시 암호화를 필요로 하는 위젯 시스템을 적시에 배포.

의사결정 사항

7월에 예정된 위젯 내부 테스트를 위해 저장 시 암호화를 지원하는 새로운 스토리지 시스템을 구축하고 배포할지 여부.

고려해야 할 옵션

A. 스토리지팀이 기존 시스템에서 암호화를 구현할 때까지 기다린다. 이 경우 위젯 테스트는 이르면 9월에나 가능하다.

B. 위젯팀이 자체적으로 투명한 데이터 암호화 기능을 제공하는 MySQL Enterprise 인스턴스를 배포하고 유지·관리한다.

절충안

옵션 A:

• 7월 위젯 테스트 마감일이 중요한 이유에 대한 설명.

- 스토리지팀의 우선순위 목록에 있는 계획된 암호화 기능에 대한 문서 링크.

옵션 B:
- MySQL Enterprise를 어떻게 배포할 것인지에 대한 설명(주로 찰리가 제공했지만 앨리스도 상태를 정확히 포착했다는 데 동의함).
- 우려되는 키 관리, 유지 보수, 시스템 통합 작업 목록(주로 앨리스가 제공했지만, 찰리와 앨리스 모두 이 목록에 동의함).

찰리와 앨리스는 공동으로 이 문서를 두 관리자에게 이메일로 보낸다. 찰리의 관리자인 천은 직접 만나 이견을 해결하자고 제안한다.

찰리, 앨리스, 천, 에이든은 함께 모여 문서를 검토한다. 천과 에이든은 명확한 질문을 하고, 완전한 문서를 위해 몇 가지 수정사항을 실시간으로 반영한다. 결국 이 짧은 논의 후에도 최선의 방안에 합의하지 못하자, 그들은 상위 관리자인 바라스에게 보고하기로 합의한다(이 시나리오, 즉 공동 매니저들이 자신의 상위 매니저에게 문제를 상정하는 경우는 예외적이며, 일반적인 상황이 아님을 명확히 하기 위해 예시를 상세히 설명한다).

천은 찰리, 앨리스, 에이든을 참조로 하여 바라스에게 이메일로 문서를 보낸다. 바라스는 문서를 검토하고 위젯팀이 새로운 스토리지 시스템을 구축해서는 안 되며 옵션 A를 선택해야 한다고 결정한다. 바라스는 보고 이메일에 대한 답장으로 이 결정의 논거를 문서화한다. 그룹은 이 결정을 바탕으로 나아가기로 하고, 천과 찰리는 이 방향을 따르기로 한다.

5장

코어 프레임워크 4

한 단계 업그레이드된 피드백과 성과 관리

CORE FRAMEWORK 4

경영, 즉 조직을 관리하는 일은 반복적인 과정이다. 우리는 시행착오를 겪으며 배우고, 다른 이들의 경험을 통해서도 많은 것을 얻지만, 충분한 연습 없이는 이를 제대로 수행하기가 쉽지 않다.

관리자들은 대개 '과도하게 코칭하는 관리자'와 '코칭을 소홀히 하는 관리자' 사이 어딘가에 있다. 과도하게 코칭하는 관리자는 일상 업무에 지나치게 관여하며 끊임없이 피드백을 준다. 반면, 코칭을 소홀히 하는 관리자는 원하는 결과는 명확하게 전달하지만, 직원들이 결과를 어떻게 달성할지에 대해서는 명확한 지침을 제공하지 못한다. 관리자 대부분은 이 둘의 중간쯤에 위치해 있다. 내 경험상 코칭은 너무 늦게(보통 공식적인 성과면담 시점에 이르러서야) 이루어지는데, 직원이 특별히 피드백이나 도움을 요청하지 않는 한 코칭을 하지 않는 경우도 많다. 타인의 업무와 능력을 평가해야 하기에, 관리자 입장에서는 코칭이 일정한 리스크를 동반하기 때문이다.

어떤 경영 코치는 "피드백은 선물이다"라고 말한다. 다소 진부하게 들릴 수도 있지만 나는 관리자야말로 섬김의 자세를 가져야 한다고 생각한다. 모든 면에서 전문가일 수는 없지만, 직원들이 더 나아지도록 돕는 것이 관리자의 역할이다. 이를 위해 직원들이 잘하는 점과 개선할 점을 세심히 관찰하고, 그에 대한 피드백을 제공해야 한다.

경영대학원을 막 졸업하고 입사했을 때 내가 만난 최고의 관리자 코치 중 한 명은 컨설팅 회사의 파트너 폴 바스코버트Paul Bascobert였다. 그는 직속 상사는 아니었지만 내가 참여한 대부분의 프로젝트에 깊이 관여했으며, 프로젝트를 따내고 팀을 이끌게 된 중요한 업무의 핵심 파트너였다. 엔지니어 출신인 그는 특유의 직설적인 태도를 지니고 있었고, 그의 코칭이 항상 도움이 되었던 것은 아니다. 한번은 우리가 고객을 위해 준비한 발표 초안을 건넸는데, 그는 획획 넘겨보더니 펜을 꺼내 첫 페이지에 "좀 더 깊이 생각해보세요"라고 적은 뒤 돌려주었다. 상세한 피드백은 아니었지만, 그는 분명 높은 기준을 제시했다.

폴이 해준 최고의 코칭은 내가 이끄는 프로젝트 초기 때였다. 당연히 나는 새 팀과 좋은 성과를 내기 위해 안간힘을 쓰고 있었다. 고객사 임원을 만나기 전, 우리 팀은 리허설에서 폴과 함께 프로젝트 범위와 작업 흐름을 발표했다. 실질적으로 내가 프로젝트 범위와 작업 흐름 대부분을 발표했다. 리허설은 잘 진행됐지만, 끝난 뒤 폴은 사무실에서 나와 이야기를 나누고 싶어 했다. 나는 우리의 좋은 출발에 대해 칭찬이나, 작업 흐름에 대한 건설적인 조언을 기대했다. 그러나 폴은 발표 준비에 대해 어떻게 생각하는지 물었다.

당황스러웠다. 나는 "준비를 잘했다고 생각합니다, 그렇지 않나요?"라고 물었다. 그러자 그는 "테레사는 어떻게 느꼈을까요?"라고 물었다(테레사는 프로젝트의 가장 주니어 멤버였다). 나는 대답을 못 했고, 그는 다시 물었다. "좋습니다. 그러면 마이크는 어떨까요?"라고 물었다. 마이크는 우리 팀의 기술 담당으로 프로젝트의 핵심을 맡고 있었다. 또다시 말문이 막혔다. 폴은 이런 식으로 각 팀원에 대해 차례로 물었고, 그들이 발표 리허설을 어떻게 경험했을지 생각해보게 했다. 결국 폴이 의견을 냈다. "테레사는 자신의 노력을 인정받고 싶었을 것이고, 마이크는 본인이 작업 흐름을 직접 발표하길 원했을지도 모릅니다."

나는 그 순간을 절대 잊지 못할 것이다. 폴의 코칭은 발표 내용이 아니라 내가 팀에게 필요한 리더가 되지 못했다는 점, 즉 팀원들의 공헌을 인정하고 그들이 자신의 작업을 공유할 기회를 주지 않았다는 점에 대한 것이었다. 팀원들의 기여를 인정하지 않고 가장 좋은 기회를 모두 내가 차지한다면, 어떻게 새로운 팀이 나를 따르고 리더로 받아들일 수 있겠는가?

여러 조직에서 일한 커리어 초창기에는 공식적인 성과 평가를 한 번도 받아본 적이 없었다. 하지만 이러한 경험을 통해 많은 것을 배웠다. 1998년 주지사 선거 캠페인에서 부매니저로 일할 때, 나는 심각한 문제를 발견하고 캠페인 매니저 사무실에 들어가 그것을 알렸다. 그는 듣고 나서 비꼬듯이 말했다. "이런 문제를 아무도 겪어본 적이 없을 거라 생각하나?" 나는 문제만 던졌을 뿐, 어떤 해결책도 고민하지 않았던 것이다.

몇 년 후 구글에서 받은 첫 공식 성과 평가는 내게 큰 깨달음을 주었다. 나는 그동안 받은 피드백 덕분에 내가 무엇을 개선해야 하는지 잘 알고 있었다. 하지만 당시의 평가는 내 강점이 무엇이며, 그것들이 어떻게 인식되고 있는지를 처음으로 조명해주었다. 물론 나는 정치와 컨설팅 분야에서 더 큰 책임을 맡거나 승진한 적이 있었다. 하지만 누구도 "당신은 정말 재능이 있어요"라고 말해준 적이 없었다. 특히 일이 끝없이 버겁게 느껴질 때, 그런 말을 공식적으로 듣는 것은 예상보다 큰 힘이 된다. 그래서 나는 정기적인 코칭과 공식적인 성과 평가 모두 적극적으로 옹호한다.

성과 평가에 관해 이야기하기 전에, 비공식적인 피드백과 코칭에 대해 이야기해보자.

비즈니스를 스포츠에 지나치게 비유한다고 생각할 수도 있다. 그 점은 충분히 이해한다. 하지만 나는 야구 코치의 딸로 자랐다. 아버지는 야구 코치를 겸직한 교사였지만, 자신을 코치로 여겼다. 그래서 나는 쭉 스포츠를 보며 자랐다. 스포츠의 모든 측면을 좋아하는 것은 아니지만, 나는 코치가 개인의 성과를 어떻게 팀의 성과로 연결시키는지 지켜보는 것을 좋아한다. 스포츠는 관객으로서 사람들에게 강한 압박이 가해질 때 일어나는 일을 관찰할 수 있는 몇 안 되는 분야 중 하나다. 그런 순간들을 주의 깊게 들여다보길 추천한다.

　내가 4장에서 언급한 빌 파셀스에 관한 기사에서, 기자는 이렇게 썼다. "선수에게 압박이 가해졌을 때, 그 선수의 내면에서 일어나는 미스터리한 무엇인가가 버티거나 부서지는 순간이 있다. 노련한 코치는 그런 기본적인 것들에 관심이 있다."[67] 코치로서 나도 분명 나이 들어가고 있지만, 사람들의 본질적인 가치를 알아내려는 노력을 게을리하지 않을 것이다.

가설을 활용한 코칭 전략

내가 가장 좋아하는 코칭 기법 중 하나는 '직관적 코칭intuitive coaching'이다. 직관은 종종 부정적인 평가를 받는다. 어떤 이들에게는 직관이 모호하고 데이터가 부족한 것처럼 느껴진다. 직관을 정확히 설명하기는 어려울 수 있지만, 일종의 가설로 생각해볼 수 있다. 어떤 현상의 몇 가지 사례를 관찰하고 "여기에 어떤 패턴이 있는 게 아닐까?"라고 생각해보는 것이다. 그런 다음 과학자처럼 가설을 검증할 방법을 찾고 더 많은 데이터를 수집한다.

　관리자들은 종종 자신의 가설을 직원들과 공유하는 것을 두려워한다. 직원들을 판단하는 나쁜 관리자처럼 보일 수 있기 때문이다. 그러나 현명한 판단을 내리는 것은 관리자의 핵심 역할 중 하나다! 이는 비즈니스 결정을 내리는 것과 비슷하다. 리더는 특정 비즈니스 니즈를 평가한 뒤 전략을 수립하고, 사용자 인터뷰, 데이터, 제품 테스트를 검토하거나 시장에 출시함으로써 전략이 성공적이었는지 확인한다. 이는 사람에게도 적용될 수 있다. 특정 필요성을 관찰하고, 그 필요성의 근본 원인이나 가능한 해결책에 대한 가설을 세운 다음, 때로는 해당 인물과 함께 직접 가설을 검증한다.

코칭에 있어서, 나는 많은 관리자가 '말하기 어려운 이야기는 솔직하되 건설적으로 하라'는 운영 원칙 2를 자연스럽게 실천할 수 있는 단계에 이르러야 한다고 생각한다. 상대방 입장에서 상황을 이해하고, 그들의 관점에서 바라보며, 성장을 돕는 관찰과 가설을 제시할 수 있다면, 그 사람은 당신을 자신의 성공에 함께 투자하는 파트너로 받아들일 것이다. 가설에 기반한 코칭은 완벽히 준비되지 않았더라도, 관찰한 것을 솔직히 말하고 가설을 조심스럽게 제시하는 것에서 시작된다. 그렇게 함으로써 상대방은 당신을 자신과 함께 성장해가는 동료로 느끼게 될 것이다.

가설을 부하직원들과 공유하는 것이 처음에는 어색하게 느껴질 수 있다. 하지만 이 방식을 관리 스타일에 통합하기 시작하면, 훨씬 더 목표 지향적인 성과 대화를 나눌 수 있다. 그러면 성과 문제의 근본 원인에 대한 당신의 직감이 맞는지 팀원과 함께 알아볼 수 있다. 때로는 당신이 틀릴 수도 있지만, 그 자체가 하나의 유의미한 데이터 포인트(성향이나 행동을 이해하는 데 도움이 되는 단서 - 옮긴이)가 된다. 대개 처음에는 두 사람 모두에게 명확하지 않을 수 있지만, 결국 직원에게 실질적인 도움이 되는 통찰을 얻게 된다.

가설 기반 코칭의 또 다른 장점은, 연역적 추론처럼 작동한다는 점이다. 이는 오랜 시간 관찰하고 데이터를 축적한 후에야 결론을 내리는 방식이 아니라, 먼저 가설을 세우고 그에 대해 대화를 시작하는 것이다. 그렇기에 당신과 팀원이 개선이 필요한 부분을 빨리 파악할수록, 더 신속하게 변화에 착수할 수 있다.

4장에서 설명한 커리어 대화는 부하직원에 대한 가설을 세우기에 좋은 출발점이다. 실제로 그들이 대화 중에 스스로 가설을 제시할 수도 있다. 한번은 한 직원의 특정 커리어에 대한 선택 동기를 탐색하던 중, 그가 이렇게 말했다. "저는 항상 까다롭고 위험한 문제에 끌려요. 때로는 너무 깊이 빠져드는 경향이 있습니다." 이 말은 단순한 데이터 포인트가 아니라 자신에 대한 발전 가능성을 가정한 가설이다. 이를 기억해두고 적절한 시기에 다시 언급하여 그가 피하고 싶어 하는 경향을 완화하는 방법에 대해 코칭할 수 있다. 위험한 문제를 다루는 것 자체는 문제가 아니지만, 그 과정에서 전체적인 목표를 잊고 너무 깊이 빠져드는 것을 경계해야 한다고 코칭해줄 수 있다.

직관적 코칭은 세 단계로 이루어진다. 원하는 통찰이나 부하직원의 강점 또는 개발 영역에 대한 확실한 결론을 얻기 위해 여러 번 반복할 수도 있다.

- **데이터 수집:** 당신은 생각보다 많은 데이터를 가지고 있으며, 생각보다 적은 데이터로도 충분하다.
- **가설 수립:** 부하직원에 대한 관찰을 바탕으로 그들의 강점과 약점에 대한 가설을 세운다.
- **가설 검증:** 가설을 검증할 때는 철저하고, 솔직해야 한다.

앞서 언급한 예시를 다시 살펴보면, 첫 번째 데이터 포인트는 해당 직원이 문제에 너무 깊이 빠져드는 경향이 있다는 스스로의 진단이다. 두 번째는 특정 프로젝트에서 그가 실제로 문제의 세부사항에 너무 깊이 빠져들고 있다는 당신의 관찰이다. 당신의 가설은 그가 나무만 보고 숲을 보지 못하는 경향이 있으며, 더 큰 그림을 인식하고 80-20 법칙을 적용해야 한다는 것이다. 80-20 법칙은 문제의 근본 원인 중 20%만 이해하면 80%

정도를 파악할 수 있다는 접근이다. 이를 검증하는 방법으로 유사한 프로젝트를 그에게 맡겨보거나, 혹은 더 확신이 있다면(그가 이미 스스로 그 문제를 언급했을 경우) 당신이 관찰한 것과 너무 깊이 빠지는 경향을 어떻게 개선할 수 있을지에 관해 직접 대화해볼 수도 있다.

각 단계에 대해 더 자세히 살펴보자.

데이터 수집

최근 한 고위급 리더(아니카라고 하자)가 나에게 그녀의 부하직원(소냐라고 하자)과 관련된 상황에 대해 도움을 요청했다. 소냐는 최근 본부 총괄 관리자로 승진했는데, 소냐 산하의 여러 관리자가 어려움을 겪고 있는 것으로 보였다. 아니카는 소냐의 직속 부하 3명으로부터 피드백을 받았지만, 이 세 가지 데이터 포인트만으로 개입이 필요한 상황인지 판단하기가 조심스러웠다.

상황을 논의하던 중, 나는 아니카가 생각보다 훨씬 많은 데이터를 가지고 있다고 지적했다. 그녀는 3명의 부하 각각의 역할을 알고 있었고, 그들과 직접 일한 경험이 있었다. 그녀는 그들의 업무 스타일, 선호도, 강점, 약점에 대해 알고 있었다. 또한 소냐가 처한 상황도 이해하고 있었다. 그녀는 이제 관리자의 관리자를 관리하는 역할을 맡고 있었다. 당시 우리는 글로벌 팬데믹 한가운데 있었다. 그 결과 소냐의 핵심 책임은 불명확해졌고, 연간 계획을 수정함에 따라 계속 책임이 바뀌고 있었다. 만약 한 가지 방식으로만 회사를 이끌던 관리자가 갑자기 다른 방식으로 전환해야 한다면, 리더로서 다른 접근이 필요할 수 있다. 소냐의 조직은 성장과 확장기보다는 위기 상황에서 그녀의 명확한 지시와 직접적인 리더십을 더 원했다.

스케일링 피플

중요한 점은 아니카가 상황을 검토할 때 개인과 조직, 더 넓은 맥락까지 함께 살펴봐야 했다는 점이다. 그녀가 가지고 있는 데이터 포인트는 단지 세 가지에 그치지 않고 열 가지에서 열다섯 가지에 달했다. 이 정보는 가설을 세우고 코칭을 시작하기에 충분한 양이었다.

가설 수립

부하직원에 대한 관찰을 바탕으로 그들의 강점과 약점에 대한 감을 잡고, 논의할 가치가 있는 문제를 고려해서 가설을 세우면 된다.

때로는 부하직원에 대한 초기 평가와 성과에 대한 가설을 세울 것이다. 초기 평가를 출발점 가설로 사용하는 것을 두려워하지 말자. 예를 들어 아니카를 돕기 위해 나는 그녀가 소냐에 대해 수집한 동료 피드백을 읽어보았다. 소냐가 경영 서적에서 말하는 '평시형 리더peacetime leader'로 더 잘 적응해왔다는 가설을 세우자, 많은 데이터 포인트가 일치하기 시작했다. 소냐는 팀과 상의하고 의사결정 과정에서 사람들을 이끄는 데 능숙했지만, 팬데믹 중에 관리자들을 총괄하는 관리자의 관리자 역할을 맡으면서 '전시형 리더wartime leader'에 가까운 리더십이 요구되었다.[68] 다시 말해, 그녀는 더 정확하고 명확한 지시를 내려야 했다. 동료 피드백도 그녀의 팀이 추가적인 명확성과 확실성을 원하고 있음을 분명히 보여주었다.

이러한 코칭 방식을 실천하기 시작하면, 자신의 직관을 신뢰하기까지 시간이 걸릴 수 있다. 때로는 가설을 세우는 데 어려움을 겪거나, 수집한 데이터가 서로 상충되어 결과에 혼란을 줄 수도 있다. 그런 경우라면 가설을 형성하기 전에 더 많은 시간을 들여 데이터를 수집해야 한다. 시간이 지날수록 계속해서 데이터를 수집해야 할지, 아니면 지금이 가설을 검증할 타이밍인지에 대한 감이 점차 생기기 시작한다. 이 코칭 방식을 3~6개월 동안 실천해본 결과 대부분의 가설이 맞다면, 관리자로서 당신의 직관이 잘 발달하고 있다는 신호로 볼 수 있다. 그러나 평가가 자주 빗나간다면 데이터 수집에 더 많은 시간과 노력을 들이고, 동료 피드백과 결과 지표, 직원과의 상호작용 등을 통해 더 풍부한 정보를 확보할 필요가 있다.

가설 검증

가설을 검증하는 가장 좋은 방법은 가설을 직접 부하직원과 공유하는 것이다. 이때 당신이 사실을 말하는 것이 아니라 그들의 업무 방식에 대한 가설을 제시하고 있음을 밝히자. "제가 느낀 점이 맞는지 확인해주시겠어요?"라고 말할 수 있다. 가설을 인격에 대한 판단이 아니라 그들의 행동과 그것이 업무에 미치는 영향에 대한 관찰로 제시하자. 예를 들어 "제 생각에는 의사소통 능력이 부족한 것 같습니다"라고 말하는 대신 다음과 같이 말하는 것이 효과적이다. "제 생각에는 중요한 정보를 적절한 이해관계자들에게 효과적으로 전달하지 못하고 계신 것 같습니다. 예를 들어 최근 비즈니스 리뷰 회의 후에 CMO가 당신의 계획에 대해 확신하지 못하는 것 같다는 느낌을 받았는데, 당신도 그렇게 느꼈나요?"라고 표현하는 것이 훨씬 효과적이다. 이어서 "다른 방법은 무엇이 있을까요? 제가 어떻게 도울 수 있을까요?"라고 물어보자. 이처럼 자신의 직감을 관찰이나 가설로 제시함으로써 부하직원의 행동이 업무 성과에 미치는 영향을 설명할 수 있다. 그 사람 자체에 대한 판단을 내리는 것이 아니므로 부담도 적다.

부하직원의 자기 인식이 높을수록 가설 검증이 더 수월해진다. 당신의 관찰을 들었을 때 어떤 직원들은 자신의 성격이나 행동과 일치하는지 쉽게 판단할 수 있지만, 어떤 직원들은 어려움을 겪을 수 있다. 부하직원이 피드백에 어떻게 반응하는지 주의 깊게 살펴보고, 스스로 묘사하는 자기 모습과 당신 및 팀의 관찰과 비교해보자. 만약 그 사람의 자기 인식이 당신과 다른 사람들의 관찰과 계속 일치하지 않는다면, 더 많은 데이터를 수집해 가설을 검증해야 한다. 이는 그가 자기 인식 부족, 즉 '자기 인식의 격차'가 있음을 의미할 수 있으며, 이 경우 그 격차를 더 구체적이고 세부적인 데이터로 입증해 보여야 한다. 예를 들어 부하직원이 팀에 효과적으로 소통하지 못하고 있어서 걱정된다면, 그가 참여하는 팀 회의나 전체 회의에 참석하여 더 많은 정보를 얻을 필요가 있다.

팀 구축에 크게 기여한 매우 유능한 사람이, 결국 자기 인식 부족으로 그 팀을 이끄는 자리까지는 오르지 못한 사례가 기억난다. 그는 특정 요소에서는 매우 뛰어났지만 몇 가지 큰 약점이 있었다. 전략적인 큰 그림을 이해하고 협업 관계를 구축하는 데 어려움을 겪었는데, 이는 그 역할에서 중요한 부분이었다. 그는 여러 차례 피드백을 받았음에도 이를 받아들이지 않거나 아예 믿지 않았다. 그가 유능한 인재였기에, 그의 관리자는 약점을 극복하고 강점을 발휘할 수 있는지 확인하기 위해 중요한 프로젝트를 이끄는 리더십 기회를 부여했다. 하지만 그 프로젝트는 성공하지 못했다. 피드백을 받은 뒤, 그는 자신의 약점을 극복하려는 노력이 부족했고 그것이 프로젝트에 부정적인 영향을 미쳤다는 점을 인정하기보다는, 결국 회사를 떠나는 선택을 했다.

관리자로서 당신의 역할은 관찰하고 기회를 제공하는 것이다. 팀원의 역할은 그 기회에 따라 행동할지를 결정하는 것이다. 팀원을 강제로 이끌 수는 없다. 이 예시의 관리자는 모범 사례라고 생각되는 전략을 사용했다. 그를 승진시키기 전에, 해당 역할에서 수행해야 할 일부 업무를 맡겨서 얼마나 잘 수행하는지, 자신의 능력 격차를 인식하는지를 확인했다. 비록 이 예시에서는 성공하지 못했지만, 이는 대체로 효과적인 전략이 될 수 있다.

어려운 피드백을 전달하는 대화의 기술

직감적으로 부하직원에게 건설적인 피드백을 주어야 한다는 생각이 들 때가 있다. 건설적인 피드백은 상대의 감정을 상하게 할 수 있어 전달하기가 쉽지 않을 수 있다. 이런 대화는 종종 수치심, 슬픔, 실망, 두려움과 같은 감정을 불러일으킬 수 있다. 그러나 대화를 적절히 설계하면 상대의 방어적 반응을 줄이고, 그들의 성공을 진심으로 바라는 협력자로 인식될 것이다.

강사가 아닌 탐험가가 되자

부하직원에게 나쁜 소식을 전하는 어려운 대화를 나눠야 한다고 생각하기보다는, 함께 상황을 탐색하는 파트너십으로 설정하는 것이 좋다. 당신은 강사가 아니라 탐험가가 되어야 한다.

물론, 이러한 접근이 어렵게 느껴질 수 있다. 결국 이 대화를 하는 이유는 당신이 문제를 해결하기 위한 가설을 세웠고, 근거와 증거를 모았으며, 그 문제를 해결할 훌륭한 아이디어도 이미 가지고 있기 때문이다. 하지만 문제 인식이 서로 일치하기 전에 해결책을 제시하면, 부하직원이 방어적으로 반응할 가능성이 크다. 따라서 당면한 문제에 대해 같은 인식을 하는지부터 확인해야 한다. 그런 다음 그 공감대를 바탕으로 개선을 위한 기반을 함께 마련하자. 타인의 실수보다 자신의 실수를 통해 배우는 것이 더 효과적인 것처럼, 변화가 필요하다는 인식과 개선 아이디어가 외부 관찰자가 아닌 자신으로부터 나올 때 행동을 성공적으로 발전시킬 가능성이 훨씬 높다.

당신의 목표는 부하직원이 당신과 함께 문제를 고민하고 해결책을 모색하도록 이끄는 것이다. 이 상태에 도달하기 위한 두 가지 방법이 있다. 열린 질문을 하거나 공감적 관찰을 공유하는 것이다. 이렇게 하면 호기심과 협업의 태도를 훨씬 쉽게 이끌어내고, 대화가 탈선할 가능성도 크게 줄어든다. 이와 같은 방식으로 대화를 시작하면 신뢰와 공감대를 바탕으로 더 빨리 해결책에 도달할 수 있다.

예를 들어 부하직원이 주간 회의에서 발표를 매끄럽게 하지 못했거나 이번 분기에 성과가 기대에 미치지 못했다고 생각한다면, 이러한 상황에서 건설적인 피드백 대화를 시작하는 두 가지 접근 방식을 살펴보자.

옵션 1: 열린 질문을 하자

"어제 발표가 어떻게 진행되었다고 생각하나요?" 또는 "이번 분기가 어떻게 진행되고 있다고 생각하나요?"라고 물어보면서 대화를 시작할 수 있다. 이는 중립적이고 열린 질문의 좋은 예다. 반면에 "어제 회의가 더 잘 진행될 수 있었을까요?" 또는 "이번 분기가 예상만큼 잘 진행되지 않은 것 같지 않나요?"와 같은 나쁜 예와 비교해보자.

가장 피해야 할 것은 '예' 또는 '아니요'로 답하는 닫힌 질문이다. 이런 질문은 당신이 이미 결론을 내렸다는 인상을 줘서 진정한 대화를 가로막을 수 있다. "본인이 발표를 잘하지 못한다고 생각하나요?"와 같은 질문이 그 예다. 반면에 열린 질문은 대화의 문을 열고 자기 성찰을 유도한다. 특정 답변을 가정하지 않고, 당신이 그에 대해 호기심이 있으며 함께 답을 찾고 싶어 한다는 신호를 보낸다.

부하직원이 "좀 더 준비했어야 했는데요"나 "이번 분기가 가장 좋았던 때는 아니었어요"처럼 스스로 인정하는 말을 한다면, 공통의 이해를 바탕으로 출발한 것이다. 이제 함께 근본적인 원인을 파악하고 개선 아이디어를 도출할 수 있다. 하지만 "발표는 꽤 좋았습니다!" 또는 "모든 게 잘 진행되고 있어요"처럼 상황을 부인한다면, 옵션 2를 시도해볼 수 있다.

옵션 2: 공감적인 관찰을 공유하자

공감적 관찰을 공유하면 대화를 동반자적이고 사실 기반으로 시작해 함께 해결책을 찾을 수 있다. 다시 말하지만, 이를 판단이 아닌 중립적인 관찰로 구성해야 한다. 예를 들어 부하직원에게 이렇게 말하는 것이다. "발표하신 내용에 대해 생각해봤습니다. 시작은 매우 강렬했지만, 끝부분에서는 좀 더 임팩트가 있었으면 어땠을까 하는 생각이 듭니다. 이에 대해 어떻게 생각하시나요?" 만약 부하직원이 더 많은 정보를 요청한다면, "예를 들어 끝으로 갈수록 요점이 덜 간결하게 전달된 것처럼 느꼈습니다"라고 말할 수 있다. 업무 진행에 대한 피드백이라면 이렇게 이야기할 수도 있다. "최근 담당하신 두 프로젝트 모두 일정보다 2주가량 지연됐네요. 제가 도울 수 있는 부분이 있을까요? 또는 제가 알아두면 좋은 점이 있을까요?"

이러한 관찰은 감정적이고 모호한 표현보다는, 지지적이고 객관적이며 구체적으로 전달하는 것이 훨씬 효과적이다. "최근에 발표 실력이 많이 떨어진 것 같아요." 또는 "일정이 너무 많이 미뤄진 것 같지 않나요?"는 감정적이고 일반적인 표현이다. 일반화와 판단은 사람들을 방어적으로 만들지만, 구체적이고 공감적인 관찰은 대화의 문을 연다.

관찰 내용을 공유할 때, 그것이 당신의 생각임을 분명히 밝힌다. 상대방의 현실을 단정 짓는 것이 아니라 당신의 현실을 공유하려 한다는 점을 분명히 하자. 누군가 이런 말을 한 적이 있다. "피드백이란 거울을 들고 보이는 모습을 설명하는 것과 같다." 당신이 묘사하는 것은 그 사람의 실제 모습이 아니라, 당신이 그들에 대해 인지한 모습이다. 따라서 실제와 일치할 수도 있고 그렇지 않을 수도 있다. 이를 인정하고 부하직원을 대화에 참여시키자.

부하직원이 "완전히 동의합니다"라고 말하지 않더라도, 관찰을 중립적으로 제시하는 것은 논의를 시작하는 좋은 방법이다. 이는 단지 당신의 경험을 공유하는 것이지, 상대방에게 비판을 받아들이라고 강요하는 것이 아니다. 공감적 관찰이 통하지 않는다면, 열린 질문으로 되돌아가 시도해보자. 상대방이 여전히 "프레젠테이션이 훌륭했다고 생각합니다!"라고 답한다면, 이제 당신의 생각을 밝힐 차례다. "음, 제 생각에 그렇게 좋지는 않았던 것 같아요. 예를 들어……." 이 과정을 몇 번 반복하다 보면, 결국 발전 방향에 대한 공통된 이해에 도달할 수 있다. 사람들은 당신이 생각하는 것보다 자기 인식이 뛰어난 경우가 많다.

그러나 상대방의 자기 인식이 부족하고 추가 정보 제공으로도 개선되지 않는다면, 변화가 필요할 수 있다(이와 관련된 내용은 뒤에 나오는 '저성과자는 어떻게 관리해야 하는가'에서 더 자세히 다룬다). 자기 인식 부족이 곧 저성과자를 뜻하지는 않지만, 이런 사람을 코칭해 역량을 끌어올리고 역할에 맞게 성장시키는 것은 어렵거나 불가능할 수 있다. 그래서 결국 역할의 기대치를 따라가지 못하고, 실제로 저성과자가 되는 경우가 많다.

비공식적 피드백 문화를 조성하려면

기업들은 공식적인 평가 절차에는 투자하지만, 일상 업무에서 동료나 부하직원에게 조언하거나 의견을 나누는 비공식적 피드백 문화는 종종 간과하곤 한다.

스트라이프에 합류했을 때, 서로의 업무에 대해 의견을 제시하는 강력한(때로는 너무 강력한) 문화가 있었다. 모든 작업 결과물이 투명하게 공유되었고, 이를 통해 다양한 피드백을 주고받을 수 있었다. 내가 '강력하다'고 표현한 이유는, 피드백이 워낙 직설적이고 서면 댓글과 슬랙 메시지로 오가다 보니 신입 직원들에게는 갑작스럽고 위협적으로 느껴졌기 때문이다. 회사의 규모가 커지면서 소화할 수 있는 작업물의 양과 이에 대해 다른 사람들이 피드백을 줄 수 있는 시간이 줄어들었다. 그러나 지금도 지속되고 있는 좋은 관행 중 하나는 '고객 중심' 원칙에 따라, 회사 전체 또는 외부에 어떤 내용을 공유하기 전에 소규모 그룹을 대상으로 먼저 내용을 테스트하고 피드백을 받는 것이다. 이를 가장 많이 실천하는 사람들은 CEO와 사장인 공동 창업자들이다. 최상위 리더부터 모범을 보이는 이 피드백 문화는 겸손, 협업, 그리고 이를 공유받는 사람들의 시간을 존중하는 가치를 전달한다.

그러나 스트라이프에 부족한 영역은 양방향의 비공식적 피드백bidirectional, informal feedback이었다. 우리는 구성원들이 요청받지 않아도 자연스럽게 건설적인 피드백을 주는 완전히 열린 문화를 조성하지 못했다. 이는 리더들이 모범을 보이지 못했거나, 급속한 성장 때문일 수도 있고, 피드백 제시에 대한 새로운 직원들의 자신감 부족, 또는 서로에 대한 관대함과 친절함을 중시하는 특성 때문일 수 있다(물론 나는 피드백 자체가 진정한 친절이라고 생각하지만, 모든 이가 그렇게 생각하지는 않는다). 원인이 무엇이든, 이는 우리가 개선해야 할 부분이다.

기업은 피드백 문화를 점검하는 데 시간을 투자해야 한다. 만약 피드백 문화가 부족하다고 느낀다면, 변화를 이끌어야 할 사람은 결국 리더들이다. 이러한 투자는 가치가 있다. 강력한 비공식적 피드백 문화를 갖추지 못한 기업은 공식적인 평가 절차에서 불안감을 초래할 수 있기 때문이다. 사람들은 자신의 위치를 모른 채 평가에 임하게 된다.

건강한 피드백 문화를 구축하려면 팀 회의와 원온원 면담 모두에서 모범을 보여야 한다. 앞서 언급했듯이 '칭찬은 공개적으로, 비판은 사적으로'라는 원칙은 유효한 가이드라인이다. 특히 개인 피드백에 있어서는 이 원칙이 대부분 적절하게 적용되지만, 나는 팀 피드백과 개인 피드백을 구분한다. 팀의 성과에 대한 피드백은 데이터를 기반으로 하고, 분기별로 팀이 잘했는지, 프로젝트가 성공적으로 실행되었는지에 대한 솔직한 평가를 공개적으로 하는 것이 좋다. 공개적인 논의는 학습과 열린 피드백 문화를 구축하는 데 도움이 된다.

또한 리더는 개인적으로 피드백을 적극적으로 요청하고 환영해야 한다. 특히 새로운 팀이 형성되거나 새 직원을 관리하기 시작할 때와 같이 업무 관계의 톤을 설정하는 시기에 더욱 그렇다. 예를 들어 새로운 회의 방식을 시도했다면, 회의가 어땠는지 피드백을 원한다는 점을 미리 알려두는 것이 좋다. 팀이 이미 아이디어를 자유롭게 공유하는 분위기라면, 회의 중에 한 사람씩 돌아가며 피드백을 묻는 것도 좋다. 아직 그런 분위기가 형성되지 않았다면, 개별적으로 비공식적인 피드백을 요청하는 것도 좋은 방법이다.

먼저 피드백을 요청하라

피드백 문화를 조성하는 가장 좋은 방법은 리더인 당신이 먼저 피드백을 요청하는 것이다. 이를 열린 태도와 일관된 실천으로 이어가기 위한 몇 가지 팁을 소개한다.

나는 사람들이 서로 다른 의견을 자유롭게 나눌 수 있는 환경을 정말 좋아하지만, 이를 위해서는 그러한 환경을 먼저 구축해야 한다. 비즈니스 환경에서는 가차 없고 냉정한 솔직함이 필요하지만, 그렇다고 냉혹하고 잔인한 문화가 되어서는 안 된다.

– 돈 홀 Don Hall, 홀마크 전 CEO 겸 현 집행 의장

- **다양한 상황과 채널에서 피드백을 요청하자.** 원온원 면담, 회의 도중이나 회의 후, 이메일, 업무 중 명시적으로 피드백을 요청하자. 단순히 "어땠어요?"라고 묻기보다는 개선할 점을 요청하는 식으로 표현하면 상대는 당신이 피드백을 적극적으로 원한다는 신호를 받게 된다. 예를 들어 "회의가 어땠다고 생각하시나요?"라고 묻는 대신 "회의에서 제가 더 잘할 수 있었던 부분이 있을까요?"라고 물어보는 것이다. 또는 원온원 면담에서 "혹시 다른 아이디어가 있으신가요?"라고 묻는 대신 "이 프로젝트가 성공적으로 진행되려면 제가 무엇을 하면 좋을까요?"라고 물을 수 있다. 피드백에 대해 감사를 표하되, 당신이 내린 선택을 설명하거나 방어하지 않도록 주의한다. 방어적인 인상은 당신이 상대방의 피드백을 환영하지 않거나 존중하지 않는다는 신호로 보일 수 있기 때문이다.
- **피드백을 주고받는 것을 일상화하자.** 개인적으로 피드백을 받았다

면, 이를 다음 팀 회의에서 언급하는 것도 좋은 방법이다. 이렇게 하면 피드백을 주고받는 것이 자연스럽고 환영받는 행동이라는 팀 내 규범을 형성하는 데 도움이 된다.

- **피드백에 바로 반응하기보다 '잠시 두자.'** 피드백을 받았을 때, 문제를 해결하려 하거나 상황을 설명하고 싶은 유혹을 느끼기 쉽다. 나 역시 이러한 충동을 잘 자제하지는 못하지만, 그렇게 하면 의도와 달리 방어적으로 들릴 수 있다는 것을 이해하게 되었다. 그 대신, 피드백을 반복하여 말함으로써 상대방의 말을 정확히 들었는지 확인하고, 감사의 말을 전하자. 문제 해결에 도움이 필요하다면 나중에 다시 그 문제를 다루면서 협력을 요청하자.

- **피드백에 대한 후속 조치를 취하자.** 시간이 지난 뒤, 피드백을 준 사람에게 당신이 그 피드백을 어떻게 받아들여서 적용했는지 알려주자. 때로는 피드백이 타당하다고 판단하지만 우선순위에 두지 않기로 결정할 수도 있다. 또는 더 자세히 살펴보기로 할 수도 있다. 그 피드백에 따라 행동하지 않더라도, 중요한 것은 당신이 그 의견을 경청했음을 그가 아는 것이다.

신뢰를 강화하는 공식 평가 프로세스

나는 최근 유행하는 '상시 피드백'만을 강조하고 공식적인 성과 평가를 폐지하려는 경향에 동의하지 않는다. 양방향 상시 피드백은 강력한 직원-관리자 관계의 특징이지만, 이것이 서면 평가를 대체해서는 안 된다. 제대로 작성된 공식 서면 평가는 상시 피드백 대화를 요약하고, 발전 계획을 정리나는 팀원들에게 좋은 피드백이든 부정적인 피드백이든 가감 없이 공개적으로 내게 전달해달라고 권장한다. 팀원이 나에게 피드백을 주는 모습을 다른 팀원들이 직접 보는 것 자체가 피드백 문화를 조성하는 좋은 본보기가 된다. 스티븐 코비의 『신뢰의 속도』를 필수적으로 읽어볼 것을 권장한다.[69]

나는 개인적인 감정을 배제하고 모든 것을 투명하고 개방적으로 공유하려고 노력한다.

처음에는 불편하게 느껴질 수 있지만, 진정한 성장을 이루고 자기 인식을 높이려면 이런 방식이 필요하다. 우리는 이러한 접근법을 레이 달리오의 『원칙』에서 많이 차용했다.[70]

— **에릭 위안**, 줌 설립자 겸 CEO

할 수 있는 좋은 도구다. 회사가 빠르게 성장하고 있을 때는 모든 관리자가 상시 피드백을 제공하지 않을 가능성이 높으므로 서면 평가 과정이 필요하다. 서면 평가 프로세스는 피드백이 충분히 이루어지지 않은 부분을 보완해줄 수 있다.

성과 등급과 승진 검토 절차도 마련해야 한다. 그런 절차가 없다면, 반드시 구축해야 한다. 공식적 성과 평가가 없는 회사 사람들과 이야기해보면, 종종 승진과 성과 평가가 비공식적으로 이루어지는데 당사자들은 이 사실을 모르는 경우가 많다. 이러한 절차가 비공개적으로 진행된다는 사실이 알려지면 신뢰가 쉽게 무너진다. 그 대신 평가 및 인정 프로세스는 투명해야 하며, 정치적이거나 비효율적으로 변질되지 않도록 주의해야 한다.

성과 평가 시스템에 대한 신뢰를 구축하려면, 구성원들이 자신이 어떻게 평가받을지를 알고, 평가가 공정하게 이루어질 것임을 믿을 수 있어야 한다. 또한 결과가 인정과 보상(역할 확대, 승진, 혹은 보상 증가 등)으로 이어질 것이라는 확신이 필요하다. 이를 위해 필요한 요소는 다음과 같다.

- 인재 전략: "성과에 따라 보상한다" 같은 단순한 원칙도 가능
- 성과 평가 기준: 2장의 '직급 결정'과 '직무 사다리'에 대한 내용 참조
- 성과 평가 기준에 따른 성과 평가 방식 합의
- 서면 및 수치 기반 평가를 통한 성과 피드백과 승진 후보자 추천
- 팀 간 성과 평가 조율, 즉 캘리브레이션에 대한 명확한 프로세스: 이를 통해 동일한 수준과 직무에 있는 사람들이 공정하게 평가받고 있다는 것, 나아가 회사 전체적으로 동일한 기준이 적용되고 있다는 것을 구성원들이 알 수 있게 해야 한다.
- 보상 철학과 성과·승진 프로세스가 실제 보상으로 이어지는 구조

관리자는 이 과정이 제대로 작동하는 데 중요한 역할을 한다. 평소에 관리가 잘 이루어졌다면, 놀라운 일은 없을 것이다. 결국 부하직원과 나눈 대화를 문서화하는 일만 남았다. 성과가 우수한 팀원이라면 승진, 인상, 또는 현금 보너스와 같은 공식적 보상으로 이어지는 인정의 순간이 될 수 있다. 물론 회사의 절차가 완료되기 전에 그런 보상을 약속해서는 안 된

내가 채용한 사람들은 서로에게 솔직하면서도 배려심 있게 대하는 경향이 있다. 누구든 "당신이 이 부분은 더 잘할 수 있었을 텐데"와 같은 말을 편하게 주고받는다. 소셜넷 초기에 채용한 관리직 직원 한 명이 내가 그의 업무 수행을 제대로 지원해주지 않았다고 직접적으로 불만을 토로했다. 직원은 "사장님, 죄송하지만 이런 식이라면 편의점 매니저도 맡으시기 어려울 것 같습니다"라고 말했다. 나는 "그래, 나도 내가 편의점 매니저를 맡으면 큰 문제가 생길 거라고 생각해"라고 대답했다.

그리고 "구체적으로 무슨 문제가 있는지 말해보게"라고 물었다. 그러자 직원은 "프로젝트를 관리할 때 A, B, C 같은 일들을 해야 하는데, 사장님께서 그렇게 할 수 있는 권한을 주지 않으셔서요"라고 설명했다. 나는 "알겠네. 그럼 어떻게 하면 자네가 그런 일들을 할 수 있을지 함께 고민해보세"라고 말했다.

— **리드 호프먼**, 그레이록 파트너스 파트너, 공동 창립자 겸 전 링크드인 회장

다. 결과는 아무도 알 수 없다. 따라서 가능성을 개념적으로만 언급하고, 공식 조치가 내려질 때까지 코칭과 성장 기회를 꾸준히 제공하는 것이 바람직하다. 이러한 과정을 통해 결국 부하직원은 성취감을 경험하게 되고,

이는 당신과 그들 모두에게 의미 있는 보상이 될 것이다.

최소 기능의 인사 프로세스라도 일단 갖추자

다행히 인사 관련 프로세스를 효율적으로 관리할 수 있는 유용한 도구들이 점점 더 다양하게 등장하고 있다. 특히 최신 도구들은 회사별로 쉽게 맞춤화할 수 있다.

스트라이프의 초기 리더십팀 워크숍에서 나는 기본적인 성과 관리 프로세스의 도입을 주장했다. 스트라이프에 특화된 독창적이고 맞춤화된 시스템을 설계하는 데 많은 시간을 투자할 수도 있었다. 하지만 그 시간과 에너지를 제품의 우선순위에 집중하는 것이 낫다고 생각했기에, 우선은 기본적인 시스템부터 도입하자고 제안했다. 이는 '완벽을 추구하다가 일을 그르친다'는 말의 좋은 사례다. 성과 관리 프로세스에서 완벽을 추구하다 보면, 결국 아무것도 실행하지 못하는 상황에 빠지기 쉽다. 적당히 좋은 시스템이라도 먼저 갖추는 편이 훨씬 좋다.

내가 생각하는 강력한 공식 평가 프로세스의 핵심은 성과 피드백, 캘리브레이션(조율), 보상 체계 세 요소다.

핵심 인재를 식별하는 성과 피드백

성과 평가는 직원이 자신의 직무에서 맡은 책임을 얼마나 잘 수행했는지를 평가하는 공식적인 과정이다. 또한 회사가 성장할 때 핵심 인재를 식별하는 데 도움이 될 수 있다. 회사가 성장해 리더들이 모든 직원의 업무를 직접 감독하기 어려워지는 시점이므로 특히 중요하다.

이러한 평가는 다양한 주기로 진행될 수 있지만, 대개 연 1회 실시된다. 주로 동료와 부하직원(평가 대상이 관리자인 경우)의 피드백과 함께 가장 중요한 내용인 관리자의 직원 성과 평가로 구성된다. 성과 평가는 당신이 부하직원들과 나누었던 강점과 개선 필요사항에 대한 코칭 내용을 잘 정리할 좋은 기회다.

회사의 절차나 일정과 무관하게, 관리자가 가급적 정기적으로—최소한 분기별 혹은 반기별로—성과 평가 대화를 진행하는 것이 바람직하다. 앞서 언급했듯이, 회사의 공식 절차는 당신이 이미 부하직원들과 주고받은 피드백을 공식화하는 시점이 되어야 한다. 이는 커리어 대화에서 다뤘던 부하직원들의 장기적인 발전 계획에 대해 다시 논의하는 기회가 된다.

다음은 회사 차원의 성과 평가 프로세스의 핵심 요소에 대한 개요다.

동료 평가

직원에게 간단한 피드백을 제출할 3~5명의 동료를 선택하게 하고, 관리자는 이들이 의견을 제공하기에 가장 적합한 동료인지 확인해야 한다. 동료 평가Peer reviews를 위한 질문 예시는 다음과 같다.

- 해당 직원과 어떻게, 얼마나 긴밀하게 일하는지 몇 문장으로 설명해주세요.
- 해당 직무 단계를 검토하고, 당신이 강점으로 생각하는 동료의 역량과 그 역량을 실제로 발휘한 사례를 공유해주세요.
- 해당 직무 단계에서 개선이 필요하다고 생각되는 동료의 역량 하나를 제시하고, 개선 방법에 대한 제안을 해주세요.
- 해당 회사의 운영 원칙 중에서 동료가 가장 잘 실천하고 있다고 생각하는 원칙을 말해주세요. 그 원칙을 어떻게 실천했는지 사례를 들어 설명해주세요.

직원들이 단순한 숫자로만 평가되지 않는다는 것을 느끼게 하는 일은 매우 중요하다. 그러면 그들도 당신에게 보상을 해줄 것이다. 나는 요리사들과 경영진에게 그렇게 한다. 핵심은 '경청'이다. 단순한 상사로만 남지 마라. 리더가 되어야 하지만, 때로는 직원들의 리드를 따를 줄도 알아야 한다. 운영책임자가 나를 찾아와 내가 틀렸다고 말해주거나 "우리가 고려해야 할 사항이 있는 것 같습니다"라고 조언해주기를 바란다.

– 도미니크 크렌, 미슐랭 3스타 레스토랑 '아틀리에 크렌' 오너 겸 셰프

자기 평가

동시에 직원은 다음과 같은 질문에 대한 자신의 의견을 제출해야 한다.

- 해당 기간의 주요 기여와 성과를 간략하게 요약해주세요.
- 해당 직무 단계에서 뛰어난 역량 하나를 제시하고, 그 역량을 발휘하여 달성한 결과를 공유해주세요.
- 해당 직무 단계에서 개선이 필요한 영역 하나를 제시하고, 이를 어떻게 개선할 계획인지, 관리자가 어떻게 지원할 수 있을지에 대해 의견을 제시해주세요.

관리자 평가

관리자는 동료 평가와 자기 평가를 읽고 나서, 피드백을 주고 필요한 경우 승진 추천을 제출해야 한다. 평가를 위한 질문 예시는 다음과 같다.

- 해당 기간에 직원이 이룬 성과를 간략하게 요약해주세요.
- 직원이 성과를 달성하는 데 사용한 역량 한두 가지에 대해 간단히 언급해주세요.
- 발전이 필요한 영역 하나를 제시하고, 해당 영역에서 직원이 역량을 더 키울 수 있도록 제안할 아이디어를 공유해주세요.
- 해당 직원을 승진 대상으로 추천하시겠습니까?(예 또는 아니요) '예'라고 답했다면, 직무 레벨을 참고하여 다음 레벨에서 성공적으로 일할 준비가 되었다고 판단하는 이유를 간략히 설명해주세요.
- 직원의 성과 등급에 대해 다음 중 하나를 추천해주세요.
  - 기대에 미치지 못함DNME
  - 부분적으로 기대에 부합함ME
  - 기대를 충족함EE
  - 기대를 초과함
  - 훌륭하게 기대를 초과함

성과 평가 등급을 단순화하여 '미달DNME', '충족ME', '초과EE' 등으로 나누는 것도 고려할 수 있다. 성과 평가 방식은 보상을 성과에 따라 얼마나 차등화할지, 핵심 인재를 어떻게 발굴할 계획인지에 따라 달라질 수 있다. 성과 평가가 핵심 인재 발굴의 주요 수단이라면, 다양한 등급 체계를 활용할 때 더 세밀한 평가가 가능하다. 그렇지 않더라도, 성과 평가 외에 직원의 잠재력과 역량을 포괄적으로 평가할 수 있는 별도의 인재 평가 과정을 도입하는 것도 좋은 방법이다.[71] 과거의 성과는 인재 평가의 한 요소일 뿐이기 때문이다.

동료 피드백과 자기 평가는 동시에 제출할 수 있다. 관리자는 이 두 피드백을 모두 읽은 후에 자신의 관리자 평가와 승진 및 성과 등급 추천을 캘리브레이션 프로세스에 제출해야 한다.

성과 평가 전달에 대해 동료 관리자들에게 주는 조언

이 글은 스트라이프의 전 관리자였던 해나 프리쳇Hannah Pritchett이 성과 평가 주기에 앞서 다른 관리자들에게 보낸 메모를 바탕으로 작성되었다. 성과 평가 과정을 어떻게 접근하고, 생산적인 평가 대화를 위한 기반을 어떻게 다질지에 대한 좋은 조언이다.

＊ ＊ ＊

서면 성과 평가는 기본적으로 과거를 돌아보는 것이지만, 이를 통해 앞으로의 방향을 설정하는 것이 가장 생산적이다. 나는 평가 리뷰를 전달할 때, 리뷰 내용을 하나하나를 설명하는 데는 비교적 시간을 적게 쓴다. 그 대신 피드백을 바탕으로 향후 반기 동안 어떻게 행동해야 하는지 논의하는 데 더 집중한다. 다음은 내가 제안하는 절차다.

미팅 전: 부하직원이 성과 평가서를 미리 보고 준비할 수 있도록, 평가서와 함께 간략한 메모를 하루 전에 전송한다. 이때 평가서를 읽고, 그에 대한 피드백을 나눌 준비와 함께 앞으로의 달성 목표를 생각해오도록 요청한다.

평가 미팅 중:

- 피드백에 대한 리뷰(10분): 먼저 직원에게 피드백을 미리 읽었는지, 어떻게 생각하는지 물어본다. 그런 다음 피드백에 대해 함께 논의한다. 이때 직원의 성과와 필요한 개선사항에 대한 나의 가설을 검증하는 것이 좋다.

- 미래를 위한 논의(40분): 피드백을 검토한 후 "성공할 준비가 되었다고 생각하나요?"라고 물어본다. 그리고 남은 시간 동안 현재 업무를 어떻게 더 효과적으로 수행할 수 있을지, 새로운 프로젝트에 어떻게 접근할지, 직원의 성장을 위해 어떻게 지원할 수 있을지 이야기한다. 이 시간은 내가 피드백을 받을 좋은 기회이기도 하므로, 대화를 양방향으로 유지한다.

이 구조를 사용하면 평가 내용에 대한 논쟁이나 자기 정당화를 피할 수 있다. 논쟁을 시작하고 있다면 이미 대화를 잘못 이끌고 있는 셈이다. 불분명한 점에 관한 질문에는 답하지만, 직원이 특정 사항에 대해 반박하려 할 때는 이를 인정하면서도, 다음에는 그 상황을 어떻게 다르게 해결할 수 있을지 논의하는 쪽으로 대화를 유도하자.

이렇게 과거보다는 미래에 초점을 맞춘 논의를 하면 성과 평가의 목적이 앞으로의 성공을 돕기 위한 것임이 더 명확해지므로, 직원들은 피드백을 열린 마음으로 더 잘 수용하게 된다. 나 역시 이 방법을 선호한다. 이런 평가 대화는 단순한 평가서 읽기가 아니라 진짜 대화처럼 느껴진다. 칭찬이나 비판 자체보다는 커리어 성장에 더 초점이 맞춰지기 때문이다.

공정한 평가를 위한 조율, 캘리브레이션

회사가 공식적인 성과 평가 체계를 도입하게 되면, 관리자와 리더 그룹이 서로의 평가 결과를 비교하고 공정성을 검토하는 절차도 필요하다. 이를 통해 동일한 직급이나 직무를 가진 사람들이 비슷한 성과를 냈을 때 공정하게 평가받고 있는지 확인할 수 있다. 예를 들어 한 관리자가 한 직원을 '기대 이상'으로 평가하고 승진을 추천하지만, 또 다른 관리자는 유사한 역할에서 동등한 성과를 보인 다른 직원을 '기대 충족'으로 평가하는 상황을 방지하는 것이다. 이러한 조율 과정을 '캘리브레이션'이라고 한다. 이는 지나치게 관대한 평가나 엄격한 평가를 막는 역할을 한다. 중요한 점은, 회사와 인사팀이 너무 많은 시간이 소요되거나 정치적인 문제가 발생하지 않도록 성과 평가 과정을 적절한 수준에서 운영하는 것이다. 회사가 빠르게 성장하면 이 과정도 변화에 맞춰 조정될 필요가 있다.

캘리브레이션은 공식적인 성과 평가 프로세스와 함께 진행되어야 한다. 일반적으로 연 1회, 성과 평가가 반기별로 이루어질 경우 더 자주 이루어질 수 있다. 또한 승진 추천이 연 2회 이루어질 수도 있다. 이 경우 연 1회 360° 성과 평가 프로세스 외에 '비정기' 승진을 위한 캘리브레이션 과정을 따로 운영할 수 있다. 이러한 과정은 며칠 내에 완료되어야 하며, 관리자들이 추천을 제출한 후 최종 평가 결과, 평가 등급, 승진 결정이 확정되기 전까지 이루어져야 한다.

대기업에서는 데이터 분석을 통해 캘리브레이션 과정을 수행할 수 있다. 예를 들어 특정 그룹의 평균 평가 등급을 추적하거나 성별, 원격 근무자와 비원격 근무자 간의 승진 비율을 추적하여 불균형을 찾아낼 수 있다. 리더와 HR 팀이 분석을 독립적으로 수행하고, 이상 현상이 발견되면 개별 팀과 본부에 후속 논의를 진행할 수 있다. 반면, 소규모 기업에서는 캘리브레이션이 보통 롤업 방식rollup process으로 이루어진다. 즉 리더가 HR 파트너와 함께 여러 명의 관리자 그룹을 이끌며, 관련된 직원들의 성과 평가 등급과 승진 추천 내용을 논의한다. 예를 들어 엔지니어링 조직 내 레벨 4 이상의 관리자들이 모여 레벨 3 이하의 엔지니어들을 논의할 수 있다. 회의가 끝나면 레벨 4 관리자들은 자리를 떠나고, 레벨 5 이상의 관리자들이 레벨 4 이하의 구성원들을 다시 논의하는 식으로 진행된다. 이런 식으로 점진적으로 상위 직급으로 올라가며 진행되는 구조다.

캘리브레이션을 이끄는 리더는 사전에 데이터를 검토하고 이상치를 확인해야 한다. 평가 기준을 잘 이해해 팀 단위 또는 개인 단위 평가 결과의 불규칙성을 적극적으로 질문하도록 하자. 시간이 지날수록 회의는 각 직원에 대한 세부 검토보다는 각 평가의 의미를 점검하고, '기대 충족'이 어떤 역할에서 어떻게 정의되는지에 대한 논의가 주를 이루어야 한다. 캘리브레이션이 잘 이루어지면 모든 관리자는 평가에 대한 자신감을 갖거나, 직원들이 공정하게 평가받지 못한 경우를 재검토해야 할 필요성을 느낄 것이다.

이 과정은 일부 회사에서 정치적으로 변질될 수 있다. 관리자들이 자신의 평가를 정당화하는 의례적인 토론이 되어버리기 때문이다. 그러나 이 과정은 데이터와 엄격한 비교를 통해 관리자들 간 광범위한 정렬을 달성하는 교육적인 목적으로 진행되어야 한다.

캘리브레이션 프로세스를 성공적으로 진행하기 위한 단계는 다음과 같다. 캘리브레이션 전에 각 직급의 기대사항을 설정하고, 이를 기준으로 한 평가와 구체적인 예시를 함께 제시하는 것이 바람직하다.[72]

1. 관리자는 성과 리뷰, 성과 등급, 승진 추천의 초안을 제출한다.
2. 이 초안을 캘리브레이션 그룹이 검토할 수 있도록 성과 평가 시스템을 통해 정리한다(예시는 이 장 뒤의 부록 '성과 평가 템플릿'을 참조).
3. 본부장급의 상위 리더(국내 기업 평가 시 2차 평가자에 해당—옮긴이)는

캘리브레이션을 이끌 준비가 되어 있어야 한다. 상위 리더가 데이터를 사전에 검토하여 문제점을 파악하고 주도적으로 진행한다.

4. 유사한 역할과 직급의 직원들을 관리하는 관리자들이 모인다. 리더십에서 캘리브레이션 진행자와 HR 파트너가 회의 지원 및 결정사항 등을 기록한다.

5. 개인의 성과와 승진 상태를 논의하면서 발생할 수 있는 편향, 즉 가용성 편향(가장 쉽게 떠오르는 사례 위주로 판단), 최신성 편향(최근 성과에 과도한 가중치), 확증 편향(기존 인상에 맞는 정보만 수용) 캘리브레이션 그룹에 이러한 편향을 피하는 방법을 설명하고 코칭한다.[73]

6. 어떤 관리자가 평균적으로 평가 등급이 지나치게 높거나 낮은지, 혹은 승진 추천자가 유독 많은지 적은지 데이터를 통해 확인한다. 다른 팀들과 비교해 일관된 평가 기준이 적용되고 있는지 논의한다.

7. 가장 하위 직급(레벨 1 또는 주니어 직원)부터 논의를 시작하여, 각 직급별로 평가 기준을 정렬하고 개별 비교가 필요한 경우 상세히 논의한다. '기대 미달'과 '기대 초과'의 기준이 팀마다 일관되게 적용되고 있는지 확인하고, 승진 후보자의 과거 실적과 영향력 수준이 유사한지도 함께 검토한다.

8. 회의실에 있는 관리자와 동일한 직급의 비관리자를 검토할 때는, 더 낮은 직급의 관리자들을 퇴장시킨다. 예를 들어 레벨 4 이상의 비관리자 대상 논의가 시작되면, 레벨 4 관리자들은 회의에서 빠진다.

9. 논의 중 필요한 경우, 성과 등급이나 승진 추천 내용을 조정하고, 특정 직원의 결과물 요청 등 추가 조치가 필요한 항목을 기록한다.

10. 변경사항을 반영한 최종 데이터를 리뷰하여 전체적으로 조직 간 형평성이 유지되는지 확인한다. 후속 조치가 필요한 항목이 있다

면 곧바로 상부에 보고한다. 예를 들어 다음과 같이 말할 수 있다. "브라이언과 사라의 승진을 보류하기로 했습니다. 두 직원 모두 주요 프로젝트의 출시가 아직 완료되지 않았기 때문입니다. 다음 분기에 재검토하겠습니다."

11. 캘리브레이션 세션의 결과를 경영진에게 보고한다. 경영진은 각 조직의 결과가 예상되는 성과 분포와 부합하는지(스트라이프는 강제 분포forced distribution를 지지하지 않지만, 대상 인원수가 충분히 많을 경우 유사한 분포를 형성한다고 생각함), 승진 비율이 보상 예산과 균형을 이루고 있는지 확인한다.

또한 데이터 분석을 통해 편향이 의심되는 결과가 없는지 점검하자. 예를 들어 특정 부서에서 성별이나 원격 근무 여부에 따라 승진 비율에 차이가 있지는 않은지 점검한다. 스트라이프에서는 원격 근무자와 사무실 근무자의 평가를 비교하여 우려할 만한 일관된 추세가 나타나지는 않는지 점검한다.

캘리브레이션 과정의 최종 결과물은 보통 성과 등급과 승진 상태의 변경사항을 기록한 스프레드시트나 HR 시스템의 업데이트 형태로 정리된다. 캘리브레이션이 완료되면 관리자들은 필요한 수정사항을 반영하고, 회사의 HR 시스템에 성과 피드백, 평가 결과, 승진 결과를 공식화한다. 이후 보통 2주 동안 관리자들이 팀원들과 성과 평가 대화를 나누는 기간을 갖는다. 대화는 직원이 내부 시스템에서 평가 내용을 보기 전에 이루어져야 한다.

캘리브레이션의 역할

모든 회사의 인사 프로세스와 마찬가지로, 관리자의 역할은 프로세스를 이해하고, 사전에 준비하며, 적극적으로 참여하는 데 있다. 팀원들을 변호하는 역할과, 그들의 성과와 영향력을 객관적으로 평가하는 역할 사이에서 균형을 유지해 회사 전체적으로 공정한 결과를 도출해야 한다. 예를 들어 자신이 제출한 평가 결과가 너무 엄격하거나(평균 평가가 낮거나 승진 후보가 적음) 관대한 것은 아닌지 점검하자. 캘리브레이션 세션을 통해 자신의 평가 기준을 재조정해야 한다.

캘리브레이션 세션 운영에 있어서는 HR 담당자가 아닌 본부장이 그 역할을 맡는 것이 중요하다. 리더로서 당신은 팀원들 대부분을 잘 알고 있어야 하며, 적어도 팀이 수행한 모든 주요 업무를 숙지하고 있어야 한다. 성과 평가와 승진 추천 초안 데이터를 검토하며 철저히 준비했다면, 관리자들의 평가가 일관성을 갖도록 어느 지점에서 추가적인 정보가 필요한지 파악할 수 있을 것이다.

자신의 편향을 점검해보자. 당신이 아는 사람들에 대해서만 더 많은 정보를 요구하고 있지는 않은가? 특정 프로젝트를 다른 프로젝트보다 잘 알고 있어서, 그 프로젝트에서 일한 사람들을 편애하고 있지는 않은가? 무엇보다도, 가장 낮은 기준선을 주의해야 한다. 성과 평가 등급 분포를 정규 곡선으로 생각한다면(회사 규모가 30명 이상이면 보통 그런 경향이 있다) 하위와 상위에 있는 팀원들은 비교적 쉽게 식별된다. 가장 어려운 것은 평가 등급 사이의 경계를 설정하는 일이다. 기대를 충족하는 사람들이 너무 많지는 않은가? 그중 일부는 그냥 '괜찮은' 수준에 불과하지는 않은가? 관리자들에게 "그 직원을 이 직무에 다시 채용할 것인가?"라고 물어보자. 만약 그렇지 않다면, 기대를 부분적으로만 충족한 사람이 더 많을 수 있다.

반대로, 최고의 성과자들에게 적절한 보상을 하고 있는가? '기대 충족'과 '기대 초과'의 경계, 그리고 '기대 초과'와 '훌륭하게 초과' 사이의 경계가 어디에 있는지 파악하자. 이에 대해 가장 활발한 논의가 이루어져야 한다. 당신의 역할은 성과 기준을 높게 유지하고, 기준을 뛰어넘은 사람들에게 보상을 제공하는 것이다.

정치적인 양상으로 흐르지 않도록 방지하는 방법은 철저한 사전 작업을 수행하는 것이다. 즉 데이터를 사전에 잘 준비하고(데이터 시트, 관리자 평가 요약, 루브릭 검토), 본인의 역할에 집중하는 것이다. 그리고 리더 본인의 직속 보고자들과 그 하위 팀, 그들의 주요 산출물에 대해 충분히 파악해야 한다. 회사가 성장함에 따라, 하위 직급 직원들에 대한 캘리브레이션 과정은 데이터 중심으로 이루어질 수 있다. 하지만 평가 대상자의 직급이 높을수록 그가 실제로 어떤 기여를 했는지 더 면밀히 파악해야 한다. 어떤 관리자가 소속 직원의 영향을 과대평가하거나 과소평가하고 있다고 느낀다면, 그 자리에서 직접 문제를 제기하는 사람이 되어야 한다. 당신의 역할이 관리자들의 책임을 묻는 것이라면, 다른 사람들에게 대신 판단해달라고 요청해서는 안 된다.

보상 체계를 어떻게 이해시킬 것인가

3장에서 언급했듯이, 보상 전략과 보상이 회사 전략, 인재 시장, 회사의 규모에 따라 어떻게 변화하는지에 대해서는 책 한 권을 쓸 수 있다. 하지만 최소한, 핵심 보상 철학과 이를 뒷받침하는 몇 가지 기본 요소가 필요하다.

보상 철학은 복잡할 필요가 없다. 예를 들어 '보상은 우수한 인재를 유치하고 유지할 수 있도록 시장 경쟁력을 갖추어야 하며, 성과가 뛰어난 사람에게는 더 큰 보상을 제공한다' 정도면 충분하다. 더 간단히 말하면 '성과에 따른 보상'이다. 철학을 설정했다면 이제 고정 보상과 변동 보상 요소를 구체화해야 한다. 일반적으로 고정 보상은 연봉을 의미하며, 변동 보상에는 보너스 프로그램 등이 포함된다. 많은 IT 기업에서는 신규 채용 시 지급하는 주식 외에도 성과에 따라 추가로 주식을 지급할 기회를 제공하기도 한다.

보상 체계를 결정하려면 먼저 직급 체계를 확립해야 한다(3장의 표 3 참조). 그다음 외부 보상 컨설턴트나 데이터 소스(예: Radford)와 협력하여 각 역할과 직급에 따른 적절한 급여 범위와 신규 채용 시 주식 목표를 설정하는 데 도움이 되는 시장 데이터를 확보할 수 있다. 초기 단계에서는 채용 제안을 위한 적절한 수치를 정하는 데 필요한 데이터만 있으면 된다. 이상적으로는, 시장 데이터를 얼마나 자주 업데이트하는지(최소한 매년), 보너스나 주식 보상 갱신 프로그램이 있는지 직원들에게 설명할 수 있어야 한다.

보상에 관한 대화 가이드라인

관리자로서 나누게 되는 다양한 대화 중에서 보상에 대한 대화가 가장 어려울 수 있다. 사람들이 보상에 대한 대화에서 가장 궁금해하는 것은 보통 두 가지다.

- 나는 공정하게 대우받고 있는가?
- 내 성과가 제대로 인정받고 있는가?

보상에 관한 대화를 계획할 때 염두에 두어야 할 몇 가지 가이드라인이 있다.

스스로 먼저 이해하라

회사 보상 체계의 세부사항을 이해하자. 회사는 무엇에 보상하는가? 리뷰는 얼마나 자주 이루어지는가? 당신 회사의 보상은 타사의 보상과 어떻게 다른가? 보상에 대한 대화에서 중요한 점은 직원들이 회사의 보상 방식을 완전히 이해하도록 하는 것이다. 어떤 직원들은 보상에 대해 끊임없이 언급한다. 그런 경우에는 시스템이 어떻게 작동하고 보상이 얼마나 자주 검토되는지 공유하는 것이 특히 중요하다. 그러면 직원들이 회사의 정해진 보상 일정 외에 보상 문제를 제기할 때, 지금은 대화 시점이 아님을 설명할 수 있다. 모든 보상 관련 대화는 보상 체계와 철학에 대한 설명, 그리고 보상 결정이 어떻게 이루어지는지 설명하는 것으로 시작한다.

보상 시스템에 대한 신뢰를 구축하라

이상적으로는 회사에 명확한 보상 철학이 있어야 한다. 물론 아직 초기 단계이고 성장 중이라면 보상 철학과 체계는 시간이 지나면서 발전할 것이다. 직원들에게 기대치를 설정해주자. 보상 구조는 시간이 지남에 따라 바뀔 수 있지만, 그 변화에 대해 지속적으로 투명하게 공유하겠다는 약속을 명확히 전달해야 한다. 만약 인사 및 보상 구조가 미흡하거나 신뢰를 훼손하고 있다고 우려된다면, 리더십 및 HR 팀과 협력하여 시스템을 개선하는 데 투자하자. 시스템 자체는 잘 작동하지만 종종 교육 자료나 소통이 부족한 경우가 많다. 이럴 때 당신이 개선을 이끌 수 있다. 어느 경우든 보상과 주식에 대한 오해와 실수는 신뢰를 완전히 무너뜨릴 수 있으므로 팀의 보상 결과에 대해 철저히 이해하고, 이에 대한 안내를 제공하는 데 기여하도록 노력하자.

직원의 동기를 이해하라

내가 관리했던 직원 대부분은 자신이 긍정적인 영향을 미치는 것에 동기 부여를 받았고, 금전적 보상을 주로 자기 영향력을 나타내는 지표로 생각했다. 동기가 높은 직원들에게 보상은 동기와 기여를 강화하는 효과적인 관리 도구다. 보상을 목적보다는 성과를 강화하는 수단으로 사용하자. 가능하다면 보상이 회사가 해당 구성원의 기여를 긍정적으로 인식하고 있다는 신호임을 강조하자(영업 관리자들에게는 이 작업이 훨씬 쉬울 것이다. 결과를 보상과 더 쉽게 연결할 수 있기 때문이다. 반면, 엔지니어링이나 인사 운영 관리자는 그만큼 쉽지 않을 수 있다). 금전적 보상을 주된 동기로 삼는 직원을 관리해본 경험이 있다. 이런 경우에는 보상이 어떤 기준으로 부여되는지 맥락을 이해하도록 돕는 것이 중요하다. 보상은 단순한 목표가 아니라, 우수한 업무 성과에 따라오는 자연스러운 결과임을 이해시켜야 한다.

보상에 관한 대화를 나눠라

보상 제도를 관리 도구로 활용할 기회를 놓치지 말자. 이러한 대화는 성과 평가와 같은 공식적인 프로세스에서 자연스럽게 이어진다. 회사는 보상의 변화가 언제 일어나는지, 보상에 관한 대화가 언제 적절한지 명확히 정해두어야 한다. 직원이 연봉 인상이나 보너스를 받게 될 경우, 그 사실을 직접 전달하고 어떤 성과가 인정받았는지 강조하며, 향후 개선이 필요한 부분도 짚어주는 것이 바람직하다. 대화를 통해 보상 조정이 직원의 성과와 어떻게 연결되는지 명확하게 전달하고, 직원이 보상에 대해 어떻게 생각하는지 파악하는 것이 중요하다. 직원이 자신이 공정하게 보상받고 있다고 느끼는지, 만족하는지, 혹은 회사를 떠나려고 하는지 대화를 통해 확인하자.

보상 조정이 없는 경우에도 대화를 나누는 것이 중요하다. 정기적인 원온원 미팅을 통해, 보상 검토가 있었으며 그 결과 이번에는 보상 변경이 없었다는 사실을 전달하고, 그 이유를 설명해야 한다. 또한 성과 개선의 방향을 제시하고, 앞으로 더 큰 기여를 할 방법을 강조하자. 보상에 변화가 없더라도 보상 시스템이 존재하고, 당신이 관리자로서 검토 결과를 인지하고 있다는 신뢰를 쌓을 기회가 된다. 어떤 경우에는 직원이 아직 보상 조정 자격이 없는 상태일 수도 있다. 어떤 상황이든, 이 대화를 통해 그 직원이 자신의 성과와 보상에 대해 어떻게 인식하고 있는지를 파악할 수 있다. 이는 향후 성과 및 성장 관련 대화를 효과적으로 이어가는 데 큰 자산이 될 수 있다(보상 대화를 준비하고 진행하는 방법에 대한 가이드는 뒤의 부록 '보상 관련 대화를 위한 가이드' 참조).

보상을 비교하는 직원에 대한 대응

보상 대화 중에 "같은 일을 하는데 누구는 나보다 더 많이 받고 있다"라는 말을 듣게 될 수 있다. 이런 질문에 대응하려면 회사의 보상 철학과 구조를 잘 이해하고 있어야 한다. 지리적 위치, 근속 연수, 업계에서 일반적으로 적용되는 보상 기준으로 언제 업데이트되었는지 등 여러 이유로 직원 간의 보상 차이가 발생할 수 있다. 하지만 이럴 때, 대화의 중심은 항상 해당 직원과 그들의 성과에 맞춰 있어야 한다. 만약 계속 불만을 제기하면 "다른 사람의 보상에 초점을 맞추고 싶지는 않지만, 불공정하다고 생각되면 HR에 확인하도록 하겠다"고 답한 뒤 HR과 후속 논의를 진행하고, 보상 시스템이 제대로 작동하는지 확인한 후 직원에게 전달한다. 다른 직원의 보상 내역까지 알 수는 없지만, 팀원이 관리자의 평가를 믿을 수 있도록 충분한 신뢰를 쌓는 것이 중요하다.

보상에 실망한 직원을 관리하는 법

때로는 임금 인상이 없거나, 임금 인상이 자신의 기여를 충분히 반영하지 못한다며 실망하는 직원이 있을 수 있다. 이는 두 가지 경우로 나뉜다. 첫째, 성과 피드백을 충분히 듣지 못한 직원이거나, 둘째, 높은 보상을 기대하는 고성과자일 수 있다. 만약 전자라면, 이 기회를 이용해 현재 역할과 성과에 대해 솔직하게 대화해보는 것이 좋다. 만약 평소에 관리를 잘해왔다면, 직원이 실망하더라도 결과는 갑작스럽지 않을 것이며, 대화는 그동안 당신이 계속해서 전달해온 메시지를 확인하는 과정이 될 것이다. 퇴사를 유도하거나 비판적인 피드백이 잦은 상황이라면, 보상에 관한 대화는 그러한 상황을 구체적으로 인식시키는 유용한 도구가 된다. 직원이 보상에 대해 실망을 표한다면 그동안 계속 발전에 대한 피드백을 제공해왔다는 점을 상기시키고, 해당 직무에서 기대한 만큼의 성과를 내지 못했음을 알려주어야 한다. 또한 보상 철학을 다시 설명하면서 기여도가 충분하지 않으면 추가적인 보상이 이루어지지 않는 시스템임을 이해시켜야 한다.

만약 직원이 성과가 뛰어나고 의미 있는 연봉 인상을 받았음에도 여전히 실망감을 느낀다면, 시스템을 이해하고 자신의 위치를 더 넓은 시각에서 바라보도록 도울 수 있다. 이 경우 회사 내 평균 연봉 인상률을 설명하되, 그럼에도 여전히 우려스럽다면 대화의 초점을 다음과 같이 전환할 필요가 있다. "6개월 후에 당신의 보상과 조직에 대한 기여도가 더 잘 맞아떨어지도록 함께 노력해봅시다."

직원이 사실상 승진에 대한 기대를 갖고 있다면, 대화의 초점을 승진에 필요한 요소들에 집중해야 한다. 실질적으로 훌륭한 성과를 내고 있다면, 구체적인 근거를 들어 설명하자. 예를 들어 "당신은 회사 전체 직원의 75%보다 더 큰 인상률을 받고 있다"는 식으로 말할 수 있다. 그리고 기대가 잘못 설정된 이유를 파악해야 한다. 그럼에도 여전히 실망감을 표현한다면 성과와 영향력이 향후 보상의 주요 요인이라는 점을 상기시키고, 더 명확한 승진 경로를 원하는지 확인해야 한다. 승진이나 보상과 관련된 확실한 보장을 할 수는 없지만, 직급 체계를 참고해 승진을 위해 보여줘야 할 구체적인 역량에 관해 설명할 수 있다. 함께 그 목표를 위해 노력하자고 약속하고, 대화의 초점을 직원의 성장 기회와 향후 성과 향상을 통해 보상받을 수 있는 가능성에 맞추면 된다.

모든 회사는 성과 피드백, 캘리브레이션, 보상 등 기본적인 인사 프로세스를 일찍부터 구축해야 한다. 직원 수가 20~30명을 넘기면 이를 도입하기에 적절한 시기다. 다시 말하지만, 관리자의 역할은 이러한 프로세스를 이해하고 효과적으로 참여하여, 직원들이 자신의 직급에 상응하는 기여도에 맞게 공정하게 평가받고 보상받을 수 있도록 하는 것이다.

조직의 엔진, 고성과자 관리

탁월한 직원 관리는 관리자의 업무 중 가장 보람찬 동시에 가장 어려운 부분일 수 있다. 모든 회사는 우수한 인재를 채용하고, 육성하며, 유지하기를 원한다. 최근 한 CFO는 인재 관리에도 80/20 법칙이 적용된다고 말하며, 상위 20%의 직원이 전체 성과의 80%를 해낸다고 주장했다. 파레토 법칙[74]처럼 정확하지는 않지만, 고성과자들이 그만큼 중요한 역할을 한다는 점은 틀림없다. 이들이 높은 성과를 내는 이유는 대개 강한 야망과 동기, 그로 인해 동료들에게 미치는 영향력 때문이다. 고성과자들은 본질적으로 요구 수준이 높다. 주로 자신에 대해서지만, 종종 다른 사람들에 대해서도 그렇다. 고성과자를 관리하는 데는 더 많은 에너지가 요구된다. 이들은 주변 사람들에게 더 많은 에너지를 요구하면서 동시에 강한 에너지를 발산한다.

고성과자를 관리하려면 먼저 그들의 동기와 운영 방식을 이해해야 한다(상호 자기 인식을 구축하자!). 그런 다음 그들이 팀에서 역량을 최대한 발휘해 성장할 수 있도록 돕자.

주도형 고성과자 vs 수용형 고성과자

고성과자는 크게 두 그룹으로 나눌 수 있다. 주도형Pushers과 수용형Pullers이다. 어떤 이들은 때에 따라 두 범주에 모두 속할 수 있다.

주도형 고성과자는 야망이 크고 대개 비판적인 시각을 가지고 있다. 조직에서 잘못된 점을 빠르게 파악하고, 자신과 주위 사람들에게 높은 기준을 요구한다. 그들은 성과 평가를 더 큰 연봉 인상이나 더 많은 책임을 맡지 못한 이유를 묻는 기회로 삼는 경향이 있다. 내적 동기가 강하고 다른 사람들의 감정을 건드리는 데 크게 신경 쓰지 않는다. 그들은 관리자인 당신을 밀어붙일 것이다.

반면, 수용형 고성과자는 자신이 감당할 수 있는 범위를 넘어서는 일까지 맡는 경향이 있다. 리더와 관리자들은 이들을 프로젝트에 배정하는 것을 선호한다. 이들이 거의 항상 요청에 응하고, 뛰어난 결과물을 내놓을 것을 알기 때문이다. 하지만 수용형은 번아웃으로 이어지기 쉽다. 조용히 고통받고, 불행하다는 것을 알리지 않다가, 퇴사를 알리는 마지막 원온원 미팅에서야 그 사실을 털어놓기도 한다. 이들은 외부 검증을 통해 자존감을 얻고 다른 사람들에게 좋게 보이고 싶어 한다. '아니요'라고 말하는 데 어려움을 겪는다.

당연한 이야기지만, 당신은 팀에 고성과자들이 있기를 원할 것이다. 하지만 중요한 사실은, 우수한 인재는 조직에 매우 긍정적인 영향을 줄 수도 있지만, 그만큼 부정적인 영향을 미칠 가능성도 있다는 사실이다. 주도형 고성과자는 요구 수준이 지나치게 높아 잠재력 있는 인재를 외면할 수 있으며, 이로 인해 다른 사람들의 사기를 떨어뜨릴 수 있다. 수용형은 중요한 프로젝트에 단골로 배정되는 경우가 많아, 다른 직원들이 참여 기회나 리더십의 인정을 얻지 못한다고 느낄 수 있다. 관리자의 과제는 각 고성과자가 장점을 최대한 발휘하도록 돕는 동시에, 이들이 자신의 일만 잘하는 것이 아니라 조직 전체에 긍정적인 영향을 미치도록 유도하는 것이다.

주도형 고성과자의 특징

장점

- 팀원들과 조직에서 더 나은 성과를 이끌어낸다.
- 좋은 본보기가 되어 다른 사람들에게 동기를 부여한다.
- 우수한 인재를 알아보고 자신의 프로젝트나 팀에 끌어들이는 능력이 있다.
- 조직 내 문제점을 예리하게 포착한다.
- 회사의 주인처럼 행동하며, 팀의 경계를 넘어서라도 책임을 다하려 한다.

단점

- 우수한 인재와 그렇지 않은 인재를 이분법적으로 나누어 생각하고, '우수한' 인재는 소수의 핵심 인재에만 해당된다고 본다.
- 한 번 '부족한' 인재로 판단한 사람들을 포기하고, 절대 함께 일하거

스케일링 피플

나 발전시키려 하지 않는다.

- 다른 이들에게 불신감을 유발하여, 자신의 업무가 인정받지 못하거나 같은 수준의 성과를 내도록 부당한 압박을 받는다고 느끼게 한다.
- 내부 인재 육성보다는 자기 팀이나 조직으로 업무를 끌어오는 데 집중하여 '제국 건설자'가 된다.

주도형 고성과자를 지원하는 방법

- 고성과자가 설정한 높은 기준에 대해 격려하고 보상한다. 공개적이든 비공개적이든 성과를 칭찬하고, 승진과 보상으로 인정해준다.
- 고성과자와 함께 우수 인재를 발굴하고, 그 인재가 성장할 기회를 제공한다.
- 조직 내 개선이 필요한 영역을 함께 파악하고, 해당 영역을 다루는 프로젝트를 주도하도록 맡긴다.
- 타인을 성장시키는 법을 개발하도록 돕는다. 이것을 자기 성장의 기회로 설명하면, 도전 의식을 느끼고 잘 받아들인다. 다른 이들의 단점보다는 강점을 인정하는 법을 코칭해준다.
- 더 큰 성과를 누리려면 모든 업무를 자신의 팀으로 가져올 수 없으며, 업무 위임과 상호 신뢰 구축을 통해 확장시켜야 한다는 점을 코칭해준다.

수용형 고성과자의 특징

장점

- 우선순위가 높은 프로젝트를 주도하는 데 탁월하다.
- 잘해내야 하는 긴급 업무에 즉시 투입될 수 있다.

- 뛰어난 업무 수행의 모범을 보인다.
- 조직에 동기를 부여하는 존재다.
- 활기찬 태도로 팀에 긍정적인 에너지를 불어넣는다.

단점

- 번아웃에 빠진다.
- 자신의 시간과 역량을 넘어서는 일을 떠안는다.
- 다른 이들의 성장에 도움이 될 수 있는 업무를 위임하지 않는다.
- 최고의 프로젝트를 모두 맡아 다른 이들의 사기를 저하시킬 수 있다.

수용형 고성과자를 지원하는 방법

- 우선순위를 정하고 업무 경계를 설정하도록 돕는다.
- 그들의 기여를 공개적·비공개적으로 격려하고 보상한다. 수용형 고성과자는 겉으로 보상을 요구하지 않는 듯해도, 인정받지 못하면 서운함을 느낄 수 있다.
- 업무를 맡기 전에 다음과 같이 스스로에게 물어보게 한다. '내가 이 일을 하기에 가장 적합한 사람인가? 내가 할 수 있는 가장 중요한 일인가? 이 일을 맡으려면 무엇을 포기해야 하는가?'
- 단순히 맡겨진 일을 처리하는 데 그치지 않고, 자신의 관심사와 열정을 발견하도록 돕는다(4장의 '커리어 대화를 나누자' 참조).
- 프로젝트를 거절하는 방법을 코칭한다.
- 프로젝트를 거절한다고 해서 다른 흥미로운 기회를 놓치는 것은 아니라고 안심시킨다.
- 다른 인재들을 발굴하여 프로젝트를 대신 맡길 수 있도록 하고, 업

무 위임과 타인 육성에 집중하게 한다.

고성과자 관리에서 유용한 추가 전략 몇 가지를 소개한다.

일이 지루해질 시기를 미리 예상하라

생산성 높은 인재일수록 흥미 없는 일이 주어지면 가장 빨리 지친다. 고성과자가 지루함을 느끼기 시작할 때를 예상하지 못하면 곤란하다. 주도형들은 매번 원온원 미팅에서 당신에게 이러한 불만을 말할 것이다. 반면 수용형들은 조용히 불만을 품고 있을 수 있다. 어느 경우든 직원이 자신의 역할을 넘어서 성장할 시점을 예상하고, 흥미로운 프로젝트를 함께 만들어가고 있다는 신호를 주는 것이 중요하다. 6개월 뒤 도전적인 프로젝트가 부족할 수 있다는 우려가 나오면, 솔직히 대화하고 그들에게 맞는 도전 과제를 함께 구상한다. 필요하다면 다른 팀에서 찾도록 돕는 것도 하나의 방법이다.

관리자로서 내가 어느 정도 성공을 거둘 수 있었던 이유 중 하나는 항상 사람을 중심에 두었기 때문이다. 즉 궁극적인 목적지와 상관없이 그들의 경로를 최우선으로 삼았다. 물론 나는 조직의 이익을 위해 행동하고 결정을 내리지만, 개인의 발전에 있어 때로는 내 팀을 벗어난(가끔은 회사를 벗어난) 곳에 가장 좋은 기회가 있다는 것을 알아챌 때가 있다. 관리자로서 이런 일이 일어나지 않기를 바라지만, 직원의 사직서에 놀라기보다는 어려운 결정을 내리는 데 도움을 준 사람이 되는 것이 낫다. 직원들과 솔직한 관계를 맺으면, 언젠가 그들이 다시 돌아올 가능성도 커진다. "리더는 따르게 만드는 힘을 가지고 있다"고 흔히들 말하는 이유는, 훌륭한 리더는 구성원들이 성장하도록 돕고, 성공을 지원하며, 조직과 동료들을 위해 옳은 일을 할 것이라는 신뢰를 구축하기 때문이다. 인재들이 성장할 수 있는 길을 솔직하게 제시하면, 그들은 당신을 진정한 리더로 인정하고 따르게 될 것이다.

기회는 생각보다 많다는 점을 기억하라

팀이나 조직 내에서 고성과자에게 줄 수 있는 기회는 생각보다 많다. 예를 들면 다음과 같다.

- **관리자 자리가 없더라도 누군가에게 중요한 리더십 역할을 맡겨보라.** 운영 원칙 3 '관리와 리더십의 차이를 구분하라'를 기억하자. 팀 내에서 더 전략적인 프로젝트를 맡기거나, 채용과 기획 같은 팀 구성 관련 업무를 위임할 수 있다. 나아가 시스템 규모를 확장하기 위한 기술 아키텍처 설계, 사업 검토 과정을 주도하며 조직을 대표해 발표하는 등 중요한 인프라 업무를 맡길 수 있다.
- **구성원이 더 성장할 수 있는 새로운 조직 구조를 고려하라.** 예를 들어 하나의 대규모 팀이 특정 프로젝트를 책임지는 대신, 여러 명의 관리자가 이끄는 3개의 작은 팀으로 구성할 수 있다. 단, 팀의 규모가 너무 작아지지 않도록 주의하자. 개인 플레이에 의존하는 조직은 지양해야 한다. 물론 개인을 위해 조직을 무리하게 개편할 필요는 없지만, 대체로 양립 가능한 해법은 찾을 수 있다.
- **직함이 아닌 업무의 종류에 초점을 맞춰라.** 사람들은 직함에 집착하느라 자신이 수행하는 업무의 본질을 간과하는 경우가 많다. 커리어 상담 시 나눈 대화를 참고하여 그 사람의 미래 목표를 염두에 두고, 향후 5년 안에 맡고자 하는 역할에 필요한 경험 유형을 목록화해보자. 만약 당신의 직속 부하가 향후 더 포괄적인 리더십 역할을

희망하고, 지금까지 전략적 또는 데이터 관련 업무를 주로 수행했다면, 새로운 역량을 기를 수 있도록 운영 또는 영업 중심의 업무를 맡길 수 있는지 고민해볼 필요가 있다.

- **그가 당신의 후임이 될 수 있을지 고려하라.** 때로는 당신이 지금 팀에서의 역할을 넘어섰고, 고성과자 또한 현재 역할을 넘어섰을 수 있다. 이 시점은 후계 계획을 고려하거나, 새로운 인재를 위해 스스로 현재 자리를 내줄 기회일 수 있다. 인력 분석 업무를 하던 사람과 대화를 나눈 적이 있는데, 그가 수행한 흥미로운 분석 중 하나가 뛰어난 인재들이 상사 밑에서 '정체'되는 경우에 대한 것이었다. 조직의 안정성도 필요하지만, 특히 상사 밑에서 정체된 인재에게는 건강한 이동이 필요하다.

이러한 방식으로 고성과자들이 팀과 조직에서 건강하게 성장하고 발전할 수 있는 환경을 조성하도록 하자.

성장을 위해 필요하다면 과감히 놓아주자

팀 내에서 고성과자에게 더 이상 흥미로운 기회를 제공하지 못한다면, 너무 오래 붙잡아두지 말아야 한다. 고성과자의 발전을 지연시키면 그들과의 관계뿐만 아니라 팀의 성과에도 장기적으로 악영향을 미친다. 불만족이 쌓인 직원은 성과가 떨어질 뿐만 아니라, 팀 전체가 '성장하기 어려운 곳'이라는 평판을 얻게 된다.

이 단계에 이르면, 고성과자를 조직의 다른 부서로 보내주는 것이 최선이다. 이는 회사에도, 장기적으로 당신에게도 이득이 될 것이다. 회사 내에 적합한 자리가 없다면, 고성과자의 입장에서 생각하고 인맥을 활용해 그의 장기적인 성공에 배팅하자. 그들은 당신에게 충성심과 신뢰를 갖게 될 것이다.

경험이 아닌 잠재력을 관리하라

'좋은 관리자는 저성과자보다 고성과자에게 더 많은 시간을 투자한다'는 말은 일리가 있지만, 완전하지 않다. 현재의 고성과자뿐만 아니라 장기적으로 높은 수익을 낼 수 있는 직원들에게 집중하자. 이미 뛰어난 고성과자라면 성공할 수 있도록 돕고, 장애물을 제거하며, 더 나은 성과를 낼 수 있도록 코칭해야 한다. 하지만 가장 큰 영향력을 끌어내는 방법은 잠재력은 뛰어나지만 이를 실현할 역량이 부족한 사람을 정확히 찾아내는 것이다. 내가 가장 흥미롭게 여기는 것은 '흥미로운 인재interesting talent'다. 즉 독특한 역량이 결합되어 비범한 성장 가능성을 지닌 사람들이다. 어떻게 잠재력을 끌어낼 수 있을까? 답을 찾아내는 데 집중해야 한다. 새로운 프로젝트, 교육 과정, 도제 방식 등 다양한 방법이 있다. 그들에게 필요한 것이 무엇인지 파악하고 투자하면, 돌아오는 보상은 클 것이다.

내가 관리해본 사람 중 가장 창의적인 유형이 있다. 바로 엉뚱한 아이디어를 내거나 팀 사람들과는 전혀 다른 각도에서 문제를 바라보는 사람이다. 이런 사람들은 때때로 혼란을 일으키는 것처럼 보일 수 있지만, 뜻밖에 팀의 돌파구가 되기도 한다. 이들의 의견을 경청하고 아이디어를 검토한 후, 자유롭게 이론을 실험할 수 있도록 지원하자.

구글이 지메일을 출시한 직후, 우리의 고객 지원 상황은 엉망이었다. 지메일은 당시 온라인 메일에 많은 새로운 기능(이메일 대화 스레딩 등)을 도입했고, 사용자들은 끊임없이 기술 지원에 대한 문의를 쏟아냈다. 종종 우리 팀은 며칠 동안 응답하지 못했다. 구글은 이전에 P2P peer-to-peer 기술을 이용한 서비스를 제공하려고 시도한 적이 없었지만, 팀원 중 한 명이 그것이 최선의 방법이라고 계속해서 제안했다. 마침내 나는 그에게 외부 사례를 찾아 테스트할 방법을 찾아보라고 요청했다. 그 결과 사용자들은 며칠씩 기다릴 필요 없이 즉시 도움을 받을 수 있게 되었다. 그의 아이디어는 여러 구글 제품에 적용되어 새로운 고객 지원 방식을 구축했고, 지금도 쓰이고 있다.

퇴사 전 면담과 회고를 실시하라

상위 10% 인재와 가장 높은 잠재력을 가진 인재를 파악하고 1년에 한 번씩 면담을 진행하여 "만약 당신이 회사를 떠난다면, 이유는 무엇일까요?"라고 물어보라. 시간이 부족하더라도 이런 대화를 3~5번만 나눠도 회사의 문제점을 빠르게 파악할 수 있을 것이다. 아울러 당신에 대한 피드백도 얻을 수 있다. 최소한 그들에게 개선이 필요한 부분을 알고 있으며, 계획이 있음을 직접적으로 전달할 수 있을 것이다. 나아가 그들이 가장 어려움을 겪고 있는 문제를 해결하는 데 도움을 줄 수 있다면, 이는 최고의 성과일 것이다.

퇴사 전 면담을 요청한 사람은 없었지만, 회사 생활 중 누군가가 내게 물었다면, 특정 부서의 리더 때문에 직무와 회사에 대해 실망했다고 말했을 것이다. 나는 자원해서 회사의 새로운 부서로 옮겼지만, 아무도 이유를 알지 못했다. 인재에 대해 알 기회를 놓치지 말아야 한다. 상위 10~20%의 인재들이 당신의 회사를 성공시키기도 하고 망치기도 하므로, 그들과 가능한 한 많은 시간을 보내자. 만약 누군가가 팀이나 회사를 떠난다면, 깊이 있는 퇴사 회고를 반드시 실시하여 이유를 알아내야 한다. 그들에게 왜 떠나는지 물어보고, 그들의 가까운 친구나 동료들에게도 물어보라. 보

사람들은 CEO나 총장 같은 중요한 직함을 가진 사람들이 리더일 것이라 생각하지만, 직함이 없어도 리더가 될 수 있다. 사실, 가장 효과적인 리더십은 직책 없이 주변에 영향을 미치는 사람들에게서 발휘된다. 많은 리더가 직함이 없던 시절부터 리더로서의 역할을 해왔기에 그 직책에 오른 것이다.

— **샘 호굿**Sam Hawgood, 캘리포니아대학교 샌프란시스코 캠퍼스 총장

통 그들도 뛰어난 고성과자일 것이다. 회고를 통해 많은 것을 배우게 될 것이다.

고성과자 유지 전략

고성과자 관리에 있어 가장 큰 실수는 관리자가 그들의 성과에 만족하고 더 성장할 기회를 주지 않는 것이다. 고성과자는 스스로 불편한 상황을 즐긴다. 이들은 가파른 스키 슬로프를 즐기며, 누구보다 빠르게 내려오는 것에 성취감을 느낀다.

내가 거둔 성공적인 커리어는 두 가지 요인 덕분이다. 첫째는 전체적인 흐름을 파악하고, 어떤 흥미로운 일이 생길지 예측한 뒤 그 일이나 회사에 먼저 뛰어드는 것이었다. 전설적인 아이스하키 선수 웨인 그레츠키Wayne Gretzky가 "퍽이 있는 곳이 아니라 퍽이 향하는 곳으로 스케이트를

타라"고 말했듯, 많은 CEO가 이렇게 했다. 둘째는 고성과자의 재능을 파악하고 열어주는 일에 능했고, 누구보다 많은 책임을 맡길 수 있는 사람으로 만드는 것이었다.

팀의 프로젝트를 계획할 때 누가 프로젝트를 맡아 할 것인지, 그들이 흥미를 느끼고 도전할지 생각해보자. 당신의 팀은 앞으로 6개월 동안 그들을 흥분시킬 프로젝트를 가지고 있는가? 1년 후는 어떤가? 빠르게 성장하는 회사라면 팀도 함께 성장하면서 고성과자들에게 자연스러운 기회가 생긴다.

하지만 고성장 기업에서도 기회가 제한된 팀이 있을 것이다. 사업 개발과 같은 전문화된 팀이 그렇다. 이런 팀들은 보통 재능 있는 인재들을 끌어모으지만, 규모가 작고 반복적인 프로젝트 중심으로 운영되는 경우가 많아서 팀의 역량을 시험할 명확한 도전 과제들이 많이 주어지지 않을 수 있다. 이를 미리 파악하고 고성과자들이 팀의 현실, 장점과 단점을 모두 고려할 수 있도록 이야기하고 조언해주어야 한다. 예를 들어 사업 개발팀의 경우 중요한 거래에 참여하는 경험을 쌓을 수는 있겠지만, 팀의 규모가 작아서 당분간 관리자로 성장할 기회는 적을 수 있다. 말하기 껄끄럽더라도 솔직하게 알려줘야 한다. 그들의 커리어를 위한 정직한 코치가 되어야 한다. 최악의 경우, 더 빨리 관리 경험을 쌓을 수 있는 다른 팀으로 옮기도록 도와줄 수 있다. 최선의 경우 그들은 현재 팀에 남기로 선택하며, 왜 그 결정을 내렸는지, 어디에 기여하고 무엇을 얻고자 하는지도 알게 될 것이다.

고성과자가 승진할 준비가 되었는지 검토하라

직원들을 빠르게 승진시키는 것은 매우 쉬운 일이다. 그들이 이룬 훌륭한 성과에 보상하고 싶기 때문이다. 하지만 그가 정말로 다음 단계에서 일할 준비가 되었는지, 성과를 유지할 수 있는지를 진지하게 점검해야 한다. 모든 사람에게는 발전이 필요한 영역이 있으며, 고성과자를 위해 할 수 있는 가장 좋은 일은 그 영역을 알려주는 것이다. 진정한 고성과자라면 그에 대해 감사할 것이고 자신의 한계를 개선하려 노력할 것이다.

우수한 인재가 승진할 준비가 되지 않았다고 판단했다면, 그 판단에 책임을 져야 한다. 그들에게 아직 부족한 점이 무엇인지(이 장의 앞부분에서 다룬 코칭과 피드백에 대한 내용 참조), 다음 단계로 나아가기 위해 무엇이 바뀌어야 하는지 명확히 알려줘야 한다. 최근에 나는 기여도를 기준으로 볼 때 승진할 자격이 충분히 있는 매우 재능 있는 직원과 일했다. 하지만 그녀는 부하직원들을 통해 팀을 구축하고 확장하는 방법을 아직 터득하지 못했다. 나는 성과 평가 때 이 점을 피드백해주었고, 6개월 동안 채용, 위임, 팀 운영 전략을 함께 수립했다. 다음 성과 평가 주기가 되자 리더십 팀은 그녀의 승진을 결정했다. 그녀 역시 새로운 직급에서 뛰어난 성과를 낼 준비가 되어 있었다.

때로는 우수한 인재에게 긍정적인 피드백만 주다가 성과 평가 때까지 건설적인 피드백을 주지 않는 일도 있을 것이다. 이상적이지는 않지만, 이럴 때는 솔직히 인정해야 한다. "잘하고 있지만, 당신에게 A에 대해 더 건설적인 피드백을 해주었어야 했다. 이 대화를 더 일찍 하지 못한 것은 내 잘못이다." 신뢰가 다소 무너질 수 있지만, 실수를 인정한다면 신뢰를 회복할 수 있을 것이다.

마지막으로, 당신이 빠르게 성장하는 기업에 있고 구성원들이 자주 승진하는 문화라면, 지속적으로 기대치를 조율하는 것이 중요하다. 직급이 올라갈수록 승진 기회는 줄어들므로 승진 외의 다른 방식으로 인정해주는 방법을 찾자.

조직 안정성의 숨은 주역, 중간 성과자 관리

'중간' 수준의 성과자들은 아직 진정한 능력을 보여주지 못했거나, 반대로 능력 부족이 드러나지 않은 사람들일 뿐이라는 견해가 있다. 기업이 빠르게 성장하고 많은 직원이 신입일 때는 그럴 수 있지만, 시간이 지나면 정규분포 곡선처럼 높은 성과자, 중간 성과자, 낮은 성과자가 모두 나타난다. 물론 기업이 약간 더 높은 수준의 인재 분포를 가질 수는 있지만, 아무리 대기업이라도 상위 성과자들로만 가득 찬 경우는 거의 없을 것이다.

중간 수준의 성과자를 소홀히 하기 쉬운데, 이는 매우 안타까운 일이다. 이들은 조직에 안정성을 제공하는 원천이며 기업 문화를 전파하는 역할을 하기 때문이다. 모든 관리자는 팀을 인재 포트폴리오로 여겨야 한다. 각 구성원을 평가한 뒤 지원하거나, 더 나은 성과를 위해 코칭하며, 필요하다면 더 적합한 직무나 팀, 회사로 이동시켜야 한다.

팀의 상황과 맥락을 고려할 필요가 있다. 빠르게 변화하는 업무 범위로 회사의 최우선 과제를 담당하는 팀인가, 아니면 매년 비슷한 업무를 안정적으로 수행하는 팀인가? 후자의 경우 중간 수준의 인재에게 더 적합할 수 있으며, 이들의 발전 계획을 세우고 기여를 인정해주어야 한다. 중간 수준의 직원들이 더 높은 직급(예 : 리더 직책자 등)으로 승진하지 못하더라도, 해당 직급에서 기여를 잘하고 있다면 이를 인정하며, 팀의 개선 방안에 대한 의견을 듣고, 꾸준한 성과를 축하하는 시간을 갖는 것이 좋다. 여기서 보상의 형태는 금전적인 인센티브보다는 구두로 하는 칭찬이나 특별한 도전 과제 부여와 같은 방식이 더 적절할 수 있다.

저성과자, 어떻게 관리할 것인가

때로는 당신이 제공하는 건설적인 피드백이 한 번으로 끝나지 않고, 반복되는 경우가 있을 것이다. 이러한 경우는 부하의 성과와 역할에 대한 당신의 기대 사이에 지속적인 격차가 발생하고 있음을 의미하며, 저성과자를 관리해야 하는 상황임을 의미한다.

저성과자가 영원히 저성과자인 것은 아니다. 모든 것은 맥락에 달려 있다. 역량이나 의지의 문제일 수도 있고, 잘못된 직무에 있을 수도 있다. 당신의 역할은 성과 문제가 있는지 파악하고 개선하거나, 그 사람을 팀이나 회사에서 내보내는 것이다.

다시 말하지만, 저성과 패턴을 보이는 사람은 주로 두 가지 이유로 문제가 된다. 첫째, 그들의 낮은 업무 결과가 팀 전체의 업무 결과에 영향을 미친다. 둘째, 저성과자는 보통 팀의 사기를 크게 떨어뜨리고 악영향을 미친다. 훌륭한 관리가 팀의 성과를 키우는 일이라면, 저성과자 관리도 시스템을 유지하는 것 못지않게 중요하다.

저성과자를 식별했을 때쯤이면 조직은 이미 그 사람을 채용하고 온보딩하는 데 많은 비용을 들였을 것이다. 특히 고위직일수록 그렇다. 당신의 목표는 그 직원이 회사에서 성공하도록 돕거나, 빠르게 결정을 내려 팀을 떠나도록 돕는 것이다.

다음은 저성과자를 관리하는 원칙과, 그들의 성과 개선을 돕거나 팀을 떠나게 할 때 필요한 절차들에 대한 설명이다. 이 과정에서 기억해야 할 두 가지 중요한 포인트를 먼저 짚고 넘어가자. 이는 예외적인 경우와 인사팀의 역할에 관한 것이다.

예외적인 경우

성과 문제가 항상 역량이나 의지 부족 때문은 아니다. 가족의 사망, 재정적 어려움, 신체적·정신적 건강 문제 등 직원의 사생활에서 어려운 일이 일어나 업무 성과에 영향을 미칠 수 있다.

이러한 상황에 대해 만능 해결책을 제시하기는 어렵지만, 다음의 두 가지를 하는 것이 도움이 된다. 첫째, 가능하다면 인사팀을 참여시킨다. 개인적인 어려움을 겪고 있는 직원을 지원하기 위한 법적·규제적 요구사항을 알고 있어야 한다. 둘째, 피드백을 주는 것을 멈추지 말자. 저성과 직원이라면 그들의 성과와 역할에 요구되는 것 사이에 격차가 있다. 역할에 대한 기대치를 낮출 수는 없지만, 특히 일시적인 상황이라면 단축 근무나 덜 부담되는 역할로 옮기는 등 직원의 책임을 조정할 수 있다.

인사팀의 역할

회사에 인사팀이 있다면 저성과자 관리에 큰 도움이 될 것이다. 인사팀이 없다면 자문 변호사나 법률 사무소가 있을 것이다. 이들은 법적 고려사항에 대한 자료나 교육을 제공할 수 있으므로, 적극적으로 요청하라. 경험 많은 인사 담당자라면 당신이 겪고 있는 상황과 비슷한 많은 사례를 봤을 것이고, 국가마다 다른 잠재적 법적 위험이나 규제 요구사항 등을 파악하는 데 도움을 줄 수 있다.

팀원 중 한 명이 저성과자라고 판단되면 인사팀에 알리는 것이 좋다. 하지만 인사팀에게 성과 관리 자체를 위임해서는 안 된다. 궁극적으로 성과에 대한 책임도, 직원의 업무를 가장 잘 아는 사람도 관리자 자신이기 때문이다.

이제 저성과자를 관리하는 주요 원칙에 대해 살펴보자.

피드백을 갑자기 말하지 마라

직원이 원온원 면담에서 자신이 이제 공식적인 성과 개선 계획에 들어간다는 사실을 듣고 놀란다면, 당신이 잘못한 것이다. 그런 중요한 결정을 내리려면 당신과 직원은 이미 적어도 2~3번의 피드백 대화를 나눴어야 했다. 사전 대화에서 그들의 업무가 기대치를 충족하지 못한다는 점을 명확히 언급했어야 한다. 제대로 했다면 이런 대화는 아마도 가설 기반의 코칭으로 시작해서 점점 더 명확한 우려사항 공유로 발전했을 것이다. 예를 들어 "이번 분기 목표를 달성하지 못할 것 같아 걱정된다"라고 말하는 식이다.

만약 이러한 과정을 거치지 않았다면, 시작부터 어려운 상황에 놓일 것이다. 부하직원의 입장이 되어 결정을 설명하는 데 상당한 시간을 써야 할 것이다. 직원은 더 이상 당신을 신뢰하지 않을 것이고, 문제를 해결할 가능성도 작아진다. 피드백을 미루지 말아야 하는 이유다. 피드백을 다른 모든 관리 업무보다 우선시하자. 특히 성과가 기대에 미치지 못하는 직원에게는 더욱 그러하다.

"깜짝 놀랄 일은 없어야 한다no surprises"는 원칙에도 예외는 있다. 예를 들어 팀원이 한 번의 행동으로도 매우 심각한 문제를 일으켰을 경우, 즉각적인 조치가 필요한 경우가 그렇다. 하지만 대부분 성과 문제는 일정 기간에 걸친 패턴으로 나타나며, (너무 오랜 시간은 아니더라도) 문제를 지적할 기회가 충분히 있어야 한다. 회사의 공식적인 성과 평가 시기까지 기다렸다가 저성과자에게 피드백을 전달하는 것은 큰 실수다. 특히 성과 문제에 대해서는 피드백을 가능한 한 빨리, 그리고 자주 제공해야 한다.

문서화를 통해 명확성과 신뢰를 구축하라

피드백을 문서화하자. 관리자는 비판적인 관찰을 문서로 남기는 것을 꺼릴 수 있지만 건설적인 피드백은 중요한 관리 도구로, 모호한 언어나 일상 대화 속에서 슬쩍 언급해서는 안 된다. 직원이 듣기를 원한다면, 피드백은 반드시 문서화하는 것이 도움이 된다. 첫째, 의사소통 과정에서 피드백이 왜곡되거나 오해될 가능성을 줄인다. 둘째, 관리자와 직원이 더 빠르고 쉽게 패턴을 파악할 수 있도록 돕는다. 셋째, 논의된 내용과 합의사항이 문서로 남아 있으면 신뢰를 쌓을 수 있다. 대부분은 필요하지 않겠지만, 만약 직원이 법적 조치를 취하려 한다면, 문서로 기록된 자료는 매우 중요할 수 있다.

피드백은 가능하면 정기적인 원온원 미팅에서 대면으로 제공하되, 반드시 문서로 피드백을 남겨야 한다. 일회성 피드백일 경우에도 원온원 미팅 문서에 기록한다(예: "지난주에 시행한 분석에 대한 피드백"). 주요 논의사항과 직원이 이를 개선하기 위해 해야 할 것, 당신이 어떻게 도울 것인지를 기록하자. 만약 저성과 패턴에 대해 더 심각한 대화를 나누는 중이라면, 피드백과 논의 내용을 이메일이나 문서로 작성해 직원에게 보내도록 한다. 더 심각한 성과 문제 상황이라면 미리 인사팀에 알리고, 문서화된 피드백을 인사팀과도 공유하자.

연민의 마음을 보여라

훌륭한 관리자는 보통 공감 능력이 뛰어난데, 저성과자를 관리하기가 어려울 수 있다. 감정을 상하게 하거나 자신감을 해칠 위험을 예민하게 느끼기 때문이다. 관리자는 언제나 연민을 가지고 직원을 관리해야 하지만, 연민을 보여야 할 때 문제를 더 악화시키는 경우도 많다. 킴 스콧은 『실리콘밸리의 팀장들』에서 이를 "파괴적인 공감"이라고 부르는데,[75] 전적으로 동의한다.

연민을 가지고 관리한다는 것은 이미 직원이 과중한 업무로 고통받고 있거나 피드백에 민감하게 반응할 것 같다고 해서 피드백을 미루라는 말이 아니다. 그 사람을 다시 정상 궤도에 올려놓기 위해 다른 모든 일을 제쳐두는 것 역시 아니다. 연민 어린 관리란 직원의 성과에 대한 솔직한 관찰, 직원이 문제를 바로잡을 수 있는 선택지, 기대치에 부응하기 위한 행동, 그리고 예상되는 결과에 대해 솔직히 공유하는 것이다. 피드백을 당신이 책임지고 있는 다른 업무와 균형 있게 처리하는 것도 포함된다. 한 코치가 나에게 말한 적이 있는데, 관리자가 저지르는 가장 큰 실수는 문제 상황에 너무 많은 시간을 쏟고, 최고의 성과를 내는 인재에게 충분한 투자를 하지 않는 것이다. 이를 바로잡으려면 문제 상황을 더 직접적·효율적으로 다루고, 그렇게 확보한 시간을 잠재력이 큰 인재에게 투자해야 한다.

신속하게 처리하라

성과 관리에서는 타이밍이 매우 중요하다. 이상적으로는 어떤 성과 문제든 3개월 이내에 결론을 내려야 한다. 직원의 직급과 상황에 따라서는 한 달 내에 해결될 수도 있다. 문제를 오래 끌지 않으면서, 직원에게는 공정한 개선 기회를 줘야 한다.

성과 문제를 오래 끌면 변수만 늘어난다. 예를 들어 직원은 당신이 문제를 직접 언급하지 않았더라도 자신이 성과를 내지 못하고 있다는 것을 알고 있을 수 있다. 그로 인해 스트레스를 받고, 스트레스가 또다시 성과에 악영향을 미친다. 결국 문제가 불거졌을 때, 직원은 "사실 지난 3개월 동안 극심한 불안에 시달려왔습니다"라고 말할 수 있다. 이 경우 성과 관리 대화는 직원의 정신 건강 문제로 성격이 바뀔 수 있으며, 과정이 지연될 가능성이 커진다. 더 일찍 문제를 처리했다면 이러한 상황을 피할 수 있었을 것이다.

저성과자를 관리하는 네 가지 단계

저성과자 관리는 기복이 심해 추적하기 어렵게 느껴질 수 있다. 이를 해결하기 위해 몇 가지 단계로 나누어 단계별 대략적인 일정을 제시하는 것이 좋다. 직원이 문제에 동의하고 더 일찍 떠나기로 하면 이 과정은 더 빨라질 수 있다. 실제로 해고까지 이어지는 경우는 드물다. 대부분 저성과자 관리는 코칭 또는 '자발적 퇴사'로 마무리되며, 이 경우 당신은 직원의 역할 변경이나 퇴사 과정을 상호 협의하에 진행하게 된다. 이는 저성과 상황을 원만하게 해결하는 방법이다.

저성과자 관리 단계는 다음과 같다.

0단계: (공식적인 단계를 시작하기 이전의 준비 단계-옮긴이) 단발성 피드백이 반복되는 패턴으로 나타난다. 결과에 대한 가설을 수립한다(3주 이내).

1단계: 성과 문제에 대한 인식을 공유하고, 공감대를 형성한다(1~3회의 대화, 2주).

- 반복되는 문제에 대한 관찰을 공유한다.
- 직무 기대치를 충족하지 못하고 있음을 명확하게 전달한다.
- 논의 내용을 문서화한다.

2단계: 향후 조치에 대해 합의한다(1~2회의 대화, 1주).

3단계: 실행 계획을 수립하고 실행한다(1~3개월).

- 가능한 결과 1: 성과 개선 계획을 따르고, 직원의 성과가 향상된다.

- 가능한 결과 2: 직무나 팀을 이동한다.
- 가능한 결과 3: 직원이 회사를 떠난다.

이제 각 단계를 살펴보고, 저성과자와의 대화에서 활용할 수 있는 표현을 살펴보자.

0단계: 단발성 피드백이 반복되는 패턴으로 나타난다. 결과에 대한 가설을 수립하라

일회성 피드백이 지속적인 저성과를 반영하고 있고 눈에 띄는 개선이 없으면, 장기적인 성과 관리 과정을 계획해야 한다. 직원이 신입이거나 업무가 비교적 단순하다면 이 과정은 비교적 빠르게 진행될 수 있다. 그러나 업무가 복잡하고 직원이 관리자급 이상일 경우, 몇 달이 걸릴 수도 있다. 이 시점에서는 결과에 대한 가설을 세우고, 일정을 계획한 뒤 직접 관리해야 한다.

직관에 반할 수 있지만, 프로세스를 시작하기 전에 예상 결과에 대한 가설을 세우는 것이 매우 중요하다. 가설이 틀릴 수도 있지만, 더 많은 데이터를 모아 수정하면 된다. 그러나 잠재적인 결과를 염두에 두면 더 나은 과정과 대화를 끌어낼 수 있다. 가능한 결과는 주로 세 가지다.

1. 직원이 성과를 개선하고 현재 직무를 유지한다.
2. 직원이 다른 직무나 팀으로 이동한다.
3. 직원이 회사를 떠난다.

가장 가능성 있는 결과에 대한 가설로 시작하면 기대치를 명확히 전달할 수 있다. 내 경험에 따르면 성과 개선 계획을 제시했을 때 직원들이 "제가 잘할 수 있다고 생각하시나요?"라고 물어보는 경우가 많다. 나는 절대 "아니요"라고 단호하게 말하지는 않지만, 상황에 따라 "쉽지 않을 것 같다"라고 말한다. 또는 "현재 직무의 요구사항을 충족시킬 수 있을 만큼 빠르게 능력을 향상시킬 수 있을지 걱정된다. 도울 준비는 되어 있지만, 우려에 대해 솔직하게 말하고 싶다"라고 말할 수 있다. 이때 직원이 동의할 경우 직무 변경이나 퇴사에 관한 대화로 자연스럽게 이어질 수 있다. 예상보다 빠르게 개선되었다면, 가설이 틀렸음을 확인할 수 있다(이 경우 가설을 수정하면 된다). 그렇지 않다면, 다음 단계에 대한 기반을 마련한 것이다.

1단계: 성과 문제에 대한 인식을 공유하고, 공감대를 형성한다

가설을 세운 뒤, 정기적인 원온원 미팅에서 피드백을 전달하자. 피드백을 전달하는 방식은 일회성 피드백과 유사하지만(5장 앞에 나오는 '어려운 피드백을 전달하는 대화의 기술' 참조), 두 가지 중요한 요소를 추가해야 한다.

1. 직원의 행동 패턴을 보고 있다고 분명히 전한다.
2. 직원이 해당 직무의 기대치를 충족하지 못하고 있음을 설명한다. 이때 역할 기대치에 대한 객관적인 자료, 예를 들어 직무 기술서 등을 참고하는 것이 이상적이다.

후자는 특히 중요하다. 비공식적인 코칭 모드에서 공식적인 성과 관리 단계로 넘어가는 것이다. 직원이 기대치를 충족하지 못하고 있다는 사실을 명시적으로 알리기 전까지는 직원이 이 사실을 이해하고 있다고 가정하지 말아야 한다. 이를 전달하는 것이 매우 어렵게 느껴질 수 있으므로, 이런 피드백을 명확히 전달하는 방법에 대해 몇 가지를 소개하겠다.

저성과자에게 피드백 전달하기

저성과자에게 전달하는 피드백은 다음과 같이 시작할 수 있다. "프로젝트 마감일을 세 번 지키지 않았어요. 이미 여러 차례 마감일을 지켜야 한다는 이야기를 드렸고, 이제 좋지 않은 패턴으로 보이기 시작합니다. 해당 직무에 대한 기대치를 더 이상 충족하지 못하고 있어요."

직원은 보통 두 가지 반응 중 하나를 보인다. 부정("동의하지 않습니다") 또는 공감과 문제 해결을 위한 준비("맞는 말씀인 것 같고, 도움이 필요합니다")다.

반응 1: 부정

직원을 잘 뽑았다면, 부정적인 반응을 하는 사람은 소수일 것이다(약 10% 정도). 대화는 몇 가지 방식으로 진행될 수 있다.

직원이 상황을 잘못 이해하거나 파악하지 못하고 있다고 판단된다면, 행동에 대한 더 많은 예시를 제시하면서 우려하고 있다는 사실을 분명히 전달해야 한다. 이렇게 말할 수 있다. "지난주에 마감일을 놓친 것과, 그 전 주에 B 프로젝트에서도 마감을 지키지 못한 부분을 말하고 있는 겁니다." 또한 이렇게 덧붙일 수도 있다. "동료 평가에서도 동료들이 약속을 지키지 않는 부분에 대해 말했어요."

만약 직원이 사실 자체를 부정한다면, 대화를 사실 논쟁에서 벗어나 당신이 인식하고 관찰한 직원의 성과에 초점을 맞추자. 이렇게 말할 수 있다. "완전히 동의하지 않더라도, 마감일을 놓친다는 인식에 관해 이야기를 나눠보죠. 이 문제를 해결해야 합니다." 또는, "제가 직접 지켜본 바로는 마감일을 여러 번 놓쳤어요. 왜 그런 일이 일어났는지, 어떻게 개선할 수 있을지 이야기를 나누고 싶습니다."

직원의 반응에 따라 여러 차례 대화가 필요할 수 있다. 직원이 당신에게 화를 낼 수도 있고, 생각할 시간이 필요하다고 하거나, 대화 중에 새로운 사실을 밝힐 수도 있다. 그런 경우에는 대화를 잠시 멈추고 다시 면담을 잡을 필요가 있다. 이렇게 말할 수 있다. "제가 지켜본 내용에 동의하지 않는 것 같군요. 시간이 좀 필요할 것 같으니, 잠시 대화를 멈추고 며칠 내로 다시 시간을 잡도록 하죠."

직원에 대해 새로운 사실을 알게 되어 초기 평가가 틀렸다고 판단되면, 대화를 마무리하며 추가 정보를 수집하기로 합의하라. 이렇게 말할 수 있다. "새로운 정보를 공유해줘서 이해에 도움이 되네요. 이 부분을 좀 더 알아본 뒤, 다음 주에 대화를 계속할 시간을 잡도록 하죠." 이러한 상황은 일주일 이상 미루지 말아야 한다. 새로운 정보를 고려한 후에도 여전히 성과 문제라고 판단된다면 성과 검토 과정을 재개해야 하고, 그렇지 않다면 직원과의 대화를 통해 잘못된 정보나 피드백을 받은 이유에 대해 살펴봐야 한다.

반응 2: 공감과 문제 해결을 위한 준비

대부분 직원은 공식 피드백 전에 이미 문제가 있다는 사실을 알고 있을 것이다. 이는 긍정적인 신호다. 문제를 해결해야 한다는 점에 동의하고 있으므로, 이제 문제 해결 모드로 전환할 수 있다. 다음과 같은 질문을 던져 문제를 깊이 있게 살펴볼 수 있다. 상황과 사람에 따라 직접적으로 혹은 간접적으로 물어볼 수 있다.

- **"어떤 상황이라고 생각하나요?"** 직원이 해결이 필요한 문제를 말하거나 도움이 필요한 부분을 이야기할 수도 있다. 예를 들어 "엑셀 실력이 충분하지 않습니다"라고 말할 수도 있다. 또는, 현재 맡은

직무가 본인과 맞지 않는다는 생각을 공유할 수도 있다. 직원이 자신에게 맞는 해결책을 제시할 수 있도록 대화를 이끌어가자. 직원의 평가나 해결책에 공감한다면, 대화를 이어가며 그가 맡은 역할이 적합하지 않다는 합의에 이를 수도 있다.

- **"이 일을 좋아하나요?"** 자신이 역할을 잘해내지 못하고 있음을 알지만 이유를 잘 모른다면, 좀 더 깊이 파고들어야 한다. 아마도 직원이 가장 좋아하지 않는 업무가 그가 발전시켜야 할 능력이라는 것을 깨닫게 될 수도 있다. 또는 현재 직무가 마음에 들지 않아 변화가 필요함을 깨달을 수도 있다.

- **"이 직무가 당신에게 맞나요?"** 때로는 말하지 못했던 문제를 직접적으로 언급하는 것이 가장 효과적일 수 있다. 처음부터 이렇게 시작하지는 않겠지만, 만약 직원이 맡은 직무의 긍정적인 측면을 말하기 어려워하고, 당신 역시 직원의 관심사와 강점을 현재 직무와 연결 짓지 못하고 있다면, 이 문제를 직면할 시점일 수 있다.

논의를 마친 후에는 가설의 타당성을 더 명확히 판단하고 다음 단계로 나아갈 수 있다.

대화 내용을 문서화하기

모든 대화는 반드시 문서화하라. 가장 좋은 방법은 이메일로 정리하는 것이다. 이메일은 정보를 직원에게 전달하고 그들이 이에 대해 답변할 수 있는 수단이다. 이메일에는 직원이 현재 역할 기대치를 충족하지 못하고 있다는 사실과 합의된 다음 단계를 명시해야 한다. 단순히 "대화를 되새겨 보고 다음 주에 다시 만나기로 했다"는 내용이라도 좋다.

예를 들어 이메일에 이렇게 쓸 수 있다.

오늘 대화를 나눌 수 있어서 좋았습니다. 논의한 내용을 정리해보고
자 이메일을 드립니다.

저희는 X와 Y 프로젝트에서 분석 역량이 현재 역할의 기대치를 충족
하지 못하고 있다는 점을 이야기했습니다. 다음 단계로, 제가 SQL 쿼
리 작성과 관련된 교육 영상을 2개 보내드리기로 했고(첨부했습니다),
브라이언과 연결해 분석 역량을 향상시킬 수 있는 추가적인 아이디
어를 공유받도록 하겠습니다. Z 프로젝트의 분석 작업을 완료하신
후, 다음 달 원온원 미팅에서 결과를 공유해주시면 개선사항을 함께
검토하겠습니다.

뒤의 부록 '성과 개선 문서 템플릿'에서 성과 개선 과정을 문서화하는
더 많은 이메일 템플릿을 확인할 수 있다.

2단계: 향후 조치에 대한 합의

성과 문제에 대한 대화를 나눈 후, 이상적으로는 어떻게 상황을 이끌
어갈지에 대해 서로 합의해야 한다. 예를 들어 두 번째 피드백 미팅을 끝
내며 "논의한 사항을 바탕으로 성과 개선 계획을 작성하고, 30일 동안 추
적하기로 합의한다"는 결론을 내릴 수 있다.

완전한 동의에 이르지 않았더라도, 세 번째 대화까지는 다음 단계를 논
의해야 한다. 예를 들어 이렇게 결론을 내릴 수 있다. "공식적인 성과 개선
계획이 필요하다는 점에 완전히 동의하지 않더라도, 저는 계획을 문서화하
여 작성할 예정이며, 향후 30일간 그 계획에 따라 성과를 추적하겠습니다."

앞서 언급했듯이, 가능한 다음 단계는 세 가지다.

1. 성과 개선 계획을 따른다.

2. 직원을 다른 팀으로 이동시킨다.

3. 직원이 회사를 떠난다.

다음 섹션에서는 첫 번째와 두 번째 결과에 대해 중점적으로 다룰 것이다. 이 장의 후반부에 있는 '퇴사 조율 과정: 자발적 퇴사 권유, 해고, 감원'에서는 직원이 회사를 떠나야 할 때의 상황을 다룰 것이다.

3단계: 실행 계획 수립

가능한 결과 1: 성과 개선 계획을 합의하고 실행

처음 대화 후 직원이 빠르게 퇴사하기로 합의하지 않았다면, 관리자는 공식적인 성과 개선 계획performance improvement plan, PIP을 작성하고 직원과 이에 대해 합의해야 한다. 계획에는 다음 내용이 포함되어야 한다.

- 개선이 필요한 기술 또는 행동, 그리고 어떤 개선 결과를 기대하는지
- 개선 여부를 평가할 종료 일자
- 성과 개선을 측정하는 방법

성과 문제는 세 가지 유형의 해결책이 있으며, 개선 계획의 기간은 문제의 성격에 따라 달라진다.

- **운영 또는 전술적 문제:** 분석 역량 향상, 영업 목표 달성, 고객 지원 응답의 질과 양 개선 등이 포함된다. 이는 관찰하거나 측정하기 쉬운 변화지만, 시간이 걸릴 수 있다. 예를 들어 영업 목표가 있는 직원은 대부분 영업이 특정 기간(보통 분기) 말에 마무리되므로 개선

된 성과를 확인하는 데 시간이 더 걸릴 수 있다.

- **직무에 맞는 역량 적합성:** 예를 들어 분석 업무 전문가가 필요한데, 정작 직원이 구축 단계에 필요한 다양한 업무를 수행하는 제너럴리스트일 수 있다. 이럴 때, 직원이 해당 역할에 필요한 의지와 기본 자질을 갖추었는지 1~2개월 내에 평가해야 한다. 해당 기술을 바로 갖추어야 한다면 더 빨리 평가해야 할 수도 있다.
- **행동 또는 태도 적합성:** 예를 들어 직원이 명확한 지시를 받는 수직적인 구조에 익숙하지만 회사가 자율성을 요구하는 수평적인 조직이라면, 환경에 적응할 수 있는지 2~3주 이내에 파악해야 한다.

성과 개선 계획을 작성할 때 가장 어려운 부분은 성과를 어떻게 측정할 것인지 구체적으로 서술하는 것이다. 측정 지표가 명확한 경우에는 문제가 없지만, 그렇지 않다면 무엇(작업 산출물과 품질)을 어떻게 했는가(업무 수행 방식, 특히 협업 및 커뮤니케이션)를 평가해야 한다. 산출물, 품질, 과정을 어떻게 판단할 것인지 반드시 설명하자. 동료 피드백을 받거나 해당 업무에 능숙한 다른 관리자에게 평가를 의뢰하는 방식이 있을 수 있다. 성과 개선 계획이 끝날 무렵, 평가 방법에 대해 직원과 논쟁하지 않도록 기준을 명확하게 세워야 한다.

성과 개선 계획을 소개하는 대화 예시

성과 개선 계획에 대한 대화는 양측 모두에게 어려울 수 있으므로, 준비에 신경 써야 한다. 아래 내용을 상황에 맞게 수정해도 좋지만, 주요 주제는 꼭 다루는 것이 좋다.

지금까지 논의했듯이, 성과가 역할 기대치에 미치지 못하고 있습니다. 특히 개선이 필요한 주요 영역은 [PIP에서 강조한 개선 영역을 나열하고, PIP에서 공유한 사례를 요약하여 기대치를 충족하지 못한 구체적인 상황을 설명]입니다.

성과를 개선하는 데 도움을 주기 위해 성과 개선 계획을 준비했습니다. 이 계획의 목표는 우리의 기대를 명확히 제시하고, 그 기대에 부응할 수 있도록 체계적인 틀을 제공하는 것입니다. 성과 개선 계획 기간에 달성해야 할 목표는 [PIP에 제시된 성과나 목표 나열]입니다. 이런 피드백을 듣기가 힘들다는 점을 이해하지만, 성장의 기회로 생각하시기 바랍니다. 이 계획을 통해 당신의 성과를 개선하는 데 집중하겠습니다. 매주 원온원 미팅에서 계획을 점검하고, 목표 달성을 위해 어떤 진전이 있는지 논의하겠습니다. 추가로 원온원 시간이 필요하면 언제든지 이야기해주세요.

성과 개선 계획 목표를 달성하는 것은 충분히 가능합니다. 하지만 이 기간에 역할 기대치를 충족하지 못하면 인사 조치가 내려질 수 있습니다.

성과 개선 계획이나 이 과정에 대해 궁금한 점이 있으면 언제든지 말씀해주세요.

뒤에 나오는 부록 '성과 개선 계획 템플릿'에서 예시를 확인할 수 있다.

성과 개선 계획이 완료되면 직원이 충분한 성과를 보였다고 판단하여 계획을 종료하거나, 직원이 직무의 요구사항을 충족할 만큼 성장하지 못한 경우 역할 이동, 팀 이동, 퇴사 등의 결정을 내려야 한다.

대부분은 직원이 피드백을 받아들이지 않을 경우 성과 개선 계획을 통해 기대와 역량의 격차를 공식적으로 보여주면, 99%는 회사를 떠나는 결말로 이어진다. 반면, 피드백을 이해하고 필요한 기술을 배우거나 업무 방식을 바꾸려는 의지가 있는 직원은 성과 개선 계획을 통해 발전할 가능성이 있다. 관리자의 역할은 이 과정을 통해 직원을 지원하는 것이지만 어려운 정도, 직원의 동기 수준, 예상 결과를 주시하는 것도 중요하다. 안타깝게도 직원이 성과 개선 계획의 요구사항을 간신히 충족한 후 몇 달 뒤에 다시 같은 문제에 봉착하는 경우를 너무 많이 봐왔다. 이는 관리자, 팀, 직원 모두에게 좋지 않다.

가능한 결과 2: 역할 또는 팀 이동

직원이 현재 역할에 맞지 않지만 여전히 유능한 직원이라고 판단될 경우, 관리자는 가설 기반 코칭을 통해 직원의 역량과 관심사에 더 적합한 역할을 찾는 데 도움을 줄 수 있다.

이러한 결정은 대부분 성과 피드백 대화의 질문 단계에서 나온다. 예를 들어 직원에게 현재 맡은 직무가 자신에게 맞는지 물어보면, 잘 모르겠다고 답할 수 있다. 이는 한발 물러서서 직원의 역량을 다시 검토하고(1장에서 다룬 자기 인식 분석 참고), 더 잘할 수 있는 역할을 생각해볼 기회가 될 수 있다. 고객 대면 업무를 하던 사람들이 실제로는 고객과의 상호작용보다는 분석, 프로세스, 전략적인 업무를 더 선호하는 경우를 자주 보았다. 이런 경우, 직원은 일선 영업보다는 영업 운영 직무에 더 적합할 수 있다.

이 접근 방식은 적절한 직무가 공석이어야 가능한데, 그 과정에서 직원이 실망할 가능성도 있다. 이러한 이유로 시간 제한을 두고 관리할 필요가 있다. 인사팀의 도움을 받는 것도 좋다. 만약 직원에게 더 적합한 역할을 찾았다면, 인사팀과 협력하여 내부 이동 절차를 진행하자.

관리자를 관리하는 코칭의 기술

직원을 관리하는 주요 조치와 대화에 대해 설명했으니, 이제 관리자를 관리하는 법을 알아보자. 기본적인 내용은 비슷하지만, 관리자를 관리할 때는 접근 방법상의 조정이 필요할 수 있다.

처음 관리자들을 관리하기 시작했을 때, 나는 코치에게 연락해 "팀의 업무사항을 더 세세히 파악할 수 없어서 스트레스가 쌓인다"고 말했다. 그러자 코치는 "이제 대위가 아니라 대령이 되어야 한다"고 대답했다. 팀의 세세한 업무에 깊이 관여하기보다는 팀이 장애물을 넘을 수 있도록 지원하고 코칭하는 시스템을 마련해야 한다는 뜻이다. 관리에서 리더십으로 전환해야 한다는 의미이기도 했다. 조직의 비전을 설정하고 목표와 측정지표를 마련하는 역할을 하되, 모든 기술적인 문제를 직접 해결하려는 자세는 버려야 했다.

관리자를 관리할 때 가장 중요한 목표는, 그가 팀의 목표를 달성할 수 있도록 코치이자 조언자, 장애물 해결사가 되는 것이다. 관리자와의 원온원 미팅에서는 주로 문제를 해결하는 것보다 코칭에 더 집중하고, 나의 역할을 명확히 하는 데 중점을 두어야 한다.

관리자를 어떻게 관리할 것인가

관리자는 종종 문제를 당신에게 가지고 온다. 이때 본능적으로 "이렇게 해결하라"고 말할 수 있지만, 그보다는 "어떻게 해결할 생각인가?"라고 물어보는 것이 더 바람직하다. 관리자가 스스로 문제를 해결할 수 있도록 코칭하는 것이 이상적이다. 단순히 방법을 알려주는 것이 아니라, 문제 해결을 스스로 주도하는 법을 가르쳐야 한다. 이를 위해 도요타의 5Why 방법을 사용해 "왜?"라는 질문을 5번 이상 던져 문제의 근본 원인을 파악하도록 돕는 것이 효과적이다.[76] 대부분은 이미 답을 알고 있다. 다만 그 답을 이끌어낼 질문이 필요할 뿐이다. 만약 답을 모르면 문제를 파악하도록 이끈 다음, 스스로 해결책을 찾아내도록 코칭하자.

때로는 상대가 답을 찾지 못해 답답해하거나, 혹은 이 과정에서 내가 조급함을 느낄 때, "제가 생각하는 답을 말해줄까요, 아니면 먼저 말해보실래요?"라고 물어본다. 이 질문은 보통 상대방에게 여유를 주고, 대화 분위기를 부드럽게 조성해 긍정적인 반응을 끌어낸다.

구성원 원온원과 관리자 원온원의 차이점

관리자를 관리하게 되면, 원온원의 초점은 기술적 문제 해결에서 더 적응적인 문제로 옮겨간다. 예를 들어 구성원 원온원에서는 "어떻게 문제를 해결해야 할까요?"라는 질문이 나올 수 있지만, 관리자 원온원 미팅에서는 "우리가 잘못된 제품을 만들고 있는 것 같습니다"라는 식의 주제가 나올 수 있다.

어떤 상황에서든 상대방이 어떻게 지내는지 묻는 것을 잊지 말자. 특히 경험 많은 관리자들에게는, 원온원이 철저히 그들을 위한 시간임을 강조한다. 우리는 공동으로 수정할 수 있는 문서를 만들어서 실행 항목을 추적하고 목표 및 커리어 대화 기록과 연결한다. 각 원온원 미팅의 안건은 상대방이 먼저 제안하게 하고, 필요한 경우 내가 안건 항목을 추가하는 방식으로 문서를 수정한다.

표 10. 구성원 원온원과 관리자 원온원에서 논의되는 주제 예시

구성원 원온원	관리자 원온원
• 시간을 어떻게 관리하고 있는가? • 문제를 어떻게 해결할 수 있을까? • 작성한 문서에 대한 피드백은 무엇인가? • 어떤 작업을 우선적으로 처리해야 할까?	• 1년 후 어떤 성공의 모습을 그리는가? • 장기 목표에 진전이 있는가? • 시스템이 적절하게 구축되어 있는가? • 사안에 대해 내린 판단이 맞는가? • 조직에 적합한 팀과 역량이 있는가?

상대방이 제안하지 않더라도 원온원 미팅은 두 가지로 시작해야 한다. 상대방이 어떻게 지내는지 묻는 것과, 가장 중요한 논의 항목이 무엇인지 합의해서 그것을 먼저 다루는 것이다. 때로는 논의 주제가 대화의 대부분을 차지할 수 있는데, 그럴 때는 서두르기보다는 그 주제에 충분한 시간을 할애하는 것이 더 바람직하다.

전문가가 아닐 때의 관리법

관리자를 관리하게 되면, 종종 해당 팀의 업무를 직접 수행해본 적이 없는 상황에 직면하게 된다. 건강한 관리자-직원 관계에서는 양측 모두 서로에게 가치를 제공하고 있다고 느껴야 한다. 해당 분야의 전문가가 아닌 경우, 당신이 제공할 수 있는 가치는 그 분야의 지식이 아니라 전략적 사고, 의사소통, 문제 해결, 조직 관리, 리더십과 같은 폭넓은 싱킹 파트너thinking partner로서의 역할이다. 이때 자신의 강점을 인식하는 것이 도움이 된다(운영 원칙 1 참고). 예를 들어 어려운 결정을 효과적으로 소통할 수 있다면, 이는 당신이 직원을 지원하는 중요한 역량이 될 수 있다.

스케일링 피플

비전문가라도 기여할 수 있는 영역은 많다.

- 직원을 회사 내 다른 리더나 부서에 소개한다.
- 회사를 잘 파악하고 업무를 처리할 수 있도록 도와준다.
- 직원이 하는 일에 대한 열의를 불러일으킨다.
- 필요한 자원을 확보해준다.
- 장애물이나 갈등을 해결하고, 필요한 경우 명확한 의사결정을 내려 업무가 계속 진행되도록 돕는다(언블로킹).
- 스킵 레벨 미팅(상위 보고 라인과의 면담)을 하거나, 그들의 팀을 관찰 하거나, 성과 관리 대화를 할 때 눈에 보이는 결과나 수치만을 보는 것이 아니라 성과가 나오게 된 배경과 전반적인 상황을 함께 고려 한 유용한 피드백을 제공한다.

만약 필요한 전문 지식을 가지고 있지 않다면, 당신의 핵심 역할은 직원이 필요한 도움을 받을 수 있도록 연결해주는 것이다. 외부 멘토나 당신의 동료 중에서 필요한 자원을 반드시 확보해주자. 이때 관리자로서 어떤 방식으로 가치를 더할 수 있을지, 초기부터 명확히 기대치를 설정하는 것이 중요하다. 이를 위해 '나와 함께 일하기' 문서를 작성하거나 초기 원온원 미팅에서 논의할 수 있다. 예를 들어 나는 '클레어와 함께 일하기' 문서에 다음과 같은 내용을 적어두었다.

저 없이도 많은 결정을 내리고 계실 거라 생각합니다. 만약 저에게 의견을 물으신다면, 보통 '어떻게 하고 싶으세요?' 또는 '어떻게 해야 할까요?'라고 물어보며 결정을 도와드릴 겁니다. 하지만 중요한 결정을 내려야 할 때는 관련 내용을 알고 싶고, 언제든 함께 논의할 준비가 되어 있습니다. 당신과 당신 팀의 상황을 잘 이해하고 싶습니다.

마지막으로, 현장을 경험하는 데 시간을 투자하는 것이다. 관리자가 되기 전에 일선에서 직접 일할 기회가 없었다면, 몇 시간이라도 팀의 일상적인 업무를 경험해보는 것은 가능하다.

최근에 스트라이프의 리스크 운영팀에서 유능한 직원과 함께 두 시간을 보낸 적이 있다. 사업체가 스트라이프 계정에 가입할 때, 스트라이프는 해당 비즈니스가 합법적이며 결제를 처리할 수 있는지를 확인하는 과정을 거친다. 대부분 검사는 자동화되며 기계 학습 알고리즘을 통해 이루어지지만, 때로는 사람이 계정을 검토하기도 한다. 나는 두 시간 동안 스트라이프의 리스크 관리 방식에 대해 이전 2년간의 수많은 프레젠테이션보다 더 많은 것을 배웠다. 당신이 이러한 관찰을 팀의 관리자와 공유하면 추가적인 신뢰를 얻을 수 있다.

스트라이프 CEO 패트릭 콜리슨이 하는 것과 같은 더 심화된 방법도 있다. 그는 이를 '엔지니어리케이션engineerication'이라고 부른다. 이는 휴가를 내듯이 일정을 잡아, 회사 내 팀에서 3~5일 동안 엔지니어로 활동하는 것이다. 이를 통해 그는 엔지니어링 생산성을 향상시킬 방법에 대해 많은 것을 배울 뿐만 아니라, 이전과 비교해 얼마나 변화가 있었는지를 확인하며 에너지를 얻고 돌아온다.

퇴사 조율 과정: 자발적 퇴사 권유*, 해고, 감원

이제 저성과자 관리 부분에서 다룬 세 번째 결과로 돌아가 보자. 저성과 직원에 대한 적절한 피드백, 코칭, 공식적인 성과 평가 과정을 모두 거쳤음에도, 개선의 여지가 없어 직원이 회사를 떠나야 할 상황이 발생할 수 있다. 어떤 경우에는 성과 피드백 과정 전이나 도중에 당사자와 관리자가 서로 동의하여 퇴사 결정을 내리는 경우도 있다. 경우에 따라서는 관리자가 직접 직원의 개선 노력이 실패했음을 알리는 역할을 해야 한다. 어느 경우든 직원의 퇴사를 조율하는 과정에는 많은 노력이 필요하다.

대부분의 경우, 관리자와 해당 직원이 자연스럽게 "이제는 회사를 떠나는 것이 맞다"는 결론에 도달한다. 이 경우 공식적인 해고 통보 절차는 필요하지 않을 것이다. "당신은 회사를 떠나야 할 것 같습니다" 같은 대화를 할 때쯤이면 그 직원이 더 이상 회사에서 일할 수 없다는 확신이 들어야 하며, 이상적으로는 당신과 직원 모두 이 결정에 자연스럽게 이르는 대화를 충분히 나눴어야 한다. 그러나 드물게 공식적인 해고 면담이 필요할 때도 있다. 누군가를 해고하는 일은 관리자로서 가장 어려운 일 중 하나다. 따라서 상사나 인사팀의 도움을 받아 결정을 내려야 한다. 사전에 대화 연습을 해보는 것도 필요하다.

누군가를 해고해야 한다는 사실은 애초에 적합한 인재를 채용하는 것이 얼마나 중요한 일인지를 일깨워준다. 그럼에도 이는 조직을 잘 운영하

---

* 자발적 퇴사 권유managing out는 한국의 권고사직과 유사하다. 한국의 경우, 해고Firing는 사측의 장기간(대법원 판례 최소 15개월) 개선 기회 제공 노력이 증명되어야 하며, 감원Layoffs은 한국 근로기준법에서 다섯 가지 요건을 규정하고 있다. 따라서 본 장의 해당 내용은 한국 기업에 적용할 수 없음을 감안하고 읽어주기 바란다. - 옮긴이

기 위한 필수 과제다. 완벽한 채용 프로세스는 존재하지 않기 때문에, 회사에 적합하지 않은 사람들이 생기기 마련이다. 부적합한 인재를 조직 내에 오래 두면 조직에 장기적으로 부정적인 영향을 줄 수 있다. 높은 성과를 내는 직원들은 저성과자들이 관리되지 않는 것을 보고 사기가 저하될 수 있다. 고위급을 잘못 채용했다면 그들 또한 조직의 기준에 미치지 못하는 사람들을 채용할 수 있다. 이러한 영향이 수년에 걸쳐 조직에 누적되는 손실로 이어질 수 있다.

해고는 신속하게 하되, 올바르게 하는 것이 중요하다. 퇴사를 어떻게 처리하느냐에 따라 당신과 팀, 회사에 미치는 영향이 달라진다. 가장 좋은 결과는 당신과 직원 모두 그가 회사를 떠나야 한다는 데 동의하는 것이다.

저성과자 관리를 위한 과정이 필요한 것처럼, 누군가를 회사에서 내보낼 때도 명확한 단계를 따르는 것이 도움이 된다. 이 과정은 장기화되어서는 안 되며, 피드백은 몇 가지 명확한 단계로 정리되어야 한다.

1. 사전 작업: 피드백, 문서화, 준비
2. 퇴사 면담
3. 후속 조치와 다음 단계

사전 작업: 피드백, 문서화, 준비

저성과자를 퇴사시키기 위한 사전 작업에는 이 장에서 논의한 성과 관리 단계들이 포함된다. 관계자들에게 알리고 관련 사전 정보와 업무 결과물을 수집하는 것도 이에 포함한다.

준비 과정에는 다음과 같은 내용이 포함되어야 한다.

- 성과 문제에 대한 모든 서면 피드백, 관련이 있다면 이전의 성과 개선 계획 및 결과 모으기

- 해당 지역의 노동법 숙지하기(대부분의 국가에는 해고로부터의 보호 계층과 차별 금지법이 있으며, 일부 국가에는 복잡한 해고 절차가 있다)
- 상사와 인사 담당자에게 알리기

퇴사 면담

주니어 직급의 직원을 퇴사시키는 것은 대체로 간단하다. 이들 역할에 대한 요구사항이 다른 직급에 비해 표준화되어 있어, 직원이 기준을 충족하지 못했음을 입증하기가 쉽다. 또한 이 직급은 다른 업무와의 연관성이 적기 때문에 퇴사를 어떻게 전달할지 외에는 인수인계 계획을 논의할 필요가 거의 없다.

직원의 직급이 높을수록 이 과정은 더 길고 복잡해지는 경향이 있다. 보통 고위 직원이 역할의 요구사항을 충족하지 못하는 것은 능력이 없어서가 아니다. 이전 역할에서 높은 성과를 냈기에 회사의 고위직을 맡았을 것이다. 이런 경우에는 성과 문제를 해당 역할과 회사의 맥락에서 논의해야 한다. 시니어 리더의 퇴사는 많은 사람에게 영향을 미치므로, 퇴사 과정의 일부로 인수인계 계획이 포함되는 것도 중요하다.

어느 경우든 이러한 대화를 나누는 것은 어렵다. 따라서 주니어와 시니어 직급에 적용할 수 있는 접근 방법을 제시하니 참고하기 바란다(복잡한 해고 절차가 없는 국가에 적용됨).

주니어 레벨 퇴사 대화(1~2회 대화)

성과 개선 계획과 계획 조건 충족에 대해 양측이 합의한 내용을 요약하며 대화를 시작하자. 직원에게 본인의 성과에 대해 어떻게 생각하는지 묻자. 예를 들어 "우리가 논의했던 목표 달성에 대해 어떻게 생각하나요?"

라고 물을 수 있다.

때로는 직원이 먼저 회사를 떠나고 싶다고 제안할 수 있다. 그렇다면 퇴사 관련 대화와 절차에 대한 논의로 넘어가자. 그렇지 않다면, 직원이 해당 직무에서 잘해낼 수 있다는 확신을 줄 만큼의 충분한 성과 개선을 보이지 못했음을 설명하자. "이 역할의 요구사항을 충족할 수 있다는 확신을 줄 만큼의 충분한 성과 개선을 보이지 못했습니다. 우리 회사와는 더 이상 맞지 않는 것 같아, 퇴사 일정을 논의하고 싶습니다"와 같이 말할 수 있다.

이 대화에는 토론의 여지가 없다. 당신은 결정을 내렸고 협상의 여지는 없다. "이제 우리 회사에서의 직무는 그만두어야 할 때라고 생각합니다"라고 말하고 빠르게 퇴사 절차 계획 단계로 넘어가자(일부 국가에서는 퇴직금 패키지 협상이 필요할 수 있으나, 그 경우에도 확고한 태도를 유지하자).

이 시점에서 직원은 다음 중 하나의 반응을 보일 가능성이 크다.

- **결정을 다시 논의하려 할 수 있다.** 이런 경우는 5% 미만으로 드물지만, 때로는 당신의 결정을 반박하거나 회사에 대한 분노를 표출할 수 있다. 이때는 친절하면서도 단호하게 대처하라. 결정을 내린 이유를 다시 설명하고, 그동안 시도한 과정이 효과적이지 않았음을 상기시키자. 당신의 결정을 반복해서 말하고 "죄송하지만 다른 방법은 보이지 않습니다"라는 말로 마무리하자.

- **퇴사 후 절차를 논의하려 할 수 있다.** 퇴사 일정 계획은 회사 정책과 규정에 따라 다를 수 있다. 일부 회사는 퇴사 시기와 방법에 대해 엄격한 가이드라인을 두고 있다. 가능하다면 직원이 남은 부분을 스스로 통제하는 것이 좋다. 이렇게 하면 대화가 더 빨리 건설적인 방향으로 전개될 수 있다. 사람들에게 어떻게 알리고 싶은지, 마지막 출근일은 언제로 할지, 도와줄 부분은 무엇인지 등을 논의할 수 있다.

때로는 최종 퇴사 절차를 정리하기 위해 두 번째 대화를 할 수도 있다. 가능하면 두 번의 대화로 마무리 짓는 것이 좋다. 다만, 다음과 같은 예외적인 상황에서는 더 길어질 수 있다.

- 직원이 법적 조치를 암시하거나 직접적으로 위협하는 경우.
- 직원이 결정을 재고하는 새로운 정보를 공유해, 논의를 계속하기 전에 추가 데이터를 수집해야 하는 경우.

다시 한번 강조하지만, 이 과정을 오래 끌면 안 된다. 이 단계의 직원은 생산성이 떨어지거나 만족도가 낮을 수 있으므로, 그들이 잘할 수 있는 회사로 이직하도록 도와야 한다. 성과가 저조한 직원이 팀에 오래 남아 있을수록 나머지 직원들에게 더 큰 피해를 입힐 수 있다.

시니어 레벨 직원과의 퇴사 대화

시니어 레벨 직원의 해고는 몇 개월에 걸쳐 진행되는 경우가 많고, 공식적인 성과 개선 계획이 포함되지 않을 때가 많다. 이는 매우 드문 상황 중 하나로, 모든 것을 말로 표현하지 않아도 된다. 대부분 리더 직책의 시니어 레벨 직원은 상황을 인지하고 스스로 퇴사 의사를 밝히는 경우가 절반 정도다. 이럴 때는 굳이 해고를 고려하고 있었다는 사실을 밝힐 필요가 없으며, 양쪽 모두에게 좋은 결과가 될 수 있다. 리더가 순조롭게 인수인계를 준비하는 데 협조적일 가능성이 크기 때문이다.

이러한 대화는 보통 해당 역할의 요구사항이 잘 충족되고 있는지를 논의하는 형태로 이루어진다. 최소한 두세 번의 대화가 필요하며, HR 팀에서 이러한 논의가 진행되고 있음을 아는 것이 좋다. 이상적으로는 당신과 리더가 해당 역할이 그에게 적합하지 않다는 결론을 함께 내리게 된다. 이 과정에서 중요한 점은 이는 개인의 문제가 아니라, 역할과 회사의 필요, 그리고 실제 성과와 기대치 사이의 괴리에 대한 문제임을 명심하라.

만약 해당 리더와 의견이 일치하지 않는다면, 더 단호하게 나가야 한다. "현재 역할에서 기대되는 것과 성과 사이에 격차가 좁혀지지 않는 것 같습니다"와 같은 표현을 사용하여 직설적으로 말해야 한다. 이후에는 퇴사와 관련된 세부사항으로 대화를 이어가라. 예를 들어 "이제 퇴사 시기와 인수인계 계획에 대해 논의해보죠"라고 말하는 것이다. 이 시점에서 해당 리더는 자존심을 지키려 할 것이며, 그에 따라 가장 좋은 퇴사 방법을 고민하기 시작할 것이다.

의견 일치의 정도에 따라, 퇴사를 마무리하기 위해 협의가 필요할 수도 있다. 예를 들어 퇴직금, 의료보험, 퇴사 시점 등과 관련된 협상이 있을 수 있다. 특히 주식이 곧 행사되는 시점이라면 협상은 더 복잡해질 수 있다. 의견이 일치하지 않을수록 협상에 대비해야 한다. 이때 가장 유용한 도구는 퇴사에 관한 기준을 명확히 정리한 '퇴직금 패키지severance package'다(미국의 퇴직금 패키지는 정리해고나 퇴직하는 직원에게 회사가 제공하는 퇴직금과 기타 혜택을 포함하는 포괄적인 보상임 – 옮긴이). 이는 HR 부서와 법무팀에서 개발한 틀이며, 이를 바탕으로 협상을 진행해야 한다. 협상이 까다로워지면 HR이나 법무팀이 참여하여 중재하고 퇴직 보상 기준 적용에 관한 도움을 받는 것이 좋다.

퇴사 절차 시 법적 고려사항

직원을 퇴사시키는 과정에서 법적 대응을 하겠다고 위협하는 경우가 있을 수 있다. 이럴 때는 HR이나 법무팀, 또는 외부 법률 자문을 통해 적절한 지원을 받는 것이 좋다. 이 상황에서 중요한 점은 다음과 같다.

신속하게 행동해야 했지만, 최대한 존중하는 방식으로 했습니다. 누군가와 일이 잘 안 풀린다고 해서 그 사람이 나쁜 사람인 건 아니에요. 저는 이런 면에서 매우 인간적이지만, 동시에 단호합니다. "이건 아닙니다. 우리가 추구하는 방향이 아니에요. 우리가 고객을 대하는 방식도, 사업을 운영하는 방식도 아닙니다"라고 말해야 할 때가 있습니다.

— **도미니크 크렌**, 미슐랭 3스타 레스토랑 '아틀리에 크렌' 오너 겸 셰프

- **자국의 노동법을 숙지하라.** 퇴사 절차를 시작하기 전에 기본적인 노동법, 차별금지법, 남녀 고용 평등법 등을 숙지하자.
- **직원이 '보복'이나 '차별' 같은 표현을 쓰면, 대화를 즉시 중단하라.** 직원이 이러한 단어를 언급할 경우, 대화를 중단하고 관련 부서와 논의할 필요가 있다. 당신이 예상한 대화가 아니며, 적절한 담당자와 함께 계속하는 것이 좋을 것 같다고 직원에게 알리고, 향후 대화에 인사팀과 법무팀을 포함하거나 당신 없이 다음 단계를 진행하도록 하는 것이 좋다.

중대한 잘못으로 인한 해고와 정리 해고 대화

해고에는 중대한 잘못으로 인한 해고와 정리 해고라는 두 가지 유형이

있다. 관리자가 이와 관련된 대화를 처리하는 경우는 흔치 않지만, 이러한 대화를 하게 될 경우 이를 이해할 수 있도록 준비하는 것이 도움이 된다.

중대한 위반으로 인한 해고

누군가가 명백히 회사의 행동 강령을 위반했다면, 해고 대화는 보통 간단하다. 다만 내부 조사 후에 대화가 이루어지므로 사건이 보고된 지 며칠 후에 이뤄질 수 있다. 행동 강령을 위반했다는 사실을 설명하고 퇴사 조건을 제시하는 한 번의 대화를 갖는 것이 좋다. 이러한 위반은 심각하므로, 직원이 해당일에 퇴사하도록 조치하자.

조사가 필요한 경우, 행동 강령 위반 혐의가 있어 조사가 있을 것이며 당사자와 관련자, 목격자들을 인터뷰할 것이라고 알려야 한다. 조사 결과는 24시간 내에 통보할 것이라고 알려준다. 대기 시간은 짧을수록 좋다. 조사 결과 행동 강령을 위반하지 않았거나 결과가 결정적이지 않다면, 처음 의심을 받게 된 상황에 대해 피드백 대화를 나누어야 한다. 왜 그렇게 인식하게 되었는지, 앞으로 어떻게 하면 그런 오해를 피할 수 있을지 논의하는 것이 좋다. 이는 직원의 행동이 어떻게 다른 사람들에게 잘못 해석될 수 있는지 이해하고, 향후 유사한 상황을 예방하는 데 도움이 된다.

구조조정에 따른 해고

구조조정에 따른 해고는 회사의 전반적인 조직 개편과 관련되어 있다 (4장의 '불확실한 시기의 관리' 참조). 이 과정에서는 종합적인 커뮤니케이션 및 변화 관리 계획이 필요하다. 감원은 역할의 축소나 폐지로 인한 퇴사이므로, 이러한 기준을 충족해야 한다. 이 과정은 회사의 인사팀과 법무팀, 또는 내부에 인사 및 법무 지원이 없다면 외부 컨설턴트가 주도하는 것이

스케일링 피플

가장 좋다. 소통은 엄격하게 관리되어야 한다.

직원이 힘든 일을 겪을 때

어느 날 슬랙을 열었더니 함께 일하는 한 여직원에게서 "아버지가 오늘 아침에 운명하셨어요"라는 메시지가 도착해 있었다. 단 몇 마디로 그녀의 삶이 완전히 달라졌다는 사실을 알 수 있었다.

직원들에게 예상치 못한 일이 일어날 수 있고, 모든 비극은 저마다의 상황이 있다. 일반적으로 관리자로서 처리해야 하는 직원의 힘든 상황에는 세 가지 유형이 있다.

일회성 사건(예: 가족 또는 친구의 사망, 유산, 중상, 이혼, 소송)

평소에 원온원 대화를 통해 신뢰 관계를 쌓아왔고, 기대치를 공유하며 일해왔다면, 직원이 당신과 솔직하게 대화를 나눌 수 있는 관계를 형성했을 것이다. 이런 상황에서는 직원 입장에서 공감하는 것이 중요하다. 우선 공감하고 적절한 반응을 표현한 다음, 무엇을 필요로 하는지, 어떤 지원을 받고 싶은지 물어보자. 마지막으로 팀이 업무를 분담해 그 직원이 충분한 시간을 가질 수 있도록 도와주자. 일정이나 업무 인수인계에 대해 즉시 묻지 말자. 보통 며칠 후에 얼마나 시간이 필요한지, 어떻게 업무를 넘길지를 알려줄 것이다.

지속적인 어려움(예: 정신 건강 문제, 아픈 가족, 어려운 관계, 중독)

이런 상황은 더 다루기 어렵다. 직원이 자신에게 무슨 일이 일어나고 있는지 말하지 않을 수 있기 때문이다. 당신의 역할은 함께 일하는 사람들을 관찰하고 행동 변화를 주의 깊게 살피는 것이다. 문제가 있다고 느끼면 직원에게 다가가 코칭이나 피드백과 관련된 팁을 활용해 대화를 시도해야 한다. 사생활을 존중하되, 관찰한 사실을 근거로 조심스럽게 이야기하는 것이 좋다. 예를 들어 "첫 회의인데 제시간에 도착하는 것이 힘들어 보이네요. 혹시 도와드릴 일이 있나요?" 혹은 "요즘 좀 힘들어 보이네요. 사적인 일을 묻고 싶지는 않지만, 업무 외적인 일로 업무에 영향이 미치는 것은 아닌지 걱정됩니다. 도와줄 일이 있을까요?"라고 말할 수 있다.

대부분의 경우, 직원들은 당신이 알아차리고 먼저 말을 걸어주기를 바란다. 때로는 부정할 수도 있다. 이 경우, 상황이 얼마나 심각한지 판단하라. 예를 들어 직원이 평소와는 전혀 다른 행동을 보인다면 정신 건강 문제가 있을 가능성이 있다. 이때는 HR 팀을 개입시킬 필요가 있는지 결정해야 한다.

공감은 하되, 업무상의 요구도 함께 고려해야 한다. 휴가가 필요하다면 적절한 휴가를 지원해주되, 직원의 부재 기간 동안 업무를 어떻게 처리할 것인지도 분명히 하라(대체 인력 채용 등의 방법이 필요할 수 있다).

직원의 경험이 법적 문제로 이어질 경우(예: 성희롱, 차별)

이 상황은 앞서 언급한 두 가지와 별개로 발생할 수 있다. 법적 의무를 명확히 알고 있어야 한다. 예를 들어 캘리포니아에서는 직원이 성희롱을 보고할 경우, 법적으로 이를 회사에 알린다. 가끔 직원이 "무슨 일이 있었는지 말해주고 싶은데, 아무에게도 말하지 말아 달라"고 말할 때가 있다. 이때는 "약속할 수 있을지 확신할 수 없다"라고 답한 후, 관리자로서 법적 의무를 주지시키고, 회사의 다른 지원(익명 신고 도구나 HR 등)을 소개해주는 것이 좋다. 직원이 직장 내 괴롭힘이나 학대를 주장한다면, 문제 해결을 위한 적절한 지원에 접근하도록 돕는 것이 관리자의 역할이다.

상황이 어떻든, 뭔가 심각하게 잘못됐다는 느낌이 든다면 그걸 무시한 채 그냥 넘어가지 마라. 자신의 직관을 믿고, 도움을 요청하라. 이런 상황에서 가장 큰 실수는 아무런 행동을 취하지 않는 것이다.

그렇다고 너무 경각심을 가지거나 위기감을 조성하지 않도록 하고, 정보를 기밀로 유지해야 한다. 직원의 개인적인 이야기를 다른 관리자들과 공유하지 말고, HR 또는 외부 법률 자문 등과 상의하여 최선의 해결책을 찾자. 때로는 본인의 상사와 상황을 공유해야 할 수도 있지만, 기밀을 존중하고 필요 이상으로 노출되지 않도록 주의하는 것이 좋다.

한번은 중요한 역할을 맡은 직원이 며칠 동안 아무 연락 없이 출근하지 않은 적이 있었다. 나는 그가 무슨 일을 당했을지 걱정되었고, 팀과 협력 부서에 상황을 설명해야 했다. 직원의 업무 일부분을 관리하는 또 다른 관리자에게 상황을 설명했더니, 그는 고개를 저으며 말했다. "관리자가 되면 가끔 이렇게 직원이 사라질 때도 있다는 걸 아무도 가르쳐주지 않더군요." 이 말을 듣고 여러 가지 생각을 하게 되었다.

결국, HR 팀의 도움으로 보안팀이 해당 직원의 집을 방문해 안부를 확인했고, 직원이 심각한 정신 건강 문제를 겪고 있음을 알게 되었다. 나와 상사, HR은 직원이 회사로 복귀하지 않는 것이 최선이라고 판단했고, 직원도 동의했다. 나는 팀원들에게 그 직원이 개인적인 이유로 회사를 떠나게 되었으며, 당분간은 다른 팀원이 업무를 나눠 맡을 것이라고 알렸다. 그때 나는 관리자로서 그동안 많은 일을 겪었지만, 여전히 새로운 상황이 생길 수 있음을 깨달았다. 힘든 일은 언제든 일어날 수 있다.

관리자의 보람은 사람에게서 온다

이 장을 다시 읽으면서, 혹시라도 관리자가 되고자 하는 사람들에게 부담을 주는 내용이 있지는 않을까 하는 생각이 들었다. 관리 업무를 잘 수행하려면 많은 노력이 필요하고, 리더십은 그 위에 추가로 요구되는 또 다른 과제다. 하지만 앞에서 충분히 강조하지 못한 것이 하나 있다. 바로 관리자의 역할이 얼마나 보람 있는 일인지에 대한 것이다.

구글에서 스트라이프로 이직하면서 책상에서 개인 물품을 정리하던 중, 한 봉투를 발견했다. 그 안에는 내가 관리한 직원들로부터 받은 손편지들이 가득 들어 있었다. 잠시 버릴까도 생각했지만, 그럴 수 없었다. 그 편지들은 내가 한 일을 가장 순수하게 증명하는 기록이었기 때문이다.

관리자의 일은 사람들에게 직접적인 영향을 미친다. 성공적인 관리는 사람들의 삶과 앞으로의 여정을 긍정적으로 변화시킬 수 있다. 부모님은 두 분 다 교사였다. 나는 그 길을 따르지 않으려고 노력했지만 결국 비슷한 길을 걷게 되었다. 다른 사람들에게 영향을 미치고, 그로 인해 얻는 보람은 부모님이 느꼈을 보람과 크게 다르지 않다. 사람들을 돕기 위해 투자한 시간과 노력이 언제 결실을 맺을지는 알 수 없다. 그러나 그 결실이 몇 달이 걸리든, 몇 년이 걸리든 결국 찾아오는 순간, 그 의미는 이루 말할 수 없이 크다. 사람들에게도, 그리고 당신 자신에게도 말이다.

내가 줄 수 있는 최고의 조언은 이것이다. 리더가 되고 싶다면 스스로에게 "왜 리더가 되려 하는가"라는 질문을 던져보라. 리더십이 주는 진정한 보상은 무엇인가?

리더가 되고자 하는 이유는 다른 이들의 삶을 더 풍요롭게 하고 그들이 성장하도록 돕는 데 있다. 나는 이를 일찍이 깨달았다. 그래서 훌륭한 인재들을 영입하고 지원하는 데 주력했다.

만약 당신이 이렇게 할 수 있고, 자신보다 더 똑똑한 사람들과 함께하더라도 충분히 자신감을 가질 수 있다면, 당신은 조직을 한 단계 더 높은 곳으로 이끌 수 있을 것이다.

— **댄 와이스**, 메트로폴리탄 미술관 회장 겸 CEO

성과 평가 템플릿

이 템플릿은 관리자가 서면 성과 평가를 준비하고 캘리브레이션 대화를 준비하는 데 도움이 된다. 관리자가 참조할 수 있도록 직급별 기대사항 가이드와 성과 평가 등급 설정 방법에 대한 링크를 포함하는 것을 고려해보자.

———

이름:

현재 직급:

현 직무 시작일:

평가 기간 중 재직 기간:

(근무 기간이 6개월 미만인 경우나 휴직 기간이 포함되는 경우 명시할 것)

평가 등급 제안:

승진 제안(예 또는 아니요):

더 높은 등급을 선택하지 않은 이유(한 문장)

('훌륭하게 기대를 초과함'의 경우 해당 없음)

더 낮은 등급을 선택하지 않은 이유(한 문장)

('기대에 미치지 못함'의 경우 해당 없음)

이번 평가의 등급과 평가를 통해 직원에게 전달하고자 하는 핵심 메시지(한 문장)

(이 문장은 평가 면담 시 직원에게 전달됨)

성과

아래 질문 템플릿을 사용하여 이번 반기에 해당 직원이 가장 큰 성과를 낸 2~3개의 프로젝트나 분야를 설명하라. 멘토링, 채용, 다양성·형평성·포용성 등 눈에 띄는 기여가 있다면 포함하자.

—

성과 분야 1: _____ (간단한 설명)

프로젝트/분야의 이름/설명(프로젝트 규모, 난이도 등 상황 포함)

- 기여 기간은 얼마나 되나요?
- 주요 협력자나 이해관계자는 누구인가요?
- 이 분야에서 맡은 역할과 기대된 성과는 무엇이었나요?
- 실제 성과는 어떠했으며 기대를 충족했나요?

  그렇지 않다면 이유는 무엇인가요? 가능하면 관련 지표 및 수치 기반 설명을 포함해주세요.

성과 분야 2: _____ (간단한 설명)

프로젝트/분야의 이름/설명(프로젝트 규모, 난이도 등 상황 포함)

- 기여 기간은 얼마나 되나요?
- 주요 협력자나 이해관계자는 누구인가요?
- 이 분야에서 맡은 역할과 기대된 성과는 무엇이었나요?
- 실제 성과는 어떠했으며 기대를 충족했나요?

  그렇지 않다면 이유는 무엇인가요? 가능하면 관련 지표 및 수치 기반 설명을 포함해주세요.

성과 분야 3: _____ (간단한 설명)

프로젝트/분야의 이름/설명(프로젝트 규모, 난이도 등 상황 포함)

- 기여 기간은 얼마나 되나요?

- 주요 협력자나 이해관계자는 누구인가요?

- 이 분야에서 맡은 역할과 기대된 성과는 무엇이었나요?

- 실제 성과는 어떠했으며 기대를 충족했나요?

  그렇지 않다면 이유는 무엇인가요? 가능하면 관련 지표 및 수치 기반 설명을 포함해주세요.

강점

평가 기간 동안 해당 직원이 보여준 1~2개의 강점을 기술하고, 현재 직급 대비 해당 강점의 대략적인 등급을 부여하자. 강점을 파악할 때는 핵심 역량을 고려하되, 이에 국한되지 않아도 된다.

—

각 강점에 대해 1~2개의 구체적인 사례를 들어 간단히 요약해주세요. 해당 직원이 관리자라면 관리자 역량 평가 기준과 리더십 원칙을 고려해주세요.

강점 1: _____ (간단한 설명)
- 이 강점에 대한 대략적인 평가 등급(부분 충족, 완전 충족 등)
- 1~2개 사례를 포함한 요약

강점 2: _____ (간단한 설명)
- 이 강점에 대한 대략적인 평가 등급
- 1~2개 사례를 포함한 요약

개발이 필요한 영역

평가 기간 동안 직원이 보여준 개발이 필요한 1~2개 영역을 기술하고, 현재 직급 대비 해당 영역의 대략적인 등급을 부여하자. 전반적으로 좋은 성과를 냈을 때 개발 영역이 모두 '성공적으로 충족' 또는 심지어 '기대 이상' 혹은 '매우 뛰어남'일 수 있다. 그렇지 않은 경우 현재 직급 대비 '부분 충족' 또는 '기대에 미치지 못함'일 수 있다. 개발이 필요한 영역을 파악할 때는 핵심 역량을 고려하되, 이에 국한되지 않아도 된다.

———

각 개발 영역에 대해 1~2개의 구체적인 사례를 들어 간단히 요약해주세요. 해당 직원이 관리자라면 관리자 역량 평가 기준과 리더십 원칙을 고려해주세요.

개발 영역 1: _____ (간단한 설명)

- 이 개발 영역에 대한 대략적인 등급
- 1~2개 사례를 포함한 요약
- 개선을 위한 아이디어

개발 영역 2: _____ (간단한 설명)

- 이 개발 영역에 대한 대략적인 등급
- 1~2개 사례를 포함한 요약
- 개선을 위한 아이디어

승진 검토: 예 또는 아니요

'아니요'인 경우:

- 승진 준비가 언제쯤 될 것으로 예상합니까?(상반기, 하반기, 또는 그 이후)
- 향후 승진을 위해, 또는 상위 직급의 경우 커리어를 발전시키기 위해 무엇을 해야

할지 간단히 설명해주세요.

'예'인 경우:

- 이 직원이 상위 직급 수준의 역량과 행동을 얼마나 오래 보여주었습니까?
- 이 직원이 상위 직급 수준의 역량과 행동을 보여준 1~2가지 사례를 제시해주세요.
- 상위 직급에서 개발해야 할 주요 영역을 1~2문장으로 설명해주세요(이는 승진을 막기 위함이 아니라 직원의 커리어 개발에서 다음 단계를 사전에 파악하기 위함임).

보상 관련 대화를 위한 가이드

보상 대화는 성과와 연봉을 연결하며, 구성원들의 신뢰와 공정성에 대한 인식에도 직접적인 영향을 준다. 이는 관리자가 나누는 중요한 대화 중 하나로, 이 문서의 목적은 특히 어려운 대화가 예상될 때를 대비하여 준비를 돕기 위함이다.

일정 및 자료

회사의 보상 관련 일정을 개략적으로 설명하고 연봉 체계에 대한 자료나 관리자를 위한 교육 가이드 등 중요한 자료에 대한 링크를 안내한다.

준비

보상 철학을 이해하고 설명할 수 있도록 준비한다.

직원별 준비 항목:
- 각 직원의 현재 커리어 단계, 마지막 승진 일자, 마지막 연봉 인상 규모 등을 포함한 이력을 고려해서 개별 스토리를 정리한다.
- 이 데이터를 바탕으로 직원이 기대하는 바를 예측하고, 이번 보상 결과가 그 기대에 부합하는지 또는 실망시킬 수 있는지 예상해보자.

메시지 전달 준비:
- 대화의 흐름에 따라 유연하게 대응한다. 교육, 적극적인 경청, 축하, 어려운 메시지 전달 등을 혼합할 수 있다.
- 승진이나 연봉 인상이 있는 경우: 축하와 함께 성과를 인정하되, 동일한 수준의 인상이 매번 이어지기는 어렵다는 점도 명확히 해야 한다.

- 기대와 현실 사이에 괴리가 있는 경우: 반응에 대비하자. 급여 문제는 개인에게 직접적인 영향을 주기 때문에 감정적으로 받아들여질 수 있다. 공감하며 경청하되, 사과하거나 보장할 수 없는 미래의 결과를 약속하지 않도록 주의하자. 필요한 경우 보상 결과를 성과나 다른 근거와 연결 지어 설명하라.
- 기타 팁: 보상에 변화가 없더라도 소통하라. 질문에 대한 답을 모르는 경우, 나중에 더 많은 정보를 수집한 후 다시 답변하겠다고 말하라.

보상 대화 구성

이해 여부 확인하기:
- 직원에게 급여 정책을 검토하고 이해했는지 물어보자. 아니라고 하면 잠시 설명해 주고 관련 자료를 안내한다.
- 질문에 답변하라. 답을 확실히 모르는 경우, 나중에 확인 후 알려주겠다고 한다.

결과 설명하기:
- 현재 연봉 수준을 상기시킨다.
- 내년도 기본급을 공유하거나 확인시켜 준다. 인상되었다면 축하해주고, 직원이 이룬 성과를 구체적으로 언급하며 긍정적인 발전 방향에 대해 이야기하자. 함께 노력 중인 추가 개발 영역을 강조한다. 변화가 없다면 연봉 체계를 언급하고, 적절하다면 급여 결과를 성과 및 함께 노력 중인 개발 영역과 연결 지어 설명한다.
- 다음 해의 목표 성과급을 공유하자. 변경사항이 있다면 강조한다.

대화의 장 만들기:
- 질문할 기회를 제공하자.
- 대화의 흐름에 따라 대응한다(축하, 우려사항 해소 등).
- 마지막으로, 회사와 팀을 위한 직원의 기여가 얼마나 소중한지 강조한다.

성과 개선 문서 템플릿

초기 피드백 문서화

(원온원 미팅 또는 '기대에 미치지 못함' 평가 이후)

[이름] 님,

[어제/지난 몇 주 동안] [원온원 미팅/성과 평가]에서 나눈 대화를 다음과 같이 정리했습니다.

우리는 [이름] 님이 현재 [개발이 필요한 영역]에서 기대에 미치지 못하고 있다는 점에 대해 대화했습니다. [이름] 님은 현재 [기대 대비 성과 요약] 상태입니다. 우리가 논의한 몇 가지 구체적인 사례는 다음과 같습니다.

- [기대에 미치지 못한 사례: 상황, 관찰한 행동, 그로 인한 영향]
- [기대에 미치지 못한 또 다른 사례]

위에서 지적한 영역을 개선하고 회사가 요구하는 기대치에 부합하는 성과를 내기 위해서는 다음과 같은 영역에 집중할 필요가 있습니다.

- [실행 가능한 다음 단계로서의 성과 기대치]
- [추가적인 실행이 가능한 성과 기대치]

이 영역에 집중하면 빠른 개선이 가능할 것으로 보입니다. 앞으로 [X]주 동안 매주 이 목표에 대해 점검하여 계속해서 개선되고 있는지 확인할 것입니다. 관리자로서 저는 [이름] 님을 지원할 준비가 되어 있으니, 어떤 도움이 필요할지 알려주시기 바랍니다. 저의 목표는 [이름] 님이 이 직무에서 성공하도록 돕는 것입니다.

진행 상황 업데이트

[이름] 님,

어제 원온원 미팅에서 논의한 개선사항을 다음과 같이 정리했습니다.

[초기 피드백에서 전달했던 성과 기대치 재진술]

[이름] 님은 [기대 대비 성과 평가] 상태입니다. 개선을 보여주는 몇 가지 구체적인 예시는 다음과 같습니다.

- [개선과 관련된 예: 상황, 관찰한 행동, 그로 인한 영향]
- [추가적인 개선과 관련된 예]

[이름] 님은 [X 행동을 지속해야] 하며, 또한 [추가로 해야 할 것]도 있습니다.

[초기 피드백에서 전달했던 성과 기대치 재진술]

논의한 바와 같이, [개발이 필요한 영역]은 여전히 개선이 필요합니다.

- [변화가 필요한 행동의 예: 상황, 관찰 가능한 행동, 그로 인한 영향]
- [변화가 필요한 또 다른 예]

다시 말씀드리지만, [개선이 필요한 영역]은 [이름] 님이 맡은 핵심 역할 중 하나이며, [직급]의 기대를 충족하기 위해서는 이를 반드시 보여주셔야 합니다.

이 개발 영역들에 대해서는 향후 몇 주 동안 계속 점검할 것입니다.

개선을 통해 기대 수준에 부합한 경우

[이름] 님,

지난 [기간] 동안 [개발이 필요한 영역]에서의 성과 개선에 대해 여러 차례 대화를 나눴습니다. [이름] 님은 [기대 대비 성과 요약] 상태입니다.

몇 가지 최근 사례는 다음과 같습니다.

- [기대 충족 예: 상황, 관찰 가능한 행동, 그리고 그로 인한 영향]
- [기대 충족의 또 다른 예]

좋은 진척을 보여주셨고, 현재 역할과 직급에서 기대되는 성과를 충분히 충족하고 계신 것으로 보입니다. 앞으로도 이러한 성과를 유지해주시기를 바라며, 원온원 미팅을 통해 지속적으로 함께 모니터링을 해나가겠습니다.

기대에 부응해주셔서 기쁘게 생각합니다.

(적절한 기간이 지난 후에도) 개선이 충분하지 않은 경우

[이름] 님,

저희는 [기간] 동안 [개발이 필요한 영역]이 기대 수준에 미치지 못하고 있다는 점을 여러 차례 논의했습니다. [이름] 님은 [기대 대비 성과 및 그 영향 요약] 상태입니다.

몇 가지 최근 사례는 다음과 같습니다.

- [기대에 미치지 못한 예: 상황, 관찰 가능한 행동, 그로 인한 영향]
- [기대에 미치지 못한 또 다른 예]

노력하신 점은 잘 알고 있습니다. 그러나 최근 몇 주간 드린 피드백이 여전히 충분히 반영되지 않아 우려됩니다.

다음 원온원 미팅에서는 [이름] 님이 [직무 및 직급]의 기대 성과를 충족할 수 있을지 구체적으로 논의하겠습니다. 평가가 다소 엄격할 수 있으니, 양해 부탁드립니다.

이러한 말씀을 드리는 것이 어렵다는 점 잘 알고 있으나, 현재 상황을 정확히 이해하실 수 있도록 솔직히 말씀드리는 것이 중요하다고 생각합니다.

성과 개선 계획 템플릿

참고: 이 템플릿은 지역별 법적 요구사항에 맞게 조정이 필요할 수 있다.

성과 개선 계획PIP은 직원의 명확한 성과 기대치를 제시하고, 개선이 필요한 영역을 파악하며, 성공을 평가하기 위한 기한을 설정하는 서명된 문서다. PIP 기간은 설정된 지표에 따라 성과를 공정하게 평가할 수 있는 충분한 시간(일반적으로 4~6주)을 제공해야 한다. 이 기간이 끝나면 직원은 해당 직무와 직급에 대한 성과 기대치를 충족하거나 퇴사 절차를 밟게 된다.

PIP는 직원이 성과 피드백을 처음 받는 자리가 되어서는 안 된다. 이미 해당 직원과 여러 차례에 걸쳐 문서화된 피드백을 통해 개선이 필요한 영역을 명확히 공유했어야 하며, 이 과정에서 기대에 미치지 못한 성과 사례를 제시하고, 기대 수준에 도달할 수 있도록 필요한 지원을 해주어야 한다.

성과 개선 계획

이름:

관리자:

작성일:

예전에 논의했고 아래에 기재된 바와 같이, 현재 성과가 직무와 직급에 대한 기대에 미치지 못하고 있습니다. 이 성과 개선 계획은 개선이 필요한 영역을 명확히 하고, 성과를 높일 기회를 제공하기 위한 것입니다. 회사는 귀하가 성공적으로 업무를 수행할 수 있도록 필요한 자원을 아끼지 않겠습니다.

역할 기대사항

자신의 역할에서 요구되는 성과 기준을 알고, 이해하며, 충족해야 할 책임이 있습니다. [이름] 님이 [역할의 주요 목표 및 기대되는 영향력]을 달성하기를 기대합니다. 이를 위해 다음 사항들이 필수적입니다.

- [직무 설명, 직급, 직급에 기반한 주요 기대사항을 요약하는 3~5개 항목. 특히 개선이 필요한 영역과 구체적으로 연관된 항목으로 구성]

개선 필요 영역

직무 수행에 필요한 역량은 일부 갖추고 있으나, 특정 영역에서는 지속적으로 기대에 미치지 못하고 있습니다.

구체적으로, 다음 영역들에서 즉각적인 개선이 필요합니다.

개선 필요 영역 1

- 기대되는 기준 설명 및 회사 운영 원칙과의 관련성
- 기대에 미치지 못하는 점 및 그로 인해 팀이나 프로젝트에 미친 영향
- 구체적인 예시: 기대치를 충족하지 못한 사례를 날짜와 함께 제시

개선 필요 영역 2

- 기대되는 기준 설명
- 기대와의 격차 설명
- 구체적인 예시

개선 필요 영역 3

- 기대되는 기준 설명
- 기대와의 격차 설명
- 구체적인 예시

개선 목표 및 과제

위에 언급한 영역에서 성과를 개선하기 위한 액션 플랜을 수립하는 데 도움이 되도록, PIP 기간에 달성하셔야 할 구체적인 목표와 과제를 제시합니다. 이 PIP를 통과하기 위해서는 다음 목표들을 반드시 달성해야 합니다.

개선 필요 영역 1

- 목표 및 기간: 어떤 성과를 언제까지 달성해야 하는지, 그리고 성공적인 결과는 어떤 모습인지 명확히 설명
- 결과물: 성과 개선 기대치와 이를 어떻게 입증할 것인지 제시

개선 필요 영역 2

- 목표 및 기간
- 결과물

개선 필요 영역 3

- 목표 및 기간
- 결과물

중간 목표(마일스톤)

PIP 기간에 다음 프로젝트들을 정해진 기한 내에 완료하기를 기대합니다.

- [프로젝트 1]-[기한]까지
- [프로젝트 2]-[기한]까지
- [프로젝트 3]-[기한]까지

자원 지원

우리는 [이름] 님이 이러한 개선 목표와 과제를 달성하고, 기대치를 충족하며, 이 PIP를 통과할 수 있도록 돕기 위해 최선을 다하고 있습니다.

저는 PIP 기간에 [이름] 님이 우선순위를 정하고, 장애물을 해결할 수 있도록 도울 것입니다. 다양한 자원이 제공되더라도, 주도적으로 목표를 달성하고 자기 주도성을 발휘하여 목표 달성을 위해 노력하는 것이 기본적으로 요구됩니다.

추가 지원이나 교육이 필요하면, 최선의 방법을 논의할 수 있도록 관리자에게 이야기해주세요. 또한 역량을 강화하기 위해 [관련 링크 삽입]과 같은 교육 자원을 활용할 것을 권장합니다. 추가적인 지원이나 지침이 필요하다면 HR 파트너인 [이름] 님에게 연락해주세요.

진행 상황 점검 및 평가

매주 만나서 PIP 진행 상황에 대해 논의할 것입니다. 어떤 성과와 장애물이 있었는지 기록해두시고 이에 대해 논의하도록 하겠습니다.

[X]주 후인 [날짜]에 PIP가 종료될 때 PIP 성공 여부를 평가할 것입니다. 그러나 예정된 종료일 이전에도 PIP를 종료할 수 있다는 점을 주지하시기 바랍니다. [X]주 동안 PIP를 진행한다고 해서 해당 기간에 고용이 보장되는 것은 아닙니다. 이 PIP는 귀하의 고용이 '언제든 종료 가능at-will'하다는 점을 변경하지는 않습니다. 즉 귀하나 회사는 사전 통보 여부와 관계없이 언제든 고용을 종료할 수 있습니다.

성과 부족이 지속될 경우, PIP에 명시된 기대치를 제대로 충족하지 못했을 때 추가적인 인사 조치로 이어질 수 있습니다. PIP를 성공적으로 완료한 후에도 이러한 성과 수준을 계속 유지해야 하며, 성과가 다시 저하되면 추가 PIP 없이 고용이 종료될 수 있습니다.

요약

이 성과 개선 계획은 [이름] 님이 개선이 필요한 부분에 집중하고 직무에 대한 모든 성과 기대치를 충족할 수 있음을 입증하는 중요한 기간입니다. 회사는 [이름] 님이 성공할 수 있도록 최선의 지원을 제공할 것입니다. 절차에 대해 궁금한 점이 있으면 언제든 문의 주시기 바랍니다.

저는 이 성과 개선 계획을 읽고 관리자와 논의했으며, 여기에 포함된 정보와 기대사항을 이해했습니다.

직원 서명 ＿＿＿＿＿＿＿＿

관리자 서명 ＿＿＿＿＿＿＿＿

퇴사 관리 체크리스트

☐ 성과 문제에 대해 피드백 제공

☐ 피드백 문서화

☐ 필요시 공식적인 성과 개선 계획PIP 절차 진행

☐ 현지 고용 규정 및 법규 숙지

☐ 관리자와 인사 담당자에게 알리기

☐ 해당 직원과 퇴직에 대한 코칭 대화 진행하기

☐ 퇴사 일정과 소통 계획에 합의하기

☐ 팀이나 조직에 퇴사를 공지하고, 즉시 역할 대체가 필요한 경우 인수인계 계획 세부사항 공유하기

가장 중요한 존재는 당신이다

이 책은 자기 인식을 구축해야 한다는 필수적인 운영 원칙으로 시작했다. 이 책을 마무리하면서 이 원칙을 다른 관점에서 다시 살펴보고자 한다.

회사나 조직을 구축하고 관리하는 일(1장부터 5장까지 다룬 모든 내용)은 본질적으로 타인에게 초점을 맞춘다. 내가 설명한 모든 시스템, 원칙, 구조는 회사의 사명을 위해 당신 주변 사람들을 하나로 모으는 것이 목적이다. 하지만 당신이 강하지 않으면 이런 전략들을 최대한 효과적으로 활용할 수 없다. 팀이 도울 수는 있지만, 관리자가 최상의 컨디션을 유지하지 못하면 팀 전체가 흔들린다. 이 책에서 소개한 모든 내용을 성공적으로 활용하려면 당신의 시간과 에너지, 커리어를 관리해야 한다. 무엇보다 관리자, 동료, 회사 리더, 특히 창업자들과의 관계를 잘 유지해야 한다.

지난 수십 년간 고성장 기업에서 일하면서 이런 일들을 어떻게 해왔는지 자주 질문을 받는다. 그래서 몇 가지 생각을 남기고자 한다. 회사를 구축하고 경영하는 중요한 일을 하면서 매일 영감과 에너지를 가지고 출근할 수 있는 당신만의 방법을 찾는 데 도움이 되길 바란다.

시간과 에너지를 관리하라

직급이 올라갈수록 현실은 더욱 복잡하고 당신을 지치게 할 수 있는 상황이 생긴다. 최고 성과자가 퇴사하겠다고 위협하고, 주요 고객이 경쟁사로 옮겨간다고 알려오고, 다음 날 전사 회의를 주재해야 하는데 준비할 시간은 없고, 새로 시작한 부서 간 프로젝트가 궤도를 벗어나는 일들이 연이어 며칠 동안 계속되기도 한다. 많은 사람이 이런 힘든 상황을 견딜 심리적 강인함과 회복탄력성을 갖고 있지 않다. 사업가이자 투자자, 작가인 벤 호로위츠Ben Horowitz는 『하드씽』에서 이를 '악전고투struggle'라고 부르며 "모든 일이 쉽지 않고 잘 풀린다고 느껴지는 게 아무것도 없는" 상태라고 했다.[77]

이 힘든 상황을 이겨내려면 자신의 시간을 관리하고 에너지를 지키는 법을 배워야 한다. 먼저 어떤 일이 당신에게 에너지를 주고, 또 어떤 일이 에너지를 소모시키는지 진단하자. 가장 쉬운 방법은 좋은 날과 나쁜 날을 기록해서 어떤 일이 에너지를 북돋고, 어떤 일이 에너지를 소모시키는지 기록하는 것이다. 가장 단순한 방법은 달력에 좋은 날과 나쁜 날을 표시해보는 것이다. 한 달이 지나 좋은 날과 나쁜 날, 좋은 주와 나쁜 주를 살펴보고 어떤 경향이 두드러지는지 확인하자. 이렇게 해보니 아이들과 저녁 식사를 하고 재우는 것을 방해하는 업무 일정이 주 1회 이상 있었던 주는 좋지 않은 한 주였다는 것을 알게 되었다. 그래서 업무 관련 야근을 주 1회로 제한하기로 결심했고, 가끔 지키지 못할 때도 있지만 대부분은 그 기준을 지켜내고 있다. 어떤 활동에 시간을 얼마나 쓸 때 최고의 성과를 내는지 연구하고, 이를 유지하기 위해 어디에 경계선을 설정할지 스스로 결정해야만 최상의 컨디션을 유지할 수 있다.

나에게 쉬운 일과 어려운 일을 파악하자

나는 분기 목표와 연계된 일일 및 주간 우선순위 목록을 관리하며, 매달 지난 4주간의 할 일 목록을 검토한다. 때로는 주마다 완료되지 않은 채로 남아 있는 작업이 있다. 이는 주로 두 가지 범주로 나뉜다.

- **어떻게 해야 할지 모르거나 내가 잘하지 못하는 일.** 이런 일들은 도움을 청하거나 위임했어야 한다.
- **평소 내 업무 방식에 맞지 않는 일.** 온종일 몰입이 필요한 일로, 회의 위주의 일정과는 어울리지 않는다. 이런 일들을 처리하려면 일정을 조정해야 한다.

어떤 일이 에너지를 북돋고, 무엇이 의욕을 떨어뜨리는지 이해하게 되면, 하루를 이겨내는 데 도움이 되는 전략을 활용할 수 있다. 다음은 내가 사용하는 주요 전략들을 정리한 것이다.

업무를 위임하자

거의 모든 업무 위임은 팀에게 성장의 기회다. 4장에서 '업무 위임의 기술'을 참고해 업무를 위임하는 방법에 대해 자세히 알아보자.

스스로에게 경계를 설정할 권한을 주자

어떤 경계를 설정해야 하는지는 본인만 알 수 있다. 누구도 당신을 대신해 그 경계를 지켜주지 않는다. 예를 들어 나는 운동이 최고의 리더가 되기 위한 내 업무의 일부라고 결정한 후에야 규칙적으로 운동을 시작했다.

가장 생산적인 시간대를 파악하자

나는 아침 시간에 일이 가장 잘 된다. 그래서 더 깊이 생각할 시간을 확보하려고 아침에는 가능한 한 일정을 비워둔다. 물론 항상 그렇게 하기는 어렵지만, 대부분 그 원칙을 지키려 노력하고 있다.

적절히 거절하는 법을 배우자

부하직원으로부터 문서를 검토해달라는 요청을 받거나, 회의에 대한 피드백 또는 업무에 대한 의견을 요구받는 일은 항상 긴급하게 느껴질 수 있다. 하지만 관리자들은 종종 '긴급'하지만 덜 중요한 일에 너무 많은 시간을 할애한다. 당일이 아닌 주말까지 답변을 주겠다고 말해야 할 때도 있다. 누군가 자료 검토를 요청할 때, 나는 가능한 한 '다음 날까지'가 아닌 다른 마감일을 제시해달라고 부탁하고, 마감일 전에 자료를 검토할 시간을 미리 확보해놓는다.

리더가 회의에 자주 끌려가는 이유는, 누군가가 잠시라도(10~15분 정도) 주의를 끌고 싶어 하기 때문이다. 이러한 요청들은 실시간으로 처리하지 않아도 되는 일들임에도 회의로 이어지곤 한다. 이러한 악순환을 끊기 위해 노력하자.

마음을 구획화하자

마음을 구획화해 심리적 회복력을 기르는 것도 중요하다. 어려운 원온원 미팅이나 회의로 인해 하루를 망칠 수 있다. 그 여파를 털어버릴 수 있어야 한다. 때로는 당신이 관리하는 직원을 개인적으로 좋아하지 않을 수도 있다. 물론 그럴 수 있다. 다만 힘든 일을 하루에 몰아서 하지 않는 것이 좋다. 필요하다면 심호흡을 하고 재정비할 시간을 가질 필요가 있다. 에너지를 북돋아주는 사람들이나 활동을 생각해보고, 일정을 전략적으로 배치하자. 밖에서 잠깐 산책하거나 걸으면서 하는 원온원 미팅으로 하루가 완전히 바뀔 수 있다.

자신의 강점과 약점을 새롭게 바라보자

1장에서 예일대학교 경영대학원 당시 학장이었던 제프리 가튼이 신입생들에게 자신의 가장 큰 강점이 가장 큰 약점이 될 수도 있다고 설명한 이야기를 소개했다. 누군가 당신의 강점을 칭찬할 때마다 그 이면에 존재할 수 있는 약점에 대해 생각해보자. 나는 독립적으로 일하는 데 강점이 있지만, 이로 인해 두 가지 함정에 잘 빠진다. 첫 번째는 내가 해야 할 일을 발견하면 혼자 처리하려 하고, 동료들이 도와주지 않는다고 원망하게 된다. 이는 그들이 내 생각을 읽어주길 기대하는 것과 같다. 두 번째는 내가 해야 할 일이 아닐 때도 동료들에게 도움을 요청하지 않는다는 점이다. 이러한 약점의 이면을 인지하면 강점을 더욱 효과적으로 활용할 수 있다. 나의 경우 도움이 필요할 때 명확히 알리고, 누가 어떤 일을 맡을지 더 신중히 결정함으로써 나의 강점을 더 잘 발휘할 수 있다.

자신의 약점만 느껴지고 낙담할 때도 있다. 그럴 때는 잠시 멈추고 상황을 다시 바라보자. 빠르게 성장하는 회사에서는 모든 것이 너무 빨라서 멈춰 서서 생각할 시간이 부족하다. 그러다 보면 좀 더 시간이 있었으면 피할 수 있었을 실수를 저지르기도 한다. 빠르게 변화하는 환경에서는 큰 실수도 금세 잊힌다. 변화가 너무나 일상적이라서 금방 상황이 바뀐다. 실수 때문에 지나치게 자책하고 있다면, 모두가 그 상황을 곧 잊을 것이라는 점을 기억하자. 털고 일어나 빠르게 변화하는 환경에 있다는 것에 감사하자. 상황을 다시 바라보고, 생각을 전환한 후 앞으로 나아가자.

중요한 일과 긴급한 일에 집중하자

일이 너무 벅차다고 느낄 때나 주간 또는 일간 계획을 세울 때, 간단한 프레임워크를 활용해보자. 아이젠하워 매트릭스(미국 34대 대통령 아이젠하워가 제안한 시간 관리 기법-옮긴이)의 기본 원칙은 중요한 일과 긴급한 일을 구분하는 것이다. 해야 할 일 목록을 중요한 것과 중요하지 않은 것, 긴급한 것과 긴급하지 않은 것으로 분류하고, 우선순위를 정한다. 중요하고 긴급한 일을 처리하는 시간도 확보해야 하지만, 긴급하지 않더라도 중요한 일은 반드시 챙겨야 한다. 미루면 나중에 반드시 문제가 된다는 점을 명심하자.

도움이 필요할 때는 주저 없이 요청하자

도움이 필요할 때는 주저하지 말고 요청하자. 구글에서 여러 팀을 맡고 있을 때, 유튜브 인수 후 운영까지 맡게 된 적이 있었다. 딸이 갓 돌이 지난 터라 새내기 부모로서의 적응도 필요할 때였다. 그러던 어느 날 상사와 원온원 미팅 중에 업무 우선순위에 대해 도움을 요청했다가 결국 눈물이 터져버렸다. 너무 부끄러웠지만, 그제야 내가 얼마나 부담을 느끼고 있었는지, 그리고 도움이 필요했는지 깨달았다. 우리는 곧 유튜브에 전담 리더가 필요하다는 결론을 내렸고, 내부 후보자들을 검토했다. 그중 한 명이 결국 유튜브를 맡게 되었다.

이 이야기에는 재미있는 반전이 숨어 있다. 당시 구글은 최고 성과 점수를 5점 만점으로 평가했다. 그 사건 이후 동료들과 대화를 나누다 보면 다들 5점은 아무도 받지 못할 점수라고 말하곤 했다. 그때마다 나는 쑥스럽게 웃으며, 상사의 사무실에서 눈물 흘리며 부담감을 토로하던 그 분기에 내가 바로 그 5점을 받았다는 이야기를 꺼내곤 했다. 다행히 성과 평가 모든 훌륭한 리더는 자기 인식이 필요하다. 경험과 실수에서 배우지 못한다면, 더 나은 리더로 성장할 수 없다. 우리는 모두 실수를 한다. 실수에서 배우고 피드백을 받아들이지 못한다면, 더 나은 리더로 성장할 수 없다.

우리 주변에는 많은 정보와 지식이 있다. 경청해서 받아들이지 않으면 훌륭한 리더가 될 수 없다. 20년 전 리더십 역할을 처음 맡았을 때 나는 내 일이 무엇인지도 몰랐다. 단지 따라가기 급급했을 뿐이다.

— **댄 와이스**, 메트로폴리탄 미술관 회장 겸 CEO

는 부담감이 아니라 결과로 평가되었다!

관계를 지속해서 키우고 돌보자

"인생은 마라톤이지 단거리 경주가 아니다", "빠르게 가려면 혼자 가고, 멀리 가려면 함께 가라"는 말이 자주 회자되는 이유는 그것이 사실이기 때문이다. 자신을 조절하며 페이스를 유지하고, 함께 달릴 누군가가 필요하다.

구글과 스트라이프를 성장시키는 과정에서 겪었던 힘든 순간을 돌아보면 수많은 회의와 회식, 그리고 늦은 밤 스트레스가 웃음으로 바뀌었던 대화가 기억난다. 그 경험에서 쌓인 우정을 소중히 여기자. 평생 언제든 연락할 수 있고 도와줄 사람들을 만나게 될 것이다. 이런 우정은 상사, 동료, 팀원, 심지어 상사의 상사와도 형성될 수 있다. 시간을 내어 이런 관계를 만들고, 도움을 요청하며, 짐을 나누자.

다시 한번 강조하지만, 필요할 때는 도움을 요청하자. 관리는 상호 자기인식을 바탕으로 팀을 구성하고 다른 강점을 가진 사람들과 함께 일하는 것이다. 자기 인식뿐만 아니라 도움을 요청할 수 있는 자신감도 필요하다.

상사와 효과적으로 협업하자

레버리지leverage는 양방향이다. 상사는 당신으로부터, 당신은 상사로부터 레버리지를 얻어야 한다. 상사는 팀의 장애물을 제거해주고, 더 많은 자원을 확보해주며, 일을 잘 수행하는 데 필요한 맥락을 제공하고, 우선순위를 설정하는 데 도움을 줄 수 있다. 당신의 팀과 회사에 최고의 결과를 가져오기 위해 상사와 협력할 수 있다면 훌륭한 관리자가 될 수 있다. '상사 관리managing up'라는 표현이 정치적으로 들릴 수 있지만, 그런 뜻은 아니다. 상사가 최선을 다하도록 돕고, 팀이 직면한 어려움이나 좋지 않은 결과를 뒤늦게 알리는 일이 없도록 하는 것이다.

이 글을 읽고 있다면 당신도 관리자일 가능성이 크고, 함께 일하기 좋은 부하직원이 어떤 사람인지 이미 알고 있을 것이다. 관리자로서 당신이 중요하게 여기는 것들을 생각해보자. 당신의 상사도 그리 다르지 않을 것이다! 서로를 개인적으로 알아가자. 상사에게 피드백이 필요하다면 건설적으로 제공하고, 더 효과적으로 협력할 방법을 제안하자. 함께 성공하는 것이 양쪽 모두에게 이롭다.

관리자는 특정 기술을 갖고 있어서 리더로 승진한 것이다. 하지만 이제는 사람을 이끄는 데 필요한 다른 기술들이 필요하다.

자신의 역할을 더 넓은 맥락에서 이해하는 것이 중요하다. 에트나의 전 CEO 론 윌리엄스Ron Williams는 이를 '상하 2단계'라고 불렀다. 당신 아래 두 단계와 위 두 단계의 사람들과 직무를 파악하는 것이다. 그는 이렇게 말한다. "자신의 역할에만 머무르지 말고, 당신의 업무가 조직 전체 시스템에서 어떤 영향을 미치는지 살펴보라. 당신의 위아래 두 단계에 있는 사람들은 무엇에 동기 부여를 받는지 생각해보라. 그들을 움직이는 것은 무엇인가? 그들의 목표와 당신의 목표가 하나의 방향을 향하고 있는가? 그렇지 않다면 일치시켜라."

당신을 둘러싼 조직과 과정 전체를 이해하면 조직의 미션과 일치시키는 데 도움이 될 것이다.

— **찰스 필립스**, 레커그나이즈 매니징 파트너, 전 '인포' CEO

다른 관리자들과의 협업도 도움이 된다

'상사 관리'와 마찬가지로 '동료 관리'도 중요하다. 당신의 역할 중 하나는 당신 팀이 조직의 더 큰 생태계 내에서 어떤 위치를 차지하는지 이해하는 것이다. 사람들이 효과적으로 협업하려면 전체가 개별 성과의 합을 뛰어넘는 더 큰 가치를 창출해야 한다. 그러기 위해서는 공식적인 관계뿐만 아니라 비공식적인 연결도 강화될 필요가 있다.

복도나 온라인에서 누군가를 우연히 만나는 것도 도움이 되지만, 성공하는 데 도움이 되는 관계를 적극적으로 찾고 키워나가야 한다. 물론 그 과정에서 상대방도 같은 혜택을 받을 수 있도록 해야 한다. 당신 팀의 목표와 비전을 주요 파트너 및 이해관계자들과 공유하고, 협력이 필요한 사람들을 적극적으로 찾자. 특히 장애물이 될 수도, 해결책이 될 수도 있는 사람들을 파악해 이들과 협력하라. 다른 리더들은 어려운 상황에 대한 조언을 구할 수 있는 훌륭한 자원이며(다른 관리자와 어려운 원온원 면담을 연습해보는 것만큼 좋은 것은 없다), 조직에서 중요한 정보의 원천이 되어준다. 평소 일에 너무 집중하다 보면 이러한 관계를 소홀히 하기 쉽지만, 관계를 강화하는 데 시간을 들이는 것이 장기적으로 큰 도움이 될 것이다.

다음의 두 가지 행동을 추천한다.

- **당신 팀의 파트너와 이해관계자를 파악하고, 원온원 미팅을 갖거나 주요 팀의 회의에 참석하자.** 당신 팀의 목표를 공유하고 어떻게 협력할 수 있을지 논의하자.
- **회사 내부 또는 다른 회사에서 존경하는 리더들을 찾아보자.** 점심이나 커피를 함께하며 서로의 관리 방식을 비교하고, 각 팀과 회사의 업무에 대해 의견을 나누자. 이 중 일부 관계는 나중에 아이디어를 검증하거나 어려운 상황에서 조언을 구할 수 있는 중요한 인맥으로 발전할 것이다.

이러한 관계는 공동 프로젝트를 함께 진행하면서 자연스럽게 발전할 수 있다. 상사와 협력하여 당신이 조직 내에서 더 많은 사람과 연결되고, 직접적인 업무 영역 밖의 조직과도 연결 지점을 만들고 통합될 수 있도록 시간과 노력을 투자하자.

마지막으로, 당연하지만 중요한 말 하나를 덧붙이자면, 좋은 동료가 되자. 약속을 지키고, 경청하며, 필요한 정보를 아낌없이 나누자. 다른 관리자나 그들의 팀과 문제가 있으면 그들에게 먼저 이야기하라. 문제가 더 커지기 전에 함께 해결책을 찾자.

창업자들과 협업해 변화를 이끌어내자

창업자는 비전을 현실화해 사업을 일구었기에 지금의 자리에 있는 것이다. 반면, 고위 관리자는 관리 능력을 쌓아왔기에 지금의 자리에 있다 (물론 모두가 훌륭한 관리자는 아니지만, 적어도 그 역할을 오래 수행해왔다는 뜻이다). 창업자들은 처음부터 관리자가 되기 위해 훈련받지 않았다. 특히 첫 창업자는 자신이 운영하는 회사보다 더 큰 조직을 경험해본 적이 없을 가능성이 크다.

따라서 당신이 관리 경험이 있다면, 더 큰 회사에서 일한 경험을 바탕으로 귀중한 통찰을 제공할 수 있다. 그러나 동시에 창업자들은 당신이 운영하는 방식에 의문을 제기할 수도 있다. 당신이 당연하게 여겼던 관리의 기본 요소들이 창업자의 눈에는 처음부터 다시 생각해볼 문제일 수 있다. 당신은 경험에서 출발하고 창업자는 원칙에서 출발하므로, 서로에게 배울 점이 많다.

이 관계에는 구조적으로 마찰이 따를 수밖에 없다. 당신이 리더로 영입된 이유는 관련된 경험이 있으며 조직의 확장에 기여할 수 있기 때문일 것이다. 당신의 과제는 조직과 창업자가 수용할 수 있는 변화의 속도와 범위

함께 일하는 사람들의 관점에서 상황을 바라볼 수 있다면 더 효과적이다. 특히 문제가 발생하기 전에 그들의 성격이나 겪고 있는 스트레스, 부담을 이해하는 것은 큰 도움이 된다. 자신의 업무에 필수적인 부분뿐만 아니라 주변 상황에도 호기심을 갖고 배우려는 자세, 이것이 내가 많은 리더에게서 공통적으로 발견한 특징이다.

— **샘 호굿**, 캘리포니아대학교 샌프란시스코 캠퍼스 총장

를 파악하고, 함께 협력하여 적절한 변화를 끌어내는 방법을 찾는 것이다. 다음은 이와 같은 상황에서 도움이 되는 몇 가지 원칙이다.

당신의 아이디어가 때가 무르익었는지 점검하자

박스Box 출신의 고위 리더 중 한 명이 회사에 처음 합류했을 때의 경험을 들려주었다. 조직을 변화시키려는 그의 아이디어는 많았지만 큰 저항에 가로막혔다. 회사가 준비되지 않았던 것이다. 그래서 그는 사고방식을 바꾸었다. "제 아이디어를 익지 않은 과일이라고 생각하기로 했어요. 과일을 봉지에 담아 주방 카운터에 두고 익기를 기다렸습니다. 가끔 꺼내서 익었는지 확인했어요. 보통 확인은 쉬웠습니다. 문제가 생겨 해결책이 필요하거나, 창업자가 아이디어를 듣고 갑자기 동의하는 경우였어요. 때로는 창업자가 같은 결론을 내리고 저와 똑같은 아이디어를 제시하기도 했습

스케일링 피플

니다. 봉지에서 과일을 꺼내보았을 때 아직 덜 익었으면, 다시 봉지에 넣고 익을 때까지 기다렸습니다."

어떤 아이디어는 영원히 익지 않을 수도 있다. 그러나 조직이 준비되지 않은 아이디어를 밀어붙이는 것보다는 기다리는 것이 더 나을 수 있다.

가장 쉽고 단순한 변화부터 시작하자

가끔은 창업자가 과일이 익지 않았다고 생각하더라도 변화를 원할 수 있다. 이럴 때 많은 사람이 토요타 캠리나 자전거 수준이면 충분한데, 괜히 캐딜락 에스컬레이드를 만들려는 실수를 한다. 가장 쉽고 단순한 변화부터 시작하고, 그 후에 점차 확대하자.

예를 들어 스트라이프 근무 첫해에 나는 LMS와 CMS가 필요하다고 말했다. 패트릭은 고개를 갸웃하며 물었다. "LMS와 CMS가 뭔가요?" 설득력 있게 답하기가 어려웠다. LMS는 학습 관리 시스템이고 CMS는 콘텐츠 관리 시스템이라고 설명할 수는 있었지만, 그건 패트릭이 알고 싶어 하는 게 아니었다. 그는 왜 그것들이 필요한지, 왜 그 시점에 그런 플랫폼에 큰 투자를 해야 하는지 알고 싶어 했다.

첫 번째 실수는 실제로 필요한 것을 설명하는 대신 약어부터 사용한 것이었다. 모든 교육 콘텐츠를 한곳에 모아 쉽게 업데이트할 수 있는 중앙집중식 공간, 그리고 중요한 내부 및 외부 회사 콘텐츠에 대한 업데이트를 저장하고 게시할 수 있는 중앙집중식 시스템이 필요했다. 두 번째 실수는 캠리 대신 에스컬레이드를 제안한 것이었다. 완전히 새로운 도구를 제안하는 대신, 당시 편하게 사용하던 도구(당시 스트라이프는 핵패드Hackpad라는 문서 편집기를 사용하고 있었다)를 활용해 모든 콘텐츠를 정리해보고 무엇이 잘되고 안 되는지 살펴보자고 제안했어야 했다. 결국 우리는 그렇게 했다.

몇 년 후 더 강력한 도구가 필요하다는 것이 분명해졌을 때 우리는 새로운 도구로 옮겼고, 이후에 또 다른 도구로 옮겼다.

변화를 시범 사업으로 제안하자. 무엇을 변화시킬 것인지, 성공 여부를 어떻게 평가할지, 언제 그 변화를 영구적으로 도입할지를 명확히 하자.

무엇이 중요한지 파악하라

부하직원의 가치관을 이해해야 하는 것처럼, 창업자들의 가치관도 이해하도록 노력하라. 나아가, 창업자들에게 회사의 핵심 가치를 문서화하도록 요청하자. 아직 작성된 것이 없다면 문서화를 요청하자(이 과정은 2장에서 언급한 창업 문서 작성의 시작점이 될 수 있다). 특히 창업자들이 중요하게 여기는 가치를 실현하기 위해 어떤 트레이드오프(상충하는 선택)를 감수할 수 있는지 명확히 물어보자. 예를 들어 완성도 높은 제품 출시를 중요하게 생각한다면, 이를 위해 어떤 것을 포기할 수 있는지 묻는 것이다. 출시 기한을 연기할 의향이 있는지, 그로 인해 중요한 잠재 고객을 놓치는 상황을 감수할 수 있는지 등을 물을 수 있다. 이러한 가치는 워크숍에서 논의할 수도 있지만, 원온원 미팅에서도 창업자와 직접 대화하며 물어볼 수 있다.

당신의 커리어를 스스로 설계하라

훌륭한 리더들은 비즈니스의 성공이나 팀원들의 성장에 집중하느라 종종 자신의 커리어를 돌볼 시간을 놓치곤 한다. 하지만 자신의 경험과 마음, 직감을 가장 잘 아는 사람은 결국 자기 자신이다. 그렇기에 가장 중요한 일은 '스스로의 커리어 코치가 되는 것'이다. 나는 상사나 외부의 조언만을 기다리는 사람들을 보며 놀라곤 한다. 다른 사람의 아이디어나 조언이 도움이 될 수는 있지만, 결국 자신에게 가장 좋은 선택이 무엇인지 알고 있는 사람은 바로 당신 자신이어야 한다. 나는 주기적으로 시간을 내어 내가 배우고 싶은 것을 배우고 있는지, 내가 원하는 영향력을 발휘하고 있는지를 점검하곤 한다.

커리어는 시간이 흘러야 비로소 의미가 드러나지만, 그 순간에는 일관성 없어 보일 때가 많다. 나 역시 마찬가지였다. 지금은 내가 내린 중요한 결정들이 지금의 나를 만들었다고 쉽게 말할 수 있지만, 당시에는 막연하게 느껴진 결정도 있었다. 어떤 결정은 당시에는 매우 중대한 선택처럼 느껴졌는데, 스트라이프에 합류한 결정이 그랬다. 반면 구글 소비자 부문에서 B2B 부문으로 옮긴 결정은 당시에는 사소하게 여겨졌지만, 결과적으로는 매우 중요한 선택이었다. 일찍부터 자신의 커리어 경로를 명확히 알고 의사나 교수, 디자이너가 되기 위해 계획을 세우는 사람들을 보면 부럽다. 커리어는 뱀사다리 게임처럼 한 칸 올라갔다가 몇 칸 미끄러지거나 옆으로 비켜가는 식으로 전개되곤 한다.

그렇다면 커리어 경로를 어떻게 그려나가야 할까? 내 조언의 핵심은 자아 인식을 기르는 것이다. 당신의 에너지를 관리하는 것과 마찬가지로, 어떤 일이나 능력이 당신에게 자연스럽게 다가오는지, 어떤 일이 당신의 동기를 저하시킬 수 있는지를 파악하는 것이 중요하다. 자기 적성과 동기, 열정을 조합해야 한다. 예를 들어 나는 정치나 비영리 단체(또는 스타트업)에서 중요한 자금 조달 업무에 꽤 능숙하지만, 이 일을 즐기는 편은 아니다. 학계나 비영리 단체, 문화 기관의 고위직에서는 이 업무가 전체 역할의 절반 이상을 차지하는 경우가 흔한데, 굳이 그런 직책을 택하고 싶지는 않다. 이처럼 일상적 에너지를 추적하는 것뿐 아니라, 더 높은 수준의 장기적인 에너지 흐름도 관찰해야 한다.

커리어 초기부터 다양한 직무를 경험할 때마다 자신에게 다음 질문들을 던지며 기록을 남기는 것을 권장한다.

- 내가 이 일을 잘했는가? 근거는 무엇인가? 잘하지 못했다면 이유는 무엇인가?
- 일을 즐겼는가? 왜 그런가, 혹은 왜 그렇지 않았는가?
- 이 일에서 내가 원하는 일의 특성에 대해 무엇을 깨달았는가?
- 나에게 부족했던 부분은 무엇이었는가?
- 어떤 역량을 갖춰야 하는가? 그것은 쉬웠는가? 어려웠는가?
- 그 일이 흥미로웠는가? 계속해서 더 배우고 싶었는가?

이러한 기록은 간단히 정리해도 충분하다. 직무별로 짧게 메모만 남겨도 6개월, 12개월, 18개월 뒤에 돌아보며 배운 점을 확인할 수 있다. 리더로 성장하고자 한다면 이 기록을 통해 자신의 장단점을 파악하고, 부족한 부분을 보완할 인재를 채용하는 데 활용할 수 있다.

사람들이 흔히 빠지는 함정 중 하나는, 다른 사람들의 성공 기준을 좇거나 자신의 강점을 충분히 발휘하지 못하는 역할에 갇히는 것이다. 더 나아가, 이러한 선택이 가능하다는 점 자체가 큰 특권임을 인식하고 겸손한 태도를 유지하며, 그와 같은 기회를 얻지 못한 이들과 시간을 나누는 것도 고민해볼 필요가 있다.

나는 5년 계획과 6개월, 12개월, 18개월의 목표 설정 방식을 활용한다. 먼저 향후 5년을 구상해본다. 특정 직함을 목표로 삼기보다는, 5년 뒤에 내가 하고 있을 일의 구체적인 모습을 그려보는 편이다. 예를 들어

COO가 되고 싶다고 가정해보자. 그렇다면 자신에게 '나는 5년 안에 여러 부문을 담당하는 COO나 총괄 관리자가 될 준비가 되어 있는가?'라는 질문을 던져야 한다. 준비가 되어 있지 않다면 왜 그런지 파악하고, 경로를 바꿔야 할지 고려하자. 내가 현재 가고 있는 길이 옳다고 느낀다면, 더 짧은 기간을 기준으로 질문을 던지는 것이 좋다.

매 6개월마다: 내가 앞으로 6~12개월 동안 배우고 싶은 것을 배울 수 있는 직무를 수행하고 있는가? 그 지식을 어떻게, 누구에게서 얻을지 명확한가? 그렇지 않다면, 가야 할 방향으로 나아가도록 조정할 필요가 있다.

매 12개월마다: 현재 내 직무를 조정하거나 변화시켜서 배움을 늘리고, 5년 계획에 맞춰 나아가야 할 시점인가? 그렇다면 이를 어떻게 관리자, 나를 멘토링하거나 후원하는 리더들에게 알릴 것인가? 새로운 프로젝트나 추가적인 책임을 통해 내가 더 큰 능력을 갖추었다는 것을 어떻게 보여줄 것인가?

나는 앞으로 1년 안에 내 역할이 어떻게 달라질지, 또는 어떤 다른 역할로 옮길 수 있을지 두세 가지를 미리 그려둔다. 이는 회사의 방향이나 내 목표에 따라 달라질 수 있다. 예를 들어 현재 역할을 유지한다면 관리자를 관리하는 역할로 성장하거나 새로운 팀을 맡게 될 수 있다. 새로운 경로로 나아간다면, 새로운 사업 분야에서 일하며 새로운 스킬을 배울 수도 있다. 어떤 경우든 나는 조직의 성장과 관리자의 피드백을 바탕으로, 내가 구상한 시간 내에 성장해야 한다. 결국 핵심은, 자신의 야망이 실제 성과와 일치하는지 끊임없이 점검하는 자기 인식이다. 내가 더 큰 성과를 낼수록, 더 큰 야망을 품을 자격을 얻게 된다.

매 18개월마다: 내 5년 목표가 여전히 유효한가? 이때 개인 기록을 참고해야 한다. 지난 12~18개월 동안 내 스킬, 에너지, 동기에서 무엇을 배웠는가? 구글에서 일할 때, 여성 리더십에 관한 블로그 인터뷰에서 나는 언젠가 중견기업의 최고마케팅책임자CMO가 될 것이라고 말한 적이 있다. 당시에는 가능성 있는 경로였지만, 지금 돌이켜 보면 그게 얼마나 잘못된 생각이었는지 웃음이 나온다. 결국 나는 자신의 동기 부여 요인과 입증된 능력을 기반으로 이것이 앞으로 5년 동안 나아가야 할 방향이 아니라는 것을 깨달았다. 그래서 광고, 영업, 마케팅에 집중하던 방향에서 벗어나 제품 관리와 같은 다른 부문을 이끄는 기술을 습득하는 쪽으로 방향을 바꿨다.

무엇보다 중요한 것은 다른 사람의 커리어 목표와 경로를 따라가지 말고, 자신의 길을 설계하며 그 길을 지켜나가는 것이다. 이를 위해 점점 더 자신에게 솔직해지고, 스스로를 돌아보는 능력을 길러야 한다. 머리, 마음, 본능을 일치시켜서 자신만의 경로를 찾아나가야 한다.

회사를 키우고 사람을 관리하는 일은 매우 어렵지만 그만큼 보람도 크다. 자신의 에너지와 능력을 이해하고, 강력한 기초를 유지하기 위해 자신의 한계와 필요한 지침을 설정해야 한다. 만약 안정감을 느끼지 못한다면 상황을 다시 점검하고 새로운 전략을 고려하자. 일을 위임하거나, 사고방식을 바꾸거나, 도움을 요청하는 것도 방법이다. 상황을 분별하고 대응하는 능력이 향상될수록 상사는 당신을 의지하게 되고, 직원들은 닮고 싶어 하는 동료로 바라볼 것이다. 강력한 기반을 갖추고, 자신의 경로를 스스로 개척해나갈 수 있다면, 이 모든 것이 가능하다. 상황이 잘 풀리지 않거나 자신의 통제를 벗어나는 듯한 느낌이 들 때는, 자원을 효율적으로 활용하고 원점으로 돌아가자. 당신이 출발한 자리에서 다시 시작할 수 있다.

커리어의 첫 번째 단계는 하드 스킬이다. 두 번째 단계는 소프트 스킬이다. 세 번째이자 가장 어려운 단계는 자신의 감정을 어떻게 드러낼 것인지, 그리고 어떻게 모든 가능성을 열어둔 채 '챔피언'으로서 지속적으로 자리매김할 수 있는가다. 때로는 계속 나아가기 위해 불신을 잠시 내려놓고, 심지어는 자신에게 거짓말을 해야 할 때도 있다.

— **동핑 자오**, 앤커 대표

'들어가며'에서 말했듯, 나는 독자들이 새로운 도전이나 리더로서 새로운 기회를 맞이할 때 이 책을 다시 꺼내보기를 바란다. 운동선수가 어려움을 겪을 때, 코치는 보통 "기본으로 돌아가라"고 말한다. 이 책은 바로 그 '기본'에 관한 것이다. 기본은 혁신적이지 않다. 어떤 것은 단순한 전술에 불과할 수 있다. 그럼에도 실행은 당신의 몫이다. 이 책에서 제시한 아이디어들이 당신이 더 자신감을 갖고, 자아 인식을 높이며, 평소 말하기 어려웠던 것들까지도 용기 내어 표현할 수 있는 길로 나아가는 데 도움이 되었으면 한다. 나아가 당신만의 운영 시스템을 구축하는 데까지 이를 수 있기를 바란다. 또한 이 책에서 당신이 하나 혹은 두세 가지 정도의 유용한 교훈을 얻어, 현재와 미래의 일들을 더 성공적으로 해나갈 수 있기를 희망한다. 그것이 당신만을 위한 것이 아니라, 함께 무엇인가를 만들어가는 모든 사람을 위한 것이 되기를 바란다.

감사 카드들을 버리지 못하는 모습에서 알 수 있듯이, 나는 지금까지 함께 일하며 무에서 유를 창조해낸 사람들과의 관계에 대해 말로 다 할 수 없을 정도로 감사하고 있다. 이런 경험들이 나를 얼마나 성장시켰는지 잘 알고 있다. 이 책은 그동안 직접 만나지 못한 창업자들과 관리자들에게 이런 경험을 나누기 위한 방법이다. 당신들과, 그리고 당신들이 이루게 될 모든 것에 건배를 보낸다.

내가 스트라이프를 대표해 아일랜드를 처음 방문했을 때는 더블린에서 열린 Money20/20 컨퍼런스 외부의 소규모 언론 행사 자리였다. 막 자기소개를 시작하려던 찰나, 한 아일랜드 기자가 이렇게 외쳤다. "당신이 그 여자군요! 남자들을 데리고 다니는 그 여자!"

패트릭과 존 콜리슨에게 감사한다고 말하는 것만으로는 부족하다. 내가 스트라이프에 합류했을 때 그들이 보여준 신뢰는 물론, 끊임없는 호기심과 날카로우면서도 열린 사고방식, 그리고 회사를 함께 구축해가고자 하는 강한 협업 의지는 이 책의 출발점이 되었다. 스트라이프의 중심에는 '접근성'이라는 개념이 있다. 경제 인프라에 대한 접근성뿐 아니라, 지식에 대한 접근성이 더욱 중요하게 여겨진다. 패트릭은 창업자로서 자신에게 도움이 될 만한 실용적인 가이드를 찾을 수 없어 이 책이 필요하다고 생각했고, 존은 스트라이프 사용자들과의 저녁 자리에서 종종 이렇게 말했다. "그들은 확장에 대해 이야기하고 싶어 했어요. 클레어와 이야기하고 싶어 했죠." 그 후 그는 내가 배운 것을 기록하라고 격려해주었다. 나는 스스로를 리더십, 경영, 조직행동 전문가라고 생각하지 않지만, 패트릭과 존은 내 실무 경험이 가치 있다는 것을 일깨워주었다. 말로만이 아니라, 행동으로 보여주었다.

이 책의 아이디어는 패트릭과 존에게서 비롯되었지만, 이케 데 밀리아노나 멜라니 레학이 없었다면 이 책은 세상에 나오지 못했을 것이다. 스트라이프에서 처음 함께 일했을 때 이케는 사업 운영팀의 일원이었고, 내가 멘토링하면서도 오히려 많은 것을 배운 소중한 동료였다. 그녀는 스트라이프를 떠나 리툴의 제품 책임자가 되기 전, 이 책을 하나의 프로젝트로 맡아 인터뷰를 진행하고, 메모와 인터뷰 내용을 정리해 초안을 완성시켰다. 그녀 덕분에 나는 이 책이 현실화될 수 있음을 확신할 수 있었고, 그 초안은 실질적으로 그녀와 공동 집필한 것이나 다름없다.

이케가 자리를 옮긴 후, 나는 멜라니를 만났다. 『걸 슬루스*Girl Sleuth*』의 저자인 그녀는 이 책의 후속 초안과 최종본 작업에서 내 파트너가 되어주었다. 구조를 재정비하고 내용의 빈틈을 채워주었으며, 주요 편집자이자 때로는 공동 저자로서 함께 작업했다. 팬데믹이라는 어려운 시기에 서로를 발견한 것은 그 시절 몇 안 되는 행운 중 하나였다고 농담하곤 한다. 언젠가는 직접 만나게 될 것이고, 어쩌면 서로의 십 대 자녀들도 설득해 함께할 수 있을지도 모르겠다(가능성은 희박하지만).

이 책의 초기 독자들이자, 과거에 긴밀하게 협업하며 리더십과 경영을 존경하게 된 분들께도 감사를 전한다. 데이비드, 스티븐, 티파니, 비키에게 특별히 감사드리며, 내가 잘 알지 못했지만 귀한 시간을 내어 초고를 읽어주신 창업자분들, 애덤, 크리스티나, 제이슨, 맥켄지, 사지에게도 고마움을 전한다.

이 책을 준비하면서 만난 훌륭한 리더들은 낯선 연락에도 관대하게 응해주었고, 몇몇 분은 따뜻한 소개를 통해 연결되었다. 찰스, 댄, 도미니크, 돈, 동핑, 케이티, 리사, 리드, 릭, 샘, 재니와의 인터뷰는 이 프로젝트의 가장 큰 원동력이었다. 진심으로 감사한다.

이 책의 많은 부분은 함께 일해온 모든 사람, 특히 내 직속 팀원들에게서 얻은 배움의 집합체다. 여러분 모두 자신이 누구인지 알 것이다. 내가 이룬 성취는 여러분 없이는 불가능했으며, 그 성취는 여러분이 있었기에 의미 있었다. 함께 일할 수 있어 진심으로 감사드린다.

이 책은 예일대학교 경영대학원 교수들, 특히 2022년에 안타깝게 세상을 떠난 시갈 바사드, 샤론 오스터, 데이비드 크롬웰, 제프리 소넨펠드, 빅터 브룸의 가르침에서 많은 영향을 받았다. 더불어 내가 참여한 모든 리더십 개발 과정, 그 과정을 함께해준 코치들, 학교, 블로그, 트위터 등에서 접한 조직 행동과 회사 운영에 관한 다양한 글에서 아이디어를 얻었다. 이 모든 아이디어와 개념은 수많은 사람에게 빚진 것이다. 내가 더 기억력이 좋았다면, 더 많은 분의 이름을 올릴 수 있었을 것이다.

독자들이 이 책에서 가장 유용하게 여길 부분은 실용적인 콘텐츠—사이드바, 예시, 템플릿 등—일 것이다. 많은 현직 및 전직 스트라이프 직원들(우리는 서로를 '스트라이프'라고 부른다)이 이 책의 가장 뛰어난 부분을 만들어주었다. 이름이 언급된 몇몇을 제외하고도 수많은 사람이 협업하고 피드백을 주며 이 작업을 완성했다. 일부 템플릿은 현재 기준이지만, 스트라이프는 다른 모든 성장하는 회사처럼 이후에도 새로운 방식을 발전시켜가고 있다. 어떤 결과물이 오늘날까지 사용되고 있든, 혹은 스트라이프의 성장을 위한 중요한 시점에 사용되었든 간에, 그 모든 기여는 당시에 매우 중요했고, 회사의 성장은 외부 요인이 아닌 바로 그런 개개인의 헌신으로 이루어졌다는 사실을 다시금 일깨워준다. 이름 없이, 찬사 없이 헌신한 모든 이에게 이 책을 바친다.

이 책은 앤젤리나, 메이브, 레슬리가 없었다면 결코 완성되지 못했을 것이다. 이 3명의 놀라운 여성은 고속 성장하는 조직에서 나와 팀원들이 체계적으로, 그리고 제정신으로 일할 수 있도록 도와주었다. 내 책 프로젝트의 코드명이었던 '체셔'를 맡아 수많은 압박과 산만함 속에서도 결코 잊지 않고 끝까지 함께해주었다.

스트라이프 프레스팀과 스트라이프 커뮤니케이션팀의 많은 분의 헌신에 대해 아무리 감사드려도 부족하다. 사샤는 이 프로젝트를 믿고 여러 단계를 함께해주었고, 케이트와 엠마는 긍정적 에너지와 격려를 아끼지 않았으며, 레베카는 세심한 디테일과 완성도를 끝까지 책임져주었다. 최종 결과물인 이 책의 디자인을 책임져준 스트라이프 프레스 디자인팀의 조시, 케빈, 트래비스, 타일러, 그리고 이 책이 독자들과 잘 연결될 수 있도록 창의적 작업을 해준 태미에게도 진심으로 감사한다.

가족과 친구들의 응원도 빼놓을 수 없다. 작가인 오빠 에반과 그의 아내 아델, 그리고 어머니 메리 조 휴스는 언제나 든든한 응원군이었다. 사춘기 시절 어머니는 날 보며 이렇게 말씀하셨다. "넌 내가 쓰지 못한 책이야." 그 이후로 우리 관계와 어머니의 작가로서의 여정은 더욱 발전했고, 현재 어머니는 두 번째 책을 집필 중이다. 어머니는 내 인생뿐 아니라 많은 이의 인생에서 소중한 친구이자 응원자다. 너무나 많은 친구에게 감사를 전하고 싶지만, 특히 코트니에게 각별한 감사를 전한다. 그는 어머니의 응원조차도 무색하게 만드는 존재다. 코트니는 나를 스텔라에게 소개해주었다. 스텔라는 '건강한 정신과 건강한 신체'라는 말의 살아 있는 사례이자, 때론 그 반대의 삶도 함께해준 친구다.

내 아이들, 클로이와 마일스는 언제나 내게 자부심과 겸손함을 안겨

준다. 클로이는 예일대학교 경영대학원 오리엔테이션에서 내가 강연하는 모습을 본 적이 있다. '일과 가정의 균형'에 대한 질문을 받고, 나는 무엇보다도 '올바른 파트너를 선택하는 것'이 중요하다고 말했다. 결국 모든 것은 트레이드오프를 인식하고 의도적으로 선택하는 문제라고 말이다. 아이들의 삶에서 중요한 순간만큼은 항상 함께하려고 노력한다고 답했다. 몇 달 뒤, 열두 살이 된 클로이는 이렇게 쓴 쪽지를 주었다. "엄마가 강연하는 걸 정말 재밌게 봤어요. 유익했지만 지루하지 않았고, 웃기기도 했어요. 제가 제일 좋아한 건, 누군가 엄마에게 '넌 항상 중요한 순간에 거기 있잖아'라고 말한 이야기였어요. 그게 정말 맞는 말이었거든요. 엄마는 중요한 순간마다 늘 함께 있었어요." 나는 그 쪽지도 소중히 간직하고 있다.

제시는 내가 이 책을 쓸 수 있다는 것을 단 한 번도 의심하지 않았고, 언제나 성실하게 곁에서 책을 쓰고 있음을 일깨워준 배우자다. 내 커리어와 삶의 모든 순간을 변함없이 지지해준 그는 나와 가족의 중심이다.

마지막으로, 지난 수년간 만난 모든 창업자와 운영자들에게 진심으로 감사드린다. 사업 모델이나 지역, 회사의 규모와 관계없이, 창업자들은 흔들림 없는 의지와 배움에 대한 열린 자세를 공유하며 깊은 유대감을 형성한다. 최근 만난 30명 규모 회사의 COO가 내 커리어를 존경한다고 했지만, 사실은 내가 그들을 존경하고 있음을 고백하고 싶다.

1   Holacracy, https://www.holacracy.org.

2   Paul Morris Fitts and Michael I. Posner, *Human Performance* (Westport: Greenwood Press, 1979), 11–15, 18.

3   Nina Keith and Karl Anders Ericsson, "A Deliberate Practice Account of Typing Proficiency in Everyday Typists," *Journal of Experimental Psychology: Applied* 13, no. 3 (2007): 135–145, https://doi.apa.org/doiLanding?doi=10.1037%2F1076-898X.13.3.135.

4   Joshua Foer, *Moonwalking with Einstein: The Art and Science of Remembering Everything* (New York: Penguin Books, 2021), 172.

5   Bradley W. Young et al., "K. Anders Ericsson, Deliberate Practice, and Sport: Contributions, Collaborations, and Controversies," *Journal of Expertise* 4, no. 2 (2021): 2573–2773, https://journalofexpertise.org/articles/volume4_issue2/JoE_4_2_Young_etal.pdf.

6   Colin Bryar and Bill Carr, *Working Backwards: Insights, Stories, and Secrets from Inside Amazon* (New York: St. Martin's Press, 2021).

7   Garson Kanin, *Remembering Mr. Maugham* (New York: Atheneum, 1966), 45.

8   Ted Gioia, "How I Became the Honest Broker," The Honest Broker, May 26, 2021, https://tedgioia.substack.com/p/how-i-became-the-honest-broker.

9   Stan Slap, *Bury My Heart at Conference Room B: The Unbeatable Impact of Truly Committed Managers* (New York: Portfolio Penguin, 2010).

10   "What Is DiSC?" DiSC Profile, https://www.discprofile.com/what-is-disc.

11   The Myers-Briggs Company, https://www.themyersbriggs.com.

12   "Insights Discovery," Insights, https://www.insights.com/us/products/insights-discovery.

13   Fred Kofman, *Conscious Business: How to Build Value Through Values* (Louisville: Sounds True, 2014), 10–12, 136–138.

14   Kim Scott, *Radical Candor: Be a Kick-Ass Boss without Losing Your Humanity* (New York: St. Martin's Press, 2019), 32–33.

15   Ronald Heifetz et al., *The Practice of Adaptive Leadership: Tools and Tactics for Changing*

Your Organization and the World (Boston: Harvard Business Press, 2009), 19 – 23.

16   Simon Sinek, *The Infinite Game* (London: Portfolio Penguin, 2019).

17   Big Five Personality Test, https://bigfive-test.com.

18   Bill Walsh, Steve Jamison, and Craig Walsh, *The Score Takes Care of Itself: My Philosophy of Leadership* (New York: Portfolio Penguin, 2009).

19   Nick Statt, "Microsoft at 40: Read Bill Gates' Anniversary Email to Employees," CNET, April 3, 2015, https://www.cnet.com/tech/tech-industry/microsoft-at-40-read-bill-gates-anniversary-email-to-employees/.

20   Edgar H. Schein and Peter Schein, *Organizational Culture and Leadership* (Hoboken: Wiley, 2017), 17 – 27.

21   Andrew S. Grove, *High Output Management* (New York: Knopf Doubleday, 2015), 110 – 114.

22   Brad Garlinghouse, "Yahoo Memo: The 'Peanut Butter Manifesto,'" *Wall Street Journal*, November 18, 2006, https://www.wsj.com/articles/SB116379821933 826657.

23   "Enduring Ideas: The Three Horizons of Growth," *McKinsey Quarterly*, December 1, 2009, https://www.mckinsey.com/business-functions/strategy-and-corporate-finance/our-insights/enduring-ideas-the-three-horizons-of-growth.

24   Bryar and Carr, *Working Backwards*, 17 – 21, 61 – 65.

25   기업 규모가 커질수록 속도가 느려지는 이유, 이를 효과적인 전략 및 느슨하게 결합되면서도 긴밀하게 정렬된 실행 방식으로 극복하는 방법에 대해 더 알고 싶다면, 스트라이프의 기업 전략 리더인 알렉스 코모로스케가 쓴 다음 글 참조. Alex Komoroske, "Coordination Headwind: How Organizations Are Like Slime Molds," https://komoroske.com/slime-mold.

26   Andrew S. Grove, *Only the Paranoid Survive* (New York: Currency Doubleday, 1996).

27   Grove, *High Output Management*, 110 – 114.

28   Robin I. M. Dunbar, *How Many Friends Does One Person Need?: Dunbar's Number and Other Evolutionary Quirks* (London: Faber and Faber, 2011), 4.

29   Michael Schade, "Stripe Home," Stripe Blog, April 19, 2018, https://stripe.com/blog/stripe-home.

30   Frances Frei and Anne Morriss, *Uncommon Service: How to Win by Putting Customers at the Core of Your Business* (Boston: Harvard Business Review Press, 2012), 29.

31   Greg Brockman, "Capture the Flag 2.0," Stripe Blog, August 22, 2012, https://stripe.com/blog/capture-the-flag-20.

32   Fun fact: Stripe's hiring committee meetings are called "tropes." As far as I can tell, it's because early Stripes decided any form of "meeting" should be avoided.

33   Daniel H. Pink, *Drive: The Surprising Truth About What Motivates Us* (New York: Penguin, 2011).

34   Carlin Flora, *Friendfluence: The Surprising Ways Friends Make Us Who We Are* (New York: Doubleday, 2013), 122–126.

35   "'Give Away Your Legos' and Other Commandments for Scaling Startups," First Round Review, https://review.firstround.com/give-away-your-legos-and-other-commandments-for-scaling-startups.

36   Mike Ettore, "Why Most New Executives Fail—And Four Things Companies Can Do About It," Forbes, March 13, 2020, https://www.forbes.com/sites/forbescoachescouncil/2020/03/13/why-most-new-executives-fail-and-four-things-companies-can-do-about-it/.

37   Bryar and Carr, *Working Backwards*, 34–36.

38   Elad Gil, *High Growth Handbook: Scaling Startups from 10 to 10,000 People* (San Francisco: Stripe Press, 2018), 52–57.

39   "Hogan Personality Inventory," Hogan, https://www.hoganassessments.com/assessment/hogan-personality-inventory.

40   Michael Lewis, "What Keeps Bill Parcells Awake at Night," *New York Times Magazine*, October 29, 2006, https://www.nytimes.com/2006/10/29/sports/playmagazine/what-keeps-bill-parcells-awake-at-night.html.

41   Patrick Lencioni, *The Five Dysfunctions of a Team: A Leadership Fable* (San Francisco: Jossey-Bass, 2012).

42   Max Landsberg, *The Tools of Leadership: Vision, Inspiration, Momentum* (London: Profile Books, 2011), 51–55.

43   Jeff Bezos, "Amazon.com 1997 Letter to Shareholders," US Securities and Exchange Commission, https://www.sec.gov/Archives/edgar/data/1018724/0001193125165309-10/d168744dex991.htm.

44   Bruce W. Tuckman, "Developmental Sequence in Small Groups," *Psychological Bulletin* 63, no. 6 (1965): 384–399, https://doi.org/10.1037/h0022100.

45   Charles Duhigg, "What Google Learned from Its Quest to Build the Perfect Team," *New York Times Magazine*, February 25, 2016, https://www.nytimes.com/2016/02/28/magazine/what-google-learned-from-its-quest-to-build-the-perfect-team.html.

46   Claire Hughes Johnson, "Claire's Offsite Toolkit," Coda, https://coda.io/@claire-

hughesjohnson/claires-offsite-toolkit.

47   Khosla Ventures, "Running an Effective Staff Meeting | Claire Hughes Johnson,"
      YouTube Video, 26:41, July 21, 2018, https://www.youtube.com/watch?v=GIiaF-
      W874q8.

48   Tuckman, "Developmental Sequence in Small Groups," 396.

49   Paul Graham, "Maker's Schedule, Manager's Schedule," PaulGraham.com, July
      2009, http://www.paulgraham.com/makersschedule.html.

50   "Rapid: Bain's Tool to Clarify Decision Accountability," Bain, August 11, 2011,
      https://www.bain.com/insights/rapid-tool-to-clarify-decision-accountability.

51   Gokul Rajaram, "Gokul's S.P.A.D.E. Toolkit: How to Implement Square's Famous
      Decision-Making Framework," Coda, https://coda.io/@gokulrajaram/gokuls-
      spade-toolkit.

52   "How to Master the Seven-Step Problem-Solving Process," McKinsey & Com-
      pany, September 13, 2019, https://www.mckinsey.com/business-functions/
      strategy-and-corporate-finance/our-insights/how-to-master-the-seven-step-
      problem-solving-process.

53   Lencioni, *Five Dysfunctions*, 135.

54   David Singleton, "Stripe's Fifth Engineering Hub Is Remote," Stripe Blog, May 2,
      2019, https://stripe.com/blog/remote-hub.

55   Geert Hofstede, "National Culture," Hofstede Insights, https://hi.hofstede-in-
      sights.com/national-culture.

56   Matt Mullenweg, *The Distributed Podcast*, https://distributed.blog.

57   "The Remote Playbook," GitLab, https://about.gitlab.com/company/culture/
      all-remote.

58   하버드 경영대학원의 프랜시스 프레이 교수는 성장 마인드셋 연구로 유명한 캐럴 드웩
      의 말을 나에게 전해준 적이 있다. "양육 방식에는 두 가지가 있다. 아이를 위해 길을 준
      비하거나, 아이가 스스로 길을 갈 수 있도록 준비시키는 것이다. 이 중 하나만 옳다"(정답
      은 아이가 스스로 길을 갈 수 있도록 준비시키는 것이다). 관리자는 두 가지 측면 모두에 신경 써
      야 한다고 생각한다. 때로는 팀을 위해 길을 준비하는 역할을 해야 하지만, 그보다 중요
      한 것은 팀이 스스로 길을 갈 수 있도록 준비시키는 것이다.

59   Rebecca Solnit, *Hope in the Dark: Untold Histories, Wild Possibilities* (Chicago: Hay-
      market Books, 2016), 20.

60   For example, Sundiatu Dixon-Fyle et al., "Diversity Wins: How Inclusion Mat-
      ters," McKinsey & Company, May 19, 2020, https://www.mckinsey.com/fea-
      tured-insights/diversity-and-inclusion/diversity-wins-how-inclusion-matters.

61   Amy C. Edmondson, *The Fearless Organization: Creating Psychological Safety in the Workplace for Learning, Innovation, and Growth* (Hoboken: Wiley, 2018).

62   "Key Findings: Being Black in Corporate America: An Intersectional Exploration," Coqual, 2019, https://coqual.org/wp-content/uploads/2020/09/CoqualBeing-BlackinCorporateAmerica090720-1.pdf.

63   Justin Dean et al., "The Real Reason Diversity Is Lacking at the Top," BCG, November 19, 2020, https://www.bcg.com/publications/2020/why-is-diversity-lacking-at-top-of-corporations.

64   Frances Frei and Anne Morriss, *Unleashed: The Unapologetic Leader's Guide to Empowering Everyone Around You* (Boston: Harvard Business Review Press, 2020).

65   David Foster Wallace, *This Is Water: Some Thoughts, Delivered on a Significant Occasion, About Living a Compassionate Life* (London: Little, Brown, 2009).

66   Chloé Valdary, "Activist to Artist," The Theory of Enchantment, https://theory-ofenchantment.com/about.

67   Lewis, "Bill Parcells."

68   Ben Horowitz, "Peacetime CEO/Wartime CEO," Future, April 14, 2011, https://future.a16z.com/peacetime-ceo-wartime-ceo/.

69   Stephen M. R. Covey and Rebecca R. Merrill, *The Speed of Trust: The One Thing That Changes Everything* (New York: Free Press, 2006).

70   Ray Dalio, *Principles* (New York: Simon & Schuster, 2017).

71   Such as Sigma Assessment Systems' 9-Box Grid, https://www.sigmaassessment-systems.com/9-box-grid/.

72   얼마 전 스트라이프의 한 엔지니어가 처음 도입된 엔지니어링 직급 체계가 비효율적이라는 의견을 주었다. 그녀의 피드백은 직급 체계가 기술이나 업무 목록이 아닌, 성과에 집중해야 한다는 것이었다. 예를 들어 L3 엔지니어는 프로젝트의 범위를 정하고, 동료들과 협력하며, 제품과 기본 코드를 처음부터 끝까지 독립적으로 개선할 수 있어야 한다. 나는 그녀의 비판에 전적으로 동의했다. 문제 해결에 특화된 동기 부여가 강한 사람들이 많은 회사에서는 기대치를 지나치게 세세하게 규정하기보다 성과를 통해 동기를 부여하는 방식이 더 효과적이다. 스트라이프의 직급 체계는 이러한 피드백을 바탕으로 계속 발전하고 있다.

73   Culture Amp's "10 Performance Review Biases and How to Avoid Them" is a helpful resource, https://www.cultureamp.com/blog/performance-review-bias.

74   "Pareto Principle," Wikipedia, last modified January 21, 2022, https://en.wikipedia.org/wiki/Pareto_principle.

75   Scott, *Radical Candor*, 32–33.

76   "Five Whys," Wikipedia, last modified February 2, 2022, https://en.wikipedia.org/wiki/Five_whys.

77   Ben Horowitz, *The Hard Thing About Hard Things: Building a Business When There Are No Easy Answers* (New York: Harper Business, 2014), 63.

참고문헌

Bryar, Colin, and Bill Carr. *Working Backwards: Insights, Stories and Secrets from Inside Amazon*. New York: St. Martin's Press, 2021.

Covey, Stephen M. R., and Rebecca R. Merrill. *The Speed of Trust: The One Thing That Changes Everything*. New York: Free Press, 2006.

Dalio, Ray. *Principles*. New York: Simon & Schuster, 2017.

Dunbar, Robin I. M. *How Many Friends Does One Person Need?: Dunbar's Number and Other Evolutionary Quirks*. London: Faber and Faber, 2011.

Foer, Joshua. *Moonwalking with Einstein: The Art and Science of Remembering Everything*. New York: Penguin Books, 2021.

Fitts, Paul Morris, and Michael I. Posner. *Human Performance*. Wesport: Greenwood Press, 1979.

Flora, Carlin. *Friendfluence: The Surprising Ways Friends Make Us Who We Are*. New York: Doubleday, 2013.

Frei, Frances, and Anne Morriss. *Uncommon Service: How to Win by Putting Customers at the Core of Your Business*. Boston: Harvard Business Review Press, 2012.

Frei, Frances, and Anne Morriss. *Unleashed: The Unapologetic Leader's Guide to Empowering Everyone Around You*. Boston: Harvard Business Review Press, 2020.

Gil, Elad. *High Growth Handbook: Scaling Startups from 10 to 10,000 People*. San Francisco: Stripe Press, 2018.

Grove, Andrew S. *High Output Management*. New York: Knopf Doubleday 2015.

Grove, Andrew S. *Only the Paranoid Survive: How to Exploit the Crisis Points that Challenge Every Company and Career*. New York: Currency Doubleday, 1996.

Heifetz, Ronald, Alexander Grashow, and Marty Linsky. *The Practice of Adaptive Leadership: Tools and Tactics for Changing Your Organization and the World*. Boston: Harvard Business Press, 2009.

Hofstede, Geert. *Culture's Consequences: Comparing Values, Behaviors, Institutions and Organizations Across Nations*. New York: SAGE Publications, 2001.

Horowitz, Ben. *The Hard Thing About Hard Things: Building a Business When There Are No Easy Answers*. New York: Harper Business, 2014.

Kanin, Garson. *Remembering Mr. Maugham*. New York: Atheneum, 1966.

Kofman, Fred. *Conscious Business: How to Build Value Through Values*. Louisville: Sounds True, 2014.

Landsberg, Max. *The Tools of Leadership: Vision, Inspiration, Momentum*. London: Profile Books, 2011.

Lencioni, Patrick. *The Five Dysfunctions of a Team: A Leadership Fable*. San Francisco: Jossey-Bass, 2012.

Pink, Daniel H. *Drive: The Surprising Truth About What Motivates Us*. New York: Penguin, 2011.

Schein, Edgar H., and Peter Schein. *Organizational Culture and Leadership*. Hoboken: Wiley, 2017.

Scott, Kim. *Radical Candor: Be a Kick-Ass Boss Without Losing Your Humanity*. New York: St. Martin's Press, 2019.

Sinek, Simon. *The Infinite Game*. London: Portfolio Penguin, 2019.

Slap, Stan. *Bury My Heart at Conference Room B: The Unbeatable Impact of Truly Committed Managers*. New York: Portfolio Penguin, 2010.

Solnit, Rebecca. *Hope in the Dark: Untold Histories, Wild Possibilities*. Chicago: Haymarket Books, 2016.

Walsh, Bill, Steve Jamison, and Craig Walsh. *The Score Takes Care of Itself: My Philosophy of Leadership*. New York: Portfolio Penguin, 2009.

스케일링 피플

초판 1쇄 인쇄 2025년 10월 23일
초판 1쇄 발행 2025년 10월 30일

지은이 클레어 휴스 존슨
옮긴이 이길상·고영훈
펴낸이 오세인 | 펴낸곳 세종서적(주)

국장 주지현 | 편집 최정미
표지 디자인 co*kkiri | 본문 디자인 김미령
마케팅 조소영 | 경영지원 홍성우

출판등록   1992년 3월 4일 제4-172호
주소   서울시 광진구 천호대로132길 15, 세종 SMS 빌딩 3층
전화   (02)775-7011
팩스   (02)776-4013
홈페이지   www.sejongbooks.co.kr
네이버 포스트 post.naver.com/sejongbooks
페이스북   www.facebook.com/sejongbooks
원고모집   sejong.edit@gmail.com

ISBN 979-11-993787-2-8   03320